中国特色职业教育理论研究丛书
庄西真 主编

长话短说
CHANGHUA DUANSHUO

江苏高校『青蓝工程』科技创新团队成果

2009—2019年的职教观察

庄西真 著

苏州大学出版社
Soochow University Press

图书在版编目(CIP)数据

长话短说:2009—2019年的职教观察/庄西真著
.—苏州:苏州大学出版社,2019.7
(中国特色职业教育理论研究丛书/庄西真主编)
ISBN 978-7-5672-2902-0

Ⅰ.①长… Ⅱ.①庄… Ⅲ.①职业教育－研究－中国－2009－2019 Ⅳ.①G719.2

中国版本图书馆 CIP 数据核字(2019)第 146206 号

书　　名：	长话短说——2009—2019年的职教观察
著　　者：	庄西真
责任编辑：	刘诗能
装帧设计：	吴　钰
出版发行：	苏州大学出版社(Soochow University Press)
社　　址：	苏州市十梓街1号　邮编：215006
印　　装：	苏州工业园区美柯乐制版印务有限责任公司
网　　址：	http://www.sudapress.com
邮　　箱：	sdcbs@suda.edu.cn
邮购热线：	0512-67480030
销售热线：	0512-65225020
开　　本：	787 mm×960 mm　1/16　印张：26　字数：373 千
版　　次：	2019年7月第1版
印　　次：	2019年7月第1次印刷
书　　号：	ISBN 978-7-5672-2902-0
定　　价：	58.00 元

凡购本社图书发现印装错误，请与本社联系调换。服务热线：0512-67481020

总 序

众所周知，日本和德国都是第二次世界大战的战败国，大家也都知道日本和德国"二战"后从战争的废墟上迅速崛起，成为经济发达国家，其经济总量在世界上分别排名第三和第四。虽然也有这样那样的关于产品的负面报道，但从总体上看，德国货和日本货的质量是有保证的。许多人想知道德国和日本经济又好又快发展的奥秘，仔细分析，促进德国和日本制造业发展的影响因素绝对不止一个，但是高素质的技术工人队伍肯定是重要的因素之一，换言之，数量充足的具有工匠精神的技术工人队伍成就了德国和日本产品的高品质。因职业之故，我更感兴趣的是，高素质的技术工人队伍是如何培养出来的。研究可知，在长期的经济社会发展过程中，德国和日本结合自己的国情探索形成了具有各自国家特色的技术工人培养模式。不同的培养路径，相同的结果——高素质的技术工人队伍，可谓殊途同归。

早在1969年，德国便用《职业教育法》确定了"双元制"的法律地位，"双元制"的资格证书在行业内的认同度非常高，几乎一半的德国青少年在完成义务教育后会进入职业学校学习。该体系要求学生每周一到两天在职业学校进行专业理论学习,三至四天在企业中接受实践教育,如此安排,让学生能有效地将理论与实践相结合,较好地学以致用。培训时间一般为两年到三年半。"双元制"职业教育与培训体系需要企业的大力配合,在德国的职业教育与培训中,企业的参与程度很大,且具有较强的培养学徒的意愿。他们认为,学徒在企业实习三年的劳动贡献完全可以抵消培训所付出的费用,并且也有利于企业自身选拔人才和吸收新鲜血液。在欧洲,德国青年失业率比其他国家低便得益于此;德国经济能够抵御金融风险,保持高质量发展也得益于此。

伴随经济的高速增长,日本也探索形成了适合本国国情的、日趋完整的企业职业技能培训体系。日本企业普遍认为,企业内培训是提高企业核心竞争力的关键要素,企业需要不断地对员工进行培训和教育。"二战"后初期,日本企业一方面通过技能培训提高普通工人的生产能力,另一方面通过吸收先进的经营管理经验来提升中高层职员的管理能力。20世纪80年代,日本大企业实现了员工全员再教育,近八成的中小企业实现了员工全员培训。虽然与德国"双元制"不同,但是日本也通过这样的企业职业教育和培训方式源源不断地提供了企业发展需要的技术工人。

德国和日本不同的技术工人培养模式给我们的启示就是,每个国家要根据自己的国情、所处经济发展阶段、已有的条件和基础探索适合自己的职业教育模式,依此培养经济发展需要的高素质的劳动者和技术工人。没有一个国家是照搬别国的教育模式而达到预期效果的,尤其是大国。中国有自己的国情,这突出表现在中国是一个大国,这个"大"最起码表现在三个方面：一是幅员辽阔，陆地有960万平方千米的国土（日本是37.8万平方千米，德国是35.7万平方千米），各地区之间经济发展水平、自然地理条件、文化风俗传统差别比较大；二是人口众多，光大陆就有13.8亿人口（德国是8218万，日本是1.27亿），仅16~60岁的劳动年龄人口就相当于美国全部人口加上欧洲全部人口、俄罗斯全部人口、日本全部人口之和，且全部人口平均受教育程度较低、技能水平较低；三是经济总量排名世界第二，仅次于美国。与数量上排名第二对应的是，我国在经济发展的质量方面与排名第一的美国还有较大差距，也就是我们常说的"大而不强"。特殊的"大国"国情加上处于转型阶段（转变发展方式、优化经济结构、转换增长动力），决定我们不可能照搬德国、日本或者其他任何国家的职业教育和培训模式，而要走自己的技术工人培养之路。

依靠先进的、科学的理论，能够合理地引领和提升实践，这是几乎所有人类活动领域长久以来奉为圭臬的命题，为中国经济的转型发展培养高素质的技术工人的实践活动也不例外。中国特色的技术工人培养实践，呼唤中国特色的职业教育理论。这就是我主编"中国特色职业教育理论研究丛书"的理由。本丛书的作者全部是江苏理工学院职业教育研究院的研究人员，也是江苏高校"青蓝工程"科技创新团队成员，他们在职业教育政策分析、职业教育治理、职业教育课程与教学、职业教育教师专业发展等领域做了深入的研究。

目 录

职教观察 2009

- 003　改造我们的研究
- 005　从"金融危机"看职业教育的"以就业为导向"
- 008　职业教育与"底层生产"
- 010　距离产生美——趣话校企合作
- 013　"大"未必佳
- 015　"转户口"与"上大学"
- 018　看电影　想职教
- 020　"融城"攻略
- 022　荒谬的"民工荒"
- 025　一甲子回眸
- 027　让普通劳动者尝到甜头
- 030　见若干同道中人对职教形势持乐观态度有感

职教观察 2010

- 035 将改革进行到底
- 037 墙内开花墙外香
- 040 尊严从改称谓始
- 042 "教育"的作用是有限的,《规划纲要》亦如此
- 045 学习日本好榜样
- 047 从今天开始向日本人学习
- 050 未尝是"中层" 何故谈"下流"
- 052 "爱劳动"说
- 055 喜讯频传"涨工资"
- 057 团结就是力量
- 060 农村让生活更"没"好

职教观察
2011

- 065 为了80%的工人兄弟
- 067 何以发展 唯有改革
- 070 从"坐而论改"到"起而改之"
- 072 高技能人才从哪里来
- 075 教其"所以练" 然后教其"练"
- 077 小李和小王
- 080 村庄少年归何处
- 082 增加流动性 让人有奔头
- 085 农民工"三有一无现象"要不得
- 087 人口如何才是红利
- 090 怎样才能跳出职教看职教
- 092 职业教育发展要做到"三个转变"

职教观察
2012

097	城市化才是中国农村的出路
100	是非"短工化"
102	"农村"之不存 职教焉有为
105	"异化"了的职业教育
107	如何构建现代职业教育体系
109	制造业升级需要职业教育
112	转型之难难于上青天
114	为生源减少喝彩
117	提高职业教育质量的关键是教师
119	技能易得 精神难求
122	一个职校生的"中国梦"

职教观察 2013

- 127 一个非主流职教研究者的2020年愿景
- 129 谈谈职业
- 131 谁在种地？
- 134 我为什么喜欢城市
- 136 工人ABC
- 139 技术进步与技能退化
- 141 学生≠人才
- 144 "工人阶级"的前世今生
- 146 职业学校何以存在
- 148 不要问我从哪里来
- 151 三年职校生　卅载职业人
- 153 场内三小时　场外三年功
- 156 教育与就业
- 158 发展职业教育教师是关键
- 161 职校生的"三种贫困"
- 163 多上了三五年
- 165 职业学校要关注职场的变化
- 168 职业学校教师是个专业
- 170 职校生的实习，想说爱你不容易
- 172 与其说专业能力　不如讲学习能力

职教观察

2014

- 177 办人民满意的教育知难行更难
- 179 劳动若真被尊重职教方有吸引力
- 182 教师应该是个有效的决策者
- 184 这样的要求有点高
- 186 怎样获得知识
- 189 就业率数字会"撒谎"
- 191 什么样的技术能进入职业学校
- 193 职教不强 技工必"荒"
- 196 城镇化辨正
- 198 教非所需 怎不厌学
- 200 职业教育与中国新产业工人队伍的培养
- 203 校园建设是职校办学行为的有机构成
- 204 纸鸢高飞趁东风 职教发展遇佳时
- 207 课程、教材、教学辨析
- 209 促进从学校到职场的过渡
- 211 学历与能力
- 214 要重视职业学校教师的课堂教学能力
- 216 好工作都去哪儿了？
- 218 用精益方法提高职业教育人才培养质量
- 221 职业教育的新常态：从"做大"到"做精"
- 223 转型升级要紧的是提高劳动生产率
- 226 技术如何促进教学
- 228 能力导向的职业学校教学评价
- 230 什么是好的职业教育

职教观察 2015

235	是挑战更是机遇
237	创业·就业·学业
240	人去勿须来 "乡愁"依旧在
242	"中国制造2025"：职业教育准备好了吗？
245	今天，我们该如何敬业
247	劳动难以致富 职教何以走远
250	铁打的"问题"流水的人
252	并不是人人都能够把技能学好的
255	人无贵贱高低 职分三六九等
257	使用比培养更重要
260	时间都去哪儿了？

职教观察 2016

- 265 要注意生产方式变化对职业教育的影响
- 267 普及与提高并重　数量和质量齐抓
- 270 工作，工作，更多的工作
- 272 了不起的"工匠精神"
- 275 科比的启示
- 277 职业院校的"断舍离"
- 280 识变与应变
- 282 承认失败也是进步
- 285 这个问题太重要了
- 287 今天，我们依然需要向日本学习
- 290 因材施教有"三难"
- 292 实体经济才是职业教育大显身手的舞台
- 295 高等职业教育要为"四新"经济培养人才
- 297 今天，我们如何讨论职业教育问题

职教观察
2017

- 303 天道酬勤 勤须得法
- 305 五年能干什么事情
- 307 天下哪有这样的"好工作"
- 309 迎接产业工人的春天
- 312 普及一个什么样的高中阶段教育
- 314 不同群体就业难题破解策
- 317 劳动节里说劳动
- 319 高考、公平、效率与职业教育
- 322 职业教育要关注产业人力资本需求新变化
- 324 口惠而实至
- 327 少标明"问题学生" 多解决学生问题
- 329 以工匠精神引领高技能人才培养
- 332 我们应该如何与工作相处
- 334 不患数量减少 唯患质量不高
- 337 质量·效率·动能
- 339 要让更多的年轻人愿意当工人
- 342 乐观对待技术创新对就业的影响

职教观察 2018

347	为所有需要的人提供适合的职业教育
349	高质量职业教育是制造业转型升级的关键
352	有一种现象叫劳动力就业"极化"
354	质量视角下的职业教育改革开放40年
357	从参加世界杯比赛的德国队表现想到的
359	"下得去、留得住"与中等职业教育
363	按照教育规律办好"让人民群众满意的教育"
366	教师还是那些教师 学生已非那些学生
368	要尽快补上职业教育这块短板
371	职业教育与社会主义建设者和接班人的培养
373	接下来的任务就是狠抓落实
376	究竟是什么影响着我国职业教育的高质量发展

职教观察 2019

381	远虑近忧话职教
383	要打通职业教育改革的"最先一公里"
386	源于教学 反哺教学
388	要用三种思维看我国的职业教育
391	接过技能人才培养的接力棒
393	多措并举促就业
396	新职业、新职教、新职师

399	后 记

▶职教观察
2009

改造我们的研究

1941年5月毛泽东在延安干部会议上作了《改造我们的学习》的报告（原载于1942年3月27日延安《解放日报》，后收入《毛泽东选集》第三卷和《毛泽东著作选读》下卷）。报告共分四个部分，从思想上总结了党史上的经验教训，着重论述了反对主观主义以整顿学风的问题。报告指出对待马列主义存在着两种根本对立的态度：一种是理论和实际统一的态度，即从中国革命的实际出发，实事求是；另一种是主观主义的态度，这是反科学、反马列主义的学风。报告强调只有打倒主观主义，马列主义的真理才会抬头，革命才会胜利。时间的流逝，并没有让那些埋没于故纸堆里的道理失去鲜活的意义。事不同理同，遍览各种杂志中关于职业教育的文章，审视各种关于发展职业教育的调查报告和政策建议，品评对职业教育问题（比如课程改革）的不同言论，我们发现，七十多年前毛泽东在《改造我们的学习》中批评的"三不注重"，仍像一个驱之不去的幽灵，飘荡在当下中国的职业教育研究或者实践者中间。

不注重研究现状。毛泽东说，一些中共党员对政治、军事、经济、文化诸层面的材料的搜集，是零碎的，研究是不成系统的，好比瞎子摸鱼，粗枝大叶。联系职业教育来看，我们国家的职业教育到底是什么状况？我们是以什么样的形式实施职业教育的？从职业学校内部来说，它们运作的机制是什么？校长、教师、学生的所思所想又是怎样的？从职业学校与外部世界的关系来说，我们的职业教育与经济之间到底有没有关系？如果有，那是什么样的关系？是促进，还是阻滞？职业教育对于受教育者的生存和发展起到什么作用？接受了职业教育和不接受职业教育有什么差别？

职业学校毕业生就业率是不是真像有关调查说的那样达到97%？调查数据为什么和我们看到的现象不符？等等。我们对这些现状的了解都很肤浅，而且各执一词，公说公有理，婆说婆有理。站在一旁的大众传媒和通过传媒判断是非的读者，则一头雾水，茫然不知所措。我们相信，现状是唯一的，调查结论的大相径庭，不是屁股决定脑袋的主观态度在作祟，就是调查研究问题的方法出现了毛泽东讥讽的差错：闭塞眼睛捉麻雀，夸夸其谈，满足于一知半解，不是从客观的实际出发。

不注重研究历史。毛泽东笑话半个多世纪以前的部分中共党员，忘记了祖宗，忽略了历史，"近百年的和古代的中国史"在很多人心目中"漆黑一团"。结合职业教育来看，职业教育作为一种独立形态的教育发端于西方，19世纪中叶作为"强国"手段被引进到中国。一个半世纪过去了，其间几经沉浮变迁，既有经验，也有教训。我们如果不能做历史的纵向比较，不能真实地获知新中国成立前职业教育的真相，不能全面地洞悉新中国成立后"政府主导"时代的职业教育情状，亦不能整体地把握改革开放后体制改革漩涡中职业教育的利弊，自然就无从体察进步或者倒退。我们总是认为过去的做法都是不对的，传统的都是落后的，对此予以批判、否定。此情此景，和毛泽东生前棒喝的，对于自己的祖宗，则对不住，忘记了，认真地研究历史的空气也是不浓厚的，何其相似乃尔。

不注重马克思主义的应用。毛泽东在说到中共党员对马克思主义普遍真理的学习时，指责一些人言必称希腊，"只会片面地引用"革命导师的"个别词句"，而不会具体运用他们的立场、观点和方法，具体地分析、解决"中国革命问题"。对照职业教育来看，我们发觉，毛泽东的话，对当下的一些职业教育研究者而言，应无异于醍醐灌顶。在很多场合，我们仔细倾听过一些职业教育研究专家的言谈，其中充斥着大串的外国人名和英文缩写的名词，以及各发达国家的理论和模式。我们看不到中国和外国的横向比较，不晓得中国和西方的国情到底有哪些异同。我们不会想当然地评判对错，但我们提醒那些提倡"××国家是这样的，我们也要这样"的人们，不要拘泥于理论，尤其对国情没有深刻地了解，没有了解那种理论模式产生的背景和发挥作用的条件，"虽然读了，但是消化不了"的人们，更不要凭借单方面发布的片面讯息言说，以免落入毛泽东所奚落的"理论和实际分离"的窠臼。

毛泽东说，他批评"三不注重"，"说的是极坏的典型，并不是普遍如此"。就职业教育发展而言，上述现象的确"不是普遍如此"。然而，就当下中国职业教育改革实践来说，这样的典型确又如他所说，"为数特别的多，危害相当的大"。所以，我们建议关注中国职业教育改革的人们，看一看《改造我们的学习》，改"三不注重"为"三个注重"，以便更好地促进职业教育发展。这个问题很重要，就像毛泽东在这篇文章中所说的那样，"不可等闲视之"。

从"金融危机"看职业教育的"以就业为导向"

大洋彼岸的次贷危机引起的金融危机不断深化，其影响已经从局部发展到全球，从发达国家传导到新兴市场国家和发展中国家，从金融领域扩展到实体经济，其涉及范围之广、影响程度之深、冲击强度之大超出预料。

中国自然也不能幸免，毕竟出口在我国经济中已经占了很大比重，"万恶"的资本主义突然不需要我们的产品了，好不容易成为世界制造中心的我们难免迷茫、失意和彷徨。从去年下半年开始，媒体上不断传出企业经营困难，中小企业停产或半停产，甚至破产倒闭的坏消息，一些大企业也出现较大亏损，由此导致大量失业，城镇新增就业人数增速下降，就业进入"严冬"季节。农民工提前返乡增多,农业部根据固定观察点最近对10个省市的数据调查,得出农民工提前回流量占农民工总量的6.5%。因此,如果以6%的回流量估计,全国1.3亿外出农民工中已有780万人提前返乡。(《21世纪经济报道》,2008年12月18日)

受到冲击的不仅是农民工,大学生的就业也面临寒潮,2008年中国高校毕业生为559万人,为历年之最。2001年以来,我国高校毕业生就业率维持在70%左右,如果以这个比例计算,意味着2008年还有约168万大学生没有就业,实际上大学生的就业率达不到70%。今年,中国高校毕业生将达到610万人,在经济增速放缓的背景下,大学生们的就业形势将更加严峻,很多学校和专家建议大学生放下身段、降低要求,将薪酬一降再降以求就业。

其实,即使没有经济危机,中国的就业形势也不容乐观,只是经济危机使不乐观的就业形势"雪上加霜"。中国经济持续多年的高速增长带来了众多的工作岗位,2002—2006年,我国城镇每年新增就业人数在900万人左右,2007年城镇新增就业人数上升到最高的1200万人,城镇登记失业率也保持在4%—4.3%,应该说过去几年的就业形势还是比较不错的。但是和中国经济10%的增长率相比,我国的就业增速远远落后于GDP增长,一旦经济增长速度放缓,就业的问题就立刻浮出水面。我国如果要保证每年1000多万人的新增就业,GDP至少要保持在8%以上(这也就是决策层和有关专家说的"保八"的原因)。但是经济增长了未必就意味着就业也增长了,经济学上的奥肯法则说,一个国家的失业率与经济增长率成反比,这个法则不适合中国,从就业弹性(经济每增长一个百分点,带动就业呈现一定比例的正向增长)来看,从1980至1990年,我国的GDP保持9.5%的增长率,就业人口年增长率为4.3%,就业弹性为0.453。从1991至2000年,我国GDP保持10%的增长,就业弹性下降至0.11,而从2001年至今,就业弹性下降到不足0.1。

以上不惮琐屑地叙说金融危机导致企业生产经营困难和重化工业等资

源密集型工业畸形发展，进而影响就业的情况，无非就是说"就业难"。按说美国金融危机与中国职业教育之间没有直接关系，但是金融危机影响我国的实体经济，甚至影响就业，那就与我国职业教育发生了关系，而且关系还很紧密，因为中国的职业教育一直提倡"以就业为导向"。根据有关方面对职业教育的定位（中等职业教育是在九年义务教育的基础上培养数以亿计的高素质劳动者，高等职业教育是在高中阶段的基础上培养数以千万计的高技能专门人才），也根据历年来对职业教育毕业生就业情况的调查，职业教育与实体经济密切相关，主要表现在职业教育的学生就业集中在机械制造、纺织服装、模具玩具、电子电器、家具、通信设备等实体经济行业（这些行业也是大多数农民工就业的行业）。现在这些行业不同程度地受到经济危机的影响，普遍压缩生产、裁减员工，艰苦支撑，职业教育自然受到影响，多年来我们一直引以为豪的中等职业学校百分之九十几的就业率（2005年95.35%、2006年95.6%、2007年96.10%。暂且不管这个就业率的真伪）看来遇到麻烦了。我们说"以就业为导向"，前提是有业，也就是说就业机会在那里等着，然后职业教育采取相应措施，使人们很快抓住机会。现在是无业可就，根本没有就业机会，没有职业"以就业为导向"就失去了坐标和方向。有人可能会说，无业可以创业，创业需要资金、市场、制度环境等条件，这么多大学生（还有博士、硕士）都不能创业，对于职业学校的学生来说谈何容易。看来我们要认真反思关于职业教育的一些观念、做法，如果金融危机能够促使我们找到一条适合中国国情，又符合职业教育内在规律的发展职业教育的路径，那可真是"坏事变好事了"。

职业教育与"底层生产"

2009年1月19日，国务院办公厅下发《关于加强普通高等学校毕业生就业工作的通知》（以下简称《通知》）。《通知》说普通高等学校毕业生是我国宝贵的人力资源，受金融危机影响，他们的就业压力加大。《通知》要求各地区、各部门要采取切实有效措施促进高校毕业生就业。因为工作的关系，笔者特别关心中职毕业生的就业问题，受金融危机的影响，"天之骄子"们就业困难，中职生就业同样很困难，为什么就没有一个关于加强中职毕业生就业工作的通知呢？笔者想原因不外乎两点：一是中职毕业生不是我国宝贵的人力资源，既然不宝贵，也就不屑于专门为他们的就业下发一个通知，让其自己解决算了；二是中职生的就业没问题，既然没问题，也就不需要发一个促进就业的通知。第一个原因显然是不成立的，因为职业教育现在受到党和国家以及各级政府的高度重视，职业院校学生也是国家宝贵的财富，不可能因为不宝贵不发通知。那剩下的就是第二个原因了，即中职毕业生就业问题不大故不用发个促进就业的通知。这一点有教育部发布的中等职业学校毕业生连续三年（2005年、2006年和2007年）就业率都达到95%以上的消息可以证明。

就业是民生之本，就业率这么高当然是令人高兴的事情，但我们能够仅仅满足于就业而不管就的是什么"业"吗？下面让我们来看看中职毕业生的就业质量。在国家统计局指导下，由中国管理科学研究院教育科学研究所与中青世嘉教育机构合作完成的《2007年全国职业院校毕业生就业质量调查报告》（《中国教育报》，2007年11月28日第5版）显示：中等职业学校毕业生多是企业一线操作工人，其平均月薪为1386.1元，中职毕业生月收入在1000元以内的占57%；中职毕业生有近六成认为"专业完全不对口"，而认为"专业不对口，但有部分关联"的比例为15%；中职毕业生中签订正式劳动合同的仅占12.67%，签订试用期劳动合同的占20.6%，大多数中职毕业生均未与用人单位签订正式劳动合同。由此不难看出，中职毕业生高就业率的后面是就业质量很低的状况，月薪反映待遇不高，"专业不对口"反映工作技术含量不高，无合同反映工作不稳定，像这样的就业状况与农民工便无二致。再联系到就读职业学校的学生三分之二强是农民子弟和城市底层人家孩子的现实，我们会发现职业教育非但不能有效地促进社会流动，而且强化了代际轮替的现象。成都市人事局的一项调查从另外一个角度说明了阶层复制现象的存在，在目前的公务员队伍中，父母是"进城务工人员"的公务员比例最小，仅占2.8%，父母是"普通职工"的占26%，而父母是"公务员"的比例最高，达到33.3%。这个调查没说农业劳动者家庭子女进入公务员队伍的比例，笔者猜测恐怕要比2.8%还要小很多吧。而这是大家最不愿意看到的。

不能否认，改革开放30年来，我国民众的生活水平有了较大的上升，这就是最好的上升流动。社会学认为，正常的社会流动，是社会充满生机和活力的源泉，是构建和谐社会的内在要求。特别是在全面建设小康社会的关键时期，我国应进一步完善社会利益协调机制，不仅要保障失业人员、低收入者、进城农民工等底层人群的生存权利，更要为他们以及他们的子女提供公平发展的机会，满足他们向"上"流动的发展诉求，建立公正、合理、开放的现代社会流动机制。

除了经济水平的上升以外，上升流动也还有多种途径。比如，因产业升级而实现的上升流动，在这方面，中国目前有很好的契机。我们知道，世界各国产业演进的基本规律是从初级产业向高级产业演进，从第一产业向第二产业、第三产业演进。产业演进的结果使得职业结构发生变化，农业劳动者转变为工业劳动者，蓝领劳动者转变为白领劳动者。我国目前正处在上述产业结构和职业结构演进的关键时刻，城乡居民会因为产业结构与职业结构的升级而实现地位上升，而且，此种变迁会持续相当长的一个历史时期。当然了，产业升级不会自动带来人们职业地位的改变和阶层的向"上"流动，相反，它还会提高职业进入的门槛，排斥人们向"上"流动，因为产业结构升级使企业将更加注重提高资本和技术的密集度，减少劳动力数量，提高劳动力素质，这就需要借助于教育的作用。实践证明，教育是底层人群摆脱贫困的关键，也是底层人群向"上"流动最重要的机制。在20世纪80年代和90年代中期，一些底层家庭因为子女接受高等教育而实现了向"上"流动的梦想，改革开放以前和20世纪80年代也有不少底层人通过接受职业教育改变了自己以及家庭的命运。而当前罔顾质量盲目扩大中等职业教育规模的做法，明显与人们的期待和我们讲求的服务于产业升级的目标南辕北辙。

距离产生美
——趣话校企合作

现在，人们常常用"无缝对接""零距离"来说明职业学校和企业之间的关系，希望以此加强企业和职业学校之间的合作，矫正二者之间"鸡犬之声相闻，民至老死不相往来"的现象。如果这仅仅是人们的一种理想表达还算情有可原，但如果把它奉为圭臬，而且亟欲使之成为现实倒是有点令人费解。单从字面上来看上述说法就讲不通，试想"无缝"何以"对接"（正确的说法应该是"有缝对接"）？"零"距离就是没有距离，难道企业会和职业学校浑然一体吗？从实际情况来看，上述说法也不具备操作性，原因至少有以下几点：

首先，职业学校和企业是两种不同性质的组织。现代社会是一个分工日益精细的社会，分工的结果是由不同的组织来发挥不同的功能，为了发挥这些不同的功能就要有不同的组织结构和规则系统，在不同组织各司其职基础上的相互配合才能使看上去杂乱无章的世界保持一定的秩序。职业学校和企业便是不同类型的组织，企业是一种经济组织，其目标是盈利（虽说也提倡企业承担社会责任，但这并不是说不让企业盈利，而是说为了盈利企业不能不择手段，盈利之后企业也要开展一些慈善活动），企业行为的结果是物质产品，企业中最核心的关系形式是人—物关系，其他的关系都是围绕这一关系展开的；而职业学校则是一种教育组织，其目标是培养具备一定素质的劳动者，职业学校行为的结果是一个变化了的人，职业学校中最核心的关系形式是人—人的关系。……职业学校和企业之间的不同还可以列举很多。

其次，现实当中的职业学校和企业有着时空上的距离。从空间布局上来看，一般情况下，职业学校和企业都有少则十几里、多则上百里甚至更长的空间距离（建在企业里面的学校另当别论），虽说交通便捷了，但你来我往还是不方便的。从时间安排上来看，企业的时间安排是根据物质产品生产的特点及其市场需求情况来定的，比如汽车生产厂家，工人在流水线上的时间紧张而忙碌，如果产品市场需求旺盛，还要加班加点。而职业学校的时间安排是根据学生所学知识本身的特点以及已知人的认知发展规律安排的，比如职业学校里面文化课一节课的时间是 45 分钟，而技能课一堂课的时间可能就是 70 或 90 分钟。

再次，职业学校和企业存在体制上的隔阂。在我国，职业学校（不包括技工学校）属于教育行政部门管理，比如好多中专校由省（自治区、直辖市）教育主管部门直接管理、职业学校由县（市、区）教育行政部门直接管理，其校长的任命、教师聘用、教学内容的确定、毕业证书的发放、教学效果的评估皆由他们说了算，他们的管理是在其对职业教育特点把握的基础上展开的。企业是一种相对自主的市场主体，生产什么、用什么人生产、生产多少以及怎么生产大都是企业决策者根据市场提供的信息自主决定的。

第四，职业学校和企业间出现信息交流上的阻断。正是职业学校和企业之间在性质上、时空上、体制上等的不同，决定了二者之间合作的重要基础信息交流上的阻断。这大致又有两种情况，第一种情况是职业学校和企业之间根本就没有信息交流，职业学校"闭门办学"、企业"闭门办厂"，你不知道我，我也不知道你；第二种情况是职业学校和企业之间有信息交流，但要么不充分、要么信息被扭曲，所谓不充分就是企业和职业学校隐瞒各自的部分信息，所谓扭曲就是职业学校和企业为了各自利益的最大化故意粉饰信息。

通过上面的分析，我们不难看出职业学校和企业是不可能，也不应当"无缝对接""零距离"的，从分工的角度讲，都"零距离"了，那还同时要职业学校和企业干吗？二者只留其一即可。既然这个社会存在这样两种不同性质的组织，自有其存在的理由。那么二者之间应该是一种什么关系呢？企业和职业学校之间应该加强合作是毋庸置疑的，但关键是怎么样合作、拿什么来合作。笔者认为企业和职业学校之间的合作是一种保持各自特点和优势基础上的合作，是一种优势互补的合作。职业学校要好好琢磨技能型人才的成长规律，分析影响职业学校学生成为技能型人才的因素，科学、合理地安排教育教学活动（而不是随意减少学习时间、压缩学习内容），最大限度地放大职业学校学生掌握知识技能比较系统、各方面素质比较全面的优势。企业要好好捕捉市场机会，好好创造就业岗位，好好对待自己的员工（而不是把他们当成廉价劳动力），真正成为职业学校学生"成长、成才、成就"的舞台。只有这样，企业和职业学校之间才能相互吸引，这样的合作才是可持续的，"距离产生美"在这里也是成立的。

"大"未必佳

前一段时间，参加有关部门组织的对职业院校专业建设水平进行评估的活动，得以近距离地观察一些学校的办学，笔者发现这些学校规模都比较大（当然肯定也有规模不大的苦于招不到学生的职业院校），在校生数大都在4500人左右，教师数量在150~300人不等。跟校长交流的时候，校长们津津乐道的也都是如何把学校做"大"，似乎"做大"是学校发展的唯一目标，我不禁思考一个问题，即如何看待职业院校的规模。

说起职业院校的规模，人们总是对大情有独钟，从几百人的学校发展成为上千人的学校还嫌小，一定要成为几千人甚至上万人的学校才高兴。分析起来，职业院校"崇大"的想法可能有三个方面的原因：一是相信现代经济学中的一个叫"规模经济"的定理，其含义是学校学生只有达到一定规模才能有递增的效益，因为办学成本在规模中节约了。二是与我国职业院校运转经费严重不足有关。政府财政只管职业院校教师的工资和少得可怜的事业费，学校要想正常运转就只能靠学生的学费，学生多，学费就多，学校的日子就好过。三是与人们头脑中"大就是好"的价值观念有关。早在19世纪第一次产业革命机器生产代替手工劳动时期，西方国家就形成了"大就是好"的观念。这种"好大"的观念在中国传统的"大"国文化中得到了强化，我们耳熟能详的"大文化""大生产""大革命""大职教"等说法即为明证，弄得你前边不加个"大"字就不好意思开口说话，谈"小"色变。实际上，大未必佳，《红楼梦》中的大管家王熙凤就曾感慨说："大有大的难处。"大家族如此，大企业如此，对于以培养熟练技术工人为目标的职业院校来说又何尝不是如此。

首先，职业院校规模扩大增加了管理的难度。管理是一种使适当的人在适当的时间里做适当的事的活动，这就需要学校管理者对教职员工禀赋有清楚的了解，每个员工对自己的职责有清楚的了解，管理者对工作过程有及时的反馈，各种信息能够以最快速度从发出者传递到接受者那里。在学校规模比较小的时候，上述这些要求都能比较容易地满足，规模小、分工少，人与人之间都是面对面交往，情况容易了解，信息容易搜集和传递。学校规模扩大，使得学校中的劳动分工越多、越细、越复杂。学校规模扩大，使得高层管理者难以直接掌握其下属的一切活动，势必需要分权。分权导致学校层级（由两级到三级、四级）和管理幅度（由原来的校长直接管理教务、总务等几个部门到管理十几个部门）扩大。规模的扩大给信息的搜集和传递造成很大的影响，环节的增加延缓了信息传递的速度，对领导层的正确决策产生阻碍。为了保证全校师生员工"劲往一处使"，管理者不得不采用正规化的、规范化的管理方法，制定各种规章制度、繁文缛节规范教职员工的行为，时间一长，教职员工的积极性、创造性必定受到挫伤，影响学校健康、持续地发展和目标的达成。

其次，职业院校规模扩大不利于学校目标的实现。即使是职业院校财经状况良好，"不差钱"，其规模的扩大也会增加学校管理的难度，影响学校的发展。更何况，现在的职业院校经费并不充裕，规模的扩大使并不充裕的办学经费都用在保证学校正常运转上了，用于其他方面的经费就会被压缩，能不投入就不投入。而职业院校却又需要比较高的投入（办学成本高），这是由职业院校的培养目标决定的。一般认为，职业院校的培养目标是生产（服务行业）一线熟练的技术工人（包括中、高级技术工人）。技术工人的标准虽众说纷纭，但对生产工具和工作流程相关知识、性能的掌握以及熟练操作当是不可缺少的。做到这一点，练是必需的，"练而能熟、熟能生巧"。要想在复杂任务中做得杰出，就必须达到一个最低联系标准，这一点在对特长和技能的研究中一次次得到证实。事实上，研究者已经得出自己的结论，他们相信要想掌握真正技能，必须达到一个神奇的数字：1万小时。(《经济观察报》，2009年2月23日第49版）让职业院校学生练习1万小时不现实，但这告诉我们一个道理：熟练需要有一定的练习时间为保证。在设备数量一定的情况下，规模扩大了以后，学生越多，每个人练习的时间就越少。因此，基于特殊的培养目标，职业院校并不是越大越好，相反，小而精、小而专（在这一点上，我们是有成功经验的）可能才是它的发展方向。36年前，英国著名经济学家E. F. 舒马赫出版了成名作《小的是美好的》一书，这本书在后来的6年中曾被再版过6次，至今仍然是发展经济学的宝典，这对于职业院校发展也同样有重要意义。不幸的是这个世界上的所有东西还是在越变越大。

"转户口"与"上大学"

有两件事促使笔者在踌躇了一番之后，还是写下这个题目。第一件事与户口有关。有个朋友跟我说起想通过购房落户的方式把正在上高中的孩子转到天津读书并参加高考，因为那里考大学容易，这说明不同地区的户口，特别是城市户口是个好东西。户口成为好东西是从1958年全国人大常委会通过的《中华人民共和国户口登记条例》开始的，它将城乡居民明确区分为"农业户口"与"非农业户口"。虽然经过30多年的市场化改革，但城乡分割的户籍政策并未从根本上改变。按理说，户口只是一个信息载体，而不是权益基础，现实中户口却成为一个分配社会资源的基础。它与平等受教育权、平等就业权、保障性住房权、医疗保障、最低生活保障、失业保险等利益直接挂钩，不同的户口有不同的待遇。户籍藩篱使农村户籍的职业学校毕业生以及农民工（其实农民工就包括大多数职校生）虽然已经在城市劳动、生活了多年，却不被承认是当地的社会成员，享受不到应有的待遇，他们只能以劳动力的资格存在，而不能以城市居民的身份存在，城市户口在农村人眼里还是可望而不可即的事情。

第二件事与职业教育有关。2009年4月22日，教育部部长周济受国务院委托，在向全国人大常委会报告职业教育改革与发展情况时说，社会上有些人不把职业教育当作正规教育，存在着鄙薄职业教育的观念。他还说职业教育吸引力不够强是一个亟待解决的问题。（《中国教育报》，2009年4月23日）为了提高职业教育的吸引力，政府及相关部门已经采取了很多措施，比如出台了职业院校贫困生资助政策；还要出台一些政策，比如对中等职业学校学生全部免费（2009年先对农村职业学校学生或者涉农专业学生免除学费）、保送高技能人才读大学等。（《光明日报》，2009年4月23日）从周部长对职业教育依然缺乏吸引力的判断来看，我们已经实施的措施效果似乎并不理想，将要实行的政策效果如何未可预料。考虑到城乡户籍藩篱在短时间内很难消除，就读中等职业学校的学生80%左右来自农村家庭、20%左右来自城市底层家庭的现实，笔者建议通过实施对中等职业学校学生"转户口"、增加高等学校招收"三校（中专、职业高中、技校）生"的比例等办法来提高职业教育的吸引力，前者的受益对象是农村户籍的职校生，后者的受益对象是所有职业学校学生，这样做不仅可以增加职业教育的吸引力，还有以下好处：有利于加快中国城市化进程。中国现代化最终是城市化，这也是被发达国家实践所证明了的，但我国目前的情况是城市化严重滞后于工业化。这个观点可以在现实中得到印证，按照统计部门公布的数字，改革开放至今，随着工业化的推进，中国城市化率已经提高到45%。然而，城市化率的提高所对应的并非是农村人口的减少，来自公安部的统计数据显示，中国的农村户籍人口仍高达9.5亿人。若按照目前城市化的比率推算，这一数字应该只有7.3亿人。原因在于城市化的速度受到户籍制度的严格限制，因而要尽快彻底拆除城乡户口藩篱，提高城市化速度，即使短时间不能拆除的话，也要放开农村户籍中等职业学校毕业生进城限制，降低其落户城市的门槛，具体做法可参照高校毕业生。城市人口数量的增加具有积极的意义，这样可以促进第三产业的发展，而第三产业的发展又能有效解决就业不足问题。

有利于增加青年人对未来的期待，增强他们对国家的认同。现在的农村户籍"三校生"都是20世纪80年代、90年代出生的，他们有着与父辈完全不同的成长经历与社会环境。可以讲，他们身上除了户籍以外已经没有了农民的影子。他们没有农业技能更不希望回到农村，无论从就业技能到心理预期都将自己定位于城市；他们的最终归属是产业工人、市民，他们有着比父辈更为强烈的权利诉求。这个群体将对我国的就业、城市发展和社会政策产生深远的影响，必须慎重对待。从这个意义上看，采取适当的措施，使他们落户城市享受到应有的福利，对于缩小城乡差别、构建和谐社会有着非常重要的意义。

有利于促进教育公平。职业教育本身就是教育不公平（双轨制）的产物，使职业学校学生毕业就工作，不给他们一个进一步深造的机会本身就不公平。增加高等院校招收职业学校毕业生的比例，让"三校生"能够有机会上大学才是体现教育公平的行为。经过这么多年的扩招，我国大学生的毛入学率已经达到23%，虽比不过中等收入国家40%以上和发达国家至少60%以上的比例，但短时间内达到这个比例也不简单。与此不相称的是，和普通高中在校生数量差不多的职校生进入大学学习却困难重重。按照目前的规定，高等职业院校招收中等职业学校毕业生的比例只有5%，不能不说是一件憾事，这个比例至少应该提高到20%。

看电影　想职教

笔者喜欢看电影，因为笔者的经历告诉自己看电影和读书一样能学到很多东西。最近看了一部由克林特·伊斯特伍德自导自演的美国电影《老爷车》，《老爷车》（Gran Torino）的直译是《格兰·特里诺》，这是汽车巨头福特于1972年开始批量生产的一款经典轿车。在影片中，这辆车的意义相当重大，暗示克林特·伊斯特伍德饰演的怪老头沃尔特·科瓦斯基虽然品性高贵，却已经不能适应现代社会。吸引我的不是他与社会格格不入的老"愤青"形象，而是影片中所讲的，这位老工人手把手地教一位来自老挝山地的Hmong族（译作毛族或果雄族，和中国的苗族是同一祖先）移民孩子，从调节洗衣机底脚螺丝、把机器放平放稳教起，一步一步将这个孩子从渔猎社会带入美国工业社会的过程。而这正是笔者特别关心的如何做一个合格"工业人"的问题。"工业人"是那些认同工业社会价值观、养成了按程序工作习惯的人，他们具体是什么样子，举一个换抽水马桶底脚螺丝的例子就清楚了。在换螺丝的时候，工业人不像我们在小区里经常见到的修理工，下死劲拧下去了事。工业人有自己的工作规程，他会想到为下次再修留下方便，不管下次是谁来修。他先用一根磁铁棒伸入螺洞，吸走铁屑；然后观察一下螺杆，或许去掉点毛刺；再在螺杆上涂些工业黄油；然后用适当的力气旋紧；最后在螺帽上放个小塑料盖，防止水滴上去锈蚀螺丝。下次再修时，你可以很容易地旋出螺丝，不至于左拧右拧都不动，最后螺杆断裂，只能用电钻打掉，搞出一大堆麻烦。《老爷车》中那位男主角就是这样一位"工业人"，他是退休的汽车厂老工人，在他的车库里，整整齐齐地摆放着几百件工具。旋螺丝的起子和扳手就不知道有多少，外六角的、内六角的，一字槽的、十字槽的，等等。

分析西方国家工业化的过程，不难发现按程序办事、注意细节完美的工业人在其中起的作用。没有这样的人，真正的工业化就很难实现，换言之，如果一个国家想实现工业化，那就必须注意培养与之对应的"工业人"。十月革命胜利后不久，列宁在《苏维埃政权的当前任务》（1918年3—4月）一文中说："同先进民族比较起来，俄国人是比较差的工作者……学会工作，这是苏维埃政权应该以全力向人民提出的一个任务。资本主义在这方面的最新发明——泰罗制——也同资本主义其他一切进步的东西一样，有两个方面，一方面是资产阶级剥削的最巧妙的残酷手段，另一个方面是一系列的最丰富的科学成就，即按科学来分析人在劳动中的机械动作，省去多余的笨拙的动作，制定最精确的工作方法，实行最完善的统计和监督制，等等。苏维埃共和国在这方面无论如何都要采用科学和技术上一切宝贵的成就。社会主义实现得如何，取决于我们苏维埃政权和苏维埃管理机构同资本主义最新的进步的东西结合的好坏。应该在俄国研究与传授泰罗制，有系统地试行这种制度，并且使它适应于我国条件。"列宁曾经流亡西欧，所见所闻告诉他，俄国人那时还不是很好的工业人。列宁要求用"强制手段"推行泰勒制，提高劳动生产率。而泰勒制在某种意义上说，就是要求工人在每一个细节上都严格按程序工作。再看看我国的工业化过程，过去走过的弯路和现在依然没有解决好的问题无不与普遍存在"见物不见人"或"重物不重人"有关，即重视工业项目、工业产值、机器设备等"物"，忽视熟悉工业文明、遵守工业规范的"工业人"。

那么，"工业人"从哪里来呢？是从天上掉下来吗？显然不是，影片告诉我们工业人的行事习惯是教出来的。在现代社会"教"无非有两种途径：一种是师傅带徒弟，手把手地教。但这种方式效率太低，试想，一个师傅带一个徒弟或几个徒弟，用上几年的工夫才教出来，照这样下去，得有多少个师傅花多少年的时间才能带出工业社会大规模生产需要的成千上万的"工业人"，这显然不能作为主要的途径；另外一种就是通过组织化的教育来培养大批量的"工业人",制度化地教。与基础教育重在打基础、强素质,高等教育重在学理论、上难度相比,重在懂原理、练技能的职业教育(不是职业培训)可以发挥重要的作用,通过比较长时间(观念和行为习惯的形成是需要一定时间来保证的)、精心组织安排的"规模化"教学是能够达成培养具有上述特征的"工业人"目标的,遗憾的是现实中的职业学校好像正向着培养在工厂里工作的"农业人"的目标迈进。

"融城"攻略

2009年7月3日,深圳市代市长王荣在深圳市就业工作会议上表示:"农民工"的第二代现已成年,他们在就业时会选择留在深圳,因此,"农民工"的概念已发生变化,深圳"农民工"这个概念将会消失。(《广州日报》,2009年7月5日)这个消息令人喜忧参半,喜的是"农民工"终于要享受"国民待遇"了,虽然是"八字还没有一撇"的事,但毕竟让人看到了希望;忧的是"农民工"这个称呼或者说概念,是"历史地"形成的,它何时消失,并不依赖于个人意愿,单凭王荣一己之力恐怕难奏其功。在城乡二元结构的藩篱前,在如铜墙铁壁的户口壁垒面前,在不断加大的贫富差距面前,"农民工"即使不再种地,长期在城市里从事第二、第三产业的工作,但从人身关系角度看,他们与城市不存在确定的关系(身份),还是不折不扣的"农民工",依然是不得不来往于城市与农村之间的一群"不安的候鸟"。

随着时间的推移,第一代农民工的子女渐渐长大,他们对自己与城市间关系的看法,已和父辈有很大的不同。他们有的是陪同打工父母在城市里长大,有的是辍学后离开家乡进城淘金,有的是工厂成批从学校招工而来。不管进入城市的途径是哪种，这一代人的成长经历完全不同于他们的父辈。单单从外表上看，他们中的很多人与城市人没有多大区别。他们与城市的孩子一样，看着最新的影视剧，追逐最潮的时尚，听着最流行的歌曲，在网络上交流最新的资讯。就连他们的思想和价值观也与第一代"农民工"不同。几年前出现"民工荒"时，就有许多工厂老板抱怨，现在的"农民工二代"没有第一代人能吃苦耐劳，薪水低了不干，脏活累活不干，维权意识强，不好管理，等等。大多数农民工第二代已经不会种地，也不适应农村生活。他们的自我意识更强，更懂得用法律武器维护权益。他们追求城市富足的生活，有着更多的创业梦想，不愿意只埋头苦干。可以肯定地说，他们中的大多数不愿意，也不会再回到原来的村子，而是待在城市里。但是，城市并不接纳他们，所有的城市，都依然视他们为"外来人口""流动人口""暂住人口""外来务工人员"，等等。城市在规划各种项目的时候很少考虑他们的需要，他们没有城市户口，没有城市社会的基本保障。这种处境与他们日益觉醒的民主和权利意识形成巨大的反差，去年发生在法国的骚乱证明，"感到受到歧视和不公对待者"的平等诉求往往是社会运动的重大诱因。从建设和谐社会角度来看，数量庞大的第二代农民工的"融城"问题，已是当前社会一个很紧迫的问题，这个问题需要中国的管理者尽快做出相应的决策，为新生代农民工中的相当部分人融入城市提供必要的条件，这也是中国城市化进程的需要。在发达国家，农村人口只占总人口的10%左右，在中国，依然有超过50%的人口居住在乡下。

  为了解决这个问题，笔者认为首先应该在制度层面真正让"农民工"融入城市，即在户籍制度、劳动就业制度、社会保障制度、教育制度、权益保障制度、资源分配制度等方面使他们获得一视同仁的对待，在权利上得到平等的对待。"农民工"三个字不仅仅指涉的是一个人群，更是一种政治上的、社会学意义上的利益群体，要想让这一利益群体"消失"，我们的政府就必须要在很多制度改革上取得突破才行。各级政府要打破地方保护主义，为其辖区内的全体公民，包括市民和农民工提供基本的大致均等的公共物品和公共服务。应将执政观念转变为：没有让农民工享受到"市民待遇"就是对农民工基本权益的侵害，就是政府工作的失职。其中最重要的是社会保障体系的建立，除养老保险等外，要格外重视失业保险，以此帮助职业不稳定的农民工渡过难关。其次是在基础教育上保证农民工二代与城市孩子同等的教育条件和教育水平，给他们提供通过念大学等途径改变自身命运的机会，以帮助他们实现社会地位的转变和提升。再次是尽量提供免费或低学费的职业教育和职业培训，帮助不能接受高等教育的农民工二代掌握在城市生存和发展的技能。第四是要采取各种措施增强农民工对城市的认同感、归属感、家园感。这种对城市的认同感在农民工中可能还是比较缺失的，不管他们出来打了多少年工，似乎都很难融入城市。我们国家长期存在的制度歧视、文化歧视、社会排斥、公共资源配置上的城乡不均等因素，致使城乡群体的利益存在差异，而利益差异的存在必然影响他们对城市的认同感。因此，增强农民工对城市的认同感需要全社会的努力。

荒谬的"民工荒"

2009年7月份以来，随着美国等西方国家经济的回暖，以及国内经济抬头，因为金融危机爆发曾一度销声匿迹的"民工荒"——这个耳熟能详的中国式专有名词，最近又开始流行。其实，早在2007年，中国社会科学院和国务院发展研究中心发布的研究报告，就从绝对数量短缺的层面对"民工荒"做出了解释。它们都认为在近75%的农村地区，已经没有青壮年劳动力可以转移了，"中国将进入劳动力短缺的时代"。而且，"中国的劳动力短缺是全方位的，不单技术工人稀缺，就是完全没有技术含量的工人也成为稀缺资源，并且在地理上蔓延全国"。笔者认为，在世界第一人口和劳动力大国，最荒谬的事情莫过于对"民工荒"的报道和讨论了。为什么13亿多人口和8亿多劳动力的中国在人均3000美元不到时会有所谓"民工荒"问题呢？

　　这是农民在比较收益之后理性选择的结果。随着国家惠农政策的一步步实施，务农收益与外出打工收益之间的差距在缩小，有越来越多的农民，特别是家乡条件较好的农民由过去的不得不出去打工变成没必要出去打工了，或者至少没必要长途跋涉到遥远的地方去打工了。再加上进城就业的农民工普遍工资低、工时长、福利差、工作不稳定。如果农民工采取在家乡附近打工，这种待遇和不稳定尚且问题不大，但如果是背井离乡从内地到沿海去做一份艰苦的工作，对农民工又有多大的吸引力呢？须知，迁移是有许多成本的，长距离迁移成本更高。

　　这也是历史遗留下来的体制与结构问题，这些体制与结构问题由于农村人口和劳动力的大量过剩而难以在短期内立即得到彻底的改变。其中最主要的是土地制度问题和户籍制度问题。稍有经济学常识的人都懂得这样的基本原理：生产要素越是自由地流动和转移，越能达到资源和生产要素优化配置的结果。可是中国就是要保持现有的土地承包制度并严格限制土地特别是耕地的转让，就是要维持计划经济所形成的户籍制度。农民工这个称呼本身就是二元户籍制度的产物，"民工荒"自然也是这种二元户籍制度的产物。道理很简单，没有农民工，哪里来的"民工荒"？长期的二元户籍制度使农村形成了人多地少、劳动力大量潜在过剩的局面，造成了城乡间收入水平的巨大差别，那些试图通过土地经营致富的因为受到土地规模太小的约束而基本不可能，所以农村劳动力有跳出农村的动力。但由于农村劳动力太多，按刘易斯的说法就是相对于需求而言几乎属于无限供给，所以低工资、少福利、不稳定、工时长在一定时期内就是难免的。英国工业革命早期也有类似的情况，血汗工厂制度对那些享受田园牧歌式生活的传统农民没有吸引力，以至于以提出"看不见的手"著称的自由放任主义大师亚当·斯密也不得不主张采取强硬手段粉碎传统的小农经济，以便为工业发展提供充足的劳动力。不过，中国的所谓"民工荒"，显然还没有"荒"到那种程度，现代文明也不允许采取过于野蛮的措施。因此，在目前这种背景下，应对短期"民工荒"就只有一个根本选择：提高农民工的工资福利和改善劳作的环境，以加大农民工这一"工种"的吸引力。从中长期的角度看，大量以雇佣农民工为主体的中小企业必须不断转型换代，以提高生产的技术水平和劳动生产率，从而使自身能够得以生存下来并为中国经济持续较快发展和提高农民工的工资水平与福利待遇做出贡献。

对比汽车工业发展的速度，按照现有的资本能力和技术水平，中国引进美国农业技术在二三十年内达到美国现代农业生产力水平完全没有问题，但这就意味着中国二三十年后最多只需要几百万农民就足够了。显然，中国城镇发展能力不可能在短期内吸收如此庞大规模的农村剩余劳动力，中国离形成劳动力卖方市场还有漫长的距离。因此，一方面中国的城市化、工业化和现代化进程只能以相对渐进的速度来进行；另一方面也应该根据城乡发展的进展情况一步步将农民转为城镇居民。全面现代化时期的城乡统筹发展，应围绕着农民变市民来布局谋划。为此，笔者建议：分期分批将农民工转为城镇户口；优先将只有一孩特别是只有一个女孩的农民工转为城镇户口，以有利于减少二胎生育，从而加速中国人口实现零增长的进程；将农村户籍的职业学校学生全部转成城市户籍，并使之享受与城市居民同样的福利待遇；已经转成城镇户口的农民，其承包的土地允许以市场价格转让，转让后的土地不再属于农村集体承包土地，并由此可以进行二次和多次转让，从而在农村形成一土两制；将土地转让金作为已成为城镇居民的农民工的社会保障储蓄金。

一甲子回眸

鉴往可以知今，前瞻性思考的真理性往往深藏于对往昔的回顾之中，这就是为什么人们总是习惯于在某一个特定的时间里对过往的事情进行总结和反思的原因。今年是中华人民共和国成立60周年，各个领域都在对60年来取得的成绩进行总结，职业教育也不例外，已经有很多人在谈60年，特别是近30年来职业教育所取得的巨大成就，笔者就不凑热闹了。在这里，笔者想说的是经过60年的发展我国的职业教育还有哪些不足，一篇短文很难把这个问题说清楚，只能撮其要者，叙述如下。

对职业教育在中国经济社会发展中的定位还很模糊。一些人在说一个国家为什么发展职业教育的时候，常举德国的例子，说职业教育是德国战后复兴的"火车头"。笔者则认为，不能高估职业教育在德国经济复兴过程中的作用。归根结底，职业教育存在的依据是它和其所处的社会经济发展的匹配程度，既不能走在经济社会发展水平的前面，又不能落在后面。在一个农业经济占主导地位的社会形态里，不需要发展职业教育；在一个处于工业化中期的社会理论上是可以发展职业教育的，但是发展什么样的职业教育却要仔细考量。比如说，在发达国家，职业教育是和工业革命的进程同步发展的，西方国家的职业学校可以特别强调技能的训练，而不用特意安排与工业文明有关的知识、行为和规范的教育；而中国就不同，在一个后发的、没有经过工业革命洗礼的快速工业化国家，职业学校的重要任务可能就是关于后者的教育（也就是笔者曾经提到过的培养"工业人"的问题），技能的要求倒在其次。要把职业教育放到关系中国工业化、城市化过程的全局中看待，这样的话，我们对职业教育的功能就有一个长远的、科学的定位。

职业教育管理体制改革一直裹足不前。职业教育管理体制是指职业教育管理系统的结构和组成方式，即采用怎样的组织形式以及如何将这些组织形式结合成为一个合理的有机系统，并以怎样的手段、方法来实现管理的任务和目的。具体地说，职业教育管理的体制是规定中央、地方、部门、职业学校在各自方面的管理范围、权限。改革开放前，我国职业教育管理体制有明确的机构设置和清晰的隶属关系，但各机构中的权限却没有明确的划分，权限高度集中于高层级的行政机构中；改革开放后，职业教育管理体制几经变化，权力集中在中央的情况有所变化，但出现了权力集中在地方管理部门，职业学校依然没有自主权的情况。在管理主体上，职业教育就涉及教育、经济、劳动、人事、商业、服务业、工农业等行业系统。比如，中等专业学校、职业高中和高等职业学校归教育部门管理，技工学校和职业培训归劳动保障部门管理，而掌握生源的中学又归教育部门管理。职业教育分属教育和劳动等部门，这种分散型体制难免造成各自为政、互不衔接、资源难以共享、整体结构失衡、政策不一致等体制性障碍，出现"都管理——有利益都来管理，又都不管理——承担责任就都不管理"的局面，该承担的责任不来承担，该放手的权力抓住不放。所以职业教育管理体制还要在统筹和放权、职责划分等方面继续改革，比如成立独立的管理职业教育的机构，把职业学校专业课教材编写、出版、选用、订购的权力给学校等。

以需求为导向的职业教育发展模式还没有形成。职业教育靠有效需求才能得到发展，个人、家庭、企业、政府和社会等主体的职业教育需求，有些是重叠的、有些是有差异的。因此，对于职业教育来说，一个良好的传导社会关于人才需求信息的机制是十分必要的。在整个经济通过市场配置资源的条件下，这个机制应该是市场机制。由于职业教育培养的学生都要到某种专门的岗位上工作，为了符合社会的需要就更需要市场机制来引导。可见，对于人力资本的需求是派生的需求，取决于劳动力市场上的供给和需求状况。所以，一个市场机制发挥基础作用的职校生就业渠道，是他们得以符合社会需要的保障。与此同时，劳动力市场上的需求信号，最终通过职业教育部门做出相应的反应，才得以转化为对人才培养的结构调整。也就是说，社会上需要什么样的人才，首先通过劳动力市场的供求信号反映出来，进而教育部门按照这种信号进行学科、专业和教学内容的调整，以适应市场的需要。建立这样一种市场信号生成机制、传导机制和调整机制，需要有一个需求导向型的职业教育发展模式。

60岁的人生已是花甲，60岁的中国职业教育正是少年。正因为是少年，难免有这样那样的不足；也正因为是少年，也才可以有一个令人满怀期待的青年、壮年。

让普通劳动者尝到甜头

2009年9月23日深圳卫视《直播港澳台》播出了一段节目，内容关涉香港大学今年颁发名誉院士的事情。香港大学自1995年开始每年均会向一些对大学及社会有贡献的人士颁授名誉大学院士衔，以表达大学对杰出人士的尊重，这是香港大学颁发的重要荣誉，获得名誉院士衔的人大多在社会深孚众望或拥有崇高的学术地位。但在今年颁发名誉院士的名单中，却出现了一位没有接受过教育、来自基层的食堂服务员袁苏妹。这位被学生们尊称为"三嫂"的82岁老人，在香港大学服务了44年，担任服务员及厨师。她对住宿生的照顾无微不至，除起居饮食外，她也关心男生的身心健康成长，成为很多男生的知心人。香港大学颁奖词说："她以自己的生命，影响了大学住宿生的生命。"

无独有偶，类似"三嫂"的故事也发生在距香港几千公里之外的英国剑桥，不过这个故事的主角是位清洁工。据2009年6月14日的英国《都市报》报道，日前，52岁的英国清洁工阿伦·布莱汉姆与前美国微软公司总裁比尔·盖茨一同获得英国剑桥大学荣誉文学硕士学位。该荣誉学位是剑桥大学的最高荣誉，此前获得这一殊荣的有世界著名物理学家爱因斯坦等。布莱汉姆则因在剑桥"扫地"30年而获此殊荣。清洁工的工作让布莱汉姆有机遇以奇特的视角去体察每条大街，他还在扫街之余深入地研究剑桥的历史，成为一名合格的剑桥导游。布莱汉姆常说："扫街工作虽然很辛苦，但我很满足，因为它让我能够以自己的方式发现剑桥这座城市。"言语之间丝毫没有作为清洁工低人一等的自卑，有的却是"工作着是美丽的"（陈学昭）的自豪。

发生在东、西半球两所大学的两件事似乎不无巧合的意味，却引发人思考。我的理解是两所大学（且都是知名的大学）不单是在褒扬一个"三嫂"袁苏妹、一个布莱汉姆，其实也是在褒扬一种劳动精神。对于任何职业、角色充满敬畏，有探索、钻研、做好一件事情的精神，同样应该得到社会的尊重，得到真诚的喝彩。正是对本职工作的热爱，两所大学才决定授予82岁的袁苏妹和52岁的布莱汉姆这么高的荣誉。我们从小就听惯了"劳动只有分工不同，没有高低贵贱之分"这句话，但这好像只是说给别人听的，自己则例外。在普遍的社会潜意识当中，劳动者常常被分为三六九等。曾记否？《士兵突击》中许三多的走红已经证明："不想当将军的士兵，也有可能成为一个好士兵"。为什么我们对于虚构的人物可以这样认同，但到了现实中就不能呢？放眼四周，我们身边的"三嫂"和"布莱汉姆"并不少，他们辛勤敬业和遵纪守法的"做好呢份工"的精神，是否受到了社会和我们发自内心的尊重和敬佩呢？

答案显然是否定的。我也承认，那种简单而霸道的"精英观"的确能带给社会一种"引体向上"的驱动。但这真就是我们应该有而且也是社会发展需要的全部吗？现实中，每当我们问起孩子长大以后要从事什么职业时，如果孩子们回答"科学家""明星""将军""航天员"，我们往往会给予夸奖并充满自豪；当有几个孩子回答以后要当"水管工""电焊工""修理工"时，家长们和教师们往往会忙不迭地给予批评并进行教导，以期他们都志存高远，成为"栋梁"。

其实，所谓"专业"和"水平"除了指资历和技能，还指一种能够以专业精神去对待自己工作的态度，哪怕是烧饭扫地的工作，也即"干一行，爱一行；爱一行，钻一行；钻一行，专一行"和"流自己的汗、吃自己的饭"的踏实人生态度。这种精神和行为到什么时候都应是一个社会的主流精神和风尚，这些恰恰也是以培养高素质的普通劳动者为目标的职业教育应该特别注意的。"高素质"劳动者的"高"不仅体现在高技能，更重要的是体现在上述精神和态度之中。

需要强调的是，对普通劳动者做好普通事的价值认可需要舆论导向和社会的支持，需要营造一个良好的尊重普通劳动者的氛围，形成一种普通劳动者光荣的社会风气。对此，我们不能只要求"三嫂"们自觉地奉献，而要学学港大和剑桥，给他们最诚挚和热情的颁奖词及实实在在的关怀，让他们尝到甜头。如此一来，大概就不会出现几千人争一个公务员岗位或者挖空心思上"名牌大学"的现象，也就有成千上万分布在各行各业的快乐、热情和智慧的普通劳动者了，他们也是建设和谐富足的小康社会的基础和脊梁。衷心希望，我们的身边能有更多的普通劳动者成为"三嫂院士"，其中有道不尽的温馨，更有对社会大众不竭的激励。

见若干同道中人对职教形势持乐观态度有感

古罗马有一个门神，叫吉娜斯（Janus），又称日月神，他有两副面孔，一面凝视过去，一面遥望未来。笔者认为，作为一个以职业教育研究为志业的人，也应该有两副面孔：一面是破，一面是立。所谓"破"并不是破坏，而是以自己的研究和观察为工具对现实的职业教育问题保持高度的敏感性，并且能够对一些观点和做法提出理性的批评和质疑。所谓的"立"就是要利用自己的专业知识，提出切实可行的解决问题的办法，不仅能够告诉人们"为什么""是什么"，还要能够告诉人们"怎么办"。把上面说的"破"和"立"结合起来，就是笔者一贯所提倡的，也是笔者所追求的"建设性批评"（不是为了批评而批评，而是为了建设才批评），也就是毛主席早就讲到的"我们不但善于破坏一个旧世界，我们还将善于建设一个新世界"（《在中国共产党七届二中全会上的讲话》）。写这段文字的时间是 2009 年阳历 11 月下旬，再有几天就进入今年的最后一个月——12 月份，过完 12 月就进入 2010 年了。从阴历来看，时间也已进入雪花和寒气充斥的季节——冬季，而冬季又是一年的最后一个季节。往往在这样一个时间更迭的节骨眼上，就会不自觉地"回头看"，屈指算来从 2000 年 6 月份起，笔者进入职业教育研究领域已有 10 个年头。在这 10 年里本人发生了很大的变化，从刚过而立之年的满头黑发，到已逾不惑的双鬓添白；从因为有普通教育的"傲慢与偏见"而看不上职业教育，到因为难窥其复杂和广博全局之一隅而对职业教育十分看重；从对职业教育的理论和实践所知不多，到对其中的个别问题略知一二；从在同学和其他学科从业人员面前自卑于从事职业教育研究，到在他们面前自豪于从事职业教育研究，个中滋味非言语能尽情表达。在这个过程中，职业教育也几经波折，逐渐走过最艰难的时期，形成了最近几年比较喜人的局面。常言道"爱之深、责之切"，正是因为对职业教育的热爱，所以笔者觉得从中国最终实现工业化、城市化的长远目标来看，职业教育的重要性还没有得到真正的认识，一种功利主义的职业教育观始终挥之不去，职业教育的作用还远远没有发挥出来。质是之故，当时不时地听到一些人沾沾自喜于职业教育已取得的成绩而罔顾我们还有大量的问题尚待解决的时候，笔者就心急如焚，夜难安眠，唯恐如此而延缓了人们前进的步伐。为个人职业前程也为职业教育发展计，作诗一首，以示警醒，斗胆叫诗，在行家眼中，恐既不合平仄，亦难称工整，勉强算作打油诗（形式类诗、内容类顺口溜），但心意可鉴。

人言职教沐春朝，我看依旧处低潮。
国外模式频照抄，中国模式仍缥缈。
政府重视纸上找，社会评价一边倒。
运行机制生病灶，体制改革遇干扰。
企业只想摘熟桃，一听合作把头摇。
教师素质待提高，生源数量在减少。
课程改革多浮躁，教学方式旧道跑。
实训基地徒有表，设施设备等着瞧。
历数不足别气恼，皆为让它走得好。
诸君还须多辛劳，发展职教逞英豪。

▶ 职教观察
2010

将改革进行到底

2010年是"十一五"规划的最后一年，也是编制"十二五"规划的重要一年。距离中国2020年全面建成小康社会只有两个"五年规划"期了，"十二五"规划编制和执行得如何，对于中国能否如期实现"全面小康社会"的目标至关重要。笔者理解"全面小康社会"是一个全体中国公民，特别是现在处于社会中下阶层的人们都要享受到的小康社会，因为社会中下阶层人们的生活水平是整个国家实现全面小康社会的"短板"，没有中下阶层群体的"全面小康社会"，就不可能有小康社会的"全面"实现。现实中，真正接受职业教育的学生大多数是中下阶层（城市贫民和农民）的孩子，所以在他们的"小康"进程中，职业教育起着举足轻重的作用，尽管不是唯一的，也不是最重要的作用。因此，在接下来的时间里，职业教育应怎样发展才能有利于这个阶层的人们过上小康生活值得探讨。在备受瞩目的《国家中长期教育改革和发展规划纲要》（据说里面有一些突破性的内容）千呼万唤不出来的情况下，我认为规划职业教育"十二五"发展有一个主线是应该始终要坚持的，那就是"改革"。

把改革作为新一年、下一个"五年"或更长时间职业教育发展的中心工作，是因为过去30年我国职业教育发展取得的成就，都源于改革。如果没有1980年代一系列对农村和城市中等教育结构的改革，就不可能有中等职业学校数量的大幅度增加，也就不会有20世纪80年代中后期我国职业教育发展的第一个高峰的到来。如果没有1990年代关于中等职业学校布局结构和管理体制的改革，就不可能改变在计划经济体制下形成的部门、行业和地方分别举办中等职业学校的"条块分割"式布局结构；也不能改变这种结构不适应我国经济体制由计划经济向社会主义市场经济转变过程中经济建设、经济体制改革及教育体制改革所需要的局面；更不可能初步建立起面向21世纪布局结构合理、专业门类齐全、办学质量和整体效益较好、适应社会主义市场经济体制和现代化建设需要的中等职业学校布局结构。如果没有2000年以来在招生、实习、就业、师资队伍、课程和教学等方面的不断改革，就不可能使进入21世纪的中国职业教育迅速走出低谷，进入一个快速发展的阶段；也就不可能实现经过几年的连续扩招使普通高中和职业学校在校生数大体相当的目标；更不可能有职业学校毕业生就业率长时间保持在95%以上的喜人局面。

职业教育发展的中心工作，也因为我国的职业教育虽然经过几十年的发展，还有很多问题依然没有解决或者说没有很好地解决，是要继续通过改革来破解这些难题。在笔者看来，要从根本上改变束缚职业教育发展的价值观念，改变政府包揽过多、权力过于集中的职业教育管理体制，建立起充满活力和生机的适应社会主义经济体制或制度要求、能够满足经济社会以及个人发展需要的职业教育体制和机制，需要几十年的时间，如果出现曲折和反复时间可能更长。在我国，发展和改革职业教育是一项前无古人的事业，纷繁复杂，又千头万绪，虽然有发达国家的做法可以借鉴，但囿于国情又不能照搬。有些环节（比如政府放权、鼓励社会力量办学方面），一次改革不行，必须不断深化和完善，需要两次、三次；有些经过两次、三次改革之后，还可能反复，出现回潮，还要再改革。事物总是千变万化的，有些已经改革成功的东西，由于出现了新情况、新问题，必须重新研究，重新改革。经过改革形成了一定的利益格局，一些既得利益者为了维护自己的利益，也会阻碍继续改革。事物发展又总是在螺旋式上升中运动的，一次比一次更高级、更深刻、更复杂。职业教育改革也一样，一个旧的矛盾解决了，更多新的矛盾又可能产生了。从这个角度看，职业教育改革是永无休止的过程。

把改革作为新一年、下一个"五年"或更长时间职业教育发展的中心工作，还因为在当代，从世界范围看，包括职业教育改革在内的改革已经成为整个时代的特征。过去有一种观点总以为，改革只是我们中国才有的事情，而那些早已实现工业化、城市化和现代化的比较发达或发达国家的职业教育不存在改革的问题。其实不然，实际上在这个时代，有不少发达国家也在进行改革，而且改革的力度很大。为什么呢？因为新的科技、信息以及在生产生活中的应用，使那些发达国家既有的（事实证明以前比较有效）职业教育模式也难以适应时代的变化，在国家之间竞争日益激烈的形势下不改革就要落后。比如说美国、欧盟等国家和组织都在改革自己的职业教育发展模式，以增强职业教育的选择性、有效性、针对性和吸引力。

当前，职业教育发展从外部看正面临着我国产业结构调整升级、生产方式转变所带来的挑战，从内部看正处在一个从外延扩张到内涵发展、从"政策调整"到"制度创新"转变的关键阶段，2010年仍是深化改革的一年，我们必须进一步解放思想，勇于尝试，将改革进行到底！

墙内开花墙外香

《时代》周刊是美国最负盛名的新闻周刊，有世界"史库"之称。1923年3月由亨利·R.卢斯和布里顿·哈登创办。刊名最初为《事实》，后改用现名，由时代华纳公司在纽约出版。其"年度人物评选"是著名的品牌，从1927年开始，一经创刊就具有了世界影响力。我国的毛泽东、周恩来、邓小平、江泽民、胡锦涛等党和国家领导人都曾经上过《时代》周刊的封面。该刊2009年12月16日宣布，"中国工人"入围2009年《时代》周刊年度人物，与其并列的是美联储主席本·伯南克、中国央行行长周小川等名人或业界大佬。(《扬子晚报》，2009年12月17日)登上《时代》周刊的"中国工人"，全部来自深圳市宝安区石岩镇的一家LED企业，他们是千千万万工人（"中国工人"含义很宽泛，民工、临时工、合同工、私企员工和国企员工以及事业单位工人都可称为工人，但他们待遇上的差距很大，农民工是最低等级的工人）的代表。据《时代》的评价称，中国经济顺利实现"保八"，在世界主要经济体中继续保持最快的发展速度，并带领世界走向经济复苏，这些功劳首先要归功于中国千千万万勤劳坚韧的普通工人。这是笔者所看到的不多的来自世界舆论对中国工人群体应对国际金融危机出色表现的一种赞誉。看到这样的消息，在为他们感到高兴的同时，也不能不为他们感到遗憾。

尽管入选《时代》周刊的"中国工人"这回算是露脸了，但这并不意味着他们在国内受到重视，也只能算是"墙内开花墙外香"。在当今中国的各类年度人物评选中，没有看到有几个中国工人的身影，看到的要么是政府高官，要么是国有大型企业的老总，要么是所谓的经济学家，甚至各种劳动模范评选也很难看到几个是因为"劳动"而成为模范的。当然笔者不否认上述各色人等在经济发展中所起的作用，但如果只有这些人，而没有一线工人们那一双双劳作着的手恐怕经济也难以发展。我们在把鲜花和掌声献给那些"精英"的同时，是不是也给早已不是"老大哥"的工人阶级一些赞许和肯定？大家都在向美国学习，为什么不学学他们是怎么尊重普通劳动者的呢？

退一步讲，即使"中国工人"也和荣登《时代》周刊封面一样，登上国内某一个年度人物榜，恐怕也难以改变他们群体的命运。应该承认，"中国工人"也的确分享到了中国经济30多年高速增长的好处，但相比经济增长的幅度，他们获得的益处太少了，"中国工人"还不能说是公平地分享到了中国经济发展的红利，恰恰相反，超时的工作、低廉的工资，甚至是频发的欠薪事件，依旧是"中国工人"生存状态的真实写照。经济的复苏，"保八"的实现，恐怕不仅仅是中国工人们的功劳，更有他们的泪水甚至委屈。中国工人为世界经济复苏做出的贡献是,拿自己低廉的工资、默默的工作、默默的承受、无奈的坚忍支撑起世界经济这座摇摇欲坠的高楼。

中国工人拥有什么?拥有的是繁重的劳动、超长的劳动时间和长期低廉的工资。有数据为证,私营单位从业人员2008年平均工资17071元(农民工工资还要少),与年初公布的全国城镇单位在岗职工年平均工资29229元相比,低出近四成。之前许多人喊平均工资"被增长",原来不仅是感觉也是真实存在的。从企业、事业、机关分组数据看,2008年城镇在岗职工的平均工资最高的是机关,为33869元,是全国平均工资水平的1.16倍;其次是事业单位,为29758元,是全国平均工资水平的1.02倍;最低的是企业,从注册类型看,国有单位在岗职工年平均工资为31005元,比私营单位平均工资高出近一倍。2009年,面对金融危机,中国工人付出的代价是:农民工大量返乡"创业",我们的说法是不把这个群体的失业称为失业,很多企业降低了职工工资,很多地方政府下文允许企业降低职工"三金"缴纳比例,而同时,行政事业单位的工资在悄悄地大幅上涨。"调高、扩中、提低"是我国收入分配改革的大方向,我们不希望这只是一个大方向,我们希望的不是两极分化,不是靠中国工人失去的幸福换来全球经济的复苏,我们更希望通过深化收入分配改革,中低收入群体的工资能实现公平而稳定的"真增长",让所有劳动者都来分享经济发展的成果,这应该比哪个奖项都来得实际很多。

由此看来,"中国工人"上榜《时代》年度人物,其实不应该只获得掌声,而更应该获得关注。中国的经济发展不能继续以透支和侵占"中国工人"利益的方式前行,国际经济的复苏以及国外消费者的廉价商品也同样不应该长久建立在"中国工人"的廉价劳动之上。"中国工人"这一群体,其实更需要成为经济发展红利的公平分享者,而不仅仅是"一个称号"和"几声赞许"。毕竟"称号"不能带来实实在在的生活质量的改善,况且还是一个外国的"称号"。

尊严从改称谓始

2010年2月12日，温家宝总理在春节团拜会上说："我们所做的一切，都是为了让人民生活得更加幸福、更有尊严。"他在3月5日开幕的十一届全国人民代表大会第三次会议上所作的政府工作报告中再次提道："我们所做的一切都是要让人民生活得更有尊严……"笔者理解温总理讲这些话的前提是现在的"人民"（当然这里的"人民"不包括那些已经很有尊严的政府官员、国有企业老总和体制内知识分子等充分享受到经济发展成果的人）生活得还不是很有尊严、还不是很幸福，"农民工"就是其中的一类。"农民工"生活得没有尊严体现在其被各种力量压迫下的血汗劳工地位方面，比如他们每年以极大的成本往返于打工地的城市与家乡的农村之间，他们中的大多数人要牺牲掉正常人很难割舍的家庭生活；他们在非常差的工作条件下从事着最苦最累最危险的工作，每天工作10个小时以上几乎是一种常态，而且不能享受法律规定的双休日休息，也拿不到加班费；他们得到的是整个社会最低的工资收入，社会保障和福利只是近些年才得到有限的改善，受到城市社会普遍的歧视；等等。同时体现在"农民工"这个歧视性称谓上，换言之"农民工"这个名字存在一天，让他们生活得有尊严就是一句空话。因此，为了这些"人民"生活得有尊严，请从改变对他们的称谓开始。

农民工（也被简称为"民工"），指户籍在农村而到城市做工的一类人群。现代意义上"民工"一词的历史，可追溯到20世纪40年代中后期的战争年代。那时，大量农民被组织起来，从事修公路、拆铁道、抬担架、送军粮等工作。由于他们的出色表现，"民工"一词曾被宣传得家喻户晓，有一种说法"解放战争的胜利是农民用独轮车推出来的"。新中国成立后，农民重新被牢牢地固定在土地上，"民工"一词也随之销声匿迹。直到1984年，国家允许农民自己解决口粮，离开乡土打工，农民才纷纷涌入城市谋生赚钱。因此，我们现在讲的"民工"，是在中国改革开放后工业化和城市化进程中农村剩余劳动力往城市转移而产生的。现在的"农民工"一词初始出现在中国社会学界，后逐渐传播到经济学界乃至整个社会，成为一种通用的说法。进入21世纪，政府的各种文件中也开始出现"农民工"的概念。2002年，在国务院总理朱镕基的《政府工作报告》中，"农民工"被放置到"弱势群体"系列当中；2004年颁布的《中共中央国务院关于促进农民增加收入若干政策的意见》则明确指出："进城就业的农民工已经成为产业工人的重要组成部分"；2006年国务院还专门发布了《国务院关于解决农民工问题的若干意见》，"农民工"一词出现在文件的标题中，说明"农民工"作为一个独立阶层的称谓和重要的社会群体在政府管理层面得到了确定。

但是农民工屡屡成为政府文件里的用词丝毫没有提升"农民工"的地位，也没有使他们生活得更有尊严。即使在今天，"农民工"实际上使中国产业工人队伍的组成发生了巨大变化，为中国经济的发展做出了重大贡献，但"农民工"三个字还如影随形，挥之不去。更有甚者，"农民工"这个标签被加了几个字用在80后、90后农村进城务工人员身上，叫"农民工二代""新生代农民工"（2010年中央一号文件称之为"新生代农民工"）。新生代农民工成为"农民工"的主体，他们在目前外出务工的1.5亿农民中占到60%，有1亿人左右。之所以叫"新生代农民工"，是与作为他们父辈的第一代农民工相比较来说的，与第一代农民工的亦工亦农相比，80后、90后们整个的生活轨迹（出生后到了上学年龄上学，上完学后进城打工）、生活方式、价值追求、业余爱好、社会认同、权力意识等都跟城市孩子并无二致，很少有父辈身上的"农民"痕迹，只在户籍意义上还属于农村。其实，他们已经属于完整意义上的现代劳工，还称呼他们为"农民工"，在笔者看来就是基于"污名化"现象的"社会排斥"。按照传播学的定义，所谓的污名化过程指的是一个群体将人性的低劣强加在另一个群体之上并加以维持的过程，简单地讲也就是"贴标签"的过程。一个标签，最初可能只与某群体中的个体相连，随后，这一标签可能被更多人接受用来指称某一特殊的群体，标签的指称对象泛化，标签和群体之间的关系凝固僵化，标签反映的特质，成为该群体的固有本性。至此，污名化的过程就完成了。在我国城市中，对农民工的污名化（不卫生、不文明、不礼貌等）现象相当普遍，污名化更使民工群体形象在群际比较中处于劣势状态和不利情景。

因此，为国家长远发展计，不但要抓紧拆除户籍藩篱，大力推进城市化的过程，实现农民工的市民化和产业工人化，提高企业工人的工资，改善工人的工作生活条件；而且还要停止使用"农民工"称谓，使新生代农民工成为最后的农民工。

"教育"的作用是有限的，《规划纲要》亦如此

2010年3月28日，历时一年多（从2008年8月开始），花费了大量人力、物力起草出来的《国家中长期教育改革和发展规划纲要（2010—2020年）》（以下简称《规划纲要》）最后一次公开征求意见的时间也结束了，不出意外，这个《规划纲要》在稍做修改后会发布出来。由于工作的关系，笔者也把《规划纲要》从头到尾认真地看了几遍，恕笔者眼拙，没有看出一些专家在报纸上（或者电视上）言之凿凿地说的那些创新之点和明亮之点。相反，我感觉《规划纲要》也不过就是一个拼凑起来的

"大杂烩"而已，和以前的一些"决定""规划纲要""行动计划"之类的文本并无二致。本来笔者无意对此说点什么，又有什么好说的呢？但据说这个《规划纲要》将决定着我国教育未来10年甚至更长时间的走向，这样的话，就不能不对此说点什么了，为中国教育长远发展计，当然也与职业道德有关，毕竟笔者也是吃"教育饭"的。说实话，笔者认为《规划纲要》中的很多地方都值得商榷，好多地方都是一些所谓的"专家"站在自己的立场上、罔顾国情地自说自话。比如说对高考制度进行"分类考试、综合评价、多元录取"改革，从笔者自己的体会和对最近十几年高考制度改革的观察来看，如果真的实行起来，只能使已经极为不公平的高考制度更加不公平，贫寒家庭子弟通过高等教育改变命运的希望将更加渺茫。又比如，在教育发展的战略目标方面，前面提了几个数字，然后就说到2020年进入人力资源强国行列，人力资源是一个综合概念，包括卫生、福利、教育、权利等因素，如果没有自由宽松的环境，均衡而又高质量的卫生、福利，使人多上几年学就能成为人力资源强国，这是对人力资源的偏狭理解……这样的地方还有很多，限于篇幅，不再赘述。笔者只能说说《规划纲要》中存在的最严重的过高估计教育作用的问题。实际上，教育的作用是有限的。

第一，让我们把眼光放到世界近现代史的进程中看看，从教育的历史演变中可以逻辑地推出它对社会发挥效用的可能限度。不管是早先开始现代化的欧洲国家，还是紧随其后的美国，在其现代化的过程中，教育所起的作用都不是最关键的。其中文化、宗教伦理、政治制度、民族国家、地理环境等起的作用可能更大。就是我们常常用以说明教育作用的德国、日本战后崛起的经历，也没有实证研究证明教育在其中起的关键作用，只能引用一些政治家的口号式言论以为佐证。迄今很难看到一个单纯发展教育就能使国家走向富强的例子，相反，列举教育发展得还算可以，但经济社会发展却乏善可陈的国家并不难。

第二，再让我们回到国内，洋务运动以降那些希望发展教育达成"国强民富"的良好愿望是如何落空的就不说了,看看新中国成立以来的历史进程,1949年到改革开放以前的30年,我们的教育比之新中国成立前有了长足的发展,借用一句套话来说就是"教育为我国经济社会发展培养了成千上万的合格的劳动者",可你看看那时的经济社会发展却几经曲折,笔者小时候饭吃不饱的经历至今难忘。改革开放以来的30年,我国经济保持了多年的高速增长,与其说是由于我国有数量庞大、素质又高的劳动者队伍,不如说是由于20世纪80年代以后的思想解放、制度改革打破了人们身上的框框,释放了人们追求财富的积极性和潜能。

第三,从家庭(或个人成长)的角度来说也如此。改革开放30年是我国教育事业迅速扩张的时期,但同时也是我国教育资源分配不均逐渐扩大的时期,更重要的是教育对于改善个人,特别是中下阶层人们命运的作用不断弱化的时期,"教育致贫""毕业即失业"等说的就是这种现象。十几年"教育改革"经历证明,执意"教改先行"的结果只能是越改越坏。现在,中国教育的当务之急不是如何"追求更好",而是怎样"防止更坏"。

说这些并非否定教育,无非是想说教育要起作用,需要满足一定的条件。也即教育在一个国家的发展中绝不会产生奇迹,教育是由其他社会力量决定的,因此,它本身不能成为改造社会的有力工具。从发展的角度而言,教育的作用在很大程度上取决于它同其他所有为了加速经济和社会发展所采取的措施结合到什么程度。甚至可以这样说,其他方面的措施比如改善交通、通信、卫生,减少管制、取消一些歧视性的政策等可能比教育更重要。这就需要我们理性地认识教育的作用,不能对其寄予超过它作用范围的期望。

对于有些人来说,让他们承认教育的作用是有限的恐怕比较难。如果让他们承认毫无约束力的《规划纲要》的作用是有限的可能就比较容易,而后者才是我真正想说的。

学习日本好榜样

即使是在丰田汽车没完没了地召回的情况下，我也认为日本制造业的竞争力依然是非常强大的，其精益的生产模式、企业精神、高技能人才培养机制等都是值得中国学习的。

应该讲，日本企业高技能人才开发政策的形成与其现代化历程和经济发展状况密切相关。1955年后，日本开始进入经济高速增长时期，这时劳动力市场的供求关系发生了很大变化。从供给方面看，劳动力绝对数量在增加，但劳动人口占15岁以上生产年龄人口的比例却呈下降趋势。1955年日本的劳动力率为71%，1960年为69.3%，1970年为65.4%，1976年降到63.1%。劳动力人口的增长慢于生产年龄人口的增长。1955—1973年生产年龄人口从5955万增加为8197万人，增长38%，而同期劳动力人口从4230万人增加为5286万人，增长25%。从需求方面看，经济的高速度成长，大规模的建设对劳动力的需求急剧增加，就业人口逐年上升。1955年日本的就业人口为4122万人，1960年增至4665万人，1973年进一步增加为5286万人。新的就业机会与应届初中毕业生求职人数之比从1959年的1∶2上升为1972年的5∶5，同期高中毕业生的相应数字由1∶1上升到3∶2。劳动力市场供给的相对减少和需求的急剧增加，使日本劳动力市场出现了供不应求的局面，特别是年轻工人和技术人员尤为紧缺，中小企业及商业服务业招工尤为困难。为此，日本政府一方面通过促进劳动力在不同产业和地区间的流动，特别是通过促进农业劳动力向工业和城市转移来解决劳动力市场中的矛盾，积极扩大政府投资特别是技术革新投资，帮助第一产业和其他部门的个体经营者及家庭从业人员转换为雇佣人员，以满足工业部门日益增长的劳动力需求。另一方面，通过制定和修订相关法规（比如《职业训练法》）以立法形式培训高技能人才，从而有效满足工业部门日益增长的对劳动力尤其是高技能人才的需求。1985年，再次修订《职业训练法》（1969年修订过一次），并将《职业训练法》更名为《人力资源开发促进法》，引入了人力资源开发的概念：在员工从就业直到退休的整个职业生涯的各个阶段，都要提供必要和适当的人力资源开发的机会；为各行业的员工，而不仅仅是制造行业的员工提供机会；除职业培训设施外，还要利用各种类别的教育和培训设施与机会来进行人力资源开发。

1992年，全日本共有105所全国性的职业培训机构、277家由地方政府开办的培训机构。除此之外，当雇主开办的培训机构同意按照《就业促进法》规定的标准、设备和设施来进行培训时，便可获得地方行政长官的认可，成为国家认可的雇主开办的培训机构。中央和地方政府、国家认可的雇主培训机构作为公共职业培训机构，共实施三种不同类型的培训，分别是初级培训、提高培训和职业能力再开发培训。

企业也勇于承担高技能人才开发的责任。日本企业高技能人才开发是基于其自身人力资源管理的特点而展开的。日本企业人力资源管理具有终身雇佣、年功序列、团队合作及家族化等特点，因此特别重视对员工队伍的培训和开发。其中终身雇佣的人才留用政策，能够有效促进员工和企业目标的一致化，有助于削减短期培养成本。换言之，企业一直都在努力靠长期的雇佣和企业特有的技能培养来留住人才，这种管理模式在经济学上提供了可能的长期性激励系统，有利于企业与员工双方密切合作开发高技能人才。

在现代日本企业中，不管是大公司还是中小企业，都有大量的职业培训机构。在进行高技能人才开发时，日本企业普遍采取"上下一致、一专多能"的在职培训。所谓"上下一致"，就是凡企业员工，不分年龄、性别和职务高低及工种，都要接受相应层次的教育培训；培训目标就是"一专多能"，各级员工既要精通一门专业技术，又能参与经营管理，具有较强的适应性；培训内容为有层次性的纵向教育培训，即针对一般员工、技术人员、骨干人员、监督人员、管理人员以及经营领导人员而设立不同的教育培训内容，也有职能性的横向教育培训，其培训内容主要根据员工履行不同职务职责所需要的"人才幅度"而定。高技能人才的培养不单注重知识、技能、能力或经验等的培训开发，还重视对员工工作积极性和创新性、团队合作意识、企业忠诚度等心理素质特征的培养。这恰好契合了现代人力资源胜任特征或素质模型研究所揭示的规律。因为只有具备了健康心理素质特征的高技能人才，才是一个可以为企业做出贡献的真正的高技能人才。

反观中国，政府对职业教育以及人力资源开发的重视还远远不够，企业只想着怎么使用员工，不愿意为培养技能型人才的职业教育发展做出贡献。还是让我们"舍远求近"，把眼光从欧美转向东邻，好好地向日本学习学习吧。

从今天开始向日本人学习

笔者不是球迷，了解足球比赛的信息也就是为了在和别人搭讪时有一个切入的话题。2010年6月29日晚上，笔者在电脑上写下这个题目，是为了第二天即30号用。从世界杯开赛以来日本队的表现可以看出他们是一个"三有"（有技术、有体能、有精神，中国队正相反）球队，笔者料定日本队能赢巴拉圭队，所以说从"今天"开始向日本人学习，其实就是讲从30号开始向日本人学习。可人算不如天算，30号早晨的报纸上说日本队点球负于巴拉圭，止步16强。笔者顿时傻了眼：还用不用这个题目？

如果用，这个题目怎么讲呢？难道是说从今天开始向日本人学习输球吗？输球是我们的强项，何用向别人学习。踌躇了一番之后，笔者决定还是用这个题目，"今天"也不只是2010年6月30号，取其"现在"之意；向日本人学习——学习的也不是输球，而是认真负责的工作态度。

  中国足球的起步比日本早，在20世纪80年代，日本足球还不是中国足球的对手。二十多年过去了，中国足球，是今天学巴西，明天学德国，后天又学西班牙，反正谁红就学谁，还美其名曰"与国际接轨"，踢球的水平却越学越差，以至于现在冲出东北亚都难了。反观日本队，没有急功近利，他们十年如一日，"咬定南美足球不放松"，坚持青少年足球、校园足球、职业足球的方向。多年的坚持终于修成正果，现在，日本足球和中国足球早已不是一个级别。此次世界杯上日本队的表现证明，他们走的路是对的。看上去是足球的进步，其实是日本人认真负责的工作态度的胜利。这一点不独日本足球有，还典型地表现在享誉世界的"日本制造"上。日本人的认真负责精神从日本一家知名电子公司的质量管理稽核人员工作的情况中可见一斑，他每天早晨8:00到公司，查看准备相关资料及安排一天的工作计划，随后就进入生产车间查看生产现场。进入工作现场以后，他从生产日报表的填写、设备保养记录及执行、当天的生产计划等开始逐项进行检查，在这个过程中他会仔细查看所有的报表，包括员工所填写的内容是否正确、字迹是否清晰以及与相关的文件是否有冲突，等等，甚至包括该员工是不是他所需要的班组员工，该员工有没有来上班，他都会通过笔迹对比来检查。

  众所周知，在电子制造企业，5S（是整理Seiri、整顿Seiton、清扫Seiso、清洁Seiketsu、素养Shitsuke这5个词的缩写）是工厂现场管理的重点。日本人非常重视5S，现场标示、区域划分和物品定位都有严格的规范。在他们的理念里，如果现场乱是做不好产品的。那么日本人是怎样检查5S的？日本人会用手去触摸设备的表面看是否干净；工作台上由进到出必须有明确的标示与路线；所有物品摆放必须有标示与定位；他们会蹲下来查看地板是否干净，有没有纸屑与杂物等。同时严禁员工在作业时彼此讲话，有问题就举手示意由管理人员或技术人员前往处理，员工则退在指定区域等候。在日本人眼中，在工作中只能按作业指导书操作或有问题由管理人员及技术人员处理，喧哗则会使员工工作分心。同时检查人员也会在生产线上查看作业员的作业手法是否与作业指导书一致，包括同一工作岗位不同员工的作业手法是否一致；检查产品的品质状况及对不良产品加以分析。在日本人的眼中，生产产品对生产现场的数量管控是非常严谨的，不许在产品数量上有任何差错，如有差错则表明有不良产品流出。日本人信奉零缺陷理论，所以，即使一个很小的错误出现，他们也不能容忍，因为他们坚信，如果连这种小的错误都不能避免，则更大的错误一定隐藏在这些小的错误背后。据说，丰田汽车公司员工能够做到每10000台汽车中也不允许一辆出现问题，如果出现，不管什么时间，一旦发现，他们就会立即召开会议，分析情况，找出原因，分清责任，一查到底。这个会议不管开到什么时候，直到深夜，甚至是后半夜。再困再累，也要做到保证不再出现这类问题。

想想我们自己，这口号那口号喊得不少，独缺对工作认真负责的精神。笔者到职业学校去考察，学校的墙上也写着"5S"，甚至"7S""8S"都有，教师办公室里杂乱无章、学生实习工位上乱堆乱放证明，它们的作用也仅仅是供放在墙上。一个国家与民族的发展离不开其中的每一分子，每个人都应该对自己的工作认真负责。纵观日本的发展史，其之所以能在战败的废墟上迅速崛起，究其原因，不能说和这种认真没有关系。光有满腔热血和喊破了天的口号是无助于足球水平提高的，也无助于提高"中国制造"的声誉，更无助于国家的发展。我们国家当前比任何时候都更加需要每个人认真负责地工作和对待每一天。

"世界上怕就怕认真二字"，让我们从今天开始学习日本人认真负责的工作态度。

未尝是"中层" 何故谈"下流"

列位看官，不要误解，此处的"中层"不是某一个单位的中层领导，而是指"中产阶层"；"下流"也非我们中文字典里所讲人品的"卑鄙龌龊"，而是"向下流动"的意思。

最近几年"中产阶层"是一个很具有诱惑性，也屡屡被媒体热炒的字眼。对个人而言，"中产"意味着生活已经衣食无忧，心态平和，跻身于社会的主流阶层；对一个社会而言，中产阶层占到整个社会的60%以上，即是有利于社会和谐的"橄榄型结构"。"橄榄型"社会的中部越大，受益者越均匀，社会资源分配越公平，和谐越可能实现。客观地讲，中国经过改革开放30年的发展无疑正向这个"橄榄型"社会目标接近，只不过，这个接近的速度比较缓慢。

但是与我的悲观不同，中国社会科学院社会学所"当代中国社会结构变迁研究"课题组在年初却乐观地说："我国中产阶层已达就业人口的23%，北京、上海等大城市40%都是中产，中产阶层正以每年一个百分点的速度扩大。"另一份报告似乎印证了这一点，据北京工业大学和社会科学文献出版社联合发布的《2010年北京社会建设分析报告》公布的数据，北京中产阶层在社会阶层结构中所占的比例已经超过40%，约540万人，超过了23%的全国平均水平。按照这个比例，北京已经成为准中产社会。

即使他们对中产阶层的界定标准是合理的，数据也是准确的，但细心的读者还是会从报告中发现，在北京这540万"中产"中，68.5%的中下层中产阶级成为"房奴""车奴"。笔者担心照此下去，这些人有可能从所谓的中产阶层中脱出，走向下流社会。"下流社会"一词来源于日本著名社会学家三浦展的著作《下流社会：一个新社会阶层的出现》（文汇出版社，2007年版）。该书是一本基于调查和数据分析的社会学研究报告，说的是存在于现今日本社会中"向下流动"的趋势。日本社会在战后经过几十年持续的经济发展，形成了庞大的中产阶层。然而20世纪90年代的日本经济泡沫破裂，人们的资产大量缩水，加之年轻人在物质、精神等方面失去了向上发展的动力，而甘于平庸，形成了日本一个新的社会力量，下流社会因此迅速扩张并且只会越来越庞大，从而形成对整个社会的一种向下的拉力。其实，对中产阶层向下流动的担忧是全世界都共同关注的话题。比如说伦敦某咨询公司的一份研究报告把英国年轻一代称为"iPod一代"，这个自然不是iPod苹果播放器，而是insecure（不安全的）、pressured（压抑的）、over-taxed（税负过重的）、debt-ridden（债务缠身的）的缩写。提出该名词的作者之一英国伦敦帝国大学健康政策专家尼克·博赞基特教授说："我们总是习惯假设一代更比一代强。但是，如今的年轻人要承担更多的义务，他们增加收入和创造财富的难度也更大了。这的确是这个国家面临的严峻问题。"

表面上看，我们国家和上述日本、英国等国家面临同样的中产阶层"朝不保夕"的问题。实质上我国未到"下流"时代，日本的"下流社会"出现在达到社会共同富裕之后，是我国目前还未达到的阶段，因此，中国社会不能同日本、英国等相提并论。我们的问题并非从高处往下流，而是在更低起点上的停步不前，我们并非在走向下流社会途中，而是一直就在下流社会中。这并非危言耸听的断言，从国际经验来看，是否中产有几个判断标准，并非仅仅就收入一项指标。标准之一就是要有稳定的收入来源，保证相对衣食无忧的生活；二是要有稳定的社会保障；三是心态比较平和，心理比较保守，高度认同主流道德、伦理观念和社会、文化秩序，有公共精神。

反观我们国家，作为中国中产阶层主体的工薪阶层的收入增长与GDP的高增幅极不相称。相关数据表明，中国居民劳动报酬占GDP的比重22

年间下降了近20个百分点，而与此同时，政府收入增幅超过了民众收入的增幅。且不说广大的收入低下的农民，对笔者这样的大多数城镇家庭来说，住房、子女教育、医疗这"三座大山"压得我们抬不起头来。我们正在为上不起学、看不起病、买不起房担忧，即使有车有房，我们为此支付的代价是绝对"贫困化"，还完月供，我们不得不量入为出。在这样的形势下生活，谁的心态能够平和。当一个社会对投机者、欺骗者等给予高回报时，当一个社会到处充满了不信任时，心态平和更无从谈起，公共精神的培养也只是一句空话。

考虑到中产阶层是一个社会的"减震器"，如果这个阶层过小或者分化，其结果必然是整个社会的强烈动荡。我们要千方百计扩大中产阶层规模：政府要加快收入分配制度改革，还富于民；提供更有效和更全面的社会保障，继续培育民众的公共参与精神。

"爱劳动"说

20世纪70年代，我上小学的时候，老师们总是不厌其烦地教导我们要成为一个"德、智、体、美、劳"全面发展的社会主义接班人，特别强调要热爱劳动，每年夏收和秋收学校都要组织我们到田里帮助大人劳动，在劳动的过程中感受劳动的艰辛，同时体会劳动的乐趣。这几年，在学校里人们讲得最多的是"德、智、体、美"，劳动也被社会实践取代了。留心周围不难发现，"劳动"的命运在其他领域和在教育领域是一样的。

新中国成立以来的六十余年间，经历了重大的社会变迁，"劳动"的内涵及其在社会结构中的位置也随之发生了巨大的变化。在共和国奠基的阶段，"劳动"是最重要的几块基石之一，它意味着从经济、政治到文化、伦理的一整套秩序。劳动作为当时社会的中心概念，包含了对劳动者特别是工人阶级的社会领导地位的确认，对一种以劳动为价值基础的经济秩序的诉求，以及"爱劳动"的社会伦理主张。而进入市场经济发展阶段之后，劳动重新与资本、技术纠缠在一起，劳动的种类比以前要复杂得多（比如知识经济时代和网络时代的劳动显然不再是简单的体力劳动），劳动者的组成也要复杂得多。在日常语言表达中，人们则主要用"工作""上班"这些词，而较少再用"劳动"一词。

其实在改革和经济起飞的初期，正是"爱劳动"的历史时期所训练出来的有一定文化素质、能吃苦耐劳的劳动者群体提供了必不可少的劳动力资源。中国地少人多，劳动者本来就不得不更勤奋和重视教育。由于国家倡导普通劳动者只要热爱劳动和接受基本的文化教育，工作能力就会更强一些，一些海内外观察家将这一现象称为中国的"勤劳革命"。相对于数目上的"人口红利"，这种素质训练和"爱劳动"的伦理习惯更为重要，一个勤劳的、有一定素养的劳动者抵得上两三个懒散、疏于训练的劳动者。"爱劳动"的前提是劳动者能从劳动中获得体面的感觉，这种感觉从小处说可以提高一件产品、一项工程的质量，从大处说可以促进一个国家的经济发展。有一个例子可以证明，2003年，埃及最高文物委员会公布了一个结论，说通过考证发现，闻名于世的埃及金字塔是由当地自由民和手工业者建造的，而并非历史学家希罗多德所描述的"由奴隶所建造"。其实，这个结论早在1560年就有人提出过了，当时一名瑞士钟表匠在游历金字塔时，以自己曾在被囚禁状态下制造钟表的经历悟出：金字塔被建造得那么精细，建造者必定是一批体面的、怀有虔诚敬业之心的自由人，也就是热爱劳动的人。这样的道理我们通过自己的经历或者对周围的观察是不难理解的。

今天这种"爱劳动"的态度已经遭遇了严重的挑战，比如年轻一代劳动者在勤劳程度和工作意愿上已经与他们的父辈有了很大的不同，他们不再那样吃苦耐劳。这一变化有很多原因，其中最重要的还是劳动者的伦理基础和社会位置变了。"劳动"已经跟"热爱"没有什么关系，它只是为了获取报酬的付出；劳动在资本面前，也日益显示出它相对弱势的地位。今天的劳动者群体需在市场经济之中重新建立自己的伦理和尊严。

改革开放初期，从改革前延续下来的劳动伦理和尊严感，依然让劳动者在相对廉价和比现在要差的工作环境中吃苦耐劳并保持心理平衡。越往后来，即使在工作环境已经有所改善、劳动报酬也有所提高的情形下，要劳动者保持心理平衡和勤奋工作已经十分困难了。在此基础上产生的劳动伦理不再是热爱，而是职业规范；尊严不再来自劳动本身，而是市场经济的评价体系。这说明，重新确立劳动者的尊严感和伦理需要完全不同于以往的新条件。提高劳动所得在初次分配中的比例，实现体面劳动，就是其中最重要的因素。从现实的情况来看，今天中国社会对尊严有着最强烈诉求的社会群体正是广大劳动者，他们需要在体面的劳动中得到尊严和自身价值的体现，只有如此，劳动者才能形成进取向上的劳动精神；也只有如此，才能不断提升各行各业的职业化、专业化水平，社会经济的发展才能获得永续的精神动力。

可令人失望的是，急剧变化的现代中国不变的一点是，劳动者群体人数虽然众多，声音却不大，特别是发出声音的能力不强。与其说劳动者缺乏表达诉求的权利，不如说他们缺乏表达诉求的能力。改变这一局面的办法，要么是执政者时时主动地走进劳动者中间，把握他们的诉求；要么是劳动者突破常规积聚更大的力量、发出更大的声音。中国共产党之所以一再要求各级领导干部密切同劳动群众的联系，深入劳动群众，关心他们的疾苦，为他们排忧解难，始终与劳动群众心连心，恰恰说明劳动群众的利益表达能力不够。

喜讯频传"涨工资"

最近一段时间，经常听到一线工人，特别是"农民工"增加薪酬的消息，这个稍嫌迟到的消息听起来仍然很是鼓舞人心。

据国家统计局的数字，从1998年到2009年的12年中，每年的农村居民人均现金实际收入增速一直低于城镇居民人均可支配收入，其中2003年上述差距甚至高达4.7个百分点。不过，今年上半年的情况有些不同。2010年上半年农村居民人均现金收入、城镇居民同期人均可支配收入分别达到3078元、9757元，分别增长12.6%、10.2%，扣除价格因素，实际增长分别为9.5%、7.5%。因此无论是名义收入还是实际收入，农村居民同期收入增速比城镇居民收入增速都要快。具体一点说，就是农村居民今年上半年工资性收入增长18.0%，超出城镇居民家庭工资性收入9.7%的涨幅约9个百分点。（《21世纪经济报道》，2010年09月30日）

中国人民大学经济研究所近日发布的今年三季度《中国宏观经济分析与预测报告》显示，自2004年"民工荒"爆发后，农民工工资结束了长期的停滞状态，进入了一个快速的上升通道。迄今为止，农民工工资延续了6年的上涨态势，涨幅超过一倍，年均涨幅超过12.4%。更为重要的是，随着中国工业化进程的不断加速，劳动需求的强劲，供求关系决定的市场工资随劳动需求的递增而不断上涨。可以预见，未来一段时间内农民工工资上涨趋势仍会延续，甚至会强化。

自2010年10月起，富士康为深圳地区经过考核合格的员工加薪，生产线普工每月底薪可调至2000元。拥有40余万员工的富士康深圳厂区，大约有85%的工人基本工资大幅度上调，这是今年第二次加薪。自6月份起，富士康一线作业员工资已经从每月900元增加至1200元，线组长工资上浮30%。根据深圳7月份最新出台的工资调整方案，深圳最低工资标准统一上调为1100元/月，富士康员工的收入水平已超过这一标准。此番全面调薪，富士康一线普工的基本工资将高于当地最低工资标准达到1200元。虽然也有诸如工资上涨将加大企业成本压力、压缩企业利润来源，进而影响企业投资增加或者削减中国企业竞争力的"杞人"之忧，但笔者认为，给低收入者增加工资是好事，而且是大大的好事。

其一，农民工工资上涨有利于改变工资上涨严重滞后于国民收入上涨的局面，使中国国民收入的初次分配格局发生革命性的变化。我国劳动者报酬占GDP的比重在1990年尚有53.4%，但如今已滑落至40%。与此相关，企业储蓄占GDP的比重已从1997年的12%攀升至23%，而家庭储蓄却一直只有20%左右。2007年，中国的基尼系数是0.475（联合国标准认为0.4以上属于收入差距较大）。总体而言，中国的贫富差距已超过合理界限，目前的收入分配不能令人满意。就中国现状来说，提高工资，缩小贫富差距，有利于消除低收入阶层心中的不公平感，促进社会和谐。

其二，工人工资快速增加，有利于形成企业创新的倒逼机制，促进经济增长方式的转型和产业结构的升级。因为过去低工资是建立在低利润、低端市场背景上的，背后产业有高排放、高污染的特征，其弊端是虽可大量生产商品，却无法创造品牌。国家相关部门已经认识到上述问题，在编制"十二五"规划时提出，要大力发展战略性新兴产业和现代服务业，并强调在制造业中突出发展先进制造业，以逐步替代过去一些低端的制造业，努力把电子信息等高新技术和先进适用技术应用到机械、汽车等制造业中，显著提升工业产品科技含量和制造水平，提高劳动生产率，以达到在提高职工工资的同时企业的利润也能快速增长的目的。

其三，解决收入差距拉大的问题，不但事关社会公平，也直接影响到中国经济能否由投资驱动向消费拉动顺利转型。中国社科院社会学研究所的一项抽样调查显示，家庭消费率随收入增加而递减的趋势非常明显。收入水平越低的家庭，其消费率越高；收入水平越高的家庭，其消费率越低。这就是"消费得起的无消费需求，有消费需求的消费不起"。对于很多高收入家庭来说，边际消费倾向非常低，他们把收入的相当部分用来购买房产，然而这并不是消费而是投资，并且很容易形成资产泡沫。而中低收入家庭过高的教育和医疗消费比例，限制了这些家庭的日常消费和即期消费。为了扩大消费，就要在国民收入中增加居民收入所占的比重。而在居民收入中要更多地增加低收入群体所占的比重，这样才能促进消费社会的形成。

干什么的吆喝什么。"涨工资"对于主要为经济社会输送一线技术工人的职业教育来说，也是利好消息。很显然，做工者的工资涨了，生活质量提高了，大家愿意在接受职业学校教育后当个"工人"，自然也就加大了职业教育的吸引力。

团结就是力量

"团结就是力量，这力量是铁，这力量是钢……"笔者是唱着这首慷慨激昂的革命歌曲长大的，这首歌说的是单个人的力量，尤其是无权无势的普通老百姓的力量是微小的，只有团结起来人们的力量才能强大。这样讲并非空穴来风，而是有大量根据的。了解中国革命史的人自然会知道，中国共产党就是领导团结起来的农民和工人才在与一盘散沙的国民党的斗争中胜出的。更有说服力的案例发生在民主国家——美国。2006年6月，哈佛大学一个叫桑特利·保尔的清洁工在工作时间晕倒了，过了不久，哈佛大学设施管理处以"上班睡觉"的名义解雇了他。保尔是一个连英语都不会说的海地移民，一个标准的"弱势者"，他知道靠他一个人无论如何是不能和大名鼎鼎的哈佛抗争的，但是"他背后有人"，于是他找到了自己的"组织"——服务业雇员国际工会（SEIU）地方分部。SEIU立即向哈佛大学发出抗议，并组织工会成员、哈佛大学师生举行游行示威。迫于压力，哈佛大学所在的坎布里奇市议会全票通过决议，支持保尔的权利主张，呼吁哈佛大学重新雇佣保尔。结果保尔在10月份之后恢复上班，过去4个月的工资以及医疗费用由哈佛补偿。一个无权无势的海地清洁工，为何敢与财大气粗的哈佛大学展开较量并取得完胜？主要是因为有以下四个条件：一是独立工会的帮助；二是哈佛大学内部的"学生劳工组织"对外部工会的接应；三是SEIU组织的几次游行示威；四是地方公权机关对劳工呼吁的灵敏反应。这四个条件无一不与集体或者组织有关，而一个集体或者一个组织其实就是团结起来的一群个人。

让我们来设想一下，如果这个桑特利·保尔事件发生在中国会是什么样子呢？大致有以下几种情形：第一种情形是桑特利·保尔自认倒霉，卷铺盖走人，再找份活干或者哪里来的再回到哪里去，这是最有可能的一种结果；第二种情形是桑特利·保尔觉得冤枉，与哈佛大学据理力争，争取自己的权益，最后胜算如何难以预料，除非有媒体介入，否则难有理想结果；第三种情形是桑特利·保尔跟雇主争权益不得，反遭雇主找人一顿暴打；第四种情形是桑特利·保尔感到委屈绝望，要么跳楼，要么自焚了结自己的生命。这些情况在当下的现实之中我们都能够看到，每当看到这种情况，我除了生气以外也是束手无策，只有叹气的分。可喜的是最近，在中国出现了第五种结果，即弱势一方可以通过团结起来，以集体之力为个人争权益。说到底，工人的力量来自工人的组织性，来自工人的联合。没有组织，没有联合，原子化的工人再怎么人高马大，也没啥用。在深圳打工的一名工人说到点子上了："因为我们不了解企业运营状况，也不熟悉法律，个人去谈，毫无用处。说多了企业就开除你，只能抱团。"从今年五月份以来，江苏、海南、河南等地出现的多起罢工事件就是工人团结起来与雇主斗争的例子，罢工涉及的企业有外企、国企和民企，罢工的工人，最少数百人，最多达数千人。罢工的原因基本上都是工资太低、收入差距太大或工作环境恶劣，工人们的目标是更多的收入和更具人性的工作环境。(《南风窗》，2010年第13期）从结果来看，罢工取得了一些成效，各地传来的给工人涨工资的消息不能不说与日渐频繁的工人罢工有关。

　　当然，我说团结起来有力量，是有前提的，即工人们的团结（不仅仅是工人，在一个高度分化和结构化的社会，单个的人都属于一个或多个组织和群体，目的就是依靠组织、通过组织确保自己的利益）是一种有组织、有计划的团结，而不是像"乌合之众"那样的团结，后者的力量往往不堪一击，甚至会带来负面的效果。那么怎样才能做到团结是有组织的呢？首先，政府要理性地认识集体行动的意义，不要动辄上纲上线，在一个由不同利益诉求的各个阶层组成的现代社会，阶层之间基于自身利益的集体斗争是常态，罢工（罢课、罢运）等是民主和法治社会民意表达的一条正常渠道，是中国向公平正义国家过渡的最大动力。其次，政府要承认和尊重各阶层基于一定群体意识和利益的集体行动权，比如罢工权，通过立法和完善相关制度，对各阶层正当的利益表达权利、程序、谈判机制等作出规定，为人们开辟合法的权利诉求渠道。再次，重建工会，使工会真正成为工人的代言人。为此，必须要让工人自己组织工会并选举工会委员和工会主席，使工会的活动经费以及工会主席的薪酬与其为工人做的事挂起钩来。还有，各级各类教育，特别是培养技术工人的职业教育要加强对学生的维权意识、维权知识教育和有理、有力、有节的维权技能训练。

　　毋庸讳言，中国社会已经具有了明显的转型特点，那就是社会中已经出现了很多不同利益群体，且都有表达利益需求的强烈愿望。一个不同利益群体都能够顺畅表达自己利益愿望的比较健康的、可持续的和谐社会不正是我们为之奋斗的目标吗？

农村让生活更"没"好

持续半年的以"城市,让生活更美好"为主题的上海世博会于2010年10月31日结束了,笔者没有去看世博会(当然,也不后悔没有去看,这起码避免了看过以后产生更大的后悔),一些去看过世博会的人们可能还沉浸在兴奋之中。但是,2010年11月15日下午,也就是世博会结束后的半个月,上海市一幢高层公寓起火,造成58人遇难的后果;再加上最近媒体上连篇累牍报道的、也是笔者等"城市人"感同身受的诸如就业压力增大、交通拥堵、环境污染、住房紧张、能源短缺等"城市病",一时之间,让人感到"城市,让生活更美好"的提法即使不是一个美丽的谎言,也是一个难以企及的理想。可话又说回来了,哪里能让生活更美好呢?城市不能,难道农村就能?笔者是农村出来的,父母至今都生活在农村,故每年都要回老家看父母(笔者经常开玩笑说,自己就是父母的养老保险),深深知道农村不是让生活更美好,而是让生活更"没"好。

一个人整天盘算的是如何解决自己及其家人的衣、食、住、行,就很难讲这种生活是幸福的。一个人有病了看不起病,所谓"病无所医";小孩子要上学了却负担不起,所谓"学无所教";老了没有人照顾,所谓"老无所养",就很难讲这种生活是美好的。按照笔者的理解,美好的生活需要有一定的物质条件,说白了,没有钱(钱少了还不行)就很难保证有一个美好的生活,而农民差的就是"钱"。2009年12月18日,温家宝总理在哥本哈根气候大会领导人会议上指出,按照国际标准中国还有1.5亿农村人口生活在贫困线以下。农村贫困人口数量之大和贫困程度之深令人震惊,在中国经济高速发展的同时,中国的穷人却更加贫穷了。2009年,中国城镇居民人均可支配收入 17175 元，农村居民人均纯收入 5153 元，绝对差距从 2000 年的 3748 元扩大到 12022 元，首次突破 1 万元。更有研究指出，表面上看，2009 年城乡收入差距为 3.3∶1，但如果考虑到城镇居民的住房、公费医疗和实物收入等，再扣除农民收入中不可交易的实物性收入以及农民收入中要用于第二年的再生产资料，城乡收入差距将扩大为 4 倍多。以上说的是全体农村居民收入水平比城市居民差很多，而且这个差距在可以预见的时日里恐怕不会缩小。就这点收入，在一个什么都不涨，只有物价涨的年代里，怎么能保证农村居民生活得美好呢？

在现代社会里，老人（65 岁以上的人）、儿童的生活是否美好是判断这个社会是否是一个"好社会"的重要标志，因为这两类人群是相对弱势的人群，只要他们生活得美好了，其他人群的生活也就美好了。先说说老人吧，按理说 65 岁以上的老人应该颐养天年，没有能力再从事繁重的体力劳动，可大多数农村老人仍依靠自己的劳动自养，而且从事农业生产或其他副业的劳动收入往往只够或不足以满足基本生活需要。笔者每次回老家，都会看到一些年过耄耋仍然在烈日下的田间地头劳动的老人，是他们天生喜欢干活吗？不是的，不干他们就没法生活；不能依靠他们的儿女吗？儿女们自顾不暇呢。这其中还有大量的贫困老人生活更为不易。据有关部门测算，农村男性老人年平均收入低于贫困线标准（从 20 世纪 80 年代初期起，我国确定人均年纯收入 200 元为贫困线，此后根据物价指数，逐年微调。到 2007 年，中国的贫困线被重新划定在 1067 元，2008 年底，调整为 1196 元）的比例为 43.1%，女性老人达到 65.5%。这点钱能干什么呢？如果老人们的身体健康，日子虽然艰难也还能过；然而，"年轻时人找病，年龄大时病找人"，农村医疗条件差，老人们往往难以逃脱病痛之苦，一旦有病就是雪上加霜。

再看儿童，儿童是一个社会的未来，他们的身心成长需要善加安排。农村的儿童大致可以分为两类：一类是留守儿童，一类是非留守儿童。后者的成长有自己的父母照顾，虽说其生活和学习条件不如城市儿童优越，但还算差强人意，最重要的是他们能够享受到父母的呵护，感受到亲子互动带来的感情满足。而前者就困难得多。据推测，目前全国有 2000 多万留守儿童，他们有的自己生活在农村，有的和自己的爷爷奶奶生活在一起，很难享受到在父母面前撒娇的快乐，其人格养成受到很大影响。分析下来，农村的老人和儿童的生活也不是很美好。

如果篇幅允许，还可以举出更多事实来说明农村并不能使人的生活更美好，所以笔者一直坚持我国必须加快城市化步伐、减少农村居民数量、给农村居民以国民待遇的主张，也一直反对持相反观点的人。古希腊剧作家欧里庇得斯在两千多年前说："出生在一座著名的城市里，这是一个人幸福的首要的条件。"这句话很好地表达了笔者的想法，不过，最好把"幸福"换成"美好"。

▶ 职教观察
2011

为了80%的工人兄弟

中国老百姓在共和国的前30年为国家的高积累付出了巨大的牺牲，生活水平二十多年没有明显的变化；在后30年里，老百姓的生活水平大大提高，但近10年来其提高速度一直低于GDP的增长速度。我们很多城市的硬件设施早已超越了发达国家的水平。按理说，在这种情况下，政府就应该多关心老百姓的生活质量，而不是继续把城市打扮得更美好。但是，盘踞在某些政府官员头脑中一个根深蒂固的观念是，只有把资金投到"显山露水"的生产性领域才是值得的。其实，一个纯粹靠投资拉动的经济是没有前途的。因为投资虽然可以带来对更多投资的需求，经济可以增长一段时间，但这是有限度的，因为投资很快就会饱和。在很大程度上，苏联就是被过度投资（特别是军事工业投资）拖垮的，而日本在过去20年的停滞也和过度投资有关，比如，新干线修到了人迹罕至的山区，全国还修建了许多一个星期用不到两次的专供蔬菜运输的机场。中国虽然仍是一个发展中国家，似乎还远未到投资饱和的地步，可最近的一些迹象表明，投资过剩苗头已经出现。比如，北京奥运会和广州亚运会（政府投资亚运会的资金就达到1600亿元）搞了两个"无与伦比"，弄得别的国家都不愿和中国玩了。

一个经济要真正实现可持续的增长，就必须依靠消费的增长。怎样促进消费呢？给大家涨工资，增加人们的收入是前提，也还有别的办法。为此，笔者在这里提出一个改进消费的方案，即投资教育，特别是进城的"新生代工人"的技能教育。我们老是讲转变生产方式，提升中国的制造能力，提高产品附加值，等等，但这些都是建立在提高工人技能的基础上的，一张好的设计图纸必须经过技术工人的手才能变成完美的产品。德国和日本的实践告诉我们，造就合格的产业工人大军是保持制造业竞争力的必由之路。据统计，新进城的工人已经构成了中国产业大军的80%，而这其中的80%只有初中或以下的教育水平。这些人中的多数不会回到正规学校去读书了，对他们进行在职培训是提升他们技能水平的唯一出路。已经通过的《国家中长期教育改革和发展规划纲要（2010—2020年）》（以下简称《规划纲要》）几乎只强调正规教育，而把这80%的工人忘记了。其中的一个原因是，《规划纲要》是教育部系统起草的，而工人的职业培训是人力资源和社会保障部管的事情。因此，要提高这些新工人的技能水平，需要在《规划纲要》之外增加政府投入。一个办法是，由财政部为人力资源和社会保障部发行国债，后者用筹集到的资金支持新工人的在职培训。为什么要发行国债，而不是直接拨款呢？直接拨款花的是政府的钱，一是要得到官员的认可难度非常大，二是没有起到动员社会资金的作用。截至2009年底，整个银行系统的存贷差为20万亿元，这基本上可以看作是我国历年经常项目（经常项目是国际收支中经常发生的交易项目，包括贸易收支、劳务收支和单方面转移，其反映一个国家的贸易和劳务往来状况）的累计盈余，或者说是国民净储蓄（国民可支配净收入扣除最终消费支出的余额）的累积量。其中，除去准备金和央票占款，估计还有8万亿元闲置资金。国债把闲置资金挖掘出来，再投资到新工人的在职培训上，就等于是把今天的储蓄变成明天的生产力。最重要的是，教育回报提高很快，目前城市里的年轻人每增加一年的教育，年收入就可以提高10%以上，如果折算成资金回报率，其数值是很大的。在网上查到的中等收入城市（比如西安）职业高中的年收费标准为1800元，另加择校费5000元（大体相当于国家的补贴），总计6800元，大体可以看作一年职业高中的社会成本。在收益方面，社科院李实等人的调查表明，新工人在2009年的年平均工资为16176元，因而，多接受一年的教育，他们的年收入可以提高近1618元。拿这个数除以职业高中一年的社会成本，就可以得到，新工人接受一年职业高中教育的社会资金回报率为24%，远远超过用外汇储备购买美国政府国债的回报率（还不受制于美国）。这还仅仅是教育的私人回报，没有计入教育的社会回报；还要注意的是，教育投资有一个基础设施投资无法比拟的优势，就是不需要国家投入维护费用。因为教育具有自我加强的性质，一个人获得教育之后，就会更加自觉地去获得更多的教育；而且，受教育程度越高的人，越会为子女投资更多的教育。由于教育的这种规模经济效应，一个从一开始就投资教育的国家就会一路领先，而一个不愿意投资教育的国家就会被甩得越来越远。转变生产方式是必要的，但这绝不是一蹴而就的事情，而是需要花费一代人的努力。这其中最重要的，是转变劳动力的生产方式。农村劳动力的转移即使没有完成，也已经超过了顶点，这是一方面；另一方面，人口转型带来的人口红利也进入了下降期。以往，只要年轻人加入了劳动大军，中国经济就增长；从现在开始，这种简单的劳动力再生产过程将越来越不适应中国经济增长的要求了。随着我国加快转变经济发展方式和产业结构优化升级，对高层次高技能人才的需求将更加迫切，提高劳动力的技能将是不可避免的事情。

何以发展　唯有改革

如果说过去三十多年我国的教育较之以前有了一个比较大的发展的话，不断地改革是主要原因。根据教育部2010年12月6日的消息，国务院办公厅已经印发了《关于开展国家教育体制改革试点的通知》（国办发〔2010〕48号）（以下简称《通知》），从专项改革、重点领域综合改革和省级政府教育统筹综合改革三个层面确定了国家教育体制改革的重点任务，并公布了试点地区、学校。这标志着酝酿多时的新一轮教育改革正式启动，也预示着我国的教育将有更大的发展。笔者认为其中最值得称道的是鼓励尝试多元化的办学模式，无论是学前教育、基础教育、高等教育还是职业教育，都鼓励社会资本办学，扩大各级各类学校办学的自主权。

可以用一句话来概括此次中国教育体制改革的特点，那就是"增加有效教育供应、扩大教育需求选择"。增加供应与增加有效供应是不同的概念，比如在中国高等教育领域，最近数年增加供应是显而易见的，各地政府搞高校合并、大学升级形成巨大的招生数量能力，甚至打造庞大的"大学城"项目，大搞"圈地建校"运动，让其变成GDP增长的政绩。其做法是先期用财政资金"撬动"银行巨额贷款，后期投入让学校自己负担，类似于房地产业的"交上首付，按揭自负"，学校办学缺乏持续性财政投入。在这种情况下，学校只能靠大幅度提高学费来化解"按揭"负担。但这一"供应"并不是"有效供应"，办学模式单一、专业设置重复、教师水平低下导致"千校一面、学生千人一面"，最终加重了学生（特别是低收入家庭学生）的负担。

其实，产生有效供应的办法很简单，即消除各种歧视性、管制性的行政手段，就像《通知》里面说的那样："清理并纠正对民办教育的各类歧视政策，保障民办学校办学自主权（试点单位是上海市、浙江省、广东省深圳市、云南省）。"果真如此，获得招生自主权的校长们会不断地探索社会的需要，从而提供多样化教育需求选择。自主型校长们会根据社会需求来设置教育内容。不管是从什么样的学校毕业出来的学生都应当有机会获取平等的权利，正如无论何种中学的学生都可以平等参加高考一样。

当然，这样并不是不要政府的投入了，相反，政府对教育的财政投入依然很重要且需大大加强，不过政府投入方式主要是扶持性的，例如对那些边远地区的义务教育加大投入，或者选择大学里面基础性强但商业化弱势的学科，对其进行必要的补贴，等等。改变过去那种"义务教育以县为主，高等教育以省为主，职业教育以学校为主"的模式。比如说，教育部门强制要求各地取消中小学择校费，有时候看似平等的政策，如果不能激发教育供应，往往事与愿违。因为这可能会导致学校不愿意招收外地学生，所以当市场给择校定价之后，政府可以采取对应灵活补贴的方法来事后消解市场定价导致的成本。也就是说，所有的政策行为都要考虑对教育供应的鼓励和教育需求的保护。

当校长从行政干部变成市场型教育家的时候，意味着他们受到的管束减少了，也意味着教育行政部分的可控资源减少了，教育部门的反对是显而易见的。所以，教育体制改革的一个必然环节是对教育官僚机构的改革：削减他们的权力，调整他们职责的目标函数。

很多人总喜欢以西方国家的教育改革途径来为中国设立参照系。其实中国在公元前就有极为成功的教育体制改革，周朝时教育都是王官之学，官方垄断教育，但春秋时期瓦解了一统局面，士人从"公卿士大夫"之"士"降为"士农工商"之"士"了，教育权力下沉民间，"士"们"八仙过海、各显其能"，各寻修身齐家治国之道。比如司徒之官演化为儒家，史官变身道家，羲和之官变为阴阳家，理官演化为法家，礼官变为名家，清庙之守延伸为墨家，行人之官变为纵横家，议官是杂家，稗官之学是小说家，等等。社会推动的教育改革造成"学派纷呈、百家争鸣"的局面，成就中华五千年文明之巅峰，这种壮观的景象难道不是激励我们教改的宝贵财富吗？

改革有利于发展，改革也不容易进行。当前中国的教育改革之航船业已驶入深水区，管理体制、办学模式、教育目的、学校布局、资源配置等改革纵横交错、相互牵制，亟待整体布局，协调突破。因此，随着教改大幕的开启，为保障各阶层的利益诉求都能够在教育改革中得到伸张和反映，还需要一方面加快推进互动式、开放式的改革议程，疏通社会各阶层参政议政的通道，防止部门利益固化牵制教育改革进程；另一方面，从制度上完善改革程序，促进教育改革过程的透明公开，以接受社会各界的监督。唯有如此，才能凝聚共识、消除阻力，真正使改革成为推进教育均衡发展的重要手段。

从"坐而论改"到"起而改之"

2010年7月,全国教育工作会议召开并颁布《国家中长期教育改革和发展规划纲要(2010—2020年)》(以下简称《规划纲要》)。为了贯彻和落实《规划纲要》的精神和理念,去年年底,国务院办公厅正式印发了《关于开展国家教育体制改革试点的通知》(国办发〔2010〕48号)。经过各地申报,425项教育改革项目完成备案程序,国家教育体制改革试点工作全面启动。如果说在这之前还是"坐而论改",现在应当是"起而改之"了。因为,再美好的蓝图都必须变成现实才行。可是,说易行难。要把《规划纲要》变成现实,却不是件容易的事情。这里面还有很多共识需要凝聚,观念需要转变,目标需要明确,环节需要疏通,路径需要明晰。比如说我们对于教育改革有关的概念还没有弄明白(以笔者之见,目前对职业教育办学模式是什么、现代职业教育体系是什么,我们就说不清楚),这直接影响了我们对改革目标的确定、路径的选择。比如广大的家长、教师、学生和广大人民群众还没有真正参与到教育改革中去(目前参与教改的只有教育主管部门的人和部分专家),没有最大多数人民的参加,教育改革就不可能顺利推进。又比如在专项改革试点中,许多互相关联的项目被人为切割开来,分别由不同地区不同层级的数十个政府和学校承担,没有考虑到决定教育体制创新的区位因素。各省区所承担的任务,也分别是各个领域的某些局部,难以组织起有效的综合改革配套试验,各地教育改革的方案还十分笼统、操作性不强。同时,承担这些改革试点的省区,也没有被赋予放权搞活的特殊政策。再比如由一些高校试点的"完善高等学校内部治理结构"改革,试点学校试图通过制定《大学章程》来限制校长和其他行政管理者的权力，将行政权力和学术权力分开。然而，我国大学的校长都是由上级教育行政管理部门任命的，享受厅级或副部级待遇，其权力来源于相关法律的赋予，通过大学内部章程来限制校长的权力，且不说校长本身愿意与否，这也与现行法律相违背。大学的行政领导退出学术委员会和教学指导委员会更加不现实，很多行政领导（尤其是校长）都是学术领军人物，如何分得开？……凡此种种，还有很多。这些问题不解决，改革将很难顺利进行。为此笔者建议：

首先，清理和修订相关法律法规，为教育改革的顺利进行消除障碍。法律应当能够增加教育改革的合法性和正当性，不应当成为改革的掣肘因素。现行的一些法律法规（比如《中华人民共和国高等教育法》《中华人民共和国教育法》等）的内容都是在多年以前制定的，目的是约束高度集权体制下的教育行为。现在我们想通过改革建立现代的、开放的、自主的、公平的教育制度，看来其中的一些条款已经明显与教育改革和发展面临的形势不相适应，并已成为现代教育制度、学校制度建立的障碍。目前应当抓紧修订《中华人民共和国教育法》《中华人民共和国高等教育法》《中华人民共和国职业教育法》等法律，剔除一些不利于教育改革进行、不利于调动学校改革和发展积极性的内容，为即将全面开展的教育改革扫清障碍，为改革保驾护航。也可考虑制定《教育改革法》，以此规范教育改革的行为。

其次，改革政府管理职能，设定教育管理部门权限，彻底下放有关权力。现在教育改革的关键内容就是放权，扭转教育行政管理部门什么都管的局面，扩大地方和学校的教育权限。回头看我国教育取得的成绩，大都是赋予地方一定权限后，发挥地方政府和学校改革创新主体积极性的结果。此前包括上海、山东、重庆、江苏等地的教育改革已经显现了地方政府教育改革的活力就说明了这一点。中国这么大的国家、这么庞大的教育事业，教育部门能管得过来吗？不可能的。再说即使教育部门能管得过来，恐怕也没有这个能力管好。既如此，就应该充分放权，国家要赋予各地方政府和学校一系列权力和优惠政策，允许这些地区和学校在全面推进教育体制改革的试验中先行先试，率先向传统行政体制（包括教育行政体制）和干部管理体制、机制发起冲击，让其在教育行政管理体制改革、人才培养模式创新、现代学校制度建立等方面开展试验创新。比如说，国家可以把管理高等学校的各类审批权下放给省级政府或各高等院校，以落实相关法律规定的高等学校各项办学自主权；国家和省级教育行政部门要向地方放权，凡属于地方政府教育权限范围内可以自行决定的事情，原则上都下放给地方政府。

最后，各级地方政府和学校要尽快提高推行教育改革的能力，明晰教育改革的内容、步骤和路径。教育改革是一个系统工程，也是一个专业性很强的工作，再也不能走"摸着石头过河"的老路。这就需要改革的当事者对教育规律以及各种约束条件有深刻的理解和把握，系统地设计教育改革计划和方案，使之具有很强的可操作性。

高技能人才从哪里来

"没有一流的技工，就没有一流的产品。"中国社会要想可持续发展，绝不能走"高污染、高耗能、低附加值、低收入"的老路，加快转变经济发展方式、促进产业结构调整、提升企业竞争力，不仅要依靠科技进步、管理创新，而且要靠一大批掌握精湛技艺和高超技能的"一流技工"。据2011年3月17日出版的《人民日报》所载数据，截至2010年底，全国高技能人才达到2880万人，好像也不少了。但这远远不能满足产业结构调整和经济社会发展的新要求，从实际的观察以及相关媒体的报道中即可知道，现在高技能人才已经成为很多行业的"最缺"（当然，不是高技能人才的简单劳动力也缺乏），真可谓"未调先缺"。据劳动保障部门统计，我国城镇从业人口中技师、高级技师仅占4%，连一汽集团这样的技能人才高地高级工比例也才占13%，而发达国家高技能工人占30%~40%，差距不可谓不大。针对技工短缺严重的情况，政府和研究机构纷纷想点子、出主意、拿措施。这不，在3月16日召开的全国职业能力建设工作座谈会上，人力资源和社会保障部领导就说，2011年将加强技能人才队伍建设，启动实施国家高技能人才振兴规划。计划从2011年到2020年，全国将新培养350万名技师和100万名高级技师，平均每年要培养35万名技师和10万名高级技师。中国人民大学就业研究所日前完成的《中国相关就业群体的就业前景》报告甚至建议，适当缩小高等教育规模，将三本大学改成职业技术学校，以适应劳动力市场发展的新趋势。他们认为，把三本院校改为技术学校，既可以解决大学生就业问题（大学生数量少了，就业压力自然轻了），又可以解决"技工荒"的问题，可谓是一箭双雕的好事。这个主意乍听起来很好，仔细一想却又不妥，原因在于他们犯了"一低、一高"的错误。所谓"一低"就是过低地估计了高等教育的作用以及高等教育在中国人心中的分量。在高等教育普及化的今天，大学更多的是一种素质教育，对于中国庞大的人口而言，并不是大学多了或者大学生多了。退一步讲，如果真的希望大学生们就业顺利一些、适应经济转型和产业结构升级需求的能力更强一些，完全可以通过调整专业设置，加强理工科和技术创新型人才的训练来达到，用不着"改换门庭"。所谓"一高"就是过高地估计了包括技工学校在内的职业技术学校的能力，认为高技能人才是职业学校培养出来的，只要多办几所职业学校就可以了，这个观念显然是站不住脚的。如果大办职业学校就能培养出高技能人才的话，我们不应该缺高技能人才。据统计，截至2010年底，全国有技工院校2998所，其中技师学院200多所，高级技工学校530所，技工院校在校生达到421万人。再加上职业高中5652所、在校生778.42万人，中等专业学校3789所、在校生840.43万人（上述数据为2009年的统计），学校数和学生数不可谓不庞大。如果有5%的学生成为高技能人才，我们何来"技能人才荒"？这说明，高技能人才不是职业学校能够培养的，或者至少可以说高技能人才并不完全是职业学校培养出来的。细究起来，高技能人才的成长不但是一个与人的技能学习规律密切相关的过程，也是一个受诸多因素影响的复杂过程。

首先，高技能人才的精准、熟练和创造性地操作工具的能力，决定其成长必然是一个比较漫长的过程。没有十几二十年在工作岗位上有目的的、主动连续的学习和训练，是不可能成为高技能人才的（即使成为初中级技能人才，一定时间的练习也是必不可少的）。这个过程不可能在职业技术学校里完成，只能在其工作岗位上进行。这就要求企业从自身可持续发展的角度切实承担起职工技能培训的责任，在时间条件和学习机会的创造上提供便利，促进技能人才队伍的不断壮大。另外，作为员工也要把自身的成长与企业的发展结合起来，抓住一切可以提高自己技能水平的机会，促进自己发展。

其次，高技能人才的培养、认定、使用和评价是一个社会问题。目前，我们的社会对于技术工人或者高技能人才还存在比较严重的偏见，高技能人才的社会认同度以及经济社会待遇还不够理想，社会上还普遍存在"唯学历论"的观念，人才的评价标准还比较单一，技能人才在社会发展中的作用虽然越来越大，但整体上的社会认识没有跟上。除此以外，在计划经济时期建立起来的传统劳动人事管理制度把工人和干部（包括科技人员）从管理制度上严格地割裂开来，分别管理，造成二者之间不同的社会认同地位以及职业发展空间。二者叠加，使得许多技能型人才得不到他们应得的社会地位和相应的价值回报，好在政府、企业和社会各界正在采取各种措施改变这种状况。

说这些并没有否定职业技术学校在技能人才成长中的作用，职业技术学校在帮助学生建立职业认同、传授必要的知识、训练基本的技能方面还是大有可为的。

教其"所以练" 然后教其"练"

笔者自己是一个动手能力比较差的人,所以对所有的能工巧匠都打心眼里佩服,不管是菜市场门口拉二胡的盲人、建筑工地上的塔吊工人,还是早晨公园里抖空竹的老人,笔者都很佩服,更别说央视一套正在播出的《我们有一套》节目中各行各业的奇人异士了。见到这样的人笔者都会不自觉地停下来观察他们的动作,很想弄明白他们是怎么掌握这些技能的,这个"熟能生巧"(在笔者看来,这个词代表了一个人技能水平的两个阶段,"熟"只是代表会了,是技能的初级阶段,而"巧"才是技能的最高阶段)的过程有没有规律呢?如果问他们,他们大都说"多练就行了"。看来,多练确实是技能学习的不二法门,这一点也被笔者最近看的由美国人写的三本书的内容所证明,这三本书分别是马尔科姆·格拉德威尔的《异类:不一样的成功启示录》(中信出版社,2009年版,季丽娜译)、丹尼尔·科伊尔的《一万小时天才理论》(中信出版社,2010年版,张科丽译)和杰夫·科尔文的《哪来的天才?练习中的平凡与伟大》(中信出版社,2009年版,张磊译)。作者们在书中不约而同地肯定了不间断的练习的重要性,同时提到了"一万小时"定律,这个定律是在研究了很多功成名就者的经历之后得出的,意思是要想做好任何事情,比如写文章、绘画、拉琴、打高尔夫球、玩篮球、踢足球、开飞机,等等,都需要操练至少一万小时,即使使用计算机也不例外。比如马尔科姆·格拉德威尔在他写的书中举了比尔·盖茨的例子。在笔者过往的阅读经历中,比尔·盖茨常被当作倚仗天赋成功的例子,实际情况却不是这样。他的父亲是富有的著名律师,母亲是银行家的女儿,比尔·盖茨小时候读的是贵族私立学校。1968年,由学生妈妈组成的"妈妈俱乐部"捐款,为学校买了一套计算机终端——即使对于美国的中学,这在当时也是稀罕物。那时,甚至很多大学都没有计算机,终端要接入西雅图市的计算中心。当时使用计算机的费用很高,母亲们捐的钱很快被盖茨他们用完了。正好位于西雅图的华盛顿大学有几位教授开办了一家公司,其中有位教授是该校学生家长,他让盖茨他们免费使用公司的机器。盖茨家离华盛顿大学很近,他也常在半夜溜出门,去大学的医学中心或物理系,趁着人少,使用那里的计算机。根据能够查到的资料,马尔科姆·格拉德威尔和比尔·盖茨一起算他上机的时间,在1971年,盖茨他们接入某公司电脑的连线时间为1575小时——按这个数字类推,当盖茨在大学二年级从哈佛退学时,在7年(中学6年加大学一年)时间里,他在计算机上花的时间已经超过一万小时。盖茨后来为IBM的个人电脑编写操作程序,硬是把整套DOS指令强行塞入容量仅为64K的记忆之中,办到了IBM那些经验丰富的程序员没能办到的事。每部电脑都需要操作程序,你想这个业务量得有多大,盖茨的小公司立马腾飞,财源滚滚而来。但是,没有那一万小时的操练,平常人一看就头晕的专门喂计算机的汇编程序,盖茨怎么可能用得如此巧夺电脑工?书中还讲了很多这样的例子,如此使人不得不信,要想成功就要经过一万小时的练习。

  以笔者自己的经历来看我同意上述的结论,但是,现实当中有一些虽经千练万练也不成功的事例又使我们怀疑上述结论的普遍性。当然,人家在书中也提到了成功的"一万小时"练习定律绝不是说一味地瞎练,只要熬上一万小时就自然成功了,而是讲究"苦练加巧练"。那么,怎么样才能做到"巧练"呢?笔者觉得掌握相关原理对于练习的成效很重要。这一点笔者想讲一个"物理学与芭蕾舞"的故事来说明。在美国伊利诺伊大学厄本那—香槟分校有一个名叫肯尼思·洛斯(Kenneth Laws)的实验高能物理学家,他40岁那年,小女儿嚷着要学芭蕾舞,小儿子也表示很有兴趣,于是他便和儿女们一同参加宾夕法尼亚州青年芭蕾舞中心的舞蹈班。

儿子一年半后退出，女儿练了七年后最终还是宣告放弃，出乎意料的是肯尼思却坚持下来了，不曾落下一节课，一周练习15个小时，有一次还在《睡美人》中扮演王子。只是，他对老师的教法很不满意，开始尝试运用物理学知识来学甩鞭转和其他动作。1986年，他出版了一本《舞蹈的物理学》著作，再后来他干脆自己做了芭蕾舞教师。和一般的芭蕾舞教师总会让学生练习练习再练习不同，肯尼斯首先为学生详尽解释原理，尤其是芭蕾动作的物理学原理，然后再指导学生练习，效果出奇的好。他经常还会现身说法，让一位芭蕾舞者和他合作为观众讲解知识，听得观众啧啧称奇。

笔者讲这些并不是号召每个人都要练一万小时，也不是号召大家都学芭蕾舞，而是以此为借鉴，提醒职业教育有关各方应该加强职业学校里的原理学习，教学生"所以练"，然后再教其"练"。

小李和小王

机缘巧合，笔者认识了这样两个年轻人，权且称他们为小李和小王吧。他们都来自中部某省的农村，虽不是一个村子里的，但相距也不远，初中是在同一所学校上的。他们的家境一般，不能说太贫困，也谈不上富裕，其父母都曾经是（或者现在依然是）被称为"农民工"的进城务工人员。2008年初中毕业时，因为学习成绩不好，他们虽然都断了上普通高中进而考大学的念想，却选择了两条不同的道路。小李选择了外出打工的谋生之道，小小年纪就和他的一些同学一道加入了"南下东上"的打工大军，经过老乡介绍，他被南方某市一家电子厂录用为电器组装流水线上的一名员工，经过一个星期的培训（所谓培训就是学一学工厂里的纪律、规矩等）就上岗了。他的工作非常简单，就是打螺丝，每天拿着好几斤重的螺丝枪，一块板要打4颗，标准的作业时间是12秒，刚开始干的时候，他动作不熟练，做得有点慢，他所在的那条生产线产量不高，经常被组长、线长指责。过了一段时间后，他的速度就上来了。这样一干就两年多，虽然也换过几个厂子，但工作性质（简单体力劳动者）、工作环境（由于电子产品的外壳是铝制的，在打磨的过程中会产生大量的铝屑灰尘。在车间内，铝屑常常漫天飞舞，随手便可触摸到银灰色的铝屑）和工资（底薪1150元，加上加班费，一个月能拿到2200～2600元）没有明显的变化。令他没想到的是，在同一个工厂的同一条生产线上他遇到了分别两年的初中同学小王。

  初中毕业时，小王虽然自己觉得考高中、读大学无望，却不甘接受"农民工"的命运，于是怀揣着"能掌握一门技术，便于找工作"的期待，进入中部某省省会的一所职业学校学习，学的专业是"市场营销"。在学校里学习每年要交4000多元的学费。去年，他和班上的其他20多名同学一起，由老师带队进入南方某市的一家电子厂从事拧螺丝之类的机械操作。就是在这里他与小李相遇了，他们还在一起吃了顿饭，交流了各自的经历，对命运的安排不胜唏嘘。小王干了4个月后领到了2000元工钱。今年上半年，小王以为能够回学校上课了，但没料到又被拉进了重庆的富士康工厂，说是还要实习半年，完成之后回到学校参加考试后就可以毕业了。在工厂里，小王他们与社会上招聘来的小李们吃住在一起，他们的工作强度、加班时间并无二致。唯一的区别是，按照学校要求小王们要从自己的工资中拿出一笔钱给学校，名曰"实习管理费"。像小王们这样的职业学校"实习生"就是典型的"学生工"，即多数是未成年工，他们所做的工作，常常是一个初中生在培训几小时后就可胜任的简单劳动。其面对的工作强度之大、工作环境之差和加班时间之长等皆与从社会上招聘的工人（小李们）无异。小王跟我说，他们每天上班前要经过面无表情的保安的严格检查。这些保安往往在企业内部拥有特殊的地位，因此经常趾高气扬，言语粗暴。他感觉，似乎工人们的工作永远都不能让管理层满意，他们总是被训斥要求集中精力、提高速度。北大、清华关注新生代农民工调查组调查结果显示，在深圳、重庆、成都和郑州等地，一些中职学校学生被以实习名义放逐到流水线上成为"学生工"的比例很高，仅在深圳富士康，"学生工"的比例就高达30%。实际上，现实当中有无数个小李和小王。从小李和小王们"殊途同归"的经历中我们不难看出，当前我国的职业教育存在比较严重的实用主义、功利主义倾向，职业教育成为"目中无人"的教育，很多职业学校被地方政府经济发展、招商引资的冲动所绑架，沦为给工厂提供廉价、年轻、驯服劳动力的中介公司。职校生花掉不菲的钱财，非但什么也没有学到（要理论没理论，要技术没技术），反而体验到了被学校四处"倒卖"当"学生工"的痛苦。如果任凭这种状况继续下去，不仅会使职业教育自身的发展受到严重的影响，还会使职业教育好不容易争取来的良好发展势头难以为继。如果这样的话，国家寄希望于通过大力发展职业教育推进我国工业化、现代化的进程，通过发展职业教育促进社会就业和解决"三农"问题，通过发展职业教育完善现代国民教育体系的设想，将成为一句空话。质是之故，笔者认为，到了对我国的职业教育进行认真反思的时候了。认真反思我们的职业教育理念、我们的学生观、我们的职业教育价值观、我们的职业学校办学方式、我们的教育教学安排……通过不断反思保证我国职业教育的可持续发展已是当务之急。

本文部分材料取自《南方周末》《中国青年报》《每日经济新闻》等媒体的相关报道，特此致谢。

村庄少年归何处

父母虽年事已高，在老家还种了点地，头几年笔者是反对的，怕他们累坏了身体，近几年随着到处是防不胜防的有毒食品，笔者倒是支持父母在家种地了，一是有利于他们活动活动身子骨，二来笔者也能够吃上放心的面粉。今年麦收时节回家帮父母收麦子，遇到邻居家因为打工工厂倒闭而被迫回家的青年小赵。他17岁高中没毕业就出去打工，已经有5年打工生涯的他因为不会使用镰刀割麦子而待在自家院落里。看他无所事事的样子，笔者和他攀谈起来，问他下一步怎么办，他说不知道未来怎么办，但唯一斩钉截铁地说出的就是"绝不能待在家里"。其实他也无法适应农村生活，可城市又不容纳他们。这就是人们说的既不愿回乡，又融不进城里的"双重边缘人"了，而这样的人不在少数。他们远离家乡，四处打工，只为能离开农村，居住在城市；他们游走在城市的边缘，无奈自己是那样的难以融入，遍尝落寞、漂泊之苦，不知根在何处、家在何处。

2010年4月28号发布的第六次全国人口普查结果显示，同2000年相比，我国流动人口大量增加，超过了2.6亿人，10年间增加了1.17亿人。而这2.6亿流动人口中，绝大部分是农民工和农民工的家属。更重要的是，这2.6亿流动人口中有接近9000万人是"80后""90后"，这些"80后""90后"与"70后""60后"不同，但我们还是按照老办法对付他们。产生所谓的"农民工"本来是个不得已而为之的权宜之计，现在却成为一种常态，实在是一件令人费解的事情。

几乎与1978年农村开始土地联产承包责任制改革同时，我国就产生了第一批"农民工"。这些人背井离乡，来到城市"闯生活"，他们几乎毫无工业生产的技巧，对城市生活方式也感到非常陌生。他们的想法也许很简单，就是赚到打工钱，寄回老家去，盖房子、讨老婆、养孩子和敬老人。

20世纪80年代中期以后，经济体制改革扩展到城市，城市里的二、三产业大发展，需要劳动力，于是"进厂又进城、离土又离乡"的农民工就大量出现了。按说，这部分劳动力从农村进入工厂，从企业获得的工资收入成为生活的主要来源，理应是工人了，也理应是工厂、企业所在地的居民了。但是由于中国特有的户籍制度限制（全世界也只有中国、朝鲜和贝宁等几个国家实行这种制度），他们的户口不能迁移，农民的身份不能改变，即便他们在城市的工厂里干了5年、10年、15年，他们依然还是农民工。

相对于第一代农民工，以"70后"为主体的第二代农民工在个人诉求和工作能力方面都有不小的变化。"学点技术"往往成为他们外出务工的一个重要原因，他们大多希望自己通过拥有一技之长而得到更广阔的发展空间。第二代农民工的受教育程度更高，因此对精神生活有着强烈的需求，他们在选择工作时非常希望被他人尊重和被社会认可。

而目前的农民工当中，"80后""90后"已占主体，根据《人民日报》2010年的调查，"80后""90后"已经占到我国农民工总数的60%。他们上完学以后就进城打工，对农业、农村不太熟悉。与他们的父辈相比，新生代农民工受教育程度高、职业期望值高、物质和精神要求高，重视社会保障，有很强的维权意识，渴望融入城市。中国青少年研究中心的一项研究显示，想在城市定居的农民工50岁以上的只有15%，40~50岁的为21%，30~40岁的为37%，20~30岁的为45%，20岁以下的竟高达61%。然而，与新生代农民工融入城市的强烈愿望相抵牾的是，他们融入城市的道路十分狭窄。改革开放已30多年，依然有2.6亿流动人口就说明大部分农民工"心虽离乡，身犹在村"。这么多的流动人口在城市当中，在就业、养老、医疗、教育、住房等方面享受不到和城市户籍人口均等化的服务，不能比较好地融入城市，政府如果处理不当，定会危及社会和谐。

解决这个问题的思路也不难确定，即改革二元分割的户籍制度，摘掉农民工的"农民"这两个字的帽子，给进城务工农民以城市市民待遇。5月31日国务院发布的《关于进一步做好普通高等学校毕业生就业工作的通知》要求，除直辖市外，各城市应取消高校毕业生落户限制，允许高校毕业生在就（创）业地办理落户手续。为什么这样的政策不能给农民工呢？

除此之外，应该关注为新生代农民工提供晋升空间。很多农民工在数年打工迁移过程中，已经在岗位上积累了丰富的工作经验和相关知识技能。但是他们因为缺乏一纸学历证书，始终不能得到体制的认可，笔者称之为"技术流动的社会断裂"，它直接导致了对各地经济发展贡献巨大的农民工总体处在"有技术，无地位"的社会劣势位置。这种"地位上升滞后现象"，已经威胁到了中国社会结构的整体变迁。如果能够出台相应的办法使有专业技术、技能的农民工，通过获得某种认可而上升到社会中间阶层的位置，必将使无数村庄少年居有定所。

增加流动性　让人有奔头

一个社会最可怕的是社会流动性低、社会结构被固化，这必将造成动态的不平等，导致长期经济增长的停滞。具体来讲，社会流动性指的是社会阶层之间的流动性，它是上一代人的收入、教育和地位等因素对下一代人收入、教育和地位的影响程度，这种影响程度越高，社会流动性就越低。通俗地说，社会流动性低，就是所谓的"龙生龙，凤生凤，老鼠的儿子会打洞";社会流动性强,就是所谓的"朝为田舍郎,暮登天子堂"。社会流动性的测度方式是收入、教育和地位在代与代之间的相关系数,它的取值在-1到1之间,合理的社会流动性意味着代际相关系数应该在合理的范围内。如果代与代之间的相关系数为-1,就意味着上一代是穷人,下一代就变成富人;上一代是富人,下一代就变成穷人。这是通过大规模的财富剥夺(比如革命和战争导致了代与代之间过度和无常的变化,这显然不是我们想要的)才可能实现的代际变化。正常社会的代际相关系数都是在0和1之间,由于有各种因素影响代与代之间的传承,比如基因、自然环境等,所以相关系数应该高于0;但如果代际相关系数趋于1,社会结构就会彻底地固化,父辈的收入、教育和地位会完全决定子女辈的收入、教育和地位。

为什么说社会流动性很重要呢?这是因为较高的社会流动性是维持长期经济增长的必要条件。只有较高的社会流动性才能保证动态的机会公平,调动社会上所有人的积极性,进行人力资本投资,努力工作,积极创业和创新。一个国家人均GDP超过3000美元,经济发展方式就从要素驱动阶段进入效率驱动阶段,这个阶段最核心的问题是如何激励人们进行人力资本投资,人们是否愿意学习、得到教育和培训,以及是否愿意寻找一切机会去改善自己的处境,这是决定一国经济长期增长的关键因素。要让所有人有这样的积极性,就一定要给他们提供希望和机会,让他们产生"只要努力一切皆有可能"的预期。如果不管你如何埋头苦干,你的收入和财富主要由你的父辈的收入和财富决定,谁还有个人奋斗的志向和激励?谁还愿意对自己进行人力资本的投资?因此,高社会流动性是促进经济长期增长的关键。一些国家的数据和资料就说明:一国社会流动性越高,对应的经济增长率也就越高。秘鲁、智利和巴西等国的教育代际相关系数都超过0.59,这意味着如果父辈获得的教育程度不高,那么孩子也很难接受良好的教育,因此,长期处在"中等收入陷阱"中;而发达国家的教育代际相关系数都低于0.5。我国传统的科举选拔制度虽有其弊端,但在提高社会流动性方面却居功至伟，有真才实学的出身低下的人也可以"居庙堂之高"，成为治国安民的栋梁之材。

但是不能不承认，由于公平竞争的市场规则还没建立起来，同时在社会各阶层的利益博弈中政府还无法扮演公平和中立的角色，一部分精英阶层利用制度和政策的缺陷为自己谋求利益，阻碍了社会流动性机制的确立和完善。人们对社会流动的重要性认识不足等原因，导致我国最近10年来的社会流动性有所下降，社会结构出现固化趋势（"富二代""穷二代""官二代"现象就说明了这一点）。那么，该如何扭转社会流动性下降的趋势呢？愚以为：

首先，加快建立公平竞争的市场规则，特别是对弱势群体在制度上适当地加以保护，给他们参与公平竞争的机会和可能性。对于起点较低的人群，不仅给予他们法律上的公平，还要给予他们提高自身能力的机会，而这种机会必须是一视同仁的。要改革户籍制度，打破城乡二元体制，让农民和城市居民在生活、教育、就业中得到同等对待；还要放松劳动力市场上不合理的准入限制，取消各种各样不必要的职业证书要求，让低收入者有机会进入合适的职业岗位。

其次，政府的投资要由物质资本投资转向人力资本投资，如投资到教育和健康等产业，特别要注意消除教育和健康水平的不平等。教育和健康是人力资本的组成部分，是个人竞争能力、社会经济效率的决定性因素，但也最容易造成不同家庭之间的鸿沟。只有国家的公共服务体系保证了公民平等的教育和医疗机会，来自较低阶层的年轻人才有可能通过自己的努力改变命运。

再次，提高各级各类组织机构维护社会流动性的责任感。社会流动性的提高最终要取决于企事业单位对各阶层人群的平等对待；各级政府、国企、公立学校依靠纳税人的钱运转，这类组织机构更有责任为所有人，尤其是弱势群体提供公平的就业和发展机会。

总之，我国社会正在进入新的发展阶段，必须增加社会流动性，使社会上所有人，尤其是来自各个阶层的年轻人感到有奔头、愿意奋斗。这样，一个健康的社会才能不断提高效率，保持经济的长期增长。

农民工"三有一无现象"要不得

前几年，泰国发生了"红衫军"事件，最近一个时期在中东地区一些国家，又频繁发生因为人们集会而导致"政权更替"的事件，各路专家纷纷发表自己的看法。分析事件产生的原因，笔者认为，很重要的因素就是这些国家都贫富分化严重、社会结构中底层巨大。这就从侧面告诉我们，底层巨大的社会是随时潜伏着社会危机的。从中国社会结构的总体看，迄今为止，最大的问题仍然是"中层欠缺"，下层巨大，而下层巨大的原因就是农民、农民工聚集在社会下层。据全国第六次人口普查数据显示，我国有多达2.6亿以上的农民工，他们在整体社会结构中的地位并没有明显变化，我把这个现象概括成农民工"三有一无现象"。所谓"三有一无"就是"有劳动能力、有巨大贡献、有生产技术，无社会地位"。

"一有"是：农民工是我国各个劳动力群体中最具年龄优势的群体。外出打工的农民工，绝对是以青壮年劳动力为主体的，他们年轻有为、精力旺盛。根据一项在全国九省、市（直辖市）对城市农民工群体的调查，城市农民工按年龄分组，各年龄组所占比例为：14～15岁占0.1%，16岁占1.4%，17～25岁占37.1%，26～35岁占23.8%，36～45岁占27.1%，46～55岁占9.1%，56～59岁占1.4%。也就是说，农民工中年龄在17～45岁的占88%，青年有活力，壮年既有能力又有经验，所以，他们都是最具有劳动能力的群体。

"二有"是：这样有活力的劳动群体在经济发展中的贡献巨大。有人采用相关分析的方法，对全国流动的劳动力与经济发展的关系进行了分析，数据来自国家统计局的相关资料。从31个省（自治区、直辖市）人均GDP分别与总体流动劳动力所占比例、农业流动劳动力所占比例、非农业流动劳动力所占比例的相关系数来看，这几项指标与人均GDP均存在很强的正相关关系。具体数据如下：流动的劳动力与全国各省的人均GDP都是明显的正相关关系，而其中流入到非农业职业（人数最多的是农民工为主体的生产工人）的流动劳动力比例与该地区人均GDP的相关性最强，高达0.76。这说明，农民工对各省人均GDP的社会贡献最大（见《江苏社会科学》，2010年第6期）。也正是在这个意义上，美国《时代》周刊将"中国工人"评为2009年年度人物，发表的照片中的人物都是中国农民工。杂志文中称，"中国农民工"是中国经济"保8"的最大功臣，在2009年里，正是他们的奋斗使得中国的经济一步步复苏。

"三有"是：农民工有技术优势（就是目前尚无此相关数据）。我们每个人有目共睹的数以千计的高楼大厦，"西气东输""西电东送""南水北调""青藏铁路""京沪高铁"，甚至"卫星上天"等一系列重大工程项目，以及近年全国各地上万的工程建设、数以亿计的各类"物美价廉"的产品，都可以证明农民工的劳动是有技术含量的，被我们称作"农民工"的很多人，其实就是"高级技术工人"。

"一无"是：在国家经济增长中做出巨大贡献，有年龄优势又有技术的农民工群体基本上无法真正改变他们的社会地位，即他们总是处在社会阶层结构的下层，难以流动到中间阶层的队伍之中。原因何在？是不是一个人技术（技能）的熟练程度与其社会地位改变无关呢？让我们来看看当今社会一个人是如何获得社会地位的吧。已有的社会学研究成果告诉我们，决定一个人社会地位的因素很多，有的人提出10种，也有人提出8种。依笔者的看法，在当前中国的社会背景下，决定社会地位的因素不外乎权力地位、经济地位、教育地位、技术职称、户籍身份地位、家庭出身等六个方面。留心周围，我们不难发现最近几十年，有许多凭借权力、家庭背景、考大学、获得某种专业技术职称而改变了自己社会地位的例子，笔者本人就是一个获得某种专业技术职称（教授）而改变了社会地位的例证。有人说"读书改变命运"，其实技术（技能）也能够改变命运。以此对照，再根据农民工的实际，在这六个方面，教育（职业教育）地位和职业技术职称地位对于农民工的发展空间最大。成千上万的农民工通过接受职业教育和以后在工作岗位上持续地"做中学"，成为各自行业里的技术能手，他们理应实现社会地位的改变。然而实际上他们的社会地位并未改变。农民工的这种"三有一无现象"已经挫伤了年轻人学习技术的积极性，影响到了产业结构的升级和经济发展方式的转变，甚至威胁到了国家社会结构的整体变迁。笔者多次说过，在中国实现向中间阶层为主体的社会结构转变的关键，就在于如何使得现代产业工人的重要组成部分的农民工，特别是有技术（技能）的农民工上升到社会中间阶层的位置。如能实现，以培养在生产服务行业一线工作的技能工人为目标的职业教育的吸引力自然就会得到明显的增强。

人口如何才是红利

笔者有个发小，他妈妈是我们村上的妇女主任，分管村子里的计划生育工作，为了完成上级给的计划生育指标任务，强制育龄妇女有计划地生育，难免会得罪村里的一些人。有一年大年初一的早晨，他们家的大门被人贴了封条，这在农村风俗中是很不吉利的，为此，我们在一起聊天的时候，他委屈地对笔者说：我妈也不是为自己，如果不计划生育，中国人口无限制地增加下去，后果可怎么得了。笔者深以为然，觉得降低人口增长速度是必须的。对于中国来说，过去二三十年的强制性人口政策的确大幅度降低了中国人口的增长速度。中国1990—2010年人口增长率是17.1%，相比印度的40.2%、巴西的30.3%、尼日利亚的62.4%、印尼的30.1%、美国的22.5%，中国的减缓是很明显的。数据显示，计划生育政策使中国目前人口规模比预期缩减了4亿。如果没有中国的人口控制，5年以前我们就会迎来"世界70亿人口日"（联合国将2011年10月31日定为世界70亿人口日）。但是最近几年越来越多的人开始反对这种政策，他们认为，强制性生育政策让中国人口红利快速消失，纷纷要求中国快速解除强制性的计划生育政策，以确保"大国不空巢""人口有红利"。尤其是在近年来产业工人的薪资大幅度上升、劳动力成本迅速上涨的情况下，此种论调更加有市场。

当然，如果从个人生育决策自由化的角度，毫无疑问应当解除强制性计划生育政策。但是，假如我们将目光放远到两三代人或者更大的时间跨度上，马尔萨斯的理论仍将是我们观察和思考人口问题的无可替代的指引。20世纪70年代以前，马尔萨斯们对于人口的持续猛增不断发出警示，认为粮食生产赶不上人口增长，一定会存在某种"陷阱"。但是，1970年代出现的"绿色革命"（绿色革命是发达国家在第三世界国家开展的农业生产技术改革活动，主要内容是培育和推广高产粮食品种，增加化肥使用量，加强灌溉和管理，使用农药和农业机械，以提高单位面积产量，增加粮食总产量）带来的2%粮食增速基本上与同期世界人口的平均增长速度的1.8%左右相匹配，于是这种言论被边缘化了。笔者认为，这并不说明马尔萨斯主义者的悲观结论已经完全不能成立。众所周知，无论是"绿色革命"还是现在的基因农业，它最核心的力量还是来自化石能源，比如能源形态的化肥、能源推进的农药、以能源为动力的灌溉系统。现代农业最重要的特征就是能源和农业的"强联系"——能源提供农业的动力，农业也似乎能提供生物燃料给能源业。如果以化石为代表的能源业再不断衰竭的话，那么在这种框架下农业的人口养活能力应该是下降的。约翰·贝丁顿就估算，全世界的粮食储备将随着人口的增长而不断下降，2030年将是一个极度悲惨的年份。从这个意义上说，我们还是应该欢呼人口增长的缓慢，而且尽可能地让人口增长越来越慢。

还有，就是以经济增长、刘易斯拐点、人口红利等功利指标来诠释，上述放开对人口增长限制的言论也很荒谬。人口红利是有条件的，换言之，并非"是人口，就有红利"。首先，只有满足质量要求的人口才有红利，也即人口红利不只是一个数量上的概念，也是质量上的概念。比如很多人解释人口红利的时候，大意是劳动力多了，就会有更多的劳动；劳动人口多，就会有更多的储蓄转化为资本。这是一种"必要条件的逻辑"，不能轻易转化为"充分条件的逻辑"。在笔者看来，恰恰是因为我国人口的数量多、质量低造成了过去30年中国粗放经济增长方式，以至于由于路径依赖的缘故，我国转变经济增长方式、调整产业结构的进程迟迟无法启动，一再延误发展的机会。

其次，人口红利还需要一定的制度条件。就算是有了高素质（受教育水平）且数量充足的人口也不意味着就有红利，还需要有好的制度让这种红利成为现实，如果没有好的制度保障，再多高素质的人口勤奋地劳动也没有任何用处。我们不是常说中华民族是一个勤劳、智慧的民族吗？别忘了中华民族历来也是一个贫困的民族，历史上劳动致贫并不鲜见，如此现象是制度使然。比如，某种制度迫使某一群体的人非常勤奋地劳动，为了防止他们发泄不满，然后又雇佣一大批人员去勤奋地监督他们，维持社会稳定，大家都非常勤奋，但整体的人均产出是非常低下的。概言之，如果制度不能持续改善，那么谈人口红利就是枉然。实际上，这个世界上不存在可以抛弃制度而放之四海皆准的人口红利，世界上人口增长最快的地方恰恰是制度较为糟糕且锁定这种糟糕的地方，这根本激发不了人口红利现象。比如非洲和东南亚是世界上人口增长最显著的地方，朝鲜人民是受教育水平普遍很高的群体，但是从几十年经济—社会增长的长时段观察这些国家，其生产效率、人力资本、制度建设等都是乏善可陈的。如果这种趋势继续下去的话，就意味着大量人口诞生于根本无法产生人口红利的"制度之地"，这无疑加剧了当地人口增长的悲剧性。

为今之计，在继续约束人口增长速度，大力发展包括职业教育在内的教育事业，切实提高现有人口和新增人口素质的同时，创设实现人口红利的制度环境是至关重要的。

怎样才能跳出职教看职教

近些年来，职业教育难得地成为社会热点问题之一。上至国家领导人，下至企业管理者，甚至普通民众都十分关注职业教育的发展，纷纷发表各自关于职业教育的看法。这里面有表扬、有期待，还有指责，可谓众说纷纭，莫衷一是。其实这是好事，被人"津津乐道"总比"无人问津"要强，说明职业教育不再是备受冷落的边缘化教育。但是我们也应该看到，这种喧嚣的背后也存在对职业教育的不解、误解甚至曲解。而这就不利于我们正确认识职业教育对社会经济乃至个人发展的作用，也不利于准确地评估过去我们发展职业教育的经验教训，更不利于提出切实可行的政策建议。职业教育是一个关涉经济、政治、科技、文化和社会等各个方面的教育形式，要从多角度、多方位、多层面才能看得清清楚楚、明明白白、真真切切。为了更好地认识、分析、理解新形势下职业教育发展的本质和规律，有人主张"要跳出职教看职教"，笔者深以为然。可是说起来容易做起来难，就连笔者这样一个研究职业教育的人，在职业教育里边看了这么多年也不敢说对职业教育有很深的了解，更别说跳出去看了。要能够跳得出去，且跳得出去以后还能够看得分明，确实需要好身手。要如此，起码要做到以下四点：一是问题意识。一个职业教育研究者必须有强烈的"问题意识"。"问题意识"就是对客观存在的问题的敏锐感知和认识，具体说，就是有"主动发现问题、找准问题、分析问题"的自觉意识，进而也才会为解决问题提供更有效、更具针对性的措施。强化"问题意识"是促进解决问题的前提，可以说，准确地发现和提出真问题（而不是假问题）就等于问题解决了一半。提及"问题意识"，不由想到毛主席在青年时期曾撰写的《问题研究会章程》，其中，他提出了当时中国需要研究的144个问题，内容涉及政治、经济、文化、社会等诸多方面。而开篇就明确提出，成立"问题研究会"的目的就是要搞清当时社会和人生面临的"所必需"或"未得适当之解决"因而影响进步的各种问题。这个"问题研究会"虽然最终没有成立起来，但其中彰显的"问题意识"及其列举的认为应该研究和解决的大量问题，却充分体现出青年毛泽东关注民生、体察社会的责任感，体现出其超人的洞察力和强烈的忧患意识，而这恰恰是我们所缺乏的。

二是理论储备。一个职业教育研究者必须有尽可能多的理论积累。理论是一套系统的、相关的概念、定义、命题和建议，他们被提出来是为了解释和预测各种社会和自然现象。在当今的学科分化框架下，理论都分布在不同的学科中，比如社会学中的批判社会理论、符号互动理论、社会结构再生产，教育学中的布鲁纳结构课程理论、布鲁姆掌握学习理论、范例教学理论等，心理学中的需要理论、动机理论、内驱力理论、归因理论等。作为研究者，其实都是在我们已经掌握理论的基础上工作的。从这种意义上讲，我们有许多理论，并不停地用它来解释和预测我们周围发生的事情。只要我们的理论是合理的并适应一定的环境，我们的解释和预测就是成功的。因此，当给定的理论与一系列事实不符合时，我们要做的就是不断地丰富自己的理论储备库，或者是建构一个更适切的理论。

三是方法训练。问题提出来了，直觉告诉我们已有的理论与这个问题也有关系，用这个理论也能够解释这个问题，但这并不因此就轻易说我们能够分析问题，进而提出解决问题的恰当措施了。这里面还需要一定的方法，比如问题"聚焦"的方法、资料搜集的方法、资料编码分析的方法，等等。在方法上要特别注意两件事情：一是核心概念的界定，二是研究材料的积累。关于"核心概念的界定",笔者的做法是在进入课题研究之前,必定要对核心概念做一番比较清楚的梳理,然后给出一个操作性定义,并且自始至终要坚守这个操作性定义。关于"研究材料的积累",要注意材料积累在从概念界定到研究结束的整个过程中。比如检索时应该把检索的过程记录下来;一共有多少种说法,为什么你将其中一种说法作为你自己的操作定义,理由是什么;研究实施过程中正面的结果是什么,负面的结果是什么,出乎意料的结果是什么;等等,都要记录下来。这样的研究才是真正的研究。

四是专业精神。经常有人说,现在的一些研究者发表的教育问题的观点与家庭主妇并无二致,没有专家的"范儿"。专家大致是既有专业知识(理论)和技能(方法),又有专业精神的人。仅有理论和方法还不能算一个真正的专家,真正的专家还要有专业精神。专业精神意味着对自己所从事的工作永不满足,始终精益求精且充满激情和创造力。

职业教育发展要做到"三个转变"

职业教育和经济社会发展之间的关系大致可以分为三类:一是职业教育走在经济社会发展的前头,起引领作用;再一个是职业教育与经济社会发展齐头并进,起促进作用;最后一个是职业教育滞后于经济社会发展,游离于经济社会发展之外或者起阻碍作用。我们希望的当然是第一种,但这几乎是不可能的,迄今为止还没有看到哪个国家的教育特别是职业教育真正起到了引领这个国家经济社会发展作用的例子。经常情况是后两种,要么职业教育基本适应经济社会发展的要求,一定程度上促进了经济社会的发展;要么出现教育发展与经济社会发展"两张皮"现象,所谓"你走你的阳关道,我走我的独木桥"。如果以此为标准观照我国的职业教育发展,过去三十多年的职业教育大致上是与经济社会发展状况相匹配的。诚如大家经常讲的,改革开放三十多年来,中国的经济取得了举世瞩目的成就,GDP 以年均 9% 的速度增长,2010 年就成为仅次于美国的世界第二大经济体。我们在自豪的同时也应该认识到,中国的经济增长是一种粗放型的增长,走的是一条高污染、高耗能、低附加值、低劳动力成本的增长之路。细细分析,从 20 世纪 80 年代开始的大批普通高中转制为职业高中,到 21 世纪以来的年均招收 800 多万人,不难看到我国既往的职业教育走的也是一条以"规模扩张、罔顾质量"为主要特点的发展之路,这条路和经济增长之路互为表里,彼此强化。换言之,规模扩张后的职业学校为经济增长输送了大规模的低技能的普通劳动者,而主要依靠大规模低技能普通劳动力推动的经济增长又助长了职业教育的扩招。现在大家达成了共识,即认为这样的经济增长之路是难以为继的,必须转变我国的经济发展方式,使其走到"低污染、低耗能、高附加值"的发展之路上来。分析下来,技术创新和培养高素质的劳动者是推动经济发展方式转变的不二法门。果如此,假使我国的职业教育还要一如既往地扮演经济社会发展过程中的积极角色,起码要做到"三个转变"。

一是从汲取性职业教育向福利性职业教育转变。中国延续一个多世纪的最大社会变迁是从传统农耕社会转到现代城市化的社会,这个过程能否顺利完成,取决于农民离开农村迁移到城镇的规模和速度,当务之急在于进入城市的新生代农民工能否在城市安家定居,而这又取决于他们是否有能力留在城市。温家宝总理曾经说过,职业学校在校生 85% 以上是农家子弟和城市底层家庭孩子,他们家境清贫,如果读书再花大量费用,就是雪上加霜。以前职业学校办学经费大部分来自学校收取学生的费用,姑谓之"汲取性"职业教育,为了能够让这些农家子弟学到留在城市工作和生活的本领,今后的职业教育要逐渐变成一种针对农村和城市底层人家孩子的福利教育。

二是从"以就业为导向"的职业教育向"以学生长远发展为导向"的职业教育转变。为了能够有利于职业学校学生就业，纠正过去职业教育办学严重脱离经济生产一线的弊端，我们一度提出"以就业为导向"的口号，这在当时产生了积极影响。但是需要指出的是，"以就业为导向"的职业教育容易使学生局限在某一岗位或工位上，接触的只有自己已经熟练操作的那一段工序，换了单位、工位就很难适应。为此，我们的职业教育应该向"以学生为本位"转变，日常的教育教学应以有利于学生的可持续发展为旨归，让学生掌握可迁移的技能，提高自己的整体素质。

三是从以规模扩张为主的职业教育向以内涵提升为主的职业教育转变。职业教育是以培养技能型人才为主要目标的教育形式，技能的形成必须经过一定时间的训练，在现有时间、设备等条件下学校的规模越小，学生获得训练的机会就越多，其技能也就越熟练。随着职业教育目标人群的减少，通过扩大规模获得职业学校生存和发展的职业教育发展模式已经走到尽头，今后的职业教育应该转向追求内涵的提升，即把工作重心转到提高职业学校教育教学质量上来，这符合职业教育发展的规律，也符合技能型人才成长的规律。

概言之，一时一地有一时一地的职业教育，世易时移，我国的职业教育要想获得"又好又快"发展，来一次切实的转变是必须的。

▶ 职教观察
2012

城市化才是中国农村的出路

2012年2月1日,中共中央、国务院印发了《关于加快推进农业科技创新 持续增强农产品供给保障能力的若干意见》,这是党中央、国务院发布的第9个以农业农村工作为主题的一号文件。这些文件的发布对于促进我国"三农"问题的解决确实有很大的意义。但是根据每年两次回老家(我现在江苏常州工作,老家在山东省莒南县的一个村庄,离县城30余公里)探望父母时看到的日益衰败而又空心化的村庄这个现实,笔者认为中国农村的出路还在城市化。

单从数字上来说,改革开放以来,我国的城市化进程已经不慢了。国家统计局2012年年初发布的数据显示,2011年年末中国大陆总人口为13.4735亿人,城镇人口数量已达6.9079亿人,首次超过6.5656亿人的乡村人口数量。有人就说这是一个划时代的数字,标志着一个具有几千年农业文明史的农业大国进入以城市为主的新的成长阶段。笔者却不敢乐观,我国目前的城市化并不是真正的城市化,而是"注水城市化""半城市化"。很多时候,城市化仅仅体现在"城市"本身的扩张,而非人口的城市化率,因为统计时将在城市居住了半年以上的流动人口当作城市人口进行统计。实际上城市化水平并没有那么高,绝大部分农民工仍然只是城市过客,他们没有融入城市。目前我国外出务工人员约有2.5亿人,其中1.5亿人是跨地区务工人员,如果扣除这些人员,或者以户籍为依据进行统计,我国的城市化率是很低的。如果这些人员不能真正融入城市,再高的城市化率也没有意义。

农民工无法融入城市的原因是不合理的土地制度,城乡分割的户籍制度以及附着在户籍上面的教育、就业、医疗卫生、社会保障等权益和福利。把农民排除在城市公民身份以及各项福利之外是一种典型的制度歧视，而在所有的社会歧视中，制度性歧视最为可怕。因为它不但鼓励人与人之间的分裂对立，还为这种分裂对立提供制度层面的支持，最终会使那些本来没有歧视之心的人也把歧视他人视为理所当然，而造成社会排斥。一如1995年欧盟基金会对"社会排斥"定义的那样，社会排斥"意味着这样一个过程：个人或群体被全部地或部分地排除在充分的社会参与之外"。现在这种歧视已经不仅仅是新生代农民工群体和个人的苦难，而日益成为制度变革的困境。因为新生代农民工群体不再像父辈那样忍耐与沉默，他们的权利意识与要求较高生活质量的意识特别强烈，但组织化程度低，流动性大，往往成为群体性事件的主力军。在未来20年内，流动人口大军还会继续增加，占到全部人口的四分之一到三分之一。按照我国目前城市化发展的水平和速度，今后城市化率将达到75%左右。如果依据中国未来人口峰值15亿人左右计算，就意味着今后要有11亿以上的人居住在城市。为了社会的和谐、稳定、健康发展和现代化目标的实现，社会各界应该关注这个问题。

令人振奋的是，今年1月4日民政部出台了《关于促进农民工融入城市社区的意见》（以下简称《意见》），这是中央有关部门就农民工融入城市社区问题下发的第一个专门性政策文件，意味着国家已经开始设计农民工参与城市社区的"路线图"。从《意见》反映的内容看，就业、医疗、住房、社区自治等权利都将逐步覆盖农民工群体。笔者认为，让农民工融入城市社区，除了要有均等化的社会福利保障、廉价的可承受的租屋，以及取消户籍上的限制等以外，还要提高农民工的人力资本水平。中国各级政府可以效仿历史上美国的波士顿等城市推出劳动力培训计划，推出"城市融入培训"计划，在一些稀缺的工种技术上，对农民工进行免费技术培训。农民工必须通过提升人力资本来提高收入，这是货真价实的提高。

同时需要指出的是，即使有均等化的社会福利保障、廉价的可承受的租屋，以及取消户籍上的限制，农民工要想真正留在城市而且能够生存和发展，其道路依然是不平坦的。从某种意义上说，农民工融入城市有点像中国人移民到美国，每个移民都要经过定居、适应和同化的阶段。移民从移出国进入接受国时，由于不理解当地的风土人情、经济状况、文化背景，缺乏进入主流社会的渠道，因此，只能先设法落脚立足。由于存在与主流社会的隔阂，移民依靠群体内部的互助互帮克服困难，形成移民小社区。之后，移民当中的一部分慢慢进入主流社会，成为主流社会成员。与此相仿，农民工从世代居住的农村进入进而融入相对陌生的城市，绝不是朝夕之间就能完成的事情，也会有一个比较漫长的定居、适应和同化的过程。这既需要拆除限制农民工权利的藩篱，取消各种歧视性的制度，也需要增加农民工的城市认知，提高农民工在城市自我生存发展的能力。

可以这样说，如果不能实现农民的市民化，就不能从根本上解决我国的农村问题，更不能真正实现中国的城市化和现代化。

是非"短工化"

2012年2月8日清华大学社会学系与工众网研究中心联合发布《农民工"短工化"就业趋势研究报告》，据此项调查，66%的农民工更换过工作，25%的人在近7个月内更换了工作，50%的人在近1.8年内更换了工作；农民工平均每份工作的持续时间为2年，两份工作的时间间隔为半年多。调查发现，"短工化"呈逐年递增的趋势，2004年开始上岗工作的农民工，工作平均持续时间大约为4.3年，而2008年开始上岗工作的农民工，工作时间只持续了2.2年，缩短了近一半。农民工平均每份工作的持续时间为2年，而1991年出生的受调查者每份工作平均只持续不到1年。

在笔者小时候看的"小人书"和老电影里，经常出现"扛长工"和"打短工"的说法，那是为了控诉"万恶的旧社会"资本家对工人、地主对贫雇农的压榨和剥削。等笔者年纪渐长，这两个词语听不到了，更看不见了。所以，乍一看到近期媒体上出现"短工化""短工一代"等字样，还真有点不明就里。从正常逻辑上讲，企业都希望员工能忠诚企业，从一而终；做工者特别是从农村来的工人，谁不希望能在一个企业稳定地做下去。那么，为什么会出现"短工化"现象呢？

从积极的方面来看，年轻一代进城务工人员不同于其父辈，他们出生和成长在我国改革开放和社会急剧转型的时期，雇佣制作为现代社会的一种主要用工形式，使他们可以自主选择职业和就业岗位。另外，他们进城务工的目的是为了谋求自身的发展，是想融入城市，得到城市市民的身份和地位，享受到市民的权利和福利。因此，频繁变换工作，可能是出于他们对自己上述梦想的追逐，这有助于他们找到一个工资高点、工作条件优越点的工作，以便能够在城市里安家落户，体面地生活下去。

从消极的方面来看，"短工化"现象绝对不是一件值得称道的事。当前的劳务市场更需要熟练的技术工人。而随意率性地"打短工"，不利于90后农民工的技能储备和工作经验的积累，不利于他们成长为城市的新兴产业工人。不停地更换工作的地点和单位，打工者往往无法建立熟悉的圈子，从而使得他们缺乏社会关系的支持，缺乏归属感，不利于心理压力的排解。另外，换工作期间，可能会有一两个月的时间没有收入，势必影响到家庭生活；而工作地点的变动也会影响婚姻关系的稳定。所有这些，都会影响年轻的进城务工人员对城市的适应。所谓城市适应是一个社会学概念，指的是城市新移民通过交往、适应和融合这三个连续的阶段，与城市的经济、社会、政治和文化等环境因素连续而不断改变地相互作用，从而与城市社会建立和谐关系的过程。一般而言，有一个稳定的职业，他的城市适应能力就强，对城市就更有归属感，反之则不然。依此观之，新一代进城务工人员对城市仍然存在诸多不适应，在城市不能实现稳定就业，使他们难以融入城市，对城市没有归属感，"过客"心理浓重。

年轻一代农民工的"短工化""零工化"和高流动性，也加剧了企业的"用工荒"。最近几年，每到春节后，企业就发愁招不到人。对企业来说，招进来的还不知什么时候就走人了，所以不愿在人力资源培训方面多花钱。对低技术的劳动密集型企业来说，工人频繁跳槽可能影响还不大；但是，对于那些要实现产业升级，想保证基业长青的企业来说，不断换工作的低技术性的工人是致命的打击。这可能也是我国讲了好多年的经济发展方式转变、产业结构调整未能较快实现的原因之一。

频繁换工作对社会稳定和发展也有影响。一方面，社会中相当一部分成员一直在变换工作，做无恒业、居无定所，增加了社会管理的成本，显然不利于社会的稳定；而对这些社会成员来说，不断换工作，未来的养老都是问题。

就政府来说，解决年轻一代农民工"短工化"问题宜进一步强化和固化"人人平等"的理念与制度；进一步打破城乡二元户籍限制（可喜的是国务院办公厅2月23日发布了《关于积极稳妥推进户籍管理制度改革的通知》，要求今后出台有关就业、义务教育、技能培训等政策措施不要与户口性质挂钩，进一步集中清理造成暂住人口学习、工作、生活不便的有关政策措施）、社会保障差异、同工不同酬等制度藩篱，使之能有安居乐业的制度保障。就企业而言，宜从观念上、机制上解决好"用工"还是"用人"这个根本问题。所谓用工，就是只把工人当作一种工具使用；而用人，则是把工人作为企业共同的主人来善待，共同成长，共享财富。就新生代农民工来说，本身也宜强化职业生涯意识。浅尝辄止、频繁跳槽，只会不断失去发展的机会和已经积累的经验。要善于在一个具有发展潜力的企业干下去，以期获得长远的发展。

"农村"之不存　职教焉有为

　　笔者从来都认为，职业技术教育是工业社会而非农业社会的产物，故对"对象是农民子弟、内容是涉农专业、目的是扎根农村"的所谓农村职业教育颇不以为然，更不愿意在此问题上多花心思。江苏省职业技术教育学会2012年度工作中有"召开农村职业教育研讨会"的计划，且学会领导有意让我们（江苏省职教学会学术工作委员会）承办这个研讨会。领导信任却之不恭，加之《国家中长期教育改革和发展纲要（2010—2020年）》中专门用一段话讲加快发展面向农村的职业教育。看来，不说说这个问题是不好交差了。因为不管是农村职业教育，还是面向农村的职业教育，里边都有"农村"二字，那就让我们从"农村"现状说起吧。

　　农民逐年减少。国家统计局今年发布的数据显示，2011年中国城镇人口达到 6.9 亿多人，乡村人口约 6.6 亿人，城镇人口比重首次过半，达到 51.27%。目前，每年全国有 1500 万人进入城市，根据发达国家的经验，城市化率达到 70% 才能稳定下来。如果以每年城市化率提高 1 个百分点来计算，至少今后 20 年我国还将处在工业化、城市化快速推进的过程中。这标志着我国从此进入以城市社会发展为主的成长阶段。请注意，这种变化不是一个简单的城镇人口百分比的变化，它意味着人们的生产方式、职业结构、消费行为、生活方式、价值观念等都将发生极其深刻的变化。继工业化之后，城市化成为推动我国经济社会发展的巨大引擎，成为拉动中国社会变迁的主要力量。

农业难以致富。目前我国耕地面积已从 1995 年的 19.5 亿亩减少到 2010 年的 18.18 亿亩。按照农村人口约 6.6 亿人、农业劳动力 2.8 亿人计算，1 个劳动力只能种 6.4 亩地，而在美国 1 人能种几千亩地，欧洲 1 人能种几百亩（如果达到欧美的水平，2.8 亿农业劳动力最多留 8 千万人种地就足够了）。地少人多，难以实现农业的现代化经营。更为关键的是，种地的收入太低。据山西省临汾市永和县赵家沟村村民董维红介绍，他 2010 年种了 24 亩玉米，收获玉米约 3 万斤，销售收入 3 万元，种子、化肥等成本投入 1.3 万元，如果计算上每天的劳动力成本 70 元至 80 元，一年到头净收益几乎没有。湖北省滨湖村村民算了一笔账：好年景种植 1 亩双季稻，购买种子、化肥至少需要 400 元，购买农药也需要 50 元，这还不包括请人帮工等其他支出；而两季稻谷最多收获 1500 斤，市场价不到 1800 元，相当于外出务工 1 个月的收入，一旦遇到干旱、病虫害等情况，算上抽水的电费、油费等开支，"种田还要倒赔钱"（以上两例均见《光明日报》2011 年 10 月 27 日第 16 版）。无独有偶，全国政协委员、我国杂交水稻之父袁隆平院士在"两会"期间接受记者专访时说了一件类似的事情：他根据湖南省物价局调查统计，2010 年农民种植水稻每亩的纯收益是 186.2 元，但其中包括 104.1 元的国家粮食直补，实际上不含补贴的农民纯收益只有 82.1 元。2011 年，由于生产成本上升了 121.6 元，农民种植每亩水稻纯收益仅有116.6元，除去109.1元的国家粮食补贴，农民纯收益只有7.5元，几近倒贴。

农村正在消失。据《中国统计摘要2010》的统计数据显示，全国的村民委员会数量，从2005年至2009年逐年减少，分别为62.9万个、62.4万个、61.3万个、60.4万个、60万个，平均计算，全国每年减少7000多个村民委员会。这说明，在中国这个曾以农业文明兴盛的广袤大地上，平均每天有20个行政村正在消失，且这个速度在未来恐怕还要加快。

城乡差距甚大。根据2011年统计公报，目前中国城乡居民收入差距是3倍多，从整个"十一五"期间来看，一个城镇居民的收入（平均）相当于3.22个农民的收入。但如果加上各种福利保障及其他公共服务，实际的差距要超过6倍（据国家发展改革委员会的调查数据：在义务教育方面，2007年城市普通小学和初级中学的生均教育经费分别是农村的1.2倍和1.3倍；在医疗卫生方面，2008年城市每千人口病床数是农村的4.22倍，而农村地区5岁以下儿童死亡率和孕产妇死亡率则分别是城市的2.9倍和1.2倍）。直到现在，这些数据也没有大的变化。当然也并非全无亮色，经济发达的地区，这种情况要相对好得多。比如浙江和江苏两省城乡居民收入比就低于全国水平，分别是1.9∶1和2∶1。因为这两个省的工业化、城市化水平高，农业劳动力占比下降，所以城乡收入差距就比较小。

需要特别指出的是，我国经济社会发展中最大的问题是城乡二元结构及其所带来的各种弊端。解决这个问题的出路不是大搞"新农村建设"，而是加快城市化进程。遍布全国数量庞大的大小村庄，并不会由于政府加大农村投入或者禁止农民流动而能扭转其因缺乏吸引力而导致的全面衰败命运，更不会因为开展农村职业教育而能从根本上扭转"三农"问题不断恶化的趋势。当今之计，迫切需要我们变革既有的思想观念，职业教育应无城乡之分，只有鼓励农村人口向城镇，农民向二、三产业迁移才是正途。

"异化"了的职业教育

最近，有个朋友叫笔者写篇文章，谈谈对《中华人民共和国职业教育法》（以下简称《职教法》）修订的看法。为了完成这个作业，笔者对现行《职教法》进行了多遍次逐字逐句的学习。通过学习，对《职教法》有了更深入的了解。总体看下来，虽然《职教法》需要修订的地方很多，但是，第一章第四条"实施职业教育必须贯彻国家教育方针……全面提高受教育者的素质"之规定却无论如何不用修订，因为这大致体现了我们的"职业教育观"。令人遗憾的是，在《职教法》颁布施行（1996年9月1日）近十六年的时间里，现实中的职业教育非但没有按照这一规定去做，反而与此渐行渐远，成为一种"异化"了的职业教育。"异化"一词由来已久，本是哲学和社会学上的概念，虽然不同历史时期的学者对它所反映的实质内容有不同的解释，但是异化是人们的生产活动及其产品反对人们自己的特殊性质和特殊关系的意涵却一以贯之。在异化活动中，人的能动性丧失了，遭到异己的物质力量或精神力量的奴役，使得人的个性不能全面发展，只能片面地发展，甚至畸形地发展。反观当下，这样一种偏离教育本质、短期化的机会主义盛行、罔顾受教育者的全面发展、教育被资本和权力等一些异己的力量左右的"异化"了的职业教育现象与此何其相似乃尔。

职业教育虽说是为受教育者更好地从事某种具体的职业服务的（实际上，任何一种教育影响最终也必将落实到受教育者从事的某一种职业上），但是我们要强调的是，职业教育毕竟是一种"教育"。既然是一种教育，就不能太急功近利，要为受教育者的长远、全面、可持续发展着想。在中国这样的环境里，职业教育的首要目标是培养正常的、身心健康的、知道自己的权利和义务的合格公民，然后才是从事某一个具体工作的职业人，而不是相反。实际上，这些年我们的职业教育却忽视"教书育人"的功能，突出了其"职业训练"的特点，努力把职业学校办成职业训练所、职业介绍所。由于生产过程机械化、自动化程度的日益提高，技术分工越来越细。职业教育把生产过程里复杂工序中的一个简单环节所需要的技能，放大成学生在校学习的全部内容，以压缩饼干的方式"多快好省"地教给学生，让他们快速成为工厂里流水线上的工人。这样做的结果是，加剧了这些廉价工人劳动的"碎片化"程度，劳动者只是被动的机器零件，在劳动中，工作的自主性、创造性已完全丧失，从而对工人的生理、心理造成严重伤害。前几年发生在富士康公司里的年轻员工"十几连跳"事件与此并非没有关系。在工业化进程中诞生的职业教育相对于其他教育形式和它外部的环境，有其相对的独立性和特有的规律。职业教育要想达成自己的目标（当然这个目标不是培养职业人，而是为国家工业化培养合格的高素质技术工人），需要有独特的内容、手段和时空要求，要与外部环境之间保持适当的距离。可是，在职业教育应该加强与社会的联系，满足经济社会发展的要求这些似是而非的口号下面，其独立性丧失殆尽，逐渐被资本和权力绑架。由海峡两岸暨香港20所高校100多名师生组成的调研组于3月30日发布的《富士康，你改过自新了吗》的调研报告中提到一个现象：一些地方政府为了促成富士康到当地办厂，答应为工厂招工，在用工荒的大背景下，到哪里才能招到数量大、易管理、能干活、报酬低的工人呢？他们将目光投向了职业学校，因为那里有符合上述要求的"学生工"。按理说，职业学校对这种不合法的要求可以说不，因为《职教法》《中华人民共和国未成年人保护法》等相关法律禁止招收未成年工人。由于职业学校是政府出资开办的职业教育机构，隶属于政府教育行政部门，政府用行政命令的方式将招工指标下达至职业学校并要求其完成，又有哪一所职业学校敢不完成呢？况且，对于职业学校来说，他们在完成了政府下达的就业指标、兑现了对学生及其家长的就业承诺的同时，通过向工厂输送学生工还能获得不菲的财政补贴和奖励。这对政府投入严重不足，办学经费捉襟见肘的职业学校来说，诱惑力之大可想而知。

倒霉的是学生，对于他们而言，基本上必须服从学校的安排，因为他们是以"实习"的名义被送进工厂的，而实习则是教学内容的法定组成部分。本来实习是在校学生通过参与实际的生产过程，做到理论联系实际，将在校所学理论文化知识与工作实践结合起来，以便更好地服务学生健康成长的手段。然而调研发现，虽然这些职校学生是以"实习"的名义进入工厂的，可工厂并没有给学生工人提供专业对口的实习岗位和恰当的职业指导，而是将其随机安排到几乎不需要任何专业技能的岗位上，和普通工人一样从事长时间、高强度的简单重复劳动。这种与职校生所学专业毫无关系的所谓"实习"能提高他们的职业技能？不管你信还是不信，反正笔者是不信！

如何构建现代职业教育体系

关于"构建"，笔者喜欢《现代汉语学习词典》（商务印书馆，2010年版）的解释，上面说构建就是构思和建立，先构思好，再开始建立，就跟盖房子一样，先有蓝图，然后再建造。在这里要强调一点，构建现代职业教育体系并不是"无中生有"或者"推倒重来"，而是在现有基础上的清理、修改、添加、理顺和新建。

1. 要尽量对现代职业教育体系有一个科学、完整的构想，也就是要有一个比较理想的现代职业教育体系的设计蓝图。怎样才能搞好设计呢？在借鉴、总结、展望中构思。

2. 对照职业教育体系的"理想型",检讨现有职业教育体系存在的问题。要区分是职业教育体系本身的问题,还是体系外的问题。就职业教育体系本身来说,它有两个层面的问题:第一,是我们现在有无职业教育体系,即有没有的问题;如果没有,那将好办得多,在一张白纸上画画总比修改已经画好的画来得容易。第二,如果有职业教育体系,那么我们要看这个体系有什么不足。实际上这个体系本身最主要的问题表现在"纵向上断头、横向上断绝、中高职之间断裂"。至于不适应经济社会发展的要求、不能满足人民群众的需要,那不是体系本身的问题,而是存在问题的职业教育体系导致的结果。

3. 根据问题采取针对性措施予以解决。"纵向上断头"就是职业教育体系中专科以上层次的职业教育没有,即没有相应的本科和研究生层次的职业教育,措施就是新建、改建一些本科层次的职业院校,增加一些研究生层次的职业教育学位。那么,谁能做上述的事情?在中国,只有政府教育行政主管部门,也就是教育部。建议教育部把这个权力下放到省级教育主管部门,由各省根据本省经济社会发展实际决定设立多少所以及什么样的学校。笔者觉得构建现代职业教育体系的主要责任者是省级政府。

"横向上断绝"有两个方面的意思:一是职业教育体系与整个国民教育体系"鸡犬之声相闻,民至老死不相往来",也就是我们多年说的"立交桥"没有建立起来。这有多方面的原因,有政府的原因,有中小学的原因,有高等院校的原因。二是职业教育体系与经济社会(包括产业结构、职业结构、社会阶层结构、利益结构)联系不够密切,对经济社会发展的要求不敏感。原因在哪里?政府、企业、职业院校、社会都有责任。笔者觉得既然要联系那首先就要认识到专业设置是职业教育体系与经济社会的交汇点。为此可以考虑,一方面,在中央政府颁布的全国专业目录的设置过程中,加强产业需求的调研和预测,建立我国技能型人才中长期预测机制,保证专业设置最大程度的灵活性和规范性的统一;另一方面,政府应通过法律、政策等积极推进校企合作,鼓励行业、企业参与到职业院校的专业设置中来。

"中高职之间断裂"表现为中等职业教育与高等职业教育的分离。高等职业教育内部专科层次的职业教育与本科及其以上层次的职业教育之间发展不协调、衔接不紧密、合作不顺畅。原因在于现有管理体制的弊端，也在于高职院校不待见中职学校。解决这个问题主要还在于健全相应的制度，通过制度保证中高职协调发展。

制造业升级需要职业教育

2012年4月23—27日举办的汉诺威工业博览会是当今世界规模最大、最重要的国际工业盛会，被认为是"世界工业发展的晴雨表"。作为汉诺威工业博览会的合作伙伴国，中国有近500家企业参加了所有八个主题的展示。中国参展团是本届工业博览会上除了东道国——德国之外人数最多的参展团，参展内容主要涉及新能源、新能源汽车和智能制造三大方面。看到这里，请你切莫欢喜得太早。其实，整体地看，我国制造业还主要集中在低附加值的非核心部件加工制造和劳动密集型装配环节，在全球产业链上处于中低端，制造业"大而不强"的问题依然突出，这主要表现在：(1) 发展方式粗放。长期以来，我国制造业过于依赖物质资源投入，依靠土地、劳动力低成本优势，单位国内生产总值能耗分别是日本的11.5倍、法国和德国的7.7倍、英国的5.3倍、美国的4.3倍。而我国第二产业劳动生产率只有美国的三十分之一、日本的十八分之一、法国的十六分之一、德国的十二分之一、韩国的七分之一。劳动者报酬占国内生产总值（GDP）的比重在过去30年里从61%降至39%，比发达国家低十几个百分点。(2) 科技创新能力不强，在基础原材料、重大装备制造和关键核心技术等方面，与世界先进水平还存在较大差距。许多重要产业对外技术依存度高，许多核心技术受制于人。虽然很多产品标注为中国制造，但研发设计、关键部件和市场营销都在国外，只有加工、封装等劳动力密集型环节在国内。比如，每部手机售价的20%、计算机售价的30%、数控机床售价的40%，都要支付给国外专利持有者。（3）产品附加值不高。由于缺乏自主品牌，缺少知名品牌，我国90%左右的出口商品属于代工生产或者贴牌生产，产品增加值只相当于日本的4.37%、美国的4.38%、德国的5.56%。因此，我国的制造业迫切需要升级。

制造业最大的特征就是其产业链都相对较长，涉及的行业、企业都会很多，不管是加工型企业还是设计制造型企业，其主要流程为产品的市场开发、创新设计、生产制造、销售及服务等环节。其中，产品的生产制造，从原材料、零部件的采购到零配件的加工、制造以及委托加工制造，使上下企业构成了一个产业链。而产业链长，社会大生产分工协作度就高。

制造业升级一个重要内容就是沿着产业链条向上延伸，为此就必须在研发设计和生产制造上下功夫。这就需要有专业对口的、高质量的技术工人队伍来完成。现在中国的精密制作和高端制造的某些产品的差距已经不在技术开发层面，而在加工制造的执行层面。同样的软件和图纸，我国企业生产的产品品质与德国和日本企业生产的产品品质仍有差距，这就与技术工人的素质密切相关。

培养技术工人或者提高技术工人素质的唯一途径就是改造现有教育，别无他法。作为发达工业化国家的德国所保持的经济和制造业实力，其他国家至今难以望其项背。在整个欧洲，能够跟它比的是瑞士。在欧洲之外，能够跟它比的就是我们的邻居日本，其精致化的产品制造举世皆知。究其原因，这三个国家被广为认可的正规教育系统可以说是其发达的工业在人力资源上的根本保障。对一个国家的工业化而言，一方面，高质量的高等教育无疑是十分重要的；另一方面，工业化竞争的实力，还要依靠高质量的职业教育培养大量高素质的技术工人。从最近中国教育部决定停止大学扩招，扩大高等职业教育规模的政策中，我们不难看到中国政府希望通过改造已有教育推动中国制造业升级的端倪。

在这些方面，德国经验值得借鉴。在人力资源领域，德国政府和企业、行业合作培养技术工人的职业教育体系和德国对高等教育投入的地位并重。这种高等教育和职业教育双轨并重的免费教育体系，给德国持久兴盛的高端制造业提供了人力保障，欧洲其他国家或多或少都已经或者计划参考德国的系统来优化自己的教育体系。德国青年接受的职业教育，除了学校内教育，由企业和行业协会等组织的传统"学徒技工"实践，也是职业教育的重要组成部分。而在各类职业技术学校职业技术种类的设定过程中，各个行业协会和企业也充当了很重要的角色。在德国，政府、社会和企业界一起，坚持对工业制造一线的青年工人给予全面的教育资源投入。由于德国的企业治理和国家管理中工人群体的权利得到法律保障，同时有很高的国家整体福利水平，因此德国年轻人对于是否进入职业教育，并不像中国人那样感到十分纠结。

我国以往相对滞后的职业教育和高等教育对高质量的技术工人培养不充分，让中国工业制造在全球的处境十分尴尬。根据中国现阶段相对多数人口仍要在工业制造业和其他产业的一线岗位上就业的现实，在国家的公立免费教育系统中，对职业教育资金投入的多少及其教育质量的高低，必将和高等教育一起决定中国能否真正实现从"制造大国"到"制造强国"的转变。

转型之难难于上青天

2012年5月28日，胡锦涛总书记在中共中央政治局第三十三次集体学习时强调，要提高工业发展质量和效益，努力从工业大国向工业强国转变。首先，这说明我国已经是工业大国，有数据为证：2010年中国制造业以1.995万亿美元的产值，在全球制造业总值中占到19.8%，超过美国的19.4%，第一次成为世界制造业第一大国。这是自1885年美国制造业产值超越英国以来，世界经济格局的又一次重大变化。又据国家统计局2011年3月发布的数据，中国工业产品产量居世界第一位的有220种。其次，这也说明中国并不像美国、德国、日本、韩国等国家那样是工业强国，中国与工业强国的距离还很遥远。尽管我国多种工业产品的产量位居世界第一，出口贸易总额名列全球前茅，但国内有效专利仍以实用新型和外观设计专利为主，发明专利数量占比仅为13.8%；多数出口产品是贴牌生产，拥有自主品牌的不足20%。就拿小小的圆珠笔来说，我国圆珠笔的产量占了世界总产量的80%以上，我国出口一支圆珠笔的价格大约是0.5元到1元人民币，但是在美国超市一支圆珠笔就可卖到1美元（相当于6.3元人民币）以上。而中国企业获得的1元钱中，进口的笔头、笔芯、技术和设备占了大头，再加上劳动力成本，剩余的利润仅为2分钱到5分钱。中国工业"大而不强"、缺乏核心技术的状况由此可见一斑。从国家长远发展计，由"工业大国"向"工业强国"转变是必须的。

那么，中国怎样才能从工业大国转变为工业强国呢？胡锦涛总书记提出了"六个着力推进"，即着力推进工业发展制度环境建设、着力推进现代产业体系建设、着力推进创新驱动、着力推进融合发展、着力推进协调发展、着力推进改革开放。这听起来似乎稍嫌宏观，著名经济学家厉以宁教授讲得就比较具体。他说，中国要成为工业强国需要靠两个层次的转型：第一层次的转型是说从粗放型生产到集约型生产，要产业升级，要节能减排，要优化结构；第二层次的转型是指劳动力素质的提高，整个劳动力的技能水平提高，熟练的技工和技术人员的人数在企业职工中的比重要提高。只有这两个转型都实现了，我国才算实现了从工业大国向工业强国的转变。可是这道理说起来容易做起来难，其实，稍加追忆即可发现，不管是"产业结构调整"，还是"发展方式转变"，若干年以前就有人提出，随后也时常见诸报端和相关政策文本。就是"从工业大国向工业强国的转变"的说法早在 1995 年就有人提出了，令笔者感到讶异的是，时间过去了，转型却没有实质性地发生，真所谓"转型之难难于上青天（现在，上天已经不难了）"。难在什么地方，制度、观念、机制，这个暂且不论，就是被认为相对容易的技能型人才的培养，我们都难敷其用。

人们普遍认为技能型人才要靠教育培养，而职业教育（部分高等教育）又被看成是专门培养技术工人以及提高劳动者职业素养的一类教育，各级政府及相关专家都殷切希望职业教育能够输送我国经济发展方式转变需要的技能型人才。从规模上来看，中国的职业教育确实比之以前有了很大的扩充。据教育部发布的《2010 年全国教育事业发展统计公报》：2010 年全国中等职业教育（包括普通中等专业学校、职业高中、技工学校和成人中等专业学校）共有学校 13872 所，在校生 2238.50 万人；高职（专科）院校 1246 所，高职（专科）全日制在校生平均规模为 5904 人。官方的说法是中等职业教育和高等职业教育均占据了中等教育和高等教育的半壁江山。这样庞大的职业教育规模，再加上部分高等教育输送的毕业生，我们似乎没有理由为"技工荒"发愁，而应该为"技工多"发愁。其实不然。根据《2011 年度人力资源和社会保障事业发展统计公报》：2011 年末，全国就业人员 76420 万人，其中第一产业就业人员占 34.8%，约 2.67 亿人；第二产业就业人员占 29.5%，约 2.29 亿人；第三产业就业人员占 35.7%，约 2.68 亿人。公报还显示：截至 2010 年底，全国有 1.2 亿人才（中央人才工作协调小组将人才分为党政人才、企业经营管理人才、专业技术人才、高技能人才、农村实用人才），其中高技能人才 2863.3 万人。有人进一步分析说：我国现有的 1.12 亿技能劳动者占从业人员的比例不足 13%；高技能人才 2863.3 万人中的技师、高级技师仅占技能劳动者的 5%（而工业强国日本这个比例是 35%）。据预测，到 2015 年或 2020 年，我国高技能人才需求要比 2009 年分别增加 540 万人或 990 万人，这还不包括现有的存量缺口 440 万人（《中国培训》2012 年第 1 期）。庞大的职业教育和高等教育规模与技能型人才短缺之间形成的反差，既说明技能型人才培养很难，也说明职业教育根本没有完成培养技能型人才的任务。症结何在呢？笔者说过，技能型人才不应该是，也根本不可能是职业院校培养出来的（职业院校另有担当）。这些年来的经历证明，让人们承认这一点比"转型"更难。

为生源减少喝彩

九月份是各级各类学校开学的日子，每一所学校都将在这个月份迎来新一届学生。笔者所供职的学校也早早就挂起了欢迎新生报到的横幅，中国移动、中国联通等公司也在学校里搭起了棚子，搞起了促销活动，沉寂了一个暑假的校园顿时热闹起来。但是，留意最近一段时期的媒体报道，不难发现在这个喜迎新生的日子里，并不是每一所高校都像火红的迎新横幅一样喜庆。在有些高校（特别是重点大学）为圆满完成招生计划而高兴的时候，有些高校却正在为"招生难"而纠结，正所谓几家欢乐几家愁。

这都是生源减少惹的祸。根据 2012 年 6 月 27 日的《第一财经日报》

报道，最近五年，上海高考报名人数下降将近一半，2007 年为 10.5 万人，到 2012 年仅为 5.5 万人（录取计划为 4.9 万人，如果剔除掉部分"三不"学生，即不参加高考、参加高考不填报志愿、填了志愿并且被录取而不报到的学生，"高考落榜"恐怕将在上海成为历史）。根据人口曲线分析，预计上海高考生源下降趋势将持续下去。其实不仅是上海，其他省市的下降苗头也已显现。河南一直是高考大省，高考报名人数自 2008 年后逐年减少，2012 年仅有约 82.5 万名考生报名，高考报名规模 4 年之间萎缩了 16.5%，一共减少了 16 万人。另一个教育大省山东，2011 年专科第二批分数线从 2002 年的 350 分逐渐下滑至 2011 年的 180 分（总分是 750 分），即使如此，其招生计划仍无法完成。今年山东的高考人数为 55 万人，预计明年会降至 50 万人以下。2011 年山西省有 1.2 万个高职计划作废、陕西有 7.6 万上线考生放弃填报高职院校……从全国的数据来看，2008 年全国高考报名人数达到创纪录的 1050 万人，此后就开始逐年减少，由 2009 年 1020 万人、2010 年 946 万人、2011 年 933 万人、今年 915 万人，递减趋势明显。据预测，2018 年我国高中生数量将减少到 1677 万人，按照均分的原则设定高三人数为 559 万人，已经低于今年 685 万的招生规模。即便未来招生规模也相应减少，招考计划数与报考数的剪刀差也将越来越小，甚至可能出现"招多于报"的局面。

没有学生，受影响最大的当然是高校，"皮之不存，毛将焉附"？教育部下属的中国教育在线发布的《2011 年高招调查报告》中提到，在生源持续下降的情况下，部分高校将因生源枯竭而面临生存挑战，届时必定有一部分高校关门大吉。殷鉴不远，近年来我国台湾地区就有数十家大学因招不到学生而倒闭。大家也不要惊慌，这种命运暂时不会发生在本科院校，尤其是一本高校身上（并不是因为这些高校办学水平高），首当其冲的是高职高专院校。重点高校竞争的是生源质量，即"掐尖"，而部分二、三本院校和高职高专院校竞争的才是更为严酷的生源数量，生源即"钱源"。中国高职高专有一个很重要的特点，即学生学费占了学校经费很大的比重，不管是公办还是民办高职院校，对学生学费的依赖程度都很高，有的学校学费收入占到学校经费的40%左右，招不到学生，学校就难以为继。有人就说"地市一级的高职院校除了深圳、义乌等少数政府支持力度大、经济活跃地区的状况比较乐观外，大部分高职院校都处在生死存亡的边缘"。（《人民日报》，2012年6月13日）笔者以为这绝对不是危言耸听。

面对"生源荒"，各学校"八仙过海，各显神通"：有的互挖墙脚，分数线一降再降，招生几乎不加取舍；有的加强与生源地学校和老师联系，通过给回扣的方式"买"学生；有的给出各种言过其实的承诺，将学生"忽悠"进学校。但这些措施不能从根本上解决问题，救得了一时救不了一世。我个人认为，"生源荒"是个好事，正好可以此为契机，让我们好好地对过去高等职业教育走过的路进行反思。高职院校有必要分析梳理自身的办学历史、发展特色、服务面向、办学规模等，重新审视自己的发展定位，在此基础上对现有高职高专院校重新进行洗牌，剔除那些不按教育规律、职业教育规律以及人的成长规律办职业教育的学校。

为今之计，要想从根本上解决高职高专院校对生源的过度依赖问题，首要的是政府要加大对高职高专院校的投入力度。今年财政性教育经费占国民生产总值将要达到4%的目标，鉴于"高职高专教育的成本是普通大学成本的1.64倍"（《光明日报》，2012年7月16日），建议政府提高高职高专院校生均经费标准，达到或超过当地本科院校的生均拨款水平。美国总统奥巴马2012年7月在马科姆社区学院发表讲演时说，政府将加大对社区学院的资金投入，计划将在今后10年向美国社区学院投入120亿美元，用于各地社区学院更新教学设施、开设更多在线课程，激励社区学院创新（《光明日报》，2012年8月21日）。我们不能老是让美国人抢了先！

高职高专院校也要"苦练内功"，切实把追求规模扩张转变为在追求全面提高教育教学质量的基础上办出学校特色，既满足社会对高等职业教育的要求，又能促进学生自身的长远发展，这才是高职高专院校的出路。

提高职业教育质量的关键是教师

今年9月10日是第28个教师节。作为一个有26年教龄（前11年在中学任教，后15年在高校任教）的教师，在自己的节日里，萌生职业自豪感的同时也体会到整个社会对教师重要性认识的逐渐回归。9月7日，即教师节到来的前三天，国务院总理温家宝在全国教师工作暨"两基"工作总结表彰大会上指出，"教师是立教之本。有高水平的教师，才有高水平的教育"。据说，这是新中国成立以来第一次在国家层面召开关于教师工作的专门会议。出席此次会议的人员包括国务院总理、分管教育的国务委员、全国人大常委会副委员长、全国政协副主席、教育部正副部长等一众高官，由此可见党和政府对教师工作的重视程度。其实，稍加留心不难发现，这早有端倪。今年7月底，为了统筹管理教师工作，经过中央编办的批准，教育部将原来的师范教育司更名为"教师工作司"，将此前分散在人事司、职业教育与成人教育司等各个司中关于教师的职能，都划转到了新成立的教师工作司，使其专司教师工作；紧接着，在8月20日国务院又发布了《国务院关于加强教师队伍建设的意见》（国发〔2012〕41号文），在总共23条具体意见中，详细规定了诸多推进教师队伍建设的具体举措。

前两天看到一个消息，讲的是盖茨基金会在美国十个州的一些城市做了一次广泛的调研，得出一个结论：即最能影响学生水平的因素，不是学校的系统，不是班级的大小，不是课外辅助活动的多少，而是高素质、高效能的教师（《南方周末》，2012年9月20日）。如果说盖茨基金会的结论主要来自对普通中小学教育的调研，其结论对职业教育不足为凭的话，那么温总理的讲话内容则涵盖所有的教育类型，不仅指普通教育、高等教育，也指职业教育。换言之，教师不仅是影响普通教育、高等教育质量的重要因素，也是提高职业教育质量的关键因素，这也符合笔者这么多年来对职业学校的观察。温总理在讲话中还如数家珍地讲到了最近几年职业教育教师学历水平、职称结构有了大幅度提高和改善，有近40%的专业教师成为"双师型"教师等职业教育教师队伍建设方面取得的新进展。

在成绩面前，我们理应高兴，但是我们更应该清醒地认识到目前职业教育教师队伍存在的问题，不管是数量还是素质都不能满足提高职业教育质量和促进学生可持续发展的要求。据8月31日发布的《2011年全国教育事业发展统计公报》，截至2011年末全国中等职业教育（包括普通中等专业学校、职业高中、技工学校和成人中等专业学校）共有在校生2205.33万人（普通高中在校生2454.82万人），占高中阶段教育在校生总数的47.06%；专任教师（具有教师资格、专门从事教学工作的人员）88.19万人（普通高中专任教师155.68万人）；生师比为24.78：1（普通高中生师比为15.77：1）。中等职业学校在校生人数与普通高中差不多，但其专任教师数量却比普通高中少了近一半，中等职业教育生师比比普通高中高得多。根据职业教育的特点以及技能型人才成长的规律，专任教师数应该比普通高中多，生师比应该比普通高中低才是。

这说明职业学校还需要补充大量的高素质的专任教师。不仅新进职业学校教师要有高素质，更为要紧的是职业学校在职教师素质的提高。不如此，就不能真正促进职业教育发展方式从规模扩张到内涵提升的转变。这个前提是要准确定位高绩效职业学校教师的标准，即明确什么样的教师才是高素质的职业学校教师。基于职业学校终究是学校而不是企业，教学是职业学校中心工作的认识，教师的高素质不外乎三点：一是要有渊博的知识。包括专业知识和非专业知识，教学内容就是知识，一个没有渊博知识的教师就不是一个合格的教师。二是熟练的技巧。包括专业技巧和教学技巧，所谓专业技巧就是专业实践能力，教学技巧就是课堂管理能力、为学生学习设计课程的能力等。三是积极的期待。职业学校的学生是在中考中的"失意者",他们虽不可能"在哪个地方跌倒了从哪个地方爬起来",但他们可以"在中考的地方跌倒了从职业学校中爬起来"。这就要求职业学校教师不能一味地抱怨学生如何差,而要对自己的学生有积极的期待,相信学生能学好,相信学生有能力学好。

吸引符合上述三条标准的高素质人才加入职业学校教师队伍的办法之一是,尽快兑现《关于加强教师队伍建设的意见》中"要求依法保证教师平均工资水平不低于或者高于国家公务员的平均工资水平,并逐步提高。"的承诺,别让这一美好承诺再拖18年还不落实(早在1994年1月1日实施的《中华人民共和国教师法》第二十五条就明确规定:"教师的平均工资水平应当不低于或者高于国家公务员的平均工资水平,并逐步提高。")。至于使在职教师成为高素质的职业学校教师的办法:一是教师要不断加强学习,二是教师要接受培训。关于后者,有温总理在讲话中提到的于2011年启动的"职业院校教师素质提高计划"。

技能易得　精神难求

2008年金融危机和此次欧洲债务危机的教训,提醒了不少曾经"去工业化"的欧美国家,必须拥有一定规模的制造业,才能抵御经济增长过程中遇到的各种风险。因此,美国、西班牙等欧美国家纷纷提出"再工业化"的计划,大力发展实体经济,鼓励制造业"回巢"(从中国等发展中国家回到本土)。这样就使原本"大而不强""低而不高"、严重依赖外需的中国制造业"雪上加霜",经营更加困难。目前,中国制造业产值占世界的19.8%,预计未来这一比重会随着发达国家再工业化和更多发展中家的分食而逐步下降。因此,提升中国制造业的竞争力就成了当务之急。

在我看来,立足现实,提高中国制造业的路径有三条:一是提升产品附加值,二是拉长产业链,三是占领战略性新兴产业和高新技术产业的制高点。可这三点都需要有好的员工,不仅需要从事基础研究和技术开发的员工,也需要技能型员工。正如国资委前主任李荣融在今年10月23日谈到中国制造业遇到的发展困境时所说:"今天我们中国的制造业想要上去的话,如果不能培养出一批比德国、日本更好的员工是不可能的。"可问题在于德国、日本的员工比中国的员工究竟好在什么地方呢?简单说来,一个好的制造业员工的素质无非包括两方面:一方面是硬素质,即技能,就是运用各种工具和手段生产高质量产品的能力;另一方面是软素质,即精神,就是适应现代社会工业化大生产要求的工业精神。对于中国企业员工来说,缺的不是技能,如果有足够的时间和条件,凭中国人的聪明才智掌握操作技能并非难事;更重要的是缺乏工业精神,而工业精神不是一朝一夕就能够培养出来的。

仔细分析世界上制造业强国德国、日本等的崛起之路,表面上看,德国人做事是刻板的,日本人做事是固执的,全然没有中国人在工作生活中表现出的"机灵劲儿";但结果却是德国和日本都比中国发达,德国和日本人都比中国人富裕。原因之一在于对工业精神的坚守。工业精神是一种存在于国民内心,类似于宗教信徒般的虔诚和真挚的信仰,外化为制造业企业中员工职业化的工作习惯,最终铸就了一个国家或民族赖以长治久安的强大软实力,在此土壤中生长出今天在经济舞台上长袖善舞的各类标杆企业。而我们近代以来的时光中虽"江山代有企业出",却只能"各领风骚一两年"。何故?缺精神呀。说了半天,那到底什么是工业精神呢?工业精神就是提倡专心做事,少说空话,多干实事,主动承担社会责任,所有行为都必须对未来负责的精神。在当前的时代背景下,工业精神就是合作精神、契约精神、效率观念、专业精神、执着精神……

在工业精神的内涵中,合作精神显得格外重要。工业化时代是一个分工细化的时代，企业即便有再大的财力物力，也不能包揽生产中所有的流程。在这样的背景下，企业内部、企业与企业之间的分工协作就成为分内之事。合作精神的目标就是实现多边共赢，这在实现工业化的西方发达国家早已经成为一种共享的管理价值观。

契约是由游戏双方（各方）为了各自目的和利益而共同制定和遵循的或隐或显的规则。英国著名法律史学家梅因曾说过："迄今为止，所有社会进步的运动，都是一个从身份到契约的运动。"西方工业发展的历史，是一部契约发展的历史。契约是工业精神中的"普世价值观"，没有契约，也就没有蒸蒸日上的工业文明。

西方企业界流传这样一句话，效率是工业社会的第一原则，合作精神、契约精神虽然是工业精神的核心内容，但并不为工业社会所独有。而效率观，则是工业社会所首倡。农业社会生活节奏缓慢，效率并不重要，而在工业社会就不一样了，提高生产效率、工作效率，是每个企业及其员工都必须努力的目标。

欧洲债务危机中德国经济之所以屹立不倒，全球实体经济潮涨潮落中的瑞士钟表之所以长盛不衰，其中最为宝贵、最当珍惜、最可依靠的就是耐得住寂寞、经得住诱惑、稳得住根基的专业精神、务实精神和执着精神。德国企业员工们常挂在嘴边的"就算做螺丝钉也要做到最好"的话语中就包含一经选择，便以心相许、不离不弃、精益求精、做到极致的专业精神、务实精神和执着精神。瑞士钟表匠们在他们行销世界的机械表中洋溢着的也是这种精神。工业精神决定着一个企业产品质量的优劣好坏，事关企业的得失成败。环顾当下中国步履维艰的企业，依然在低端市场的恶性竞争中等待观望、一筹莫展；在核心技术自主创新中一无所有、得过且过；在对待企业员工上减员降薪、疏于培训、缺少关心，这些正是缺乏工业精神的表现。

为此，我们建议企业要放眼长远、脚踏实地，多花一些时间和精力培养具有工业精神的员工；我们也建议职业学校在训练学生技能的同时，更加重视培养学生的工业精神、工业文明，以此为中国经济的可持续发展做出贡献。

一个职校生的"中国梦"

《南风窗》2012年第16期刊发了朱振辉同志写给该杂志的一封信，标题是"我们的命运哪里还能改变？——一个'农二代'职校毕业生的来信"。作者在信中讲述了自己作为一个"家贫父病"的农村子弟，从一名职业高中学生到职业技术学院学生的职业院校求学经历，也讲述了毕业后求职和打工的工作经历。信中既有进入职业院校学非所愿的无奈，也有毕业时求职无门的焦虑；既有对职业教育"低人一等"的麻木，也有"我奋斗18年，也不能和你坐在一起喝咖啡"的沮丧……作为一个对职业学校及其学生情况比较了解的职业教育观察者，笔者认为"朱振辉现象"并非个案，而是一个比较普遍的"朱振辉们现象"。那就是农家子弟是否能够通过职业教育改变命运的问题，换言之，就是作为农家子弟的职校生能否有一个"中国梦"以及怎样才能梦想成真的问题。

最近几年，大家对中国梦的讨论逐渐增多，社会各个阶层、各个群体的人都在畅想他们心中的未来愿景，抒写心中的"中国梦"。11月29日，中共中央政治局七位新常委在北京参观"复兴之路"展览，中共中央总书记习近平在现场演讲中详细阐释了"中国梦"的含义，并称"实现中华民族的伟大复兴，就是中华民族近代以来最伟大的梦想"。如果说习近平总书记讲的"中国梦"是国家梦、民族梦，职校生的"中国梦"就是个人梦。那么，职校生的"中国梦"的内涵是什么呢？

首先，一个职校生的"中国梦"是使每一个积极进取的职校生经过不懈的努力奋斗便能获得更好的生活，亦即职校生们只要通过自己的勤奋、勇气、创意和决心，而非依赖于特定的社会阶层以及"官爸""富爸"和"星爸"的庇荫就能过上美好生活。通俗地讲就是"鲤鱼跳龙门"，用当下的网络流行词解释就是"屌丝的逆袭"，用社会学名词解释就是社会阶层的向上流动。其次，一个职校生的"中国梦"是每一个职校生都能够过上习近平总书记所说的那样的美好生活，即有更好的教育、更稳定的工作、更满意的收入、更可靠的社会保障、更高水平的医疗卫生服务、更舒适的居住条件、更优美的环境。前者是指社会和国家要提供职校生向上流动的通道和公平的机会，后者是指他们抓住机会达到的结果，一个是途经、一个是结果、一个是手段、一个是目的。

当我们面对一个确定无疑的中国梦，接下来要考虑的事情便是：我们如何将这个梦想照进现实？习近平代表中共新一届领导集体的回答是"空谈误国，实干兴邦"，"中国梦"不会凭空实现，中国梦是说出来的，更是干出来的，国家的"中国梦"如此，个人的"中国梦"亦如此。

因此，为了职校生的"中国梦"能够实现，我们需要反思：为什么在改革开放之初，社会充满希望，每个人都能从改革与经济发展中获得利益（比如高考的改革），而现在为什么就不是这样了呢？特别是农村孩子的向上通道为什么就变窄了呢？这并非是说那时的社会有多么完美，之所以那时能给人更多希望，其实无非是那个时候起点、规则、机会相对公平，而更公平、更开放、更透明的社会是通畅的阶层流动所必需的条件。职校生"中国梦"的实现需要更廉洁的政府体系、更开放的市场环境、更透明的社会运行规则。现在国家唯有着力建设这些，打破既得利益者对机会的垄断，破除既得利益团体对改革的阻碍，才能让社会阶层重新流动起来，从而避免整个社会阶层的分化、固化、僵化。唯如是，草根才可崛起，职校生才能逆袭。

为了职校生的"中国梦"能够实现，国家还必须让生产者生存得更容易，让食利者有更大的压力。而让生产者更容易就要增加其收入，尤其增加其在一次分配中的工资性收入。为此，党的十八大报告提出"2020年实现国内生产总值和城乡居民人均收入比2010年翻一番"的目标，鉴于职校生就业后（有的是农村从业人员，有的是城镇部分行业的普通劳动者和农民工）的工资收入水平过低的事实，国家更应该明确收入增长目标的人群是低收入者。由于低收入者已经丧失了很多机会，没有公平分享经济发展的成果，再加上低收入者收入相对单一，所以在确定低收入者收入增长目标时，就不能只是翻一番，而应该是翻两番甚至翻三番、四番。

为了职校生的"中国梦"能够实现，对于职校生来说，在校时要做到勤学苦练，做到应知应会；就业后要做到爱岗敬业。爱岗就是要从内心热爱自己的岗位、认同自己的职业；敬业就是严格遵守职业道德和规范，兢兢业业做好自己的本职工作。就算不能成为参天大树、栋梁之材，不妨做一棵小草奉献一丝新绿；不能像海洋用宽阔的胸怀容纳百川，不妨做一条小溪为大地捧上些许甘露。踏踏实实做好自己的本职工作，认认真真走好自己的每一步路，把普通的岗位变成施展才能的舞台，将平凡的事情做得卓尔不凡。一个人，只有当他以应有的热情和全部的力量致力于自己所从事的职业时，才可以说无愧于社会，才能实现其人生的价值，才能够真正圆自己的"中国梦"。

▶ 职教观察
2013

一个非主流职教研究者的 2020 年愿景

讲了很久的人类将在 2012 年 12 月 21 日冬至毁灭的玛雅日历预言，在 2012 年 12 月 22 日太阳照样升起的时候，已经不攻自破，笔者也玩笑式地给几个相熟的朋友发了"平安无事"的短信。尽管几乎所有的预言最后都变成了"空言"，但是可以肯定地说，在这个落空的预言之后还会有很多这样那样或正经、或荒诞，甚至耸人听闻的预言，不信，你只要打开电视、翻开报纸均能见到关于明年、后年或者以后的某个时间将会发生什么的预言。存在的就是合理的，上述现象说明这个社会还是需要预言的。对于我们来说，重要的不是消灭预言，而是怎样去对待预言。在笔者看来，预言就是一个关于未来社会的愿景，一个国家需要通过对发展前景的预言鼓舞士气、凝聚人心；一个人在漫长的人生路上不断前行也需要职业生涯愿景的支持。从某种意义上说，中长期规划就是愿景、就是预言。稍稍留心不难发现，最近几年，从中央到地方、从行业到部门都在做中长期规划，这些规划都包含了各自领域或地区到 2020 年要达到的目标。我手头就有几个中长期规划，列举出来让我们看看这些规划中的 2020 年中国是什么样子。《国家中长期科学与技术发展规划纲要（2006—2020 年）》提出，到 2020 年我国进入创新型国家行列；《国家中长期教育改革和发展规划纲要（2010—2020 年）》提出，到 2020 年我国进入人力资源强国行列；《国家中长期人才发展规划纲要（2010—2020 年）》提出，到 2020 年我国进入世界人才强国行列……类似的各行各业中长期规划名单还可以列出一长串。在这些关于 2020 年中国将是什么样子的预言中，最重要的一个就是十八大报告中提到的到 2020 年中国要实现全面建成小康社会的宏伟目标，换言之，就是到 2020 年，中国一定是一个小康社会了。创新型国家、人力资源强国、人才强国以及小康社会就是当下人们对 2020 年美丽中国的预言。作为一个出身农家的职业教育研究者，笔者最最希望 2020 年的中国是一个特权消失的公平社会。

公平是一个古老的话题，也是一个现实的问题，是抽象的问题，也是具体的问题，往大里说事关国家安危，往小里说涉及个人幸福。中外先贤对公平多有论述，孔子在《论语》里说"丘也闻有国有家者，不患寡而患不均"，柏拉图在《理想国》里对公平也有详细解释。公平被中国共产党第十八次全国代表大会提到"是中国特色社会主义内在要求"的高度，在报告中出现了 20 多次。从"促进教育公平"到"让发展成果更多更公平惠及全体人民"，从"初次分配兼顾效率和公平"到"再分配更加注重公平"，这说明公平太重要了，同时也说明当下的中国社会还欠公平。

一个社会可持续发展的活力和潜力，取决于这个社会中每一个人的积极性能不能够发挥以及发挥到何种程度。在一个不公平的社会里，各个组织、群体、阶层之间有很深的隔阂和敌意，组织、群体、阶层之间既不能相互交流，也不能相互流动，形成了社会学上说的"阶层固着"现象。不公平的社会就像一台没有添加润滑油的机器，摩擦不断，相互掣肘，缺乏前进的动力和后劲。而一个公平社会则尊重每一个社会成员做出的贡献，尊重所有劳动者的尊严。公平社会里的每一个人，不管是城里人还是乡下人，不管是公务员还是工人，都享有基本的教育、就业和参与社会活动的权利。公平社会向全社会成员平等开放生存和发展的机会，能够最大限度地基于每个人的禀赋充分调动他们的积极性。强者可以尽情地施展自己的才能，以此得到相对合理的报酬；弱者也能尽己所能，找到自己的立足之点和价值所在，得到社会相应的尊重和关爱，无生存和发展之虞。

到那时，笔者家附近建筑工地上大部分来自农村的工人连同分布在其他城市的工人将不再被贴上"农民工"的标签，既有工人之"名"也有工人之"实"。他们将成为各自所在城市的市民，享受与当地人一样的生活待遇和社会福利。他们在所工作的城市有自己的房子，他们的孩子能够在城市上学并参加高考，他们的就医很便捷，他们的养老有保障。到那时，人们将不再为当工人而感觉低人一等，有一技之长也能过上自己向往的生活，技术工人已经明显超越普通脑力劳动者的收入，成为城市里的中产阶级。那些精英人才也不再一窝蜂地想当公务员，争着抢着去本身并不创造财富的政府部门，而是进入制造业、生产性服务业等创造财富的部门，用他们的聪明才智为社会源源不断地创造财富。到那时，职业教育也早已摆脱了"饭碗教育"的宿命，成为接受这种教育的人的一种进身之阶。

从现在到那时，还有8年时间，"八年过去，弹指一挥间"，时间紧，任务重，还是让我们少说多做吧！习近平总书记不是说过"空谈误国，实干兴邦"吗？

谈谈职业

在中国，有一个比较普遍的现象，就是两个陌生人见面，往往会先问对方"你是哪个单位的"，以此来判断对方是个什么样的人。这可能与计划经济体制下人们都是"单位人"有关。很长一段时期，普通中国人的命运总是和单位紧密地联系在一起，人一旦踏入某个单位的大门，他的生老病死、吃穿住行、聚散离合几乎全都由所在单位包揽下来，想离开都难。所以，以前在中国人的心目中，选择一个比较好的单位，差不多成了一个人一生中的头等大事，"干什么"不重要了，因为这将对他以后的人生方向产生至关重要的影响。到了改革开放以后，随着计划经济体制的解体、市场经济体制的逐步确立，上述情况有所改观，两个陌生人再见面，彼此说的已经变成"你是干什么的"了。也就是说,人们对某某人是"什么人"的判断由主要依据"你是哪个单位的"变为"你是干什么的"。在这里,"你是干什么的"说的就是职业。换言之,职业成为现代人的一个重要特征之一。因为,职业能反映一个人的社会身份、社会地位与自身的文化、能力、素质水平等。

谈起职业,人们会想到工厂中、商店里、学校内、工地上、矿井下……各种各样的劳动岗位以及与劳动岗位相关的各种工作,人们还会想到工人、农民、教师、医生、记者、警察、编辑、营业员、邮递员等千姿百态的劳动角色。不同的职业意味着不同的工作内容、不同的职责、不同的声誉和地位,劳动角色规定了从业者的劳动行为模式。作为"工种"或"岗位"意义上的职业与作为"劳动角色"意义上的职业是有区别的,前者是社会劳动分工体系中的一个环节,后者是与这个特定环节发生关系的劳动者的社会标识和相应的行为规范。例如:工厂设有门岗,在门岗上值勤的劳动者被称为"门卫"或"守门人"。在这里,"门岗"是一个岗位,"门卫"或"守门人"则是在门岗上值勤者的劳动角色,"值勤"是"门卫"最主要的角色行为。工作的稳定性与经济性是职业的两大特征,"职业"与工作的稳定性有直接的关系。早在人类社会初期,人们为了生存开始从事打猎、捕鱼、采摘等各项工作,但这些都不是职业。那时,虽然有人打猎、捕鱼,却没有猎人和渔夫;虽然有人烧饭、缝衣,却没有厨师与裁缝,因为当时并没有专职的猎人和渔夫等。当社会大分工出现以后,有人开始固定从事畜牧工作、手工业工作与商业工作时,人类社会才开始出现职业,如牧马人、手工业者与商人等。因此,职业是在社会需要将一部分劳动者相对稳定地安置在社会分工体系的某种岗位之上,使之固定地从事某项专门工作的时候产生的,离开了工作的稳定性就无所谓职业。有人预测说,在未来的社会中,比如后工业社会、共产主义社会等,劳动者将摆脱旧分工的束缚,工作稳定性的基础会发生动摇。马克思就说过,在共产主义社会每个人"都可以在任何部门内发展,社会调节着整个生产,因而使我有可能随自己的兴趣今天干这事,明天干那事,上午打猎,下午捕鱼,傍晚从事畜牧,晚饭后从事批判,这样就不会使我老是一个猎人、渔夫、牧人或批判者"。(《马克思恩格斯文集Ⅰ》,人民出版社,2009年版,第537页)另外,职业与工作的经济性也有密切关系,没有经济报酬的工作,即便是稳定的也并非职业。假设有一位靠遗产为生的赋闲者,毕生从事非经济性的养鸟种花活动,尽管他的工作活动是长期而稳定的,但养鸟种花并非他的职业,因为他是无业人员。所以工作的稳定性与经济性是职业必须具备的两个条件。

基于上述分析,我们给职业下一个定义:职业是指人们由于社会分工和生产内部的劳动分工而长期从事的、具有专门业务和特定职责并以此作为主要生活来源的社会活动。

谁在种地?

这个问题似乎很简单,种地的当然是农民了。那么农民又是什么样的人呢?《现代汉语词典》(第6版)(以下简称《词典》)上说农民是"在农村从事农业生产的劳动者"。根据这个定义,不在农村从事农业生产的劳动者就不应该是农民,这一点恰恰与西方一些国家对农民的界定类似,在那些国家,农民纯粹是一个职业概念,指的是经营农场、农业的人,一个人如果不再经营农场、农业了,那他就不是农民了,他或者是工人、或者是教师。而在我们这里,这个《词典》定义并不完全准确。"农民",它不仅仅是一个职业,还是一种身份。与户口有关,一个人只要是农村户口就是农民,即使这个人已经离开农村多年且在城市里干着和农业不沾边的工作。所以说中国有两个城市化率:一个是依照常住(在一个地方居住半年以上）人口计算的城市化率，2012年是52.57%，有近7亿农民；另一个是依照户籍人口计算的城市化率，2012年为36%左右，中国有9亿多农民。按照《词典》上农民的定义，7亿也好、9亿也罢，这些都应该是在农村种地的，可实际上并非如此，其中有两三亿"农民"早已不种地了，真正种地的只是其中的一部分，而且是比较特殊的一部分人。这部分人特殊在哪里呢？就让笔者从春节期间回家的见闻说起吧。

每年春节，笔者都要回老家陪父母过年，2013年春节在家里的几天除了陪父母说说话以外，也间或和来家里拜年的老少爷们聊聊天，顺便了解了解农村的情况。笔者老家在山东省莒南县石莲子镇一个叫侯瞳的普通而又贫瘠的村庄，离县城几十公里，离乡镇驻地也有4公里，可以说是"前不靠城、后不着镇"，全村有596个人，宜耕地（不包括宅基地、沟圈地、家庭菜地等）面积567亩，人均不到1亩，达不到全国平均水平（2011年底的时候，全国有耕地面积18.2476亿亩，人均有1.35亩）。这567亩地按照用途大致可分为两类：一类是温室大棚用地。这是一种提高土地生产率、增加收入的设施农业。笔者见到的村上塑料大棚都比较小（有1亩的、2.5亩的，最大的3亩）、比较矮（人在里面走路要弯着腰），也比较简陋（不像在别的地方见到的成本很高的钢架结构温室那么高大），主要种植草莓、西瓜和一些反季节蔬菜等经济作物。据了解，行情比较好的年头，一个大棚一年（以1亩地大棚一年种植两季西瓜、一季菜椒为例）纯收入在2万元左右。但是，照料大棚是非常辛苦的活计，一年当中从年头忙到年尾从不得闲（大年初一那天，笔者还遇到几个到大棚里干活的村民），而且要弯着腰，甚至跪在湿度很大的塑料棚里干活，这对人的关节损害很大。另一类是粮食用地，在我们那里，一年种两季粮食，一季以冬小麦为主，另一季以玉米为主，掺杂种一些黄豆、花生等作物，主要用来榨油吃。种粮食只能保证有饭吃，不能保证有钱花，除去种子、化肥、农药、浇水、机耕等费用，种一亩地的粮食还要倒贴（笔者在以前的文章中讲过）。温室大棚也罢，种粮食也罢，总得有人到地里干活。据笔者了解，在全村596个人中，除了在家上学的小孩和年老体病者外，种地的大都是妇女和50岁以上的老人，只有10多名30~50岁的中年人没出去打工，在家里专门照料塑料大棚，其余20多岁~40多岁的青壮年常年在外打工，他们把拾掇地里的活留给了他们的父母。行文至此，我们知道了，目前在农村种地的大半是老人和妇女，50岁的是壮劳力，60岁的是主力，70多岁的仍在下地干活。我问了居住在周围其他村子里的亲戚，他们村里也大致如此。

更大范围的调查也证明了这一点。中国农业大学课题组通过对山东、山西、河北、四川、重庆、陕西、黑龙江等10省市20个村的调查发现，农业劳动力中妇女（所占比例为57.2%）和老人是主体，课题组对山东省荣成市崂山镇神道村、湖南省醴陵市高桥乡马家垅村、河北兴隆县大水泉乡庆丰村、北京房山张坊镇的大峪沟村农业劳动力进行调查发现，这些村庄农业从业者的老龄化现象突出，50岁以下的农业劳动力平均不足10%，在地里干活者平均年龄达到67岁，更有84岁高龄的老人还在田间务农。如被调查的马家垅村140名劳动力中50岁以下的农业劳动力仅为12人；被调查的大峪沟村1007名农业劳动力中，留在农村的农业劳动力只有36人且无一人是80后年轻人。（朱启臻、杨汇泉，2011）如果需要，这样的调查笔者还可以列举出很多。跟笔者一样老家在农村且经常回老家的读者诸君稍加留心也不难发现这样的现象。

笔者写这些，无意贬低老人、妇女种地的能力（实际上由于老人、妇女种地的力不从心、技不从心的确也导致了农业产业结构调整难以实现、粗放经营、复种指数下降以至于撂荒等问题），只是想提醒那些主张通过职业教育服务"三农"的同志们，要多多关注和了解农村的变化、农民的分化和农业的弱化，这是农村职业教育依存的背景。

我为什么喜欢城市

温家宝总理在今年的十二届全国人大一次会议上作的政府工作报告中说:"要加快推进户籍制度、社会管理体制和相关制度改革,有序推进农业转移人口市民化,逐步实现城镇基本公共服务覆盖常住人口,为人们自由迁徙、安居乐业创造公平的制度环境。"笔者是第一次在政府工作报告中看到"自由迁徙"这个词,虽然也知道,要实现真正的自由迁徙还要跨过许多障碍,比如户籍制度、城乡分割的社会管理体制、城市人的反对等,但还是乐见其成。因为,果真如此,受益的就包括占中职学校在校生总数82%的农村户籍中职学生(见《2012中国中等职业学校学生发展与就业报告》),他们毕业后进入城市工作(《2012中国中等职业学校学生发展与就业报告》显示中职生就业率超过95%)成为市民,兴许能够有助于改变中等职业教育"叫座不叫好"(《光明日报》,2013年3月1日)的局面,提高职业教育的吸引力。笔者支持加快城市化进程,实现所有公民自由迁徙,此为原因之一。

笔者支持城市化的原因之二是,城市化是中国实现现代化和小康社会的必由之路。一般来说,城市化就是一个国家或地区的人口由农村向城市转移、农村逐步演变成城市、城市人口不断增长的过程。为什么要城市化?城市好啊!好在哪里?以笔者的观察,城市起码有以下一些好处。

首先,城市会产生经济发展的规模效应。企业是现代社会创造财富的最重要的经济组织,企业要生产就需要成本,在它的总成本中有一部分是固定不变的,例如厂房、设备、办公场所等。企业的产量越大,分摊到单位产出上的固定成本就越低,产品的平均成本也就越低。钢铁、汽车等资本密集型行业都有很强的规模经济效应。由于需要众多的员工，大型企业不可能建在人口稀疏的农村，只能设在人口稠密的城市地区，这样才能产生规模经济效益。

其次，城市会导致社会分工的倍增效应。早在200多年前，英国经济学家亚当·斯密就以日常用品扣针（别针）生产为例，说明专业化分工可以大幅度提高生产效率。如果将扣针的生产过程分解为下料、成型、磨尖、钻孔、抛光等几道工序，和一个工人从事所有的加工程序相比，每人只负责一道工序，可增加产量数十倍。在长期的专业化工作中，技工不断地积累知识，改进操作技能，其效率远远超过样样都干而无一精通的多面手。不仅如此，将复杂的生产过程分解为简单的工序有利于机器的应用，发明创造能够完成所有工序的机器，不仅设计难度大，而且成本也会很高，在单个操作工序上实现机械化就容易得多。如同企业内部的分工，社会上企业之间的分工也可带来效率的提高。不言而喻，企业内部分工以工人聚集在工厂为前提，而社会上的专业化分工则需要工厂在某一地区内的聚集。毫不奇怪，历史上最早的一批工厂诞生在城市，城市的扩张又为更大规模企业的出现创造了条件。

再次，城市会大大节约交易和运输成本。分工背景下的企业需要购买自己不能生产的原材料，这就产生了交易。人口和企业在一定空间中的聚集，缩短了企业和消费者之间、企业和企业之间的距离，降低了交通运输成本。更为重要的是，信息汇集和传递的速度在城市里大大加快，便利了社会的分工与协作，企业更容易发现协作厂家、客户以及所需要的资源与生产要素。

第四，城市会促进知识和技术的大量溢出。企业、大学与人口的聚集有助于新技术、新生产方式和商业模式的模仿与扩散，经济学中统统称之为"广义的技术溢出效应"。在我国经济发达、城市化率高的长江三角洲和珠江三角洲地区，出现了相似产品和企业扎堆集中在某些区域，进而形成"打火机之乡""皮具之乡""电器之乡"等各具特色的产业带，就是技术溢出的例子。

第五，城市能够启迪和激发各种各样的创新。城市是由拥有各自禀赋的成千上万异质化的人组成的，很多人聚在一起交汇、交流、交往，为思想的碰撞创造了机会，在相互启发和激发中就会产生新想法、新主意。创新的三要素为思想、研发和资本，分别对应的组织是高校、企业和投资基金管理机构，这三个创新主体恰恰也都聚集在城市。三者之间的密切交流与频繁互动是创新成功的必要条件，城市因此成为创新的基地和创新企业的摇篮。

关于城市的更多好处，大家可以看美国经济学家爱德华·格莱泽写的《城市的胜利》（上海社会科学院出版社，2012年版），整本书传递的核心理念就是"城市是人类最伟大的发明与最美好的希望"。可城市虽然好，农村人想"落脚城市"（道格·桑德斯《落脚城市——最后的人类大迁移与我们的未来》，上海译文出版社，2012年版）也绝非易事，需要经历生产方式、生活方式以及价值观念等转变的痛苦过程。职业教育对此可以有所作为。其实，这才是笔者写这篇文章的目的，笔者不是在为读过的书做广告。

工人 ABC

社会学在研究社会时，通常是将社会上千千万万的个人，按照某种标准划分成不同群体（或阶级、阶层），通过对群体行为的分析观照社会结构的变迁。不管是改革开放前的"两个阶级——一个阶层"（工人阶级、农民阶级和知识分子阶层）的划分，还是改革开放后的"十个阶层"（国家与社会管理者阶层、经理人员阶层、私营企业主阶层、专业数术人员阶层、办事人员阶层、个体工商户阶层、商业服务业员工阶层、产业工人阶层、农业劳动者阶层、城乡无业失业半失业者阶层）的划分都是这样做的。在一个正在快速城市化和工业化的国家里，人数最多的社会群体就是工人，正如在农业社会中农民是人数最多的社会群体一样。很多情况下，人数最多的群体往往不是最重要的群体，但在当下的中国，工人群体却很重要，经济上如此，政治上也如此，这从参加中国共产党第十八次全国代表大会的工人代表的数量上即可看出。据媒体报道，在2270名代表中，工人党员代表169名（其中有26名农民工党员），而十七大时只有51名。说句实在话，中国的现代化还真离不开工人群体。

工人有其特定的含义，《现代汉语词典》（第6版）是这样说的，"工人"是指个人不占有生产资料、依靠工资收入为生的劳动者（多指体力劳动者）。这个定义过于笼统，并未道尽工人本义。笔者认为，工人应该有这样几个特征：首先，要具有一定的劳动能力。这里的劳动能力主要是指体力和智力，任何人只有达到法定工作年龄（年满16周岁）且具备一定的体力和智力（所谓的素质），才能成为工人。其次，要处在一定的劳动岗位上。劳动岗位为工人提供了一定的劳动工具和劳动手段，是工人参与劳动的场所和载体，工人的劳动岗位大都是一线的操作岗位。再次，要遵循一定的劳动规范。处在任何劳动岗位的工人，不管是简单的劳动还是复杂的劳动，都必须遵循一定的劳动规范。第四，要参与实际的劳动过程，比如产品的生产加工过程。综上所述，笔者对工人概念做以下界定："工人"是指具有一定的劳动能力、遵循一定的劳动规范、占据某种劳动岗位、参与实际劳动过程的人。

工人并非同质化群体，按照不同标准，我们可以把工人分为若干类型。比如按照工作单位的性质不同，工人有企业单位工人、事业单位工人和政府机关工人之分。按照职业资格等级不同，工人有初级工（五级）、中级工（四级）、高级工（三级）、技师（二级工）、高级技师（一级）之分。按照知识构成和劳动分工不同，工人群体又有蓝领工人和灰领工人之分。此外，由于我国当前所处的特殊经济社会环境，工人群体本身的结构也在不断变化，产生了一部分特殊的工人群体，如工头、农民工和下岗工人等。因此，对工人群体进行恰当的类型划分不是一件容易的事情。

　　为了便于论述，这里根据工作情况、社会声望、知识构成以及福利待遇的差异，结合我国工人群体的具体情况，将工人大致划分为普通工人、高级技工、"灰领"工人等类型。普通工人是指技能水平一般，主要从事经常性熟练劳动的工人，在工厂里面也叫熟练工，其社会地位较低，靠训练获得一定的劳动能力，有的有初级工或中级工的资质，大多数没有职业等级证书。高级技工是指具有丰富实践经验和较高操作技能，能够解决关键性技术难题的工人。从工人群体职业等级的角度来看，在企业里面，高级技工主要是指技术工人中的高级工、技师和高级技师，其技术能力处于工人群体的上层。高级技工一般由好学习、善钻研、勤训练的普通工人成长而来，他们在操控运行高精技术、调试维修复杂设备、分析解决制造难题、排查消除事故隐患、改革更新工具工艺等方面起重要作用。"灰领"一词来源于美国，原指负责维修电器、上下水道和机械的技术工人，这些工人常穿灰色工作服，故得此名。随着工业生产日益复杂化，生产过程的技术含量不断提高，以及信息技术和自动控制技术在生产中的大规模应用，要求工人不仅需要掌握基本的机器操作要领，也需要学习和掌握先进的技术原理，并能够结合实际去改造工艺流程，从而更好地处理生产过程中出现的技术问题。由此，介于管理决策者（白领）和执行操作者（蓝领）之间的"灰领"工人就应时而生了。具有扎实的专业知识、较强的创新能力、熟练的操作技能，既能动手又能动脑，既直接操作机器又掌握专业技术原理的"灰领"工人，连同上面提到的高级技工，是中国实现"新四化"（工业化、信息化、城镇化、农业现代化）极其需要的工人类型。

技术进步与技能退化

对技术和技能进行恰当的定义是一个比较困难的问题，却是写这篇小文章必须回答的问题。已有文献中有多种关于技术和技能的定义，考虑到如果界定过于宽泛会使得分析没有价值。所以，笔者把技术看成是用来生产产品的各种形式的机器设备以及软件和硬件，把技能看成是一个人后天习得的或者是在工作过程中不断积累起来的完成特定工作所需的知识、技术和能力的总和。简言之，如果人类生产产品的工具是机器，技能就是操作机器的能力。

技术有不同的形态，并不是每一种技术都能带来经济价值（都能用于生产），好多技术其实一点用都没有，只有生产技术及由它组成的产业技术才具有经济价值。由主观技术构想、创意而产生的技术发明是技术的初始形态，必须经过设计、试制和试验加以客观化、物质化，才能纳入生产劳动过程，成为生产技术即生产劳动过程中的技术。单一的生产技术仍不能实现技术的最终目的，必须有许多与之相匹配的一系列生产技术集成才能形成产品。比方说汽车产业的产品是汽车，汽车是由以机械加工技术为核心，热处理技术、化工技术、电子技术、信息控制技术、运输技术等多种生产技术综合作用的结果，其中任何一种单一的生产技术都造不出汽车来。有多少生产劳动过程，就有多少种生产技术，但一种生产技术却不能独自生产出完整意义的产品来。生产技术的链条构成了产业技术，并生产出产品来。从社会生产总过程来看，产业技术所生产出的产品很多是中间产品，于是出现了上游产业与下游产业的区分，上游产业的产品可以成为下游产业的原料、工具、条件，这便组成了一个产业集群。

产业是指生产产品或为人类提供某种服务的事业或部门。企业就是一个产业部门，为了生产产品或提供服务，任何企业都要运用一定的技术开展生产活动。这里再强调一次，企业用的技术是生产技术，而一种技术要想被用于生产过程，简单易学、便于操作是首要的条件。生产技术被应用于工作场所的过程是一个将工作任务分解成简单、只需少许技能就可操作的任务的过程。通过这个过程，生产工作被分割成重复的及习惯性的生产活动（比如流水线），使得低技能工人得以被雇佣，使"全能工人"变成"局部工人"。技术进步推动产品生产的过程分解为若干组成部分，并且常使其中一些工作环节机械化。例如，20世纪初期的美国福特公司，劳动过程主要由"全能型"技术工人控制，他们通常能决定劳动的强度和生产效率，但在1913年10月标准的装配线开始运转并经过仔细的动作研究后，汽车底盘的装配工作在140名装配工人间进行分工，他们沿着45.72米长的装配线一字排开，在1天9小时劳动中要完成435个底盘配件的安装。在这个过程中，工人们不仅降低了技能水平，也降低了影响劳动过程的权力。

越来越多的证据显示，计算机技术和自动化技术的发展，不断地把工作过程进行分割因而降低了对劳动者操作技能的要求，也通常会令整个企业生产队伍（包括维修队伍）的技能要求下降，当机械化、自动化作业达到某个程度的时候，便会需要很少的操作技能。例如，印刷行业的许多工作，如排版、印刷机操作及照相凸版印刷，在历史上一直需要高度复杂的职业技能。激光照排技术则将上述高技能工作简化了，从而大大降低了印刷企业工人的操作技能水平。技术进步导致技能退化的现象从富士康招收普通工人的条件中也可以看出，不要求文化程度，只考几道简单的算术题，应聘人员只要认识26个英文字母，就搞定了。因为富士康已经将生产流程尽可能简化，变成工人不需要专门知识和训练便能重复进行的几个简单化操作，媒体上说富士康最近几年要大批量地使用机器人来代替人工。

与计算机技术和信息技术进步有关的产品正在改变经济社会里几乎所有部门的工作，从农业到运输业以及工程设计、建筑施工，现在看来，这个转变将会变得无远弗届。随着更先进的生产技术的发明以及推广应用，机器将可以担当更为复杂的工作。更为关键的是，这些所谓的精密设备的使用、维护、修理却未必需要工人具备更高水平的技能。

对于笔者上述观点，有人不同意，他们反驳说：因为技术进步虽然简化了生产过程，但是对技能工人的需求却不断地增长，技能附加值也越来越高；而且技术进步所形成的技能替代效应，多是对一般技能的替代，而不是对企业特殊技能的替代。实际上，以往的技术进步过程显示，许多时候事实刚好和他们说的相反。今天的汽车比我小时候见到的汽车更精密了，然而，现在的汽车却更容易驾驶了，像笔者这样从小就"心灵手不巧"的人一个月就拿到驾照，且安全驾驶好几年了。修车也容易了，前两天笔者车子右后门玻璃上不去下不来，去修车厂修理，修车的师傅说，估计是电机坏了，换一个就行了。

学生≠人才

笔者在2012年5月17日的《经济观察报》上看到一则消息，说由中央组织部、人力资源和社会保障部、国家统计局共同组织开展的2010年度全国人才资源统计结果显示：截至2010年底，全国人才资源总量达到1.2亿人。在这1.2亿人才中有企业经营管理人才2979.8万人、专业技术人才5550.4万人（具有专业技术职称的企业经营管理人才交叉统计在其中）、高技能人才2863.3万人、农村实用人才1048.6万人。看到这个消息我有两个没想到：一是没想到中国有这么多人（2010年底我国总人口

13.4亿人），人才数量却不到总人口的十分之一；二是没想到新中国成立60多年了，每年有大量的学生从各级各类学校毕业，然后走到各行各业的岗位上去，竟然都没有成为人才。好多人把人才缺乏的板子打在教育身上，好像教育不行才导致人才缺乏似的。细究起来，人才的多寡与教育有着复杂的相关性，受很多变量的影响，从一名学生成长为人才，中间还有很多环节。换言之，"学生"和"人才"不能画等号。以此类推，"技能人才"和"职业院校学生"（包括中等专业学校、职业高中、技工学校、技师学院、高等职业技术学校、职业技术学院、职业学院学生等）也不能画等号。

《现代汉语词典》（第6版）把"人才"定义为德才兼备的人和有某种特长的人，这个概念太模糊了。还是《国家中长期人才发展规划纲要（2010—2020年）》的定义比较清楚，它说人才是指具有一定的专业知识或专门技能，进行创造性劳动并对社会做出贡献的人，是人力资源中能力和素质较高的劳动者，这里面就包括高技能人才。根据《高技能人才队伍建设中长期规划（2010—2020年）》的定义，高技能人才是指具有高超技艺和精湛技能，能够进行创造性劳动并对社会做出贡献的人，主要包括技能劳动者中取得高级技工、技师和高级技师职业资格的人员。与高技能人才对应的是一般技能人才，一般技能人才是指在生产、服务等领域的一线岗位上，掌握一定知识和技术，具备一定的操作技能，并能够运用自己的知识和技能进行实际操作的人员，主要包括取得初级、中级工资格证书以及拥有类似水平的其他技能人员。从上述人才、高技能人才和技能人才的定义中，我们可以总结出人才的几个特点：第一，人才是长期工作（以此安身立命和实现自我价值）在生产一线的劳动者，不劳动就不是人才，仅仅临时性劳动一天、两天，甚至一个月、两个月的劳动者也不是人才。第二，人才的劳动是一种基于专门知识和娴熟技能的创造性劳动，不是基于一般知识和简单技能的重复性劳动。第三，人才是通过创造性劳动对社会做出较大贡献的人。几乎所有的人对社会都有所贡献，但比较起来人才对社会的贡献更大一些，比如青岛港的许振超、上海电气（集团）总公司的李斌、常州黑牡丹集团的邓建军、中铁一局集团的窦铁成、大连重工起重集团的王亮、一汽大众汽车有限公司的王洪军等技能人才都为各自所在单位做出了重大贡献。第四，人才的成长都要经过长期而又艰苦的磨炼。一名工人只有经过既有数量又有质量的训练才能成为高技能人才。关于成才的规律国外有"一万小时"定律，即只要经过一万小时的锤炼，任何人都能成才；国内也有原国家体委提出的针对专业运动员（技能人才）的"2805"训练模式，即专业队运动员的训练（包含比赛）每年280天，每天5小时，经过8～10年方能成为世界冠军。

而学生则不同。"学生"这个词很重要，在《国家中长期教育改革和发展规划纲要（2010—2020年）》中总共出现了127次。作为一个名词，《现代汉语词典》（第6版）说学生是在学校读书的人，或者是向老师或前辈学习的人。取其前者，职业院校的学生就是在职业院校读书的人。职业院校的学生有以下一些特点：第一，是一群在职业院校以学习为业的人。学习和工作不一样，学习是掌握知识和技能的过程，工作是运用知识和技能的过程。第二，专门学习的时间是固定的，比较短，中、高等职业院校学生学习时间都是3年，3年可干的事情是有限的。第三，对社会几乎没有什么贡献，相反，社会要为他们的学习生活做贡献。第四，学习的内容以通识、可迁移技能为主，不拘泥于某一固定岗位（一个人不可能在3年时间里学到应付30年里不断变化的工作所需要的知识和技术）。

笔者认为，上述内容都是我们要求职业教育培养技能型人才的时候不能不考虑的因素。

"工人阶级"的前世今生

今年"五一"国际劳动节前的4月28日，习近平总书记在同全国劳动模范代表座谈时说："必须全心全意依靠工人阶级、巩固工人阶级的领导阶级地位，充分发挥工人阶级的主力军作用。"这也正是笔者所期望的。笔者一直以为，中国现在正在进行的现代化、工业化进程不能忽视"工人阶级"这个群体。因此，笔者乐观地认为，"工人阶级"这个曾经非常风光的群体在公众视野中沉寂了一段时间后，很可能再度被人关注，正所谓"前度刘郎今又来"。可问题是，此（现今的）"工人阶级"还是不是彼（20世纪80年代以前的）"工人阶级"，也就是说构成"工人阶级"的人是否发生了变化？如果发生了变化，这个变化又是什么呢？这个问题很重要，需要说清楚。

《现代汉语词典》（第6版）称：阶级是指"人们在一定的社会生产体系中，由于所处的地位不同和对生产资料关系的不同而分成的集团，比如工人阶级、资产阶级等"。新中国成立六十多年来工人阶级的内涵大致经过了三次变化：第一次是新中国成立初期。那个时候，"工人阶级"主要指产业工人。毛泽东等中国共产党领导人按照政治和经济双重标准，对中国各阶级进行了划分，在新的经济结构的基础上构建出"四阶级一阶层"的社会阶级阶层模式，包括工人阶级、农民阶级、小资产阶级、民族资产阶级，以及既与工人阶级密切联系又因特殊社会功能独立于工人阶级的管理者阶层。这时的工人阶级主要指产业工人，如制造、建筑、运输等行业的劳动者，而机关事业单位、商业单位的劳动者被称为职员。第二次是把知识分子纳入"工人阶级"的行列。1956年1月，周恩来总理在知识分子问题会议上代表中共中央提出了"知识分子的绝大多数已经为社会主义服务，已经是工人阶级的一部分"的论断。但是随着中国政治思想领域逐步进入"以阶级斗争为纲"的轨道，知识分子阶级属性问题上的"左"的错误不断发展，在全国范围内开展对知识分子的教育和改造运动，实际上并没有将知识分子作为工人阶级的一部分。直到1978年，邓小平在全国科学大会开幕式上的讲话中强调，我国知识分子"绝大多数已经是工人阶级和劳动人民自己的知识分子，因此，可以说，已经是工人阶级的一部分"。第三次是把农民工看成"工人阶级"的一部分。农民工是指农民户籍身份还未能得以转换，而又常年或大部分时间在从事非农产业生产经营的被雇佣群体。20世纪80年代以来，随着我国工业化和城市化进程的加速，大量农民工开始出现。在2003年举行的中国工会第十四次全国代表大会上，首次提出"一大批进城务工人员成为工人阶级的新成员"。农民工大体可分为两类：一是离土离乡的农民工，他们在城市的厂矿、机关、商业、服务行业劳动；二是离土不离乡的农民工，他们在本乡本村的乡镇企业或在附近城镇的工厂、商店、机关劳动。从劳动关系上讲，这两种农民工都应该属于工人阶级。根据最新的数据，我国农民工总数约为2.6亿人，其中外出务工人员1.64亿人。在第二产业中，农民工占全部从业人员的60%以上，其中在加工制造业中占68.2%，在建筑业中占80%；在第三产业的批发、零售、餐饮业中，农民工占到52.6%以上。可以说，当前农民工已经成为我国"工人阶级"的"主力军"了。

令人遗憾的是，还有一些瓶颈制约着这个"主力军"发挥其应有的作用。为此，笔者建议：第一是把工人阶级的主体逐渐培育成中等收入阶层。其途径之一（也是最重要的途径），就是大幅度提高其收入水平。必须改变"干得多、拿得少"的局面，必须改变"工人阶级"等同于"无产者"的观念，使其获得"劳动者"和"财产所有者"的双重身份。第二是建立和完善职业教育与培训制度。工人阶级（不包括知识分子和管理者）的绝大多数之所以在过去的改革过程中呈现向下流动的趋势，其"文化资源"缺乏是其中一个重要原因。作为产业工人"主力军"的全部农民工中,仅有四分之一的工人受过非农职业技能培训,超过六成的工人只有初中以下文化水平,在许多行业都不具有竞争力。因此,要建立完善的职业教育与培训制度,增加工人阶级占有文化资源的数量。第三是建立健全各种制度,促进工人阶级的团结,保障工人阶级的合法权益。其实,这些笔者以前都曾表述过,之所以冒着被人说"老生常谈"的风险再强调一次,是因为这太重要了。

职业学校何以存在

在报纸和电视上经常看到企业关于招来的新员工不能尽快适应工作岗位要求的抱怨,也能听到一些走出校门的学生关于在职业学校中学习的东西到实际工作中根本用不上的抱怨。这说明了一个客观存在的问题,即学校学习与职场工作之间存在一定的距离。其实,这个问题其来有自,大概从学校作为一个独立的教育机构诞生之日起,学校教育与社会之间就有了距离。传统社会里,能够进入学校的本就是少数人,他们的学习根本不是为了谋一份工作,所以也没有人说"学非所用"不好;进入现代社会,经济社会发展要求人人都要接受教育且要接受越来越长时间的教育,学校教育也不断地被要求贴近受教育者的生活和工作,是否"学以致用"这才成了人们评价学校教育优劣的标准。

那么,从用人单位的角度看,怎样才能招到"招之即来、来即能干、干即干好"的员工呢?我认为最好的办法就是让用人单位根据其工作岗位的性质来培养他们需要的人。用人单位自己又如何培养呢?一种办法是师傅带徒弟,招几个新人,给他们配个师傅,由师傅"传帮带",一定时间后独立工作。传统的工场手工业和工业革命早期的工厂里都是用这种方法培养新员工,其优势是学徒早早就开始了解岗位要求,出师后不需要适应期就可直接工作。但是这种办法只适合于用工很少的小微企业,不适合规模很大的现代企业。另外一种办法是企业自己开办学校,笔者叫它"企办学校",改革开放以前中国很多企业都有自己的"企办学校"。招收自己企业里职工的子女入学,毕业后进入本企业工作。最近几年,一些企业也开办"企办学校"(比如中国电信集团公司创办中国电信学院、中国航空工业集团公司创办中航大学、用友集团创办用友大学、海尔集团创办海尔大学等),试图用这种办法培养自己企业留得住、用得上的员工。理论上讲,企业自己开办学校可以完全按照企业的要求培养学生,这样也可以缩短从学生到员工的过渡期。可办一所学校绝非轻而易举之事。暂且不论学校办起来后能不能如当初所愿,单单开办学校需要的师资、设备、场地、资金、管理等问题就不是一般企业能够负担的。所以,开办"企办学校"培养自己需要的员工,大都是些财大气粗的大型企业所为,中小企业特别是小微企业由于企业人数少、营运收入低恐怕做不来这样的事情。问题是在任何一个国家,大企业毕竟是少数,中小微企业才是绝大多数。有关数据显示,目前我国中小微企业已有1100多万户,占全国实有企业总数的99%以上,提供了80%的城乡就业岗位,最终产品和服务占国内生产总值的60%以上。这么多的中小微企业其生产过程、技术创新、管理活动也需要合适的人才,可它们又不像大企业那样有能力自己开办学校。怎么办呢?只能另辟蹊径,由政府开办的独立的职业学校就应运而生,且不断发展壮大起来,成为有计划、有组织、有目的地对受教育者进行系统的职业准备教育的组织机构。虽然我国中等职业学校名称各异(有的叫中等专业学校,有的叫技工学校,有的叫职业高级中学),但它们在培养经济社会发展需要的技术工人方面显示出来的优势却是相同的,更重要的是这些优势是其他组织所不具备的。

优势之一是职业学校可以在一个国家工业化进程中规模化地培养大批

量劳动者。工业化社会中的生产是机器化大生产，需要大量的、规格差不多的员工。职业学校每年招收大量来自不同地区、有不同家庭背景的初中生，把他们按照相同的标准培养成为合格的职业学校毕业生，满足企业的上述需求。

优势之二是职业学校可以培养具有比较系统的专业理论知识的学生。职业学校学生在学校里学习与将来所从事的职业相关的比较系统的专业理论知识，通过了解工作背后的知识、原理、规律，学会科学的思维方式和解决问题的方法，为以后在工作岗位上不断地学习打下坚实基础。

优势之三是职业学校可以训练学生掌握通用技能。按照适用范围，技能可以分为通用技能和专门技能，专门技能是从事某种特定工作需要的技能，比如模具制造技能之于机械工程，混凝土浇筑技能之于建筑工程；通用技能是各行各业都需要的技能，比如信息技能、量测机能、沟通技能。职业学校经过事先周密的计划安排能够训练学生掌握通用技能，通用技能是一个人职业生涯发展和岗位转换最需要的技能。

优势之四是职业学校可以培养学生具备初步的职业道德。职业学校学生大多在15～18岁，这个年龄是其职业价值观、道德规范形成的关键时期，职业学校通过各种有意识的活动使学生认识职业岗位，形成职业意识，认同职业规范，养成职业习惯，这对于尽快适应岗位很重要。

不要问我从哪里来

每年的六月份是各类大中专学校学生毕业的时间，除了一部分升入高一级学校继续学习外，其余的人毕业即面临就业。笔者就是1986年6月师专毕业去一所乡镇中学工作的，又于2000年6月硕士研究生毕业去一所大学工作。在计划经济体制时代，政府包分配，不管你愿不愿意，毕业了总有一个工作岗位等着你，那个时候人们关注的不是能不能找到工作，而是怎样才能去一个更中意的单位工作。在市场经济体制时代，政府不再包分配，毕业生要自己到劳动力市场上去找工作，虽然可以自己选择职业，但是找到工作的难度大了。高校扩招以前，大学生还是"天之骄子"，找工作好像还不难；扩招以后，大学生数量急剧增加（中国的高校从1999年开始扩招，从每年只招一百多万新生增加到每年招收近七百万新生，14年翻了7倍，远超GDP的增长速度），"天之骄子"风光不再，"找工作"就成为每年这一时段里大学生及与其相关人员关注的话题，教育部也时不时地出台促进大学生就业的相关政策（倒是没有促进职业学校学生就业的政策）。而今年这个"老生常谈"的话题显得尤为特殊，因为今年有699万名大学毕业生，比去年整整多出19万人，再加上还没有就业的21万2012届毕业生（《人民日报》，2013年5月18日），有人称其为"史上最难就业季"。

为了促进毕业生就业，5月16日国务院办公厅印发了《国办关于做好2013年全国普通高等学校毕业生就业工作的通知》（以下简称《通知》）。与往年的类似通知比较，今年的《通知》特别强调就业公平，明确提出"不得对求职者设置性别、民族等条件，招聘高校毕业生，不得以毕业院校、年龄、户籍等作为限制性要求"。很显然，这个说法与近几年愈演愈烈的、名目繁多的、司空见惯的就业歧视有关。

北京市于近期推出一项新措施，规定应届的非北京户籍的本科毕业生超过24岁、硕士毕业生超过27岁及博士毕业生超过35岁，将不能通过就业落户北京（如果其他城市也照此办理，像我这样高考成绩不太理想只考了个大专，在农村中学工作十几年后试图通过考取研究生来改变职业生涯的人，就一点希望都没有了）。此谓"年龄歧视"和"户籍歧视"。山东省德州市日前公布了《2013年德州市市直事业单位公开招聘工作人员岗位表》，其中有4个岗位备注中限定必须是"985"或"211"工程院校毕业生（其中3个岗位是德州市电子政务办公室的专业技术岗，包括网站英文版翻译编辑相关工作、软件设计与开发工作及网络信息安全工作；另一岗位是德州市第二人民医院从事医疗器械管理工作的卫生医师）。此乃"学历歧视"。5月21日，有网友发帖称，福建省南安市卫生局4月11日发布的《2013年福建省南安市面向医学院校公开招聘紧缺卫生类工作人员通告》中，招聘范围明确要求："A类职位面向国内48所医药卫生院校及其他院校成绩排名在班级前30%的人员。"附件中提供了国内48所医学院校名单，以武书连《挑大学、选专业——2012高考志愿填报指南》中的医学院校排名、2012年中国大学医学B^+级以上学校为依据，共45所，包括A^{++}类5所、A^+类7所、A类11所、B^+类22所，此外还有福建省内其他开设本科医药卫生专业的3所院校。此属"学校歧视"。这是中国比较常见的几种就业歧视现象，当然还有性别歧视（只招男生，不招女生）、经验歧视（要求有时间不等的相关领域工作经验，比如说招聘证券工作人员一般要求有3~5年的行业工作经验，招聘经理则要求有2~5年的领导工作经验）、身高歧视、"乙肝病毒携带者"歧视、相貌歧视以及身体残疾歧视，等等。

就业歧视不得人心，但就业歧视不是中国独有，其他国家也不罕见。因此，反就业歧视是所有正义国家的政府都在做的事情。借鉴西方国家反就业歧视的经验，当务之急我们要做到两点：一是通过立法加强对我国用人单位用人自主权（用人自主权是指用人单位在用人选择上，有基于用人偏好、工作性质、需求以及员工工作能力等因素进行自由选择的权利）的约束。为此，应该在2008年开始实施的《就业指导法》以外，尽快制定一部反就业歧视法，用法律保障求职者能够获得平等的就业机会。二是建立相应的促进平等就业的机构（如美国的平等就业机会委员会、英国的公平就业委员会），从组织上保障劳动者就业平等权等合法权益的实现。这个机构的主要功能大致包括认定就业歧视、调查就业歧视申诉案件、协商和调解就业歧视纠纷、提供有关就业歧视的咨询服务等。有人也许会质疑，在一个就业形势严峻的环境下，上述反就业歧视法是否要出台以及出台后能否得到认真执行。笔者想有法总比没法好，至少是一种宣示。

三年职校生　卌载职业人

1984—1986 年笔者在一所师范专科学校读书，学的是生物学，毕业后到中学做老师，教高中生物。那时候，高中生物只有一本教材，共七章内容，多是普及性的知识，师专两年学的东西足以应付这个工作。在做了 11 年中学教师后，我考取教育学原理专业硕士研究生，毕业后到现在的单位从事职业教育研究，目前的工作和在师专时学的生物学没有多大关系。人年轻的时候往前看得比较多，年龄大了就容易往后看，随着渐近知天命之年，笔者也经常自觉或不自觉地回顾自己走过的近四十年求学和工作之路，有一个问题始终困扰着自己，那就是一个人早期的学校学习与后来的职业生涯之间到底有什么联系？简单地说，即上学之于工作有什么用？这里说的"学校"是指一个人工作前读书的学校，对于毕业即就业的职校生来说，工作前的学校就是职业学校。目前，我国的职业学校有三种类型，分别是中专校、职业高中和技工学校。职业学校的学制皆为两年，招收完成九年义务教育的初中毕业生，大多数在校学生的年龄在 15～18 岁。如果他们一毕业就开始工作，按照中国现在男性 60 岁退休、女性 55 岁退休的规定，男女各要工作 42 年和 37 年。三年职业学校的学习如何支撑 40 年左右的职业生涯，确实是一件让人头疼的事情。

假设小张是一名职业学校学生，他从学校一毕业（18 周岁）就在一家汽车厂工作，一直工作到退休。又假设小张的工作岗位是钳工，主要任务是加工汽车零部件，并把加工出来的汽车零件按照装配工序要求进行组件、部件装配，且通过调整、检测和试车等程序使之成为合格的产品。再假设小张工作的岗位和这家汽车厂的汽车制造技术40年没有变化，不仅汽车零部件加工技术和汽车生产工艺流程没有变化，而且汽车零部件加工所需要的工具也没有变化。果真如此，职业学校的办学就简单了，它只要对汽车厂钳工岗位工作进行分析，在此基础上开发相应的课程，然后组织教学就可以了。当前流行的"工作过程导向的教学模式"原理大概就是如此。如果小张在三年职校生期间掌握了钳工的相关知识和技能，便不愁度过40年的职业生涯。

关键是上述假设几乎都不成立。第一，职业学校学生在学校里学什么专业，离开学校未必就从事与此相关的工作，也就是说学服装专业的，不一定就去服装厂的流水线上缝制加工衣服。前些日子到一所职业学校调研，有老师就跟我说他们学校服装专业的学生很多都到酒店当服务员了，原因是嫌服装厂工作辛苦。《2012年中国中等职业学校学生发展与就业报告》中说，中职毕业生就业对口率达到73%（高于67%的全国2009届本科毕业生专业对口率），我看这个数字有点高，即使这个数字是真实的，那也还有27%的学生学非所用。第二，职业学校几乎没有一个学生毕业后在一个单位一直干到退休。"从一而终"的员工现在很难找，尤其是对大多数在二、三产业工作条件和薪酬皆不理想的岗位就业的职业学校毕业生而言，"留得住"更是一句空话。虽然没有找到职业学校毕业生转换工作的精确数据，但在当今这样一个工作不稳定（以美国为例。加州大学戴维斯分校教授、经济系主任斯蒂文斯说，一个人一生从事7份工作；据美国劳工部门估测，美国现今的大学生到38岁为止做了10到14份工作，其中四分之一的人每份工作的时间不超过1年、二分之一的人每份工作的时间少于5年）成为常态的情况下，职业学校毕业生频繁更换工作怕也是普遍现象，笔者在以前的文章中提到的"短工化"就是个证明。第三，随着新技术的不断发明，以及新工艺、新工具、新装备、新材料被广泛地应用于生产过程中，产品生产过程的技术更新速度加快。看一看最近几十年汽车电子技术的发展，便可明了一切。汽车本来是偏向于机械配合的一项技术，可随着电子技术的迅猛发展，汽车已经由单纯的机械产品转变为高级的机电一体化产品。汽车电子技术已经全面覆盖汽车行业：电喷发动机、电动车窗、电动座椅、电控车身稳定系统、电子显示屏、电控悬架，等等，汽车电子技术已经成为汽车技术进步的最大源泉。汽车如此，其他产品也不例外。

在这样一个工作时间漫长、工作变动不居、技术更新迅速的社会，在短暂的职校生涯中学生需要形成什么样的能力和素质才能为漫长的职业生涯发展服务呢？根据个人的经历和对周边人的观察，笔者认为职业学校最重要的是要做到两点：一是要培养学生具备从事某种职业的基本知识和技能，这是进入职业的敲门砖；二是要培养学生的批判性思维和学习方法，这是进一步发展的有力武器。前者培养起来容易一些，后者要费点功夫。

场内三小时　　场外三年功

笔者在写这篇文章的时候，正值2013年的高考时节，今年全国有912万名高考考生。这几天的媒体上泛滥着高考的消息，各级政府高度重视、社会各界倾心投入，又是警察护考，又是禁止噪声，真正做到了"一切为了高考"。其实，在此期间，还有一场"高考"也在"悄悄"地进行，即从5月25日开始持续到6月28日的2013年全国职业院校技能大赛，比赛在天津主赛场和河北、山西、吉林、江苏等15个分赛区举行。据了解，今年的大赛共设14个专业大类的100个比赛项目，其中天津主赛场举办34项比赛，15个分赛区举办66项比赛，预计1万多名选手参赛。两相比照，此"高考"不仅没有彼"高考"那么风头出尽，甚至乏人问津，以至于不是这个圈子里的人都不知道它已经开始十几天了,可谓冰火两重天。这不由得使笔者想起"普通教育有高考,职业教育有技能大赛"这句话来,从社会的关注程度以及学生的参与度(参加市、省、国家技能大赛的学生不到整个职业院校学生数的三成)来看,职业教育的技能大赛与普通教育的高考还有很大差距。当然,把职业教育的技能大赛和普通教育的高考放在一起,以此强调职业教育及其技能大赛的重要性,扩大其社会影响,提高其社会认同度,这种想法也是可以理解的。

笔者认为普通教育和职业教育是两种类型的教育,高考和技能大赛更是不同。普通教育的目的是促进所有公民的基本素质,非凭"高考"而贵;职业教育旨在传授职业知识、训练职业能力、养成职业道德,不以"大赛"为荣。如非要找寻这二者之间的相同点,那就是不管是做完三小时的高考试卷,还是完成三小时的比赛项目,之前都需要艰苦的知识(普通高中的文化课知识、职业学校的专业知识)学习和能力(普通高中的解决问题能力、职业学校的操作能力)训练。"不是一番寒彻骨,争得梅花扑鼻香。"这一点从那些在高考中取得好成绩的学子身上看得出来,从在全国职业院校技能大赛中获得奖牌者的身上也看得出来,我们还能够从中管窥职业教育的特点和技能形成的规律。

职业教育是给予学生从事某种职业或生产劳动所需要的知识和技能的教育,它侧重于让学生掌握一定的理论知识,并在此基础上对其进行实操性的技能训练。在现代化大生产方式下,劳动者要使用比较复杂的劳动工具、遵循严谨的操作流程来完成工作。这就要求劳动者既要有相关的知识基础,还要有熟练的技能。加强技能训练,提高技能的熟练程度和精确程度,是职业院校教学的核心目标,技能大赛既是对职业院校技能教学质量的检验,又可以促进职业院校更加重视对技能的研究和教学。

职业院校中的技能主要指操作技能,职业院校中学生技能的习得主要指操作技能的习得。操作技能是人体作用于工具的一系列灵活准确的动作,职业院校的操作技能训练紧紧围绕学生将要从事的某种职业展开。学习心理学把操作技能的形成过程分解为操作技能的定向阶段、模仿练习阶段、整合阶段和自动化阶段四部分，这是一个循序渐进的过程。学生在操作技能学习过程中，首先要了解与技能动作相关的程序性知识，即怎么做，包括操作活动的方向、幅度、力道等，在此基础上模仿自主练习；其次要掌握每一阶段操作动作的要领，并将其整合起来，形成一个前后衔接的动作系列，整合是从模仿到熟练的过渡阶段，是形成熟练技能的基础；最后要经过持续的练习，让动作变得自动化，类似条件反射。

职业院校学生操作技能的形成受许多因素的影响，经验丰富的教师（教练）的指导当居其首。好的教师会因地制宜、因生制宜地精心设计教学程序和实施方案，指导学生练习。郎平执教中国女排半个月，中国女排队员仿佛换了人似的连拿两次冠军，这就是教练（教师）的作用。

教师的指导固然重要，学生自身的练习同样不可或缺。练习既要有数量，也要有质量，职业院校学生操作技能形成过程中练习的数量（时间、次数）和质量（密度、强度、难度和动作准确性）互相依存、互相制约。一方面，任何数量必须是在一定质量基础上的数量，练习不但要有量的指标，而且要有质的要求，保证练习在标准高、要求严、安排精、动脑多的条件下进行。而磨洋工、泡时间，出工不出力、出力不用心的练习，数量再多也无益。另一方面，任何质量都是通过一定数量表现出来的，没有一定练习量的积累，就不可能产生技能掌握的质的飞跃。操作技能的习得及其熟练程度就是练习的数量和质量结合的产物。

素质优良的教师、量足质高的练习、便捷可用的场地、工艺先进的设备、周到细致的保障是参加全国职业院校技能大赛选手获奖的条件，而要满足这些条件就要投入大笔经费。在财力有限的情况下，职业院校为了奖牌只能力保极少数的学生参加技能大赛，问题是职业院校不是只为几个学生开办的。

教育与就业

教育对于一个国家经济社会发展的促进作用是通过提高劳动者的知识、技能和道德水平而实现的，接受了一定时间教育的劳动者是通过在岗位上发挥自己的聪明才智而促进经济社会发展的，前提是每个受教育者都能够就业。一个人，尤其是中下阶层的人如果不能就业，接受再多的教育恐怕也难以通过自己的劳动促进经济社会发展，更别说改变自己的命运了。所谓就业，就是劳动者与生产资料相结合，从事社会劳动并获得报酬或经营收入的经济活动。换言之，就业实际上就是有效地、合理地利用人力资源，以及使劳动者全面地发挥自己的才能的活动。因此，教育与就业之间有着十分密切的关系，因为教育是开发人力资源的重要手段之一。需要指出的是，教育和就业之间虽有密切的关系，但它们毕竟不是一回事，教育和就业在发生机制、影响因素等方面都不同，不能简单地把它们混为一谈。就业问题的产生和解决有它自身的规律性，只有对我国就业问题的性质和特点有比较清楚的认识，才能对教育和就业问题之间的关系有比较深刻的理解。笔者认为我国目前存在三种类型的就业问题，它们的表征有所不同。

第一类就业问题的表征是"无业可就"，即"人多活少"，这是最一般的就业问题。从劳动供给来看，现在每年新增劳动力数量为1500万~1600万人（未能升学的初、高中毕业生，中职毕业生，本、专科毕业生，毕业研究生，复员军人等），每年有500万~600万农业转移劳动力，二者合在一起，每年需要新安排就业的人员数量为2000万~2200万人。从能提供的就业岗位数量来看，每年新增城镇就业机会在1200万个左右，如此算来，劳动供求关系就呈现出供给大于需求的格局。

第二类就业问题的表征是"人职"失衡，即人和职业不匹配，想招的人招不进来，能来的不想招，这就是结构性问题。结构性失业并不是指一般的缺乏工作岗位，而是指虽然社会上存在着空闲的工作岗位（职业空位），但现有的没有工作的劳动者在知识、技能以及职业态度等方面却不能适应这些工作岗位的要求。所以结构性失业问题表现为一方面"人找活"，另一方面"活找人"。比如说，目前从农村转移出来的劳动力中，约83%的人只受过初中及初中以下教育，受过正规职业培训的比例仅有15%左右，缺乏技能使得很多企业难以招到合格的技术工人。

那么，大学生找不到工作又是为什么呢？这也是结构性失业问题。由于我国经济内生增长能力和创新能力不足，讲了十几年的转变经济发展方式几无进展。我国经济目前仍然处于微笑曲线的中间部位，缺乏核心技术和品牌，与之对应的工作岗位主要为制造部门的生产性岗位（适合职业院校学生就业）；而与微笑曲线两端对应的创新性、服务性高端岗位应该都是适合大学生就业的岗位。由于我国经济发展没有及时实现向微笑曲线两端延伸，造成经济增长创造适合大学生就业岗位的能力不足。大学生就业越来越困难，并不是我国大学生多了造成就业困难。过去10多年来，我国高等教育实现了跨越式发展，大学毛入学率从20世纪90年代末的不足10%增加到现在的25%左右，高等教育进入大众化阶段。但与发达国家相比，我国大学毛入学率的差距仍很大。发达国家的大学毛入学率一般都在50%以上，例如法国为56%、日本为55%、英国为59%、美国为82%，韩国更是高达91%。由此观之，中国高等教育仍然需要数量规模的继续扩张，当然也要重视质量的提高。

第三类就业问题的表征是"有业不就"，即能找到工作，但不想干，这属个人的职业选择。在这种情况下，尽管某些工作岗位空着，无事可做的待业者也不缺乏从事该项工作所需要的知识和技能，但他们宁肯待业也不愿填补该种工作的空缺。在我国，有业不就的原因是多方面的。空着的职业岗位可能不符合求职者个人的兴趣和爱好，尤其是那些家庭条件优越、衣食无忧的人，常常因为兴趣和爱好不在此而有业不就。除此以外，某些职业的社会评价太低，也使求职者宁肯闲着也不就业。根据一些主观和客观的标准，人们会把社会上的众多职业分出高低贵贱来，作为自己（或子女）选择职业的依据，所有的人都倾向于选择"高贵"的职业，而规避"低贱"的职业，因为低贱的职业工作条件太差、待遇太低。

不同的就业问题，有不同的解决之道。对于"无业可就"问题，归根到底要依靠经济增长不断地创造出新的工作岗位。对于第二个问题，就需要根据经济增长对不同技术水平和不同工种的劳动力的需要，调整各种类型学校的设置、各种专业的设置，以及做出各种不同学习期限的安排。对于第三个问题（职业选择），必须通过特殊的途径来解决，比如，营造一种尊重普通劳动者劳动价值的氛围，给予从事某些人们不乐意从事的工作的人员很高的报酬或福利待遇，教育人们理性看待职业等。

发展职业教育教师是关键

9月1日，2013年世界女排大奖赛总决赛在日本札幌落幕，中国女排获得亚军。郎平自今年4月担任主教练以来，带领中国队在国际赛场上取得了19连胜的好成绩，让那些担心中国女排的人把一颗悬着的心放了下来。笔者就在想，队员还是这些队员、体制还是这个体制，为什么前后判若两队？是什么使中国女排焕发了活力？思来想去，还是因为有一个好的教练。郎平教练的训练得当、指挥有方、知人善用，对于中国女排来说是制胜的法宝。由此笔者又联想到了教育发展，其最重要的影响因素是什么呢？毋庸置疑，是教师。

教师的重要性几乎等同于教育的重要性，多项研究证实了这一观点，教育系统的质量不可能超越教师的质量。美国教学委员会在10年前就提出，美国作为世界领袖的国家地位正在受到威胁，教育系统不能提供高质量的教师，是造成这一结果的主要原因之一。最近，盖茨基金会在美国十个州的一些城市做了一次广泛的调研，得出一个结论，即最能影响学生水平的因素，不是学校的系统，不是班级的大小，不是课外辅助活动的多少，而是高素质、高效能的教师。中国教育部副部长陈小娅曾说："未来十年的教师质量决定着中国教育的成败。"普通教育如此，职业教育也不例外。

职业教育是在人们所从事劳动的工厂和企业里首先发展起来的，它的目的是向受教育者传授各个行业、企业的职业岗位所需要的专门理论知识和技能，使受教育者能够顺利从事劳动，且能把在实际劳动中形成的劳动能力进一步改造、提高和发展。它是直接为培养和训练熟练劳动力服务的教育类型，对经济社会发展的促进作用自不待言。那么，职业教育怎样才能达成上述目标呢？办学校固然得有教室、有设备、有资金、有教材……但这些都不如有合格的教师重要。是否有一支优秀的包括文化课教师和专业课教师在内的职业学校教师队伍攸关其成败，教师队伍的素质和水平决定着职业学校教学成效的高低。对于专业课教师，不但要求其具备扎实的理论知识和熟练的操作技能，更为重要的是应具备一定的与所教专业有关的企业工作经验。今年8月28日结束征求意见的《中等职业学校教师专业标准（试行）》（征求意见稿），对上述内容均有明确规定。这次《中等职业学校教师专业标准（试行）》从专业理念与师德（包括职业理解与认识、对学生的态度与行为、教育教学态度与行为、个人修养与行为）、专业知识（包括教育知识、职业背景知识、课程教学知识、通识性知识）和专业能力（教学设计、教学实施、实训实习组织、班级管理与教育活动、教育教学评价、沟通与合作、教学研究与专业发展）等方面规定了教师专业标准。如果颁布实施，相信一定能够促进职业学校教师队伍素质的提高。提高职业学校教师队伍的整体素质绝非一日之功，需要长期坚持不懈的努力。笔者以为，眼前迫切需要解决的问题有两个：

一是职业学校教师数量严重不足的问题。据 2013 年 8 月 19 日发布的《2012 年全国教育事业发展统计公报》，截至 2012 年末全国中等职业教育（包括普通中等专业学校、职业高中、技工学校和成人中等专业学校）共有在校生 2113.69 万人（普通高中在校生 2467.17 万人），占高中阶段教育在校生总数的 46%；专任教师（具有教师资格、专门从事教学工作的人员）88.10 万人（普通高中专任教师 159.50 万人）；生师比为 24.19∶1（普通高中生师比 15.47∶1）。中等职业教育在校生与普通高中在校生数量差不多，但是中等职业教育专任教师数量却比普通高中的少了近一半，中等职业教育生师比比普通高中高得多。根据职业教育的特点（比如知识和技能学习并重）、职业学校学生学情（比如文化基础差）以及技能型人才成长的规律（比如需要长时间的训练），要想高质量完成职业学校的教学任务，专任教师数应该比普通高中多，生师比应该比普通高中低才是，最起码也要与普通高中保持差不多。建议国家相关部门研究制定并实施职业学校教师定向培养的政策，放开对职业学校招聘教师的编制、户口等限制。

二是提高职业学校教师的待遇和社会地位。2010 年，联合国四大主要机构的负责人在《世界教师日联合致辞》中说："地位低、工资低、工作条件差侵犯了教师的权利，也降低了年轻人加入和留在教育行业的积极性。"中国教师，尤其是中西部地区的教师工资普遍较低，而职业学校教师工资较之普通中小学教师工资更低，这严重影响了职业学校教师"干好工作"的积极性。在韩国，教师的收入是普通民众的两倍，政府立法要求："国家及地方自治团体应特别优待教师的报酬。"《中华人民共和国教师法》也规定了"教师的平均工资水平应当不低于或者高于国家公务员的平均工资水平"，但这个目标至今没能实现。

今年，我们迎来了第 29 个教师节。从营造尊师重教氛围的角度看，将教师节由 9 月 10 日调整为 9 月 28 日，倒不如给教师涨工资。

职校生的"三种贫困"

一年一度秋风凉，职校新生进校忙。每年九月，职业学校为迎接新生都要做精心的准备，粉刷教室、添置桌椅、配齐师资、挂起横幅。但是，笔者认为仅有这些还是不够的，与此同样重要的，或者说比之更重要的是了解这些学生。因为，了解是培养的前提，如果不了解学生，我们就很难制定出合理的培养目标、设计出有针对性的教育计划和教学内容，也很难采取切实可行的措施，促进学生们尽快转换角色，适应与初中不一样的职业学校的学习生活，取得预期的教育效果。可以这样说，最近几年，职业教育发展过程中出现的各种问题，或多或少都与我们缺乏对学生的了解有关。那我们要了解职业学校学生的什么呢？

最重要的是了解他们的家庭经济社会背景。2013年2月27日，中国职业技术教育学会在北京发布的《2012中国中等职业学校学生发展与就业报告》中提到，2012年农村户籍学生占中职学校在校生总数的82%，近70%来自中西部，45.7%的学生家庭人均年收入不足3000元，家庭社会经济地位偏低。新晋中国职业技术教育学会会长纪宝成的话从另一个方面说明了这个问题，他说："现在几乎没有市委书记、市长与县委书记、县长的孩子上职业院校，就连说职教重要的人的孩子一般都没有上职业院校。"他还说："职教简直成了'平民教育'的代名词，很多老百姓的孩子上职业院校是无奈之举。"来自上海市教育科学研究院与麦可思研究院的调查数据也印证了这个现象，即近3年，88%的高等职业学校毕业生为家庭第一代大学生；父亲、母亲为农民、工人的学生人数占调查总人数的80%。（《中国青年报》，2013年4月15日）职业学校新生的农村和底层工人的家庭经济社会背景造成了他们的三种贫困：

第一是能力贫困。从能力贫困的角度看，贫困的本质是缺乏各种实质性的自由，如缺乏政治权利、经济机会、社会机会、受教育机会以及社会关系网，而且它们彼此之间相互依赖、相互影响。农村家庭和城市下层家庭学生面临的经济排斥、政治排斥、教育排斥、社会关系排斥和文化排斥等，使得这一庞大的社会群体在能力上陷入了贫困状态。在农村家庭和城市下层家庭学生的发展过程中，因政治排斥、经济排斥、社会关系排斥、保障制度排斥等，致使其潜在的素质和能力没有机会得以充分表现和发展，从而造成在日益迅猛的社会发展中这些家庭学生的综合能力不能适应社会的要求。在社会现代化过程中，农村家庭和城市下层家庭学生的自身素质和综合能力，如机会的识别能力、风险承受能力、科技运用能力、资源（包括信息）获取能力、获得公平待遇的能力等明显落后于社会发展的要求。

第二是权利贫困。权利贫困是指部分社会成员不能和其他社会成员同等享有法律赋予公民应有的权利，或者其权利不能真正实现的状态。权利是社会成员发展的前提性条件。诺贝尔经济学奖获得者阿马蒂亚·森认为："贫困应该被理解为权利的缺乏、可行能力的被剥夺，而不仅仅是收入低下。"在我国，农村家庭学生和城市学生、城市下层家庭学生及中上层家庭学生相比在政治权利、经济权利、教育权利、文化权利等方面存在较大差距。农村家庭和城市下层家庭学生在资源分配权、就业权、迁徙权、教育权等方面不能得到法律的保证，自身得不到充分的发展。

第三是心理贫困。美国著名社会学家英克尔斯指出，国家的现代化首先在于人的现代化，而人的现代化则在于现代人格和心理的形成。健全的心理结构对于个人的发展起着关键性作用。在各种社会排斥下，农村家庭和城市下层家庭学生日益陷入了心理贫困的状态。这里所讲的心理贫困包括两个层次：一是指个体存在着各种各样的心理障碍，二是指个体的心理状态不能够适应社会的发展。前者表现为自卑、消极、悲观、仇恨等，后者则表现为缺乏现代社会所要求的心理素质和知识结构。由于遭到各种排斥，农村家庭和城市下层家庭学生在日常生活中经常遭到诸如嘲笑、鄙视、谩骂、呵斥等各种社会歧视，在文化上也存在着隔膜心理，这样很容易产生自卑、消极、悲观、封闭、狭隘的心理和难以消除的挫折感。

这就是我们的学生。而面对这些学生，对于职业学校的领导和教师来说，需要的不仅是知识和能力，还包括耐心和智慧。

多上了三五年

今年5月28日的《长江商报》报道说，武汉铁路桥梁高级技工学校宣布，停办了两年的"大学生班"今年重新开设并且还扩招成两个班。又据9月2日的《成都商报》报道，成都女孩玲玲考上大学本科（省属重点大学），而这名女孩的父亲竟以读大学无用为由拒绝为其提供学费和生活费。读了大学找不到工作，即使找到了工作也挣不了多少钱，于是认定读大学是"肯定会失败的投资"。发生在不同时空中的这两件事其实反映的是同一个问题所在，即"大学无用"。追溯起来，类似论调其实由来已久。大概自2006年始，"读了大学找不到工作""大学生的工资不如农民工""大学生回炉学职教"等消息就时常在媒体报道中出现。2010年时，"干吗上大学"还一度成为网络热词，引起了社会广泛的议论。那么，人们心中曾经对大学的"多上个三五年"的向往为何变成了现在的"多上了三五年"的遗憾呢？

笔者是这样看的：

第一，当下的中国社会没有给大学生提供那么多的岗位。也就是说，相对于经济社会发展提供的岗位来说，大学教育是一种"过度教育"。一般说来，大学毕业生的去向仅有出国、就业（包括创业）、升学等，但出国和升学的人毕竟是少数，大多数人都需要就业。而就业的去向主要是政府机关、事业单位和各类企业。在需要就业的人当中，能够做公务员和去事业单位工作的人也是少数，大多数大学毕业生需要到企业就业。企业里有哪些工作是需要大学生干的呢？笔者想以产业链为例说明之。产业链是一种或几种资源通过若干产业层次最终变为到达消费者手中的商品的路径。每一个行业的产业链都有七大环节，即产品设计、原料采购、物流运输、订单处理、加工制造、批发经营、终端零售。在这七大环节里，真正能够给大学生提供岗位的是产品设计、原料采购、物流运输、订单处理、批发经营、终端零售，因为这六个环节对劳动者的知识和能力有较高的要求。可是，今天中国的产业结构却以加工制造为主而不是其他六个环节，所谓"制造业大国"讲的就是这个现象。加工制造环节独大，其他环节皆小的产业结构不足以支持快速扩招后猛增的大学毕业生数量，这就是大学生找工作难的原因，也是中职生和农民工就业稍稍容易的原因。

第二，大学不是职业训练所，大学教育不是就业训练教育。大学是提供专业知识和能力的机构，也是一个进行通识教育的组织，更是一个对人的整体素质进行提升的组织。在中国这样一个中小学"应试教育"色彩浓厚的国家，大学教育较为开放，它常常给学生们提供较多的选择，这既包括获取知识的途径，也包括人生道路的选择。另外，大学教育还有助于大学生们形成自己的思维方式。在大学相对宽松的环境里，充裕的时间可以让人按照自己的兴趣来阅读，这样会帮助大学生形成自己独立的判断力、广泛的爱好、强烈的好奇心和行之有效的学习方法，而这些才是最重要的——对个人生活重要，对职业生涯发展更为重要。

第三，传统的功利主义教育观影响人们对大学教育的认识，进而影响人们接受什么样教育的决策。传统社会里，"书中自有黄金屋""书中自有颜如玉"的通俗说法，表明了中国人的功利主义教育观。世易时移，但在国人心中，这种功利性教育观非但没有弱化，反而更加根深蒂固。三十多年来，一个个通过上大学而跳出农门的成功例子，那些没读过几天书但又成功了的企业家（他们都不惜花大价钱把自己的子女送到顶尖的大学学习），以及比尔·盖茨、扎克伯格等大学辍学创业成功了的例子，从正反两个方面强化了人们对大学教育投入产出比的算计。其实，那些所谓没读过书也能创业成功的"宗庆后们"，那些中途辍学成功创业的"盖茨们"只是个别现象。每个人都面临着不同的人生际遇，也有不同的先天禀赋，偶然成功或是非常规成功的案例尽管有，但毕竟是少数。放眼周围，读了大学后成功开创一番事业的才是大多数。写到这里，笔者想起了苹果总裁史蒂夫·乔布斯在斯坦福大学2005年毕业典礼上演讲中的一段话，他说："我学习的知识涉及带衬线的和无衬线的字体、变更不同字母组合的字间距、伟大的凸版印刷之所以伟大的奥秘，它如此美丽，如此悠久，如此艺术、微妙以至用科学无法解释，太迷人了。我没预期过学的这些东西能在我生活中起些什么实际作用，不过十年后，当我在设计第一台麦金塔时，我想起了当时所学的东西，所以把这些东西都设计进了麦金塔里，这是第一台能印刷出漂亮字体的计算机。"

最后，笔者想说的是，作为一个职业教育研究者，本人并不认为"大学生'回炉'到职业学校接受技能培训"是什么好事，这并不表明我们职业教育质量好了、有吸引力了，发展职业教育，我们还有很长的路要走。

职业学校要关注职场的变化

经常听到这么一句话，说这个世界上所有的东西、所有的事物，每时每刻都在发生着变化，如果有一种东西不变，那就是变化本身。职场也不例外，最近几十年，我们的工作环境正在发生着一些变化，尽管很多时候小到使我们熟视无睹，但变化确实正在发生着，这需要你透过现象去发现。新的特点正在出现，新的趋势正在兴起，其影响不可小觑。既然职业学校的中心目标是为了学生能就业、就好业，那么就要了解职场变化，根据职场变化的特点和趋势安排教育教学活动。

第一，机器代替人工，这是指技术进步不断影响工作的过程。举几个例子。2012年5月份，知名餐饮企业湘鄂情发布公告称，在未来3年将推广自动化烹饪机器人，采用中央厨房模式。其研发团队已开发出了100多道由机器人烹制的菜肴，已有多家门店开始使用机器人炒菜。宁波某模具有限公司四五百平方米的车间内，工作人员才十余人，公司负责人说，前两年，他们投入几千万元进行了设备更新和技术改造，原先需要上百人的生产车间，现在十余人操作电脑即可轻松搞定。我工作单位所在的苏南地区的水稻田里，即使农忙季节也很少见到农民耕作的身影，因为从插秧到收割的劳作都已实现了机器作业，只有喷洒农药还需要人工操作，现在种水稻的工作量大概只有原来的三分之一。可以说，机器设备正在向第一、第二、第三产业全面渗透，三类产业的机械化、信息化的程度都在不断提高。昔日田地里、流水线上、饭店里忙碌的农民、工人和厨师，已然被先进的生产线、机器人、专业的控制软件所取代。这就要求劳动者不仅会操作机器，也要会维护和保养机器，还要有不断学习新知识、接受新事物的能力和热情。

第二，"扁平"代替"科层"，这是指企业内部结构调整不断影响工作的过程。美国教育专家托尼·瓦格纳在其《教育大未来》中描述的流水线上蓝领员工的工作改变说明了这一点："25年前，管理人员在公司员工总数中占16%，后勤人员占12%。而今管理人员占5%，后勤人员只占3%。1991年以来，我们踏上了一条'不断前进'的道路。在此之前，员工只负责自己那一部分工作，管理者向他们发出指令。但自此以后，管理层人员逐渐减少。这才是真正的改变。""伴随着这些改变而来的是对劳动力能力需求的改变。""管理人员已经不必要了……因此我们对员工的要求和几年前也有所不同：我们需要员工具有批判性思考的能力、创造力、机械操控能力以及接受新事物的热情。"扁平化的组织结构使一线员工的作用凸现出来,员工可以参与企业决策,对企业经营和生产有了话语权。权利和责任是对应的,这就要求员工要有批判性思考和解决问题的能力。

第三,流动代替稳定,是指不稳定性正在成为就业常态的过程。证据如下:50年前,一份工作的平均寿命是23.5年。到1996年,这一数字降低为3.5年。也就是说,如果你20岁开始工作,等你32岁的时候,你大概已经换了4份工作,到退休的时候,你可能换过不少于10份工作。就业的不稳定可以从不同产业就业人员占比变化中看出来。20世纪初,美国服务类行业吸纳的就业者仅占就业总人数的31%,而农业和制造业则占到了69%。今天,这个比例正好相反,从事服务行业的人员占到了78%,而从事农业和工业的仅占22%。中国人力资源和社会保障部今年5月份发布的《2012年度人力资源和社会保障事业发展统计公报》显示,第一产业就业人员占33.6%,第二产业就业人员占30.3%,第三产业就业人员占36.1%,第三产业成为吸纳就业的第一主体。随着产业结构的不断调整,预计会有更多的人到服务业岗位就业。另外,企业倒闭、机构调整、与其他公司合并等事件的发生频率较之过去已经翻倍。据美国《财富》杂志报道,美国中小企业平均寿命不到7年,大企业平均寿命不足40年。而在中国,中小企业的平均寿命仅2.5年,集团企业的平均寿命仅7~8年。美国每年倒闭的企业约10万家,而中国有100万家,是美国的10倍。(王文明《从〈道德经〉中寻找企业基业长青之路》,《企业文明》,2012年第10期)企业的不断倒闭、调整、合并,必然有一些人频繁地失业、再就业。不断变换的工作环境和内容必然要求工人们要有很好的灵活性和职场适应能力。除此以外,职场的变化还有信息量成倍增加、专业化高度发展和分工日益细致的趋势,要求员工具备与人协作的能力、有效的口头与书面沟通能力、评估与分析信息的能力。

职业学校对上文所述职场变化必须高度关注,采取措施积极应对,不如此不足以培养适应新的就业岗位要求的员工。

职业学校教师是个专业

笔者现在在大学做老师,以前做过中学教师。我一直不太认同关于教师的一些说法,比如"春蚕到死丝方尽,蜡炬成灰泪始干""教师是太阳底下最神圣的职业""人类灵魂的工程师",等等。这些都是对教师职业不着边际的角色定位,事实证明,它既没有提高教师职业的吸引力,也无益于教师专业发展。在笔者看来,教师就是一种职业。人类社会存在着各种各样的职业,它们通过本行业特有的社会实践活动承担着特定的社会功能,为社会发展和人类进步服务,从而获得自身存在的基础。比较起来,在某一时空里,在众多职业中,总有一些职业比其他职业更重要、更复杂,更需要拥有特定的知识、技能才能胜任,比如医生、律师、工程师等,以至于这些职业上升为专业,不再是简单的职业了。

有学者从社会学的角度,根据对上述诸如医生、工程师等成熟职业的分析,概括出一个职业之所以是专业的标准,并以此来衡量其他职业的专业化程度。综合起来看,专业具有如下基本特性:(1)职业功能上的非替代性,即该职业承担着独一无二的社会职能。人类的某种生理、生产或生活需要必须由该职业来完成,其他职业无法取代。如果失去了该职业或者该职业停止工作,人类社会无法从其他职业那里获得替代性功能。(2)职业内容上的深奥复杂性。该职业所涉及的工作对象、工作方法、工作理念以及相应的知识及技能是深奥的、复杂的,外行难窥其堂奥。(3)职业训练的长期性。深奥复杂的职业实践,需要从业者拥有科学的知识体系及有效的实践技能、工作机制、工作方法,非经长期艰苦的专门学习和训练是不能掌握的。(4)职业权力上的自主性。社会由于对高深、独特的专业领域的无知，而又迫切需要了解某一领域，就要把处置该职业事务的权力交给从事这种职业的人员。(5) 职业伦理上的自律与服务性。专业人员必须信奉客观、公正的职业理念和服务大众的精神，坚守对职业实践活动内涵和规律的忠诚与追求，严格自律，不以谋取私利为最终目的。

上述专业的特性是从已有的、成熟的职业中概括出来的，体现了职业专业性中的共性。与此对照，职业学校教师这个职业是什么样的呢？先看看有多少职业学校教师。据2013年8月19日发布的《2012年全国教育事业发展统计公报》，截至2012年末，全国中等职业教育（包括普通中等专业学校、职业高中、技工学校和成人中等专业学校）共有专任教师（具有教师资格，专门从事教师工作的人员）88.10万人。再看看职业学校教师干什么。按照《国际教育标准分类法》的定义，"职业教育"是为引导学生掌握在某一特定的职业或行业，或者某类职业中从业所需的实用技能、专门知识和认识而设计的教育。由此可知，职业学校教师是一种培养能够从事某些职业的劳动者——技能型人才的职业。由于对物质和精神产品需求的增长，人们不断地改进生产工艺并提高劳动生产效率。为了提高生产效率，各生产组织内部将完整的生产过程精细化为不同的工序，然后由专人固定从事某一操作。工业革命以后，人类进入工业经济时代，生产技术方式表现为"资本＋技术＋劳动力"的特征，劳动力结构中脑力劳动的比例提高了，劳动力发挥作用的过程中机器对劳动的熟练程度也有了特别的要求，需要职业教育快速地将新的知识和技术传授给劳动者。这客观上要求大批社会成员专门从事职业教育活动，促使职业教育教师成为以传递知识、训练技能为生的"工人"（此"工人"非职业学校培养出来的工人）。这样的话，职业学校教师成了一门独立的职业。这种独立性不仅表现在共性意义上的教师从其他职业中分离出来，而且也表现在职业学校教师职业从共性意义上的教师职业（包括幼儿园教师、小学教师、中学教师和高校教师等）中分离出来并具备独立的职业身份。

为了提高教师的工作效率，职业学校内部也通过分工将完整的教学内容细分为不同学科、专业，并由受过专门训练的教师负责某一科目的教学。随着科学技术的进一步发展，教学内容也随之进一步细化，并向纵深方向开拓。学科的纵深发展使人们掌握某一学科知识的难度加大，一个人要经过长时间的学习并取得一定资格后方能胜任职业学校教学工作。

行文至此，职业学校教师好像已经是一种专业了。可是作为一种专业，还包括制度赋予职业学校教师的经济地位、政治地位以及教师受社会尊重的程度等因素。如此看来，职业学校教师职业要想成为真正的专业还有很长的路要走。

职校生的实习，想说爱你不容易

无论是教学实习，还是顶岗实习、生产实习，均属实习。按《现代汉语词典》（第6版）的解释，实习是"把学到的理论知识拿到实际工作中去应用和检验，以锻炼工作能力"。事实上，实习就是理论与实践相结合的过程。对于医学院和师范学院的学生来说，实习早已习以为常；职业院校学生的实习得到重视是从20世纪90年代开始的，国家相关决策部门在出台的一些与职业教育有关的法律法规、政策文件中均会提到实习。比如1996年5月颁布并实施的《中华人民共和国职业教育法》，其中第二十三条规定："职业学校、职业培训机构可以举办与职业教育有关的企业或者实习场所"；又比如2005年国务院出台的《关于大力发展职业教育的决定》中明确规定："中等职业学校在校学生最后一年要到用人单位顶岗实习，高等职业院校学生实习实训不少于半年，建立企业接收职业院校学生实习的制度。实习期间，企业要与学校共同组织好学生的相关专业理论教学与技能实训工作，做好学生实习中的劳动保护、安全等工作，为顶岗实习的学生支付合理报酬";又比如2007年6月由教育部、财政部联合颁发的《中等职业学校学生实习管理办法》,从实习的指导思想、教育行政部门和学校及企业的管理职能、实习环境、实习管理制度、劳动安全教育与意外伤害保险等方面对学生实习均做了详细规定。这些政策(制度)涉及职校生实习的方方面面,如果能被不折不扣地贯彻落实,职校生的实习工作应该可以做得很好。

然而,令人失望的是,职业院校学生实习工作并未因为政府接二连三的政策文件而取得多么大的进展。与政策制定者的预期相反,最近几年,关于职业学校学生实习的负面报道不断,试举几例说明之:来自全国职业院校学生实习责任保险统保示范项目全国调解中心的数据显示,2012年,每10万名实习学生中发生一般性伤害的约有39.9人,其中导致死亡的约3.96人。仅从今年9月1日开学至11月中旬,全国投保学生实习责任统保示范项目的职业院校共发生121起学生实习伤亡事故,其中11人死亡(《光明日报》,2013年12月7日)。2012年4月27日深夜,重庆电讯职业学院200多名大二实习生,由于对学校承诺的事(每天工作8小时、月薪1300元,实际是每天工作12小时、月薪900元)表示担心,对实习公司安排的集体宿舍(脏、乱、差,只有床架没有床板)不满而流落苏州街头(《工人日报》,2012年5月11日)。这些从技校来"实习"的学生,多数是未成年人,其工作强度、加班时间等,与社会招聘的工人无异,唯一的区别是他们要从自己的工资中拿出或多或少的一笔钱给学校,名曰"实习管理费"。这样的"学生工",在深圳富士康的部分生产线约占30%,在重庆富士康占比甚至更高(《南方周末》,2011年5月13日)。

从以上这些报道中可以看出职业院校学生实习主要存在以下问题:一是实习非所学。学生的实习岗位与在学校里学的专业不衔接。比如财会、人力资源、公共管理等专业学生被安排进入生产线装配零件,又比如学机电一体化专业的学生被安排到饭店端盘子。实习岗位与所学专业不匹配,在我看来,就是一种教育浪费。二是实习无保障。相当多的职业院校没有制定具体的学生实习管理办法和事故应急预案,导致学生安全意识和风险防范能力明显不足。另外,职业院校在学生实习的组织管理上也存在较多问题。"放羊式"实习仍然很普遍,不能保证实习环境、岗位安排对学生安全和权益的保障。三是实习少成效。现在的学生实习所做的工作,常常是一个初中生在培训几小时后就可胜任的简单劳动。这种实习锻炼不了学生的职业能力,难怪实习的学生在接受记者采访时都反映学不到东西。因此,有人说当下的职业学校已经成为"给工厂提供年轻、廉价、驯服的劳动力的中介公司",这话并非毫无道理。假如这种现象持续下去,职业院校学生实习有可能成为"过街老鼠人人喊打"了。

如何扭转这种局面呢?笔者认为,首先,要正确认识实习的性质。要知道,职业院校学生实习既不是"放羊"的社会化过程,也不是批发学生去企业打工赚钱的行为,更不是工厂里生产活动的一部分,而是职业院校教学过程的一部分。其次,要合理定位实习的作用。实习的作用不是(或者说不主要是)去认知企业、体验社会、熟悉岗位,而是检验所学、运用知识、熟练技能。这个前提是学生在职业学校要真正学到点东西,诸如所学专业的理论和方法,把最后半年的实习看得重于前面两年半的学习是本末倒置。再次,周密安排实习的过程。学生实习是跨时空的活动,职业学校要努力做到实习前有专门培训、实习中有专人管理、实习后有总结反思。

与其说专业能力　不如讲学习能力

前些日子,有所职业学校的几个朋友来找笔者,让笔者给他们学校内涵发展的指标体系(作为学校开展工作的依据)提提意见。虽然,经常听到"加强职业院校内涵建设""职业学校工作重点要从外延扩张转到内涵建设上来"之类的话，但是笔者对职业院校内涵是什么、包括哪些要素以及如何建设等问题没有深入探究，实在不敢妄加置评，本想拒绝，无奈他们执意要笔者说说，如果再推托就有点矫情了，便建议他们考虑在"师资队伍建设"这个一级指标下面增加职业学校教师的学习能力这个二级指标，无非希望他们能够把提高教师的学习能力当作师资队伍建设的核心工作来抓。他们给笔者的文本中在"师资队伍建设"这个一级指标下面列了教师的基本能力、专业能力、教学能力等二级指标，独缺对职业学校教师的专业成长来说最为重要的能力——学习能力。所谓学习能力，就是指人们获得新知识、新信息并用所获得的新知识和新信息去分析问题、认识问题进而解决问题的能力。在笔者看来，基本能力是一个想成为职业学校教师的大学生（或者研究生）进入职业学校教师队伍应具备的基本能力，是"敲门砖"。对于已经成为职业学校教师的人来说，基本能力根本不在话下（否则我们就可以怀疑教师招聘有问题，怎么把不合格的人招到教师队伍里来）。至于专业能力和教学能力（我们暂且不管这两种能力是否能区分得清楚），那都是需要有一定的学习能力作为保障的。试想一个没有学习能力或者学习能力不强的职业学校教师，他的专业能力或者教学能力会强吗？他的专业能力和教学能力会随着职业生涯的延长而提高吗？不可能。稍稍留心身边不难发现，同时进入一个单位工作的基本能力差不多的几个年轻人，几年下来就会分化，有的进步很快，有的徘徊不前，原因很多，其中最重要的就是他们的学习能力不同。进步快的其成功的奥秘在于能以最快速度、最短时间学到新知识、获得新信息，且能以最快速度、最短时间把学习到的新知识、新信息用到自己的工作中，最大限度地适应环境变化，满足学生受教育的需要。有人说"学习能力是促进职业学校教师专业化发展的核心内驱力"，诚哉斯言。为什么呢？其一是由于知识更新加快。当今世界，知识老化的速度和世界变化的速度一样快，而且越来越快。据国外研究机构测定，人们原有的知识每年以5%的速度报废，如果不随时进行知识的更新与补充，10年之后50%的知识将变得陈旧不堪。复旦大学原校长杨福家教授曾指出，今天的大学生从大学毕业刚走出校门的那一天起，他四年来所学的知识已经有50%老化掉了，不学习怎么能行呢？其二是由于知识传播的路径多元化且知识的易获得性增强（只要你愿意，通过网络就可以很容易得到你想要的知识和信息），教师不再是传统意义上的知识垄断者。在很多知识面前，教师与学生处在并肩前行的位置，本身没有多少优势可言。其三是由于职业学校教师工作环境是多变的，每天都可能会发生让教师们始料未及的问题，每个问题对于教师都是全新的挑战，自身过往经验无用，他人的先例又难循。所以，教师过去的知识难以应对现在的挑战，现在的知识不能应对未来的挑战。在此情形下，教师只有不断地学习、更新知识，才能处于领先地位，不如此不能"传道、授业、解惑"。可以说，从来没有一个时代像今天这样要求一个教师不断地、随时随地地、深入地、快速高效地学习。一个学习能力强大的人，可以在岗位上修炼尚未具备的技能，解决从未遇到过的问题，从而有效快速地胜任新的工作。

那么，职业学校教师如何提高自己的学习能力呢？根据笔者的体会，以下几点是需要的。首先要给自己一个比较大的目标，为了目标而学习。目标是学习的动力，人们往往不怕路途遥远，就怕没有前进目标。发明"流水线"的亨利·福特有句名言："对于一个准备一辈子当工人的人来说，下班的钟声是休息的时候来临的信号；对于一个有发展大志的人而言，下班的钟声却是新的努力的开始。"其次要养成比较好的学习习惯，选择适合自己的学习方式，寻找一切可以学习的机会。工作后和做学生时不一样，各种各样的事情会使你难以专注于学习，这就需要统筹安排自己的时间、空间、工作、家务事，抓住一切机会向任何人学习。再次是要尝试变换观察事物的角度和"从错误中学习"。换一个角度看也许有助于我们全面地认识事物，增加我们的知识；从错误中学习有利于我们积累经验和避免犯同样的错误，不是都说"失败是成功之母"吗？

▶ 职教观察
2014

発表の準備

办人民满意的教育知难行更难

怎么看待教育是个大问题，中国共产党十六大报告（2002年11月8日）明确提出，必须坚定教育优先发展的战略地位，并首次提出了"为人民服务"的教育方针；十七大报告（2007年10月15日）首次将教育纳入以民生为重点的社会建设范畴，把教育列为"就业、收入分配、社会保障、公共卫生、社会管理"社会事业和民生要素之首，并在党的教育方针中明确提出要"办好人民满意的教育"；十八大报告（2012年11月8日）把教育放在改善民生和加强社会建设之首，并强调要"努力办好人民满意的教育"。10年间，三次党代会报告中关于教育的基础地位、外在功用与基本方针论述的变化，说明了我国决策者的教育作用视角从"教育工具论"到"教育民生论"的转变。这既是教育的本质从"人的物化"最终回归到"人的自身"的演变历程，也是当今时代教育与经济、社会、科技之间交互作用的结果，而前者恰恰是马克思有关"人是人的最高本质"（《马克思恩格斯文集1》，人民出版社，2009年版）的经典命题在党的重大报告与纲领性文献中的体现。在笔者看来，这是个好事，可是要把好事办好知难行更难。

首先，就是如何理解"努力办好人民满意的教育"中的"人民"一词。不能确定"人民"是谁，"办好人民满意的教育"就会变成空话。可要确定"人民"是谁，在当今社会阶层结构高度分化的中国殊非易事。"人民"一词古已有之。在中国古籍中，人民一般泛指人，如《管子·七法》称"人民鸟兽草木之生物"；也指平民、庶民、百姓，如《周礼·地官司徒第二·大司徒》称"掌建邦之土地之图与其人民之数"。在古希腊、古罗马，柏拉图、亚里士多德、M. T. 西塞罗等人的著作中也使用过人民的概念，但它是指奴隶主和自由民，不包括占人口大多数的奴隶。近代以降，"人民"的概念被广泛使用，但往往与"公民""国民"等词混用，泛指社会的全体成员。历史唯物主义认为，人民是一个历史的、政治的范畴，其主体始终是从事物质资料生产的广大劳动群众。毛主席在《关于正确处理人民内部矛盾的问题》（《人民日报》，1957年6月19日）一文中对"人民"有过这样的定义："人民这个概念在不同的国家和各个国家的不同的历史时期，有着不同的内容。拿我国的情况来说，在抗日战争时期，一切抗日的阶级、阶层和社会集团都属于人民的范围，日本帝国主义、汉奸、亲日派都是人民的敌人。在解放战争时期，美帝国主义和它的走狗即官僚资产阶级、地主阶级以及代表这些阶级的国民党反动派，都是人民的敌人；一切反对这些敌人的阶级、阶层和社会集团，都属于人民的范围。在现阶段，在建设社会主义的时期，一切赞成、拥护和参加社会主义建设事业的阶级、阶层和社会集团，都属于人民的范围；一切反抗社会主义革命和敌视、破坏社会主义建设的社会势力和社会集团，都是人民的敌人。"仔细想想，毛主席在这个讲话中根本没有对"人民"下通用的定义，他只是举例性地说明什么时期哪些是"人民"、哪些不是"人民"，但它表明了一个现象，即"人民"是一个动态的概念。《现代汉语词典》（第6版）上说"人民"是"以劳动群众为主体的社会基本成员"。如果据此说，那些非劳动群众就不被包括在"人民"之列了，那是不是办教育就不用管他们是否满意了呢？

其次，就是如何理解"努力办好人民满意的教育"中的"满意"一词。《现代汉语词典》（第6版）中说"满意"是"满足自己的愿望；符合自己的心意"。由此可知，"满意"是"主体与客体"相互作用的结果，即客体要具备构成主体满意与否的属性，主体要有获得满意的需要。"满意"既有主观性特征，也有客观性特征。一方面，满意或不满意以及满意与不满意的程度，取决于人的主观感受，这种主观感受表现为人的主观需要，主观需要得到满足即为满意，得不到满足即为不满意，得到基本满足即为基本满意。另一方面，人们的主观需要无论看起来有多么主观，归根到底还是客观要求（由人本身的客观性及社会历史条件决定）作用于人脑所产生的反映。这说明主体是否满意以及满意程度如何，受社会的物质生活条件的制约，且主体的主观需要并不是一成不变的，而是随时空的变化而变化，在此时此地很满意，到彼时彼地或许就不满意了。

在"努力办好让人民满意的教育"这句话中，主体是指人民，客体是指教育。作为主体的人民，其所处的阶层地位和地理位置不同，其经济社会背景各异，对作为客体的"教育"的需求也就不同，这表现在不同的人民对教育的数量、质量、类型以及公平等属性的要求不同，所谓众口难调。如此一来，那些"办好人民满意的教育"的主办者还真难办，是得努力才行。

劳动若真被尊重职教方有吸引力

有媒体报道说，前些日子结束的 2014 年国家公务员考试，报名人数突破 150 万人，再创历史新高。按理说，笔者不应该对这种个人基于理性考量而做出的选择说三道四。但是，这些"理性"行为背后却隐含着深层次的原因，使笔者不吐不快。为什么有那么多的人争先恐后地想当公务员，而不是到创造财富的实体经济部门发挥自己的聪明才智？想来这与现阶段我国在收入分配方面存在的向非创造财富部门倾斜有很大关系。三十多年的经济高速发展，在所有中国人都受益的同时，创造财富的实体经济部门（主要是工业和农业部门）及其生产性劳动者未能分配到与其贡献相匹配的财富，的确是个事实。有人把这种现象通俗地概括为：生产财富者收入低，倒卖财富者收入高，倒卖资金者收入更高，倒卖权力者收入最高。虽然这个概括是相对的、总体性的，可也具有普遍性。目前，劳动贬值现象在中国比比皆是。比如在收入回报上，种粮食者不如卖粮食者、种菜者不如卖菜者、发电者不如输电者和卖电者（电网公司）、生产药品的企业不如使用药品的医院，等等。这种价格的不合理差距，导致生产产品的企业利润低，许多行业维持在微利状态，甚至亏损。相应地，供职在这些部门的劳动者的收入就偏低。

再以金融业为例，整个金融行业（包括银行、基金、保险、信托等），无论是行业利润率还是职员的个人收入都明显偏高。不仅比生产性行业高，也比许多其他非生产性行业高得多。与之相对应的，创造财富的生产性劳动者的收入状况则完全不同。据统计，2011年，我国工资最高的行业是金融业，职工年均工资为81109元；工资最低的行业是农、林、牧、渔业，职工年均工资为19469元，两者的比例差距达4.17∶1。另外，国内外劳动者收入之间的差距也能显现出中国劳动者收入偏低的窘态。经济学家郎咸平有一个统计，每小时人均工资全世界排名第一的是德国，约30美元；第二名是美国，约22美元；泰国是2美元；而中国只有0.8美元，位列全世界最后一名。值得一提的是，中国的人均工作时间一年竟高达2200个小时（全球第一），而美国只有1610小时，日本是1758小时，荷兰只有1389小时（郎咸平《中国人为什么收入低》，《新快报》2010年2月4日）。特别需要说明的是，这些创造财富的劳动者收入低，不是因为他们的劳动质量低，没有技术含量。相比较而言，对于一些非生产性行业的高收入者（公务员）来说，即使有的人学历高，但由于他们所从事的劳动本身技术含量有限，其实际劳动质量并不高。

收入分配是反映社会公平程度的晴雨表，也是引导一个社会中劳动要素有序流动的指挥棒。如果收入分配制度合理，劳动要素会流动到合适的地方，从而可以促进经济发展与社会和谐；反之，劳动要素就会逆经济长远发展趋势流动，从而被错配，阻碍经济发展，进而引发社会动荡（最近出现的一些事件原因很多，不同群体或阶层的人们之间收入差距过大当是重要原因之一）。比如，当前在农村从事农业生产的多数是老、弱及文化程度低的农民，文化水平高的青壮年不愿意从事农业生产（因为靠种粮食维持温饱都难）；工业生产者多数是文化程度较低（初、高中毕业）的青壮年农民，高素质的人都去了党政机关以及银行、电力、电信、石油等垄断行业工作。如果任由这种现象长期普遍存在，必将造成实体经济部门人员素质低，进而导致产品质量下降，最终使整个国民经济缺乏坚实的实体经济基础。

　　作为一个发展中的大国，中国现在正处于中等收入阶段，体制、观念、价值体系正处于转轨的关键时期，控制社会矛盾激化的重要途径之一就是控制收入差距扩大。而控制收入差距扩大的最重要方面则是让实际创造财富的劳动者分得应有的财富，这一点与中国共产党的执政理念是相吻合的。中国共产党是由马克思主义武装起来的政党，而马克思劳动价值论的核心就是尊重劳动，以马克思为代表的劳动价值论者坚持认为劳动是创造财富（商品经济社会里表现为价值）的源泉。因此，根据中国目前的现实状况，我们必须回归马克思的劳动价值论。在分配环节上，务必要让创造财富的劳动者获得应有的回报，让他们有能力通过自己的劳动过上有尊严的体面的生活。唯有这样，才能引导社会尊重财富的创造者，才能引导社会致力于财富创造而不是财富分配，国民经济也才能进入良性循环的轨道。到那个时候，作为培养在生产、服务、技术和管理第一线工作的高素质劳动者和中初级专门人才的职业教育，才能有吸引力。人们不是出于无奈，而是自觉自愿地到职业学校里来学习一门手艺，掌握一些技能，因为这也能实现自我价值。

教师应该是个有效的决策者

在汉语语境中,"决策"一词常被理解为"决定政策",主要是对国家或地方大政方针做出决定,是领导们的事情。但事实上,决策不仅指各级领导对国家或地方的大政方针做出决定,也包括普通人对日常问题做出决定。从这个意义上说,决策活动与人类活动是密切相关的。职业学校教师的教学活动也是决策活动。这个社会由各种类型的组织构成,不同的组织都以独特的活动来实现自己的目标,职业学校实现其目标的活动就是教学。广义上的教学可以看成是教师帮助学生实现其自身各方面发展的行为,这是一种充满变数的活动。要想比较好地完成这种活动,教师就要成为一个有效的决策者。也就是说,教师必须在与学生的互动中做出合理的决策,以便在实施决策时帮助学生更有效地学习,帮助学生成长。

在职业学校里面,不管是文化课教师、专业课教师,还是实习实训课教师;不管是教一年级的新生、二年级的学生,还是教临近毕业的学生,都要做出三个方面的决策:一是决定教什么内容,二是学生要做些什么来体现其学习行为已经发生,三是教师将做些什么来帮助学生学习。当这些决策是根据正确的教育理念做出的,并且这些决策也反映了一名教师对于学生(比如年龄、已有知识基础和学习方式等)和教学条件(时间、空间、设施等)的考虑时,学生的学习行为通常就会发生。如果在这三个方面的决策出现了错误(比如教学内容选择不当),学生的学习往往就会受到影响。仔细想想,现在的职业学校里学生不愿学习的现象,倒还真与教师在上述三个方面的决策不当有关。

对于一名立志做一辈子职业学校教师的人来说,几十年、一年、一学期甚或一天做一次明智的决策也许不难，难的是每天都需要做无数次明智的决策。据美国研究者的统计，一名老师一天需要做 1500 次决策。熟练的教师不仅能做出大量的决策，而且还能让这些决策顺利执行。事有轻重缓急，有效率的教师都很注重维持教学秩序，以保证决策有效而平稳地得以实施，这样能把省出的时间更多地用在最重要的决定——提高学生学习效率的决策上。比如"我应该给学生提供多少讲解""我应该提多少个问题""我该采用多少强化学习的手段""什么才是检验学生达到规定的教学目标的最好办法""我该如何激励学生学习""如何让学生们对这堂课感兴趣"等诸如此类的决策。还需要注意的是做出这些决策的时间，比如哪些应该是在教学之前、教学当中做出的，哪些应该是在教学完成后做出的。在这个意义上，教师的教学决策又可以被定义为从多种可能的方案中做出深思熟虑的选择。

那么，教师怎样才能做出合理的决策呢？从本质上说，要在教学之前、之中和之后做出有效决策，教师就必须是有效的计划者、观察者和管理者，就必须时时对教学环境和自己的教学进行监控，就必须掌握一定的理论知识并且能够很好地在实践中应用它。理论知识一般是教师从入职前培养和入职后培训项目的课程中获得的。多数情况下，这类知识主要来源于如教育心理学、教学法、教育的哲学基础、教育社会学、课程开发、青少年发展、多元文化教育、教育测量、教育媒介与技术等课程。但是，光有这些知识还不行，教师必须将所学的理论和原理与自己的真实课堂情境相结合，才能发挥出这些理论知识的作用。教师的教学过程受到各种变量的影响，而这些变量（如天气、日期、学校的地理位置、每天的某一时段、教师的教学风格、教师的个性特征、学生的个性特征等）是教师在学习这些理论和原则的时候未曾出现的，但在教学过程中会出现。因此，在做决策的时候，教师不仅要掌握丰富的理论知识，还要了解教学环境中的因素以及了解自己。只有这样，理论知识才有可能被运用到自己的教学环境中。

简言之，理论知识的应用就是把在大学或者学院中学到的概念、命题和原理正确运用到教学决策过程中，目的是解决教学过程中遇到的问题。解决问题就需要收集和分析信息，判断情况，然后找出各种可能的解决办法，做出决定、执行决定和检验决定。可以说，有效的教学就是合理的决策。反观当下，由于方方面面的原因，教师很少有时间来收集和评判相关的信息，常常单凭直觉就做出决策，教学效果不彰也就不可避免了。要改变这一状况，掌握足够多的理论知识并能将其应用到实际的教学情境中，就是必需的。

这样的要求有点高

冯小刚导演的马年春晚节目实在是乏善可陈（这再次印证了"术业有专攻"这句话的正确性，尽管导电影和导春晚都叫导演，可毕竟有差别），看后几乎没有记住什么，唯一留下印象的是一首叫《我的要求不算高》的歌，当然，笔者并不是因为歌唱者是演员黄渤才对此有印象的，而是觉着这首歌的歌词有点不靠谱。歌词是这样写的："80平方米的小窝，还有一个温柔的老婆，孩子能顺利上大学，毕业就有好工作。每天上下班很畅通，没有早晚交通高峰，天天去户外做运动，看蔚蓝的天空。我能挣钱，还有时间，去巴黎、纽约、阿尔卑斯山，我逛商场，我滑雪山，这样的日子好悠闲。人们的关系很友善，陌生人点头都是笑脸，养老生病不差钱，有政府来买单。这就是我的中国梦，它很小也很普通……"不知道别人有什么感觉，笔者听后只觉得，这个梦其实不小也不普通，踮起脚尖估计也够不到，这样的要求有点高。

稍稍懂点社会学的人，一听便知歌曲中唱到的中国梦来源于欧美发达国家理想的中产阶级生活方式。为什么这么说呢？因为即使欧美发达国家的中产阶级也并不是所有的时候都能过上这种日子，只有在经济保持良好发展势头的时代，才能过这种理想的生活。金融危机爆发以来，经济衰退、失业加剧、收入减少，美国中产阶级的分化和困顿更为明显，许多中产阶级家庭为了维持一定的生活水平，夫妇不得不双双出来工作。据美国媒体报道，如今许多普通中产阶级家庭即使夫妇双双工作都很难维持体面的生活。住房、教育和医疗保险已经成为背负在美国中产阶层身上的"三座大山"；在欧洲的传统中产阶层当中，愤怒和躁动的情绪也在蔓延。最近包括希腊、法国、西班牙等国在内的欧洲多国一系列的罢工，冲在队伍最前面的就是曾经有车有房、衣食无忧、时常全球旅游度假的白领，这次他们抗议的是降薪和延迟退休年龄。这使笔者想起台湾地区歌手郑智化唱的《中产阶级》这首歌中的描述："我的包袱很重，我的肩膀很痛，我的欲望很多，我的薪水很少，我的日子一直是不坏不好。"

笔者敢说，在当下中国，能够过上这种理想生活的人少之又少。别的不说，要过这种生活需要一定的经济收入，让我们看看国家统计局最近发布的相关数据吧。2013年，全国城镇居民人均可支配收入（城镇居民的实际收入中能用于安排日常生活的部分）为26955元，按城镇居民五等分收入分组，56389元以上的就划入高收入群体。2011年9月，中国将个人所得税起征点从月收入2000元抬高到3500元以后，工薪阶层个人所得税的纳税人数一下子从8400万人降为2400万人，5.6万元年收入就是月收入4600多元，这个收入的人群数量相信比2400万更少（有人说是1.5亿，笔者是不相信的），在近14亿人口当中应属于凤毛麟角的高收入群体。这个群体并不是由工薪阶层组成的，他们主要是企业家、投资客、官员、明星等，黄渤应在其中。

退一步说，按照这个标准计算，一个三口之家，全家可支配收入约17万元，这样的家庭能过上近似歌中唱的那种生活吗？未必。这既与通货膨胀因素有关，也与生活在什么地方有关。如果是在欠发达地区的小城镇，每年有 17 万元，生活无疑是很不错了，然而欠发达地区的三口之家的收入实难达到 17 万元的水平。假如是在东部发达地区的城市，这样的收入能支持什么样的生活水平，还取决于是否在房价暴涨之前解决了住房问题。假如是在房价大涨之后欠了房贷，或者还没有买房，那生活可就"悲催"了。

对于那些占人口绝大部分的中低收入人群来说，这种生活更是可望而不可即，尤其是农民，显然没有这个条件。按国家统计局的数据，农村居民人均纯收入（指农民的总收入扣除相应的如化肥、农药、税费等费用性支出后的收入）只有区区 8896 元，这个收入无论如何也支撑不了歌中描述的那种生活标准。农民工（大多数职业学校毕业生就在其列）也不行。根据国家统计局的数据，2013 年农民工月平均工资为 2609 元。对于 80 后、90 后的农民工来说，这个社会刺激起他们要过这种"有房、有车、有闲、有趣"生活的欲望，可没有给他们过这种生活的收入。而那些年龄更大的 70 后农民工们，为了让自己的孩子过上他们自己没有过上的理想生活，将孩子的教育视为最大的任务，这就需要更大的投入。他们费很大的心力能挣得一点钱供孩子读大学就不错了，遑论其他。

当然，希望还是有的，但要实现歌里畅想的"社会相对很公平，不管是明星还是工农兵"的中国梦，让劳动人民依靠诚实劳动即可过上好日子，不改变分配制度、不消除食利阶层、不增加普通劳动者的收入，是万万不行的。

怎样获得知识

在笔者看来困扰职业学校教师的问题有两个：一是自己掌握的知识不够用，二是不知如何把自己已掌握的知识有效地传递给学生。是啊，生活在当下这个环境瞬息万变、知识日新月异的时代，一个教师单纯靠在大学里学到的那点知识，的确不足以满足工作的需要，只有不断获取新的知识，丰富自己的知识库存，才能保证自己的职业生涯可持续发展。这是一方面。另一方面，教师的工作性质要求教师不仅自己要有知识，还必须把积累的知识和经验有效地传递给学生。把知识有效地传授给学生难，掌握足够多的知识也难，这都与何为知识以及如何获取知识有关。

知识是人对自然与社会本质和法则的认知，或者说是自然与社会的本质和法则在人头脑中的投射。根据这个定义，知识存在于三种地方：第一，知识隐含在自然与社会的现实与历史之中，有待人去认识和挖掘；第二，知识投射在人的大脑中，人通过与自然和社会的互动，形成对其本质和法则的认知；第三，知识记录在一定的媒介（或载体）上，这是人将自己对自然和社会的本质及法则的认知重新编码存储在其（如书籍、文件、报告、网站、录像带等）上。既然知道了知识是什么以及知识在什么地方，那接下来的事情就是我们如何想办法来获得知识。总结起来，人们获得知识的方法不外乎以下四种：

一、体验法。就是通过在自然和社会环境中实践、观察、体验，直接获得知识。体验法认为，人的知识不可能凭空产生，从源头上看都来自周围的自然环境和社会环境，人通过与自然和社会的直接互动获得大量的信息、知识和灵感。譬如，人从鸟类飞翔中得到启发，发明了各种飞行器；从蚂蚁和大雁的行为方式中得到灵感，体会到团队合作的要义；从雪花的分形结构中得到智慧，提出建立分形的企业组织结构。美国著名的企业管理者杰克·韦尔奇有一次在海滨游泳时突发灵感地提出公司"无边界管理"的理念，强调像通用电气公司这样的巨型跨国公司，在管理中应该打破各部门各层次之间的壁垒，让信息和知识能够得到充分的共享和交流……人只有用心去融入、观察、聆听、感受、领悟社会和自然，才能悟出更多的道理和智慧。人距离社会和自然越近，就越能获得知识。

二、交流法。就是通过与有知识的人交流间接获得知识。交流法认为，人的很多知识来自别人的教导、分享和指点。尽管人的知识在很大程度上来自正规教育，但除此以外，还来自非正式的渠道。一个真正善于向他人学习的人是不会放过任何机会向任何人学习的有心人。在人们的正规教育基本相同的情况下，人与人之间成功的差别在很大程度上来自非正式渠道的学习。有一些职业学校的优秀教师之所以优秀，在一定程度上与受到智慧之人的"指点"或"点拨"有很大关系。得到名家指点并与之交流，可以大大开阔自己的视野，使知识得以融会贯通。这种非正式渠道的交流对职业学校教师的学习显得尤为重要。

三、解读法。就是通过解读载有知识的各种媒介来获得知识。解读法认为，人类大量的知识记载在文献、书籍、网站、平面媒体、立体媒体等各种媒介中。这些媒介是对各种自然和社会现象、事件和规律等知识的记录，是人获取知识的重要来源。职业学校教师可通过认真研读古今中外教育教学经典著作，从中领悟前人的智慧，为己所用。职业学校领导可通过权威的杂志和网站动态地把握、了解业界最新的信息、知识和走向，以使自己的管理和决策紧贴时代的脉搏。

四、反思法。就是通过专门地、有意识地、有目的地总结和反思已有的经验和知识，来获得新的知识。反思法认为，人的很多知识是从对过去所发生的、经历的、了解的事情或案例的回顾、分析、总结、归纳和反思中得到的。孔子说"温故而知新"讲的是反思；人们常说的"前事不忘，后事之师"，讲的也是反思。人类很多重大的发明和突破，都是来自对以前实践成败的总结和反思。"失败乃成功之母"，社会和自然界中所有的规律、法则和道理都隐含在它们本身以及构成其历史长河的众多事件之中，人类只有经常"向后看""不断总结和反思"，才能认识和领悟到其中的本质和法则，获得知识。当然，从过去发生的事情中学习绝非易事，对很多人而言，成功的事件不易重复，同样的错误却一犯再犯。

总之，一名职业学校教师要丰富自己的知识，就要增加生活体验、构建学习人脉、扩充知识媒介、养成反思习惯。

就业率数字会"撒谎"

又到一年就业季，好多大中专毕业生为找工作奔忙。教育部发布的统计公告显示，2013年全国中等职业学校（包括普通中等专业学校、职业高级中学、成人中等专业学校和技工学校）毕业生总数为607.46万人，就业学生588.07万人，就业率为96.81%。北京大学教育经济研究所2013年对高等教育毕业生就业率的调查结果显示，从院校类型的比较看，高职院校毕业生的初次就业率最高，为78.1%，分别比"211"重点大学和普通本科院校高出2.6和2.7个百分点，但是差别并不是很大。从学历层次的比较来看，初次就业率呈现两头高中间低的特点：中职生和研究生最高，后者为86.2%；其次是专科生，为79.7%；本科生最低，为67.4%。由此可以看到这样一个基本的事实，即中职生的初次就业率高于高职生的初次就业率，高职生的初次就业率高于普通本科院校毕业生的初次就业率。

也许就是因为这个原因，近期有人在网络上撰文称，接受高等教育在让学生对自我身份定位和未来职业生涯产生不切实际预期的同时，并没有帮助他们获得当前劳动力市场真正需要的东西，因此，作者宣称我国的高等教育在制造失业。无独有偶，2013年10月21日的《中国青年报》上有篇文章的标题就是"一些地方新建本科贡献大量'失业者'"。其实，持上述观点的人并非个案，他们所说的我国高等教育存在的问题，与人们惯常抱怨的大学生"眼高手低"并无二致。这个现象由来已久，只不过是因为近年来大学生就业难使得这一问题凸显出来而已。仔细想来，这些人的论证逻辑其实很简单：近几年企业出现用工荒，蓝领工人工资迅速提高，中职生就业率高于高职生的就业率，高职生的就业率又明显高于普通本科院校生的就业率，所以只要更多地招收职业院校学生，引导本科生选择蓝领工作，这样就业难的问题就可以迎刃而解。事情岂会如此简单？高等教育固然存在结构不尽合理等问题，但这并非影响大中专毕业生就业的核心要素，无处不在的就业歧视和我国劳动力市场的不断变化，才真正是影响大中专毕业生求职的关键。

窃以为，中高职院校毕业生就业形势较好与我国的经济发展阶段和产业结构是吻合的。我国经济发展正处在现代化和工业化进程中，2013年人均国民收入刚达到6750美元，这个时候制造业和建筑业以及与此相关的服务业市场需求量大，就业吸纳能力强，这些行业主要是企业。相关统计数据显示，2013年中职毕业生在第一产业就业的为52.39万人，占就业总数的11.00%；在第二产业就业的为149.39万人，占就业总数的31.37%；在第三产业就业的为274.43万人，占就业总数的57.63%。北京大学的调查数据显示，在2013年高校毕业生的就业单位分布中，民营企业和国有企业分别占38.2%和30.2%，各类企业合计占比为80.0%。

众所周知，初次就业率反映的只是毕业生离校时的就业状况，不是最终就业率。只要不停地求职，且对工种不是过于挑剔，每个毕业生最终都会找到工作。因此，比较就业状况不能只看数量，还要看质量，应该从经济收入、工作稳定性、成长机会等多方面加以分析。从各类毕业生就职的薪酬来看，2013年毕业生的月起薪与学历存在显著的正相关关系，据不完全统计，中等职业学校毕业生就业平均起薪高于2000元/月，专科生平均为2285元/月，本科生平均为3278元/月，硕士生平均为5461元/月，本科生的月起薪比专科生高出43.5%，差异显著。当然，白领岗位并不都是高薪岗位，蓝领工作也不都是低薪工作。我国蓝领工作的工资水平确实增长较快，一些专业性、技术性强的蓝领工作，甚至比不太需要专业技能的白领工作收入更高。原因在于他们所从事工作的条件更艰苦、风险更大、时间更长，在他们的收入中有一部分是补偿性工资。

从各类毕业生就业稳定性来看，职业院校毕业生的工作稳定性较低，与本科院校毕业生存在显著的差距。《2013年中国大学生就业报告》的数据显示，2011届毕业生毕业半年内的离职率，高职院校高达52%（中等职业学校毕业生离职率还高于这个数字），非"211"本科院校为31%，"211"院校为19%。可以预见的是，在这个技术更新不断加快的时代，在未来的劳动力市场上，靠一种技能在一个岗位上工作一辈子的现象将会越来越少，甚至消失。与之相反，许多白领岗位知识更新换代的周期更长一些，或是能够经久不衰。

根据中国经济发展的现状和趋势，蓝领工作的需求量还将持续稳定地增加。现在政府要做的不是一味地相信就业率数字，而是应该大幅度缩小各类从业者在收入、福利、医疗、退休金等诸多方面的差距，建立起公平公正、充分竞争的劳动力市场，使得个人回报与其劳动生产率高度一致。

什么样的技术能进入职业学校

前些日子，有个从安徽农村到常州打工并且在常州购买了房子的朋友跟笔者说，想把正在上初中一年级的孩子从一所离家（他买的房子）比较远的学校转学到离家比较近的学校就读。还说，孩子学习不好，考大学恐怕没希望了，如果上不了普通高中，到时候就让他到职业学校学习，学点技术以后好有碗饭吃。这个朋友的话有两层意思：一是有技术就好找工作，有工作就不愁没饭吃；二是职业学校里有技术，学生到了职业学校就能够学到他想要的技术，进而找个理想的工作。说句实在话，在当下劳动力短缺的时代，职业学校学生毕业后找份工作（如果不挑剔的话）似乎并不难，国家相关部门的报告里也说，中职毕业生的就业率连续几年都在

96%以上。但是说这些学生找到工作是因为他们有技术，笔者不免有些怀疑。

为什么呢？要想回答这个问题，首先必须了解什么是技术。关于技术，到现在为止都没有一个明确的、各方都认可的定义。有人统计，技术的定义有几十种甚至上百种之多，众说纷纭、歧见迭出。在笔者看来，技术就是个由工具（机械设备、仪器等）以及操纵和使用工具的方法、原理等知识构成的综合体。从发展过程的角度看，技术有不同的形态，比如创意和构想形态的技术、设计形态的技术、试制和试验形态的技术、生产形态的技术、产业形态的技术等。根据职业学校培养生产、管理、服务等第一线工作的技能人才的培养目标，也只有生产形态的技术能够进入职业学校，笔者那位朋友说的让自己孩子在职业学校学的"技术"，大概也是指生产技术。

工人们使用工具制造产品的过程称之为生产，生产过程中使用的技术就是生产技术，企业为了生产产品，要运用生产技术进行生产活动。但是任何一种产品的生产不能仅靠某一种生产技术，必须经过多种生产技术的综合作用，即一个企业为生产一种产品要有多种生产劳动过程，有一种生产劳动过程就有一种生产技术。比如汽车作为一种产品，其生产就是以机械加工技术为核心，热处理技术、化工技术、电子技术以及信息控制、运输技术等多种生产技术综合作用的结果，有多少生产劳动过程，就有多少种生产技术。按照工作需要什么就学什么，职业学校就要有什么的逻辑，如果一名职业学校学生将来要到汽车厂工作，这些生产技术在职业学校都应该有，但实际上并不是这样。

理论上讲，一切存在的技术都可以被引入产品生过程中加以应用，但并非所有技术都能表明它的应用对象和领域。比如控制技术可以适用于许多领域，从卫星发射、连续铸造，一直到心脑血管微循环都可以使用，作为一种基础性技术，它的通用性很强，这类技术就是"弱对象化技术"。我们通常讲到的技术大都是弱对象化技术，比如测量技术、压力加工技术、磨削技术、数控技术、分馏技术、传动技术、计算机辅助设计技术等，作为改造、利用自然的手段和方法，它们具有很强的普适性和通用性，可以在许多领域和产品的生产中加以应用。与此对应的是，有一类技术具有明确的应用对象和领域。比如采煤技术、炼铁技术、发电技术、造纸技术、印染技术、农药生产技术、水稻杂交技术等，它们是某一种产品生产独有的技术，其他产业并不使用。这些专用性很强的技术就是"强对象化技术"，这些技术往往在高等院校里才有。

职业学校（任何学校）教育都有固定的教育时间（学制）和有限的教育条件（比如设备），这种情况下，不是所有的生产技术都能进入职业学校，只有那些通性的、基础性的"弱对象化技术"才能进入职业学校供学生学习，至于能不能学到，那还未可知呢。

职教不强　技工必"荒"

笔者每天下午去公园锻炼身体要路过一个面馆，面馆的门边上常年张贴着招工告示，上有急招洗碗工若干名、捞面工若干名等内容。我注意到去年面馆里的服务员换了几次，开始有几个年轻人，后来大多是40多岁的中年妇女。今年春节过去已近3个月，面馆才刚刚开张，且只提供早餐。问面馆老板，说是招不到人手。以小见大，这就是几个月来媒体上频频讲到的"用工荒"问题。

这种情况非自今年始，揆诸以往，早在十多年以前就有了，每年春节过后工人能否按时返岗成为东南沿海经济发达地区（现在蔓延到中西部地区）的企业老板最头痛的事情。追究起来，"用工荒"有一个明显的特征，即主要集中在加工制造业领域。比如珠三角是传统的服装、电子等制造业基地，因此，"用工荒"尤为明显。出现这种现象的原因之一是，在过去的三十多年里，中国城市化率迅速提高（2013年达到53.73%），不同类型的城市都出现了巨大的人口膨胀，不管是一、二线城市，还是三、四线城市，人口规模的扩张以及人们收入的提高，推动了服务业的发展。国家统计局发布的国民经济和社会发展统计公报显示，2013年第三产业增加值比重为46.1%，占比首次超过第二产业的43.9%。服务业（第三产业）成为吸收劳动力就业的主渠道，与制造业（第二产业）争夺劳动力（主要是农村富余劳动力）。很显然，在这场劳动力争夺战中，制造业很受伤，因为与服务业相比，制造业岗位的劳动强度大，在较为艰苦的工作环境中不断重复同一个动作，对精神更是一种折磨，新生代农民工对这种岗位不感兴趣，他们中的大多数人在关心收入的同时更注重工作的环境、条件、福利与感受。原因之二是，服务业的工资水平已经接近甚至超过制造业的工资水平，因此，在相同收入水平而劳动强度不同的对比下，制造业更没有吸引力。再加上我国制造业产能过剩、人民币升值以及外需不振等原因，制造业提高薪酬的空间并不大，甚至可能因为订单的原因而导致就业不稳定，让很多人望而却步。凡此种种都加大了制造业和传统服务业招工的难度，正如人力资源和社会保障部2月18日公布的由中国就业促进会承担的课题报告《关于就业结构性问题的研究》所指出的，由于部分中小企业难以提供较高的薪资水准和良好的劳动条件，生产运输操作工之类的普工和商业、服务业人员供求缺口也在加大，其求人倍率近3年已跃升到1.2∶1的水平。

笔者始终认为，"用工荒"是个好事情，第一，这表明中国经济虽然存在下行压力，但至少还没有影响到就业，而增加就业是中国经济发展最重要的一个目标（我国每年有1000多万新增劳动力需要就业）。用工需求旺盛为中国经济结构调整与转型发展提供了转圜的空间，也就是说，GDP增速降低对就业的影响可能没有想象的那么大。第二，"用工荒"还会倒逼中国加快结构调整、提升产业转型的速度，让大部分低端制造业退出市场。现在已经有相当一批企业开始向其他人工成本更低的国家和地区转移。一部分有品牌影响力的大企业为了确保稳定的劳动力，开始向工人提供住宿、孩子教育以及其他保障与福利，而这些福利对来自农村的工人而言比工资更有吸引力。对于那些劳动力强度与重复性比较大的制造业，未来只能通过机器人来代替传统的劳动力。

总起来看，我国劳动力的数量还是有富余的，只是结构上存在问题。目前我国有 2.6 亿农户，户均耕地不到 7.5 亩，据测算，未来如果全国农户户均耕地规模达 50 亩，全国有 3600 万农户就够了，那么剩下的近 2 亿农户就需另谋出路。严格说来，从 2004 年开始出现并且愈演愈烈的"用工荒"其实是"技工荒"。30 岁以下较高素质劳动人口数量的变化确实让整个劳动力市场供给较为紧张。数据显示，2013 年我国农村进城务工人员总数已经超过 2.69 亿人，其中既没有参加农业技术培训也没有参加非农职业技能培训的农民工占 69.2%，大量农民工未经培训或经简单培训就直接上岗。据统计，我国工业产品平均合格率在 80% 左右，每年因不良产品而造成的经济损失就达上千亿元，这与工人素质不高有很大关系。大家都喜欢购买德国货、日本货，说那是"质量一流"的代表，这与德国、日本工人素质高有关系。技术工人是整个社会发展链条上不可或缺的一环，如果基础的生产和服务工作运转不畅，企业作为创新主体就会落空，整个社会和经济的发展就无从谈起。

转方式、调结构需要技能人才，从"中国制造"到"中国创造"更需要技能人才。未来十几年间，我国需要优化人力资源结构、提高劳动大军素质，将经济发展的"人口数量红利"转变为"人口结构红利"。欲达此目标，唯有改革和发展包括职业教育在内的各级各类教育才是正途。

城镇化辨正

2014年3月17号，备受注目的《国家新型城镇化规划（2014—2020年）》发布，引起广泛关注，被认为是指导未来中国城镇化道路的纲领性文件。这个文件没用"城市化"这个词，用的是"城镇化"一词。笔者注意到，目前，在党中央、国务院的各类文件中和中央报刊中均使用了"城镇化"这个词。2013年在我国城市化率达到53.73%（美国82%，加拿大77%、法国74%、俄罗斯73%、德国73%、日本68%、意大利67%）、大中小城市结构发生重大改变、亟须转变经济社会发展方式的情况下，为什么还要用"城镇化"而不采用国际通用的"城市化"概念？"城镇化"与"城市化"虽只有一字之差，含义却有不同。

城镇化是一个中国概念，往好里说是中国的"创造"。1955年11月《国务院关于城乡划分标准的规定》将符合"设置市人民委员会的地区和县（旗）以上人民委员会所在地（游牧区行政领导机关流动的除外）；或常住人口在2000人以上，居民50%以上是非农业人口的居民区"条件之一者定为城镇，这是我国第一次使用"城镇"一词。"城镇化"概念最早出现在1984年世界银行对中国经济考察的背景材料《城镇化：国际经验和中国的前景》一书中。此书的译者曾就把英文的urbanization译为"城镇化"还是"城市化"有过一番讨论，最后鉴于当时我国城镇化率仅为23%，处于以农村人口向小城镇转移和集中为主的城市化阶段，再加上国家正在推行"积极发展小城镇、适当发展中等城市、严格限制大城市规模"的政策，"城镇化"似乎比"城市化"更加匹配这一政策，于是便采用"城镇化"一词，随后这一概念被赋予"中国特色"的意涵沿用至今。

然而,"城镇化"并不是规范化的概念(更规范的说法应该是城市化,指居住在城市地区的人口比例的增长),把"城市化"说成"城镇化",有概念的部分外延重叠之嫌。退一步讲,即使"城镇化"在当时可以接受,放到今天已不适宜。

城市化是经济发展到一定阶段、社会进步达到一定程度的产物。总结起来,城市化发展的历史大体上呈三个阶段:第一阶段主要是农村人口向中小城镇转移和集中,城市化率一般在30%以下,可称之为乡村城镇化阶段;第二阶段是乡村和中小城镇人口向大城市和超大城市转移和集中,城市化推进到以大城市为主导阶段,城市化率一般在30%~70%,可称之为大城市主导阶段;第三阶段是大城市特别是超大城市中心区人口向郊区和其他乡村迁移阶段,城市化率在70%以上,可称之为逆城市化阶段。中国原本是一个农业大国,城镇人口占比很低,新中国成立后一直到改革开放都处在城市化第一阶段,是合乎城市化规律的。然而经过改革开放以来30多年的发展,中国各类城市总数由1980年的223个增加到现在的658个,有近2万个建制镇。从城市规模上看,2010年全国大城市、中等城市、小城市的比例为35.01:40.33:24.66,中国的城市化事实上已由"以小为主"过渡到"以大为主"。在这样的情势下,继续沿用城镇化概念便脱离了现实,无论理论层面还是实践层面的弊端都已显现无遗。在理论上,城镇化抽象掉城市化中的"市",变成城、镇可以脱离"市"而单独存在、自行发展,这就从根本上切断了城、镇与市之间不可分割的内存联系。城市化的本质是什么?从人口学角度讲,是农村人口向城镇转移的一种过程;从经济学角度讲,是三次产业结构的变动问题;从劳动学角度讲,是就业在一、二、三次产业之间的分布;从社会学角度讲,是工业社会取代农业社会的生产和生活方式的社会进步过程。由此可见,"市"是支撑城市确立在特定区域内经济、政治、文化中心地位的最重要基础。城镇化把"市"这个最重要的经济基础抽离出去,将城、镇与"市"分离和割裂开来,这在概念上就违背了城(镇)市以"市"为基础的合理内涵。在实践上，将"市"从城镇中抽象掉，弄得城（镇）可以无市、市亦可以无城（镇），城镇可以不依赖"市"而存在和发展，这就混淆了正常的城市化与人为造城的界限。

城镇化效率和效益同城市规模呈正相关关系是普遍规律，美国布朗大学的两位经济学家研究发现，城市的净集聚效应首先随着城市规模扩大而急剧上升，在达到峰值之后缓慢下降。罔顾这一规律，固守以小为主的"铺摊子"式城镇化，势必造成成本升高、效率低下。2012年，日本和美国居住在100万人口以上的都市区的人口比重分别为51%与48%；全球其他各国100万以上大城市人口占整个城市人口的比重为72%，而中国只有45%。可见发展小城镇往往形成不了规模经济，导致资源浪费、环境污染。还有小城镇往往产业不发达，就业机会稀缺，发展空间有限。因此，我国到了把"以小为主"的城镇化政策转变为"以大为主"的城市化政策的时候了。职业教育为大量流动人口进入大中城市顺利就业并融入城市服务当是正途。

教非所需　怎不厌学

最近十来年，我国的职业教育，不管是宏观层面的国家政策，还是微观层面的课程教学，一直都是动作不断，时不时地有一些改革性的文件出台。说句实在话，与以前比较，现在对职业教育认同的人增加了很多，我国的职业教育整体上确实有了很大的发展。但是，我们也不能不承认，我国的职业教育还有很多不尽如人意的地方，有一些"老大难"问题迟迟没有得到有效解决，好像这么多的改革举措并没有产生预期的效果，或者说效果不大。这不禁使笔者想起了最近读到的美国佛罗里达州立大学考夫曼教授《需要的评价——概念与应用》一书中的一段话，他是这样说的："在教育（和训练）的领域中，我们曾尝试了无数的方法，进行了大量的革新，我们修改教学内容，调整教与学的关系，还曾使教学的各方面自动化……但是，我们的努力似乎没能为教育带来许多改观。我们认为原因不在于人们缺乏干劲和献身精神，而是思想方式有问题。"用这段话来描述当下中国的职业教育改革也不为过——因为方式方法问题而使改革措施难奏其功。比如说，多年来，研究者和教师们使出浑身解数，试图克服职业学校学生的厌学、弃学问题，但中等职业学校学生的厌学、弃学问题并没有太大的改观，相反似乎还有加剧的趋势，不少中等职业学校教师发出了"生源不变，厌学难缓"的感叹。言下之意，学生本身是厌学与否的根源，只要换了生源，厌学的问题就迎刃而解。这就是惯常的做法——把职业学校学生厌学、弃学归因于学生主观上缺少理想抱负、意志薄弱、承受挫折能力差、怕苦怕累。

笔者认为，学生主观上的原因固然不容忽视，作为客观原因的职业学校也难辞其咎，职业学校在开展教学以前不能很好地做学生的学习需要分析是学生厌学、弃学的重要原因。根据心理学的观点，需要是人对一定客观事物需求的表现，是人脑对生理和社会需求的反映，是一种来自主体本身的心理动力，是一切积极性的内在力量源泉。现实中我们经常可以看到这样一种现象：一个人对某方面事物的需要越强烈，他做这件事的积极性就越高。推而广之，如果职业学校学生对于学习需要的意识越强烈，那么他的学习积极性就越高，自然也就不会厌学、弃学。问题的关键在于我们要知道学生的学习需要是什么，我们如何根据学生的学习需要设计有针对性的教学活动。

依据上文所述，当"现状是"与"应该是或必须是"两者之间存在差距的时候就产生需要，引申开来，职业学校学生的学习需要是指在某一特定情境下，学生在学习方面目前的状况与所期望达到（或应该达到）的状况之间的差距。目前的状况是指职业学校学生在能力素质方面已经达到的水平，所期望达到（或应该达到）的状况是指学生通过学习在能力素质方面应该达到的水平。实际上，学习需要学生"是什么"与"应该是什么"之间的"差距值"，即学生在能力和素质方面的不足。比如职业学校学生对数控技术一窍不通与熟练操作数控机床加工零部件之间的差距，又比如职业学校学生在语言、数理和思维能力上与普通高中学生的差距。知道了学生在能力和素质方面的差距，就明确了教学过程所要解决的关键问题（这正是经过教育和培训可以满足的学习需要），可以让教师与学生把尽可能多的精力、时间以及其他资源有效地用到教和学的活动中，提高教学的效率、效果和效益。

另外，职业学校教学活动开始于对学生学习需要的分析，这本身还理顺了问题与方法、手段与目的的关系：以分析问题、明确问题作为出发点，形成总的教学目标——"为什么"和"是什么"，然后寻找达到目的的手段——解决相应问题的方法，最终解决问题。如果没有搞清楚职业学校教学的真正问题所在，教学的目标就有可能背离学生的实际学习需要，接下来采用的方法无论多么科学，教学工作仍然会陷入盲目，为实现这样的教学目标而做的各种努力也必然会付诸东流。

职业教育与中国新产业工人队伍的培养

目前，中国机械工业劳动生产率约相当于美国的十二分之一、日本的十一分之一，劳动生产率每增加或减少1%都会影响产值上百亿元。劳动生产率低下致使中国工业产品的平均合格率只有70%，每年因不良产品造成的经济损失高达2000亿元。（郭奎涛《中国产业工人需升级》，《工程机械周刊》，2010年第6期）很显然，这种情况与我国产业工人的技能水平不高紧密相关。产业工人中的技能型人才不仅是企业产品的生产者和制造者，而且直接决定着一个企业的核心竞争力。从2004年开始，"技工荒"就是困扰中国制造业的一个难题，不但高级技术工人十分缺乏，而且中初级技术工人也存在很大缺口。10年过去了，随着中国制造业的快速发展，满足产业发展需要的各级各类技能型产业工人短缺现象非但没有稍缓，还愈演愈烈，为什么呢？

首先，在过去10年中，我国产业工人的主体已然发生了从城市人到农民工的转变，但职业技能养成体系（职业教育制度）却没有相应地实现转变，从而导致了中国产业工人技能养成严重不足的局面。在改革开放前的计划经济体制中，中国产业工人的技能养成体系主要由三个部分组成：一是相对完善的国家职业技能认证体系，二是以单位制和稳定就业为基础的"师徒制"培养体系，三是主要面向城镇居民的职业学校教育体系（中专、技校等，只招城镇户口的学生）。改革开放以来，随着中国制造业主体从国有企业向非国有企业转移（即就业岗位的体制外生产），产业工人主体从城镇居民转变为农民工群体。据统计，2013年非公有制经济（主要包括个体经济、私营经济、外资经济等）企业占我国整个企业总数的82%，GDP贡献率占60%，税收占69%，就业占90%，城镇新增就业占90%。又据中国社科院的调查数据，全国第二产业就业人员中，农民工占57.6%，其中加工制造业占68%、建筑业占80%；全国第三产业从业人员中，农民工占52%，城市建筑、环保、家政、餐饮服务人员90%是农民工，这个数字还在逐年递增。随着改革开放的不断深入，社会主义市场经济体制的逐步确立，传统的产业工人技能养成体系受到冲击，几近全部瓦解。新的产业工人群体的技能养成体系却迟迟没有建立起来，正所谓"旧的已去，新的没来"。其次，职业技能养成体系（职业教育）严重滞后于产业工人主体转变的进程，没有随着工人主体的转变而实现转型。一方面，城市和东部沿海职业教育资源比较丰富的地区生源不足，相对萎缩（最近几年，每年都有我熟悉的职业学校校长到中西部地区招生）；另一方面，需要职业技能培训的农业人口和进城农民工却没有办法享受到廉价优质的职业教育。这就出现了中国目前职业技能养成领域的"吊诡"现象：企业技工荒越来越严重，农民和农民工对于技术培训的需求非常强烈，而职业学校却普遍生源不足。针对这个问题，中央和地方政府出台了很多激励性的补助政策，但是效果未彰显。为今之计，中国必须尽快建成面向农民工的职业技能养成体系。根据制度社会学的研究，西方社会在职业技能养成路径上，基本形成了以英、美为代表的外部养成体系和以德、日为代表的内部养成制度，这两种不同的技能养成制度受这些国家的历史传统和产业政策的影响，同时也形塑了这些国家不同的制造业发展路径。在中国从"制造大国"向"制造强国"的转变中，如何借鉴这两种技能养成制度，并形成具有中国特色的职业技能养成制度（现代职业教育体系），把农民工这个"世界工厂"中产业工人的主体，培养成真正的、现代化的、符合产业转型升级要求的新型产业工人，是决定中国制造业能否成功"由大变强"的关键所在，也是我国现在以及未来经济社会发展的一个重大战略问题。令人鼓舞的是，今年2月26日国务院总理李克强主持召开了部署加快发展现代职业教育的国务院常务会议，会议重申了职业教育对于促进转方式、调结构和惠民生的作用，并确定了加快发展现代职业教育的五项任务措施，其中就有"促进形成'崇尚一技之长、不唯学历凭能力'的社会氛围，激发年轻人学习职业技能的积极性"等内容。更令人鼓舞的是，即将召开的全国职业教育工作会议将出台促进我国职业教育发展的重要政策文件，它必将带来我国职业教育新一轮又好又快的发展。

校园建设是职校办学行为的有机构成

现代社会是一个由不同类型的组织构成的复杂社会，这些组织各司其职、相互配合，保证了社会的正常运行。根据组织目标及其所承担的职能，可以把组织分为经济组织、政治组织、教育组织、社会组织，等等。职业院校就是教育组织，它们最核心的目标就是育人——有计划、有组织地培养人。理论上讲，学校开展的所有活动都是为了实现培养经济社会发展需要的人才这个目标，都应该受到重视并将其组织好。但现实当中，职业院校似乎更重视培训教师、开发课程、改革教学、顶岗实习等活动，相对忽视诸如校园布局、建筑雕塑、种树养花、道路铺设等活动。这也难怪，过去的职业院校大都在逼仄的空间里艰难办学，能维持生存就不错了，谁还有心思想别的。现在不同了，各级政府认识到了职业教育对于经济社会发展的重要性，加大了对职业教育的经费投入和支持力度，尤其是最近几年，为了改善职业院校的办学条件，各地都纷纷进行异地重建。凡事有利就有弊，异地重建新校园在拓展了职业院校持续发展空间的同时，也对职业院校决策者"如何把好事做好"的智慧进行着考验。在这方面，江苏省常州建设高等职业技术学校新校区建设迄今为止的实践，给我们提供了一份令人满意的答卷。经过几年的建设，在我们眼前，即将诞生一所集行业优势、建筑美学、职教特点、先进科技、绿色低碳、地域文化和示范引领于一体的新型职业院校。笔者认为，他们的成功得益于以下几点：第一，特别重视规划设计。对于一所职业院校来说，建设新校区不是件容易的事情，为了建设经得住时间检验的新校区，建设团队充分发挥他们隶属于省住房和城乡建设厅的优势，聘请了国内顶尖的建筑专家参与新校区设计，多次派人到其他职业院校参观学习，一遍遍对设计方案进行论证、修改、完善，务求不留遗憾。第二，特别重视科技创新。建设绿色校园离不开科学技术的支撑，不管是充分利用自然光源热源，还是采用新型建筑材料以及对资源的循环利用，甚至施工过程的管理都离不开科学技术的创新。学校在新校区建设过程中广泛使用了最新的建筑材料、最新的节能环保技术。第三，特别重视育人化人。职业院校毕竟是教书育人的地方，建设绿色校园的目的也是为了更好地培养人。根据学校开设专业与建设行业密切关联的特点，学校始终把新校区建设工地当作课堂，把建设过程当作学生的学习过程，让各相关专业的学生分期分批地参与到新校区建设中。在这个过程中，学生增强了职业认知、丰富了职业知识、提高了专业技能、培养了绿色意识、养成了节能习惯。

当然，职业院校绿色校园建设没有一个成熟的模式可以照搬，许多事项都是"摸着石头过河"，个中艰辛江苏省常州建设高等职业技术学校人体会得最深，等到新校区建成投入使用后可能还会遇到一些问题和挑战。不过在他们的共同努力下，这些使用和管理中的问题都会一一化解。虽然"前不见古人"，但"后可见来者"，希望他们的实践能为职业院校绿色校园建设提供示范。

纸鸢高飞趁东风　职教发展遇佳时

上一次全国职业教育工作会议在 2005 年召开，时隔 8 年后，又一次高规格的全国职业教育工作会议在今年的 6 月 23 日召开。会前国务院颁布了《关于加快发展现代职业教育的决定》（国发〔2014〕19 号）（以下简称《决定》），对以后若干年我国职业教育的改革和发展做了全面部署。

窃以为，恰逢我国"转方式、调结构、促升级"的关键时期，《决定》的颁布必将促进我国的职业教育进入一个全新的发展阶段。

按照经济学的观点，一个国家（或地区）的产业结构和劳动力需求结构明显地受经济发展阶段的影响。1960年，美国经济学家华尔特·惠特曼·罗斯托在其所著《经济成长的过程》一书中，将人类社会略嫌简单地分为传统经济和现代经济两种形态。一个国家从传统经济走向现代经济需要经历四个阶段，即寻求生存阶段、经济起飞阶段、满足物质生活阶段和追求生活质量阶段，且不同阶段有不同阶段的产业结构和就业结构。改革开放30多年以来，我国经济出现了举世瞩目的快速增长，目前正处于由经济起飞阶段向满足物质生活阶段转换的时期。2001年是我国经济发展过程中具有里程碑意义的一年，这一年我国人均国内生产总值（GDP）首次超过1000美元。之后，我国经济开始进入"快车道"，人均GDP2006年超过2000美元，2008年超过3000美元，2010年超过4000美元，2011年超过5000美元，2012年超过6000美元，2013年接近7000美元。与经济的快速增长同步，我国城乡居民收入水平得到很大的提高（2013年农村居民人均纯收入8896元，城镇居民人均可支配收入26955元），人们的消费结构也发生了显著变化，对农副产品的需求比例下降，而对工业制成品的需求显著上升。因此，在我国的产业结构中，第一产业的比例不断下降，第二产业和第三产业的比例持续上升。2013年我国第一产业占GDP比例为10.0%，第三次产业占GDP比例为46.1%，第二产业占GDP比例为43.9%，第三产业占GDP比例第一次超过了第二产业，今年一季度继续保持了这种趋势。这说明我国产业结构调整以及新型工业化、信息化、城镇化、农业现代化"四化"同步发展取得进展。制造业、建筑业以及与这两个行业相关的生产性服务业发展迅速，我国成为名副其实的制造业第一大国和对外贸易第一大国。

我国经济发展阶段和产业结构特点促使了就业结构的变化。一段时间以来，我国总体就业形势保持稳定，虽然就业总量仍在增加，但就业增速在下降；与此同时，经济发展方式转变正在导致就业结构悄然变化。战略性新兴产业、传统产业转型升级、现代服务业的新增就业需求日益旺盛，而传统低端劳动密集型行业的用工流失不断增加。随着经济发展向主要依靠科技进步、劳动者素质提高和管理创新转变，社会化专业分工不断深化，生产性服务业正在加快发展，导致服务业就业比重持续提高。2013年，我国就业人口在第一、第二、第三产业中的分布比例依次是31.4%、30.1%、38.5%。与大量就业人口进入第二、第三产业就业相对应的是，新增就业人员大多数进入企业工作。在2012年城镇单位就业人员中，制造业的占比为28%，建筑业的占比为13.2%，两个行业的占比合计超过四成，与制造业和建筑业最相关的单位类型是企业。高校扩招以来，企业成为吸纳毕业生就业的最主要单位，根据北京大学教育经济研究所的调查，2003年我国有57.6%的应届高校毕业生进入各类企业就业，其中国有企业占34.5%，民营企业占10.7%，三资企业占8.3%。而到了2013年，应届毕业生在企业就业的比例大幅度提高到80%，其中民营企业占38.2%，国有企业占30.2%，三资企业占7.6%，民营企业超过国有企业成为毕业生最主要的就业单位。换言之，现在有八成高校毕业生是去企业就业的，而企业需要更多的是技术技能型人才。

随着就业结构的变化以及劳动年龄人口的逐年减少，劳动力素质日益成为我国经济转型发展的瓶颈。比如说新兴产业和改造提升产业普遍面临人才瓶颈，缺乏具有实战经验的行业发展领军人才；又比如说新兴产业发展缺乏新型复合型技能劳动者；还有高技能人才常年供不应求，这些年所有相关行业全线短缺焊工。由于劳动力的素质不适应经济转型发展的需要，使得劳动生产率难以在较短时期内大幅提高，我国工业平均增加值率为26%，与美国的45%、英国的33%、日本的34%相比存在比较大的差距。

我国经济的可持续增长要求职业教育在层次和质量上与经济发展阶段和产业结构特征相适应，培养数以亿计的高素质劳动者和技术技能人才。

在这方面，借用李克强总理的话说便是"职业教育大有可为，也应当大有作为"。

课程、教材、教学辨析

笔者读研究生的时候，学过"课程与教学论"这门课，在这门课里，课程、教材、教学隶属于不同的研究层面，各自拥有比较清晰的研究范围和内容。但在职业学校，教师对此却不甚了解，大多数人比较关注教材这一具体的课程材料，误以为教材内容就是课程内容、教学内容。理念上的混乱容易导致实践上的盲目，因此有必要"辨张学术，考镜源流"，厘清课程、教材、教学三者之间的关系。

课程一般指各级各类学校中学生需要学习的事实、概念、原理、技能、策略、方法、态度及价值观念等内容的总和。课程内容的选择有三种基本取向：学科（专业）知识、当代社会生活实践（对于职业学校来说就是工作过程和岗位要求）、学习者已有的经验（知识和能力）。因此，课程内容的选择是根据特定的教育价值观及相应的课程目标，从学科知识、当代社会生活实践或学习者的经验中选择课程要素的过程。课程内容一般在课程标准中得到明确规定和表述，具有法定的地位，轻易不能改变。从学生学的角度来看，课程内容是对"学什么"的规定；从教师教的角度来看，课程内容回答的是"教什么"的问题。需要指出的是，课程内容只规定"教什么"，它不管"如何教""用什么教"，"如何教""用什么教"是教材的事。

教材包括一切有效地传递、体现、承载课程内容的文字与非文字材料。教材的内容不是学生直接掌握的对象，而是师生教学活动的中介，故此教材也被看成教师帮助学生实现学习目标的工具和跳板。二者之间的关系是教材受制于课程内容，必须反映课程内容，这就是课程内容的"教材化"，俗称"编教材"。但仅有课程内容"教材化"是远远不够的，因为教材内容不是素材的简单堆积，而是素材的创造性转化。更进一步说，教材内容还必须"教学化"，即必须经过"心理化"和"学科化"的过程才能落到实处，前者是指教材内容遵从学生学习活动的认知发展规律，后者是指教材内容符合一个学科的内在逻辑。这样处理的教材更具有"可教学性"，它不仅为教师教学提供基本的操作框架和步骤，提示教学方法，方便教师的教；而且还为学生自我学习提供指引，方便学生的学。

  这里需要强调的是教材内容无论多么"可教学化"，它都不能自动地成为教学内容，这涉及教材向教学内容的转化问题。教材内容如何转化为教学内容和转化成什么样的教学内容，取决于具体的教学目标和教学情景，它内在地蕴含着教师对教材内容个性化的演绎和创造。在这个阶段，教师不必拘泥于教材内容，而应对教材内容进行加工改造，形成有针对性的教学方案并付诸实施，在实际的教学过程中动态地生成教学内容。从教材内容到教学内容，这中间存在着一大片开阔地带，教师可以充分地发挥主动性在这块开阔地带里进行再创造、再发挥，这就是所谓的"二次开发"。只是，教师在对教学内容进行创造和发挥的时候，别忘了满足教学情景和学生的学习需要，毕竟教师的教最终是为了学生的学。

  说完了课程和教材、教材和教学之间的关系，让我们再来看看课程和教学的关系。一如上述，课程一般指学生需要学习的事实、概念、原理、技能、策略、方法、态度及价值观念等内容。课程内容往往以课程标准的形式被规定下来，具有法定的地位，因而是相对稳定且轻易不能改变的，而教学内容则是教师对课程的物化形式教材进行的创造性的、具有个性的演绎。课程内容规定的是某一学科（专业）共同的、统一的标准或要求；教学内容则是教师应对具体教学情景的自主安排，是具体的、个别的，并能体现差异性。相对于课程内容多以书面的文字和非文字手段进行表征，教学内容不仅包括形式各异的素材内容，也包括一些活动方法、观念实践操作等。不过，万变不离其宗，教学内容再怎样千变万化，都不能离开课程标准这一法定的根本依据。

职业学校课程改革鼓励教师创造性地开展教学，这实际上是要求教师基于对课程标准的领会和把握，超越对教材内容的"照本宣科"，创造性地使用教材，以便生成丰富多样的教学内容。这对教师可能是挑战，而对学生绝对是福音。

促进从学校到职场的过渡

现代社会的人们大多要接受时间长短不一的教育，然后进入职场，这就有了一个从学校到职场的过渡问题。学生从学校到职场的过渡，受到多种因素的影响，诸如家庭的阶层地位、教育组织的性质和层次以及成年人在劳动力市场中的流动等。但是，从教育社会学的角度来说，最重要的还是要看学校教育和职业岗位之间的匹配程度。一般来说，如果学校教育与职业岗位之间的联系比较紧密、匹配度较高，毕业生从学校到工作的过渡就会相对顺利，反之则会比较困难。比如现在的大学生"就业难"就是因为我国的学校教育和职业岗位之间的联系特别松散、匹配度非常低，学校所教非职场所需。

通常情况，教育社会学主要从三个维度来分析一个国家或地区教育系统的组织方式，即教育的分层分类、学校教学的标准化以及教育资格证书的职业关联度，其中与学校到职场的过渡密切相关的是后两个维度。尽管教育的标准化和职业资格证书有助于提高学校教育和职业岗位之间的关联度，但在实践中，仍然有很多国家执行标准化程度较低的教学项目，并且以学术资格证书为主。如在美国，无论是中学毕业证书还是本科毕业证书，大多只具有一般性，且与特定的职业关联不大。即使是那些重视职业资格证书的国家（如德国），学术资格证书的地位也是"高于"职业资格证书的。实际上，在大多数国家，职业教育都被认为"低于"普通教育（学术性教育），这也意味着不同类型、不同层次的教育会带来不同的"社会声望"。如在中国，高中毕业生和中专毕业生的社会声望不一样，本科毕业生和专科毕业生的社会声望不一样，"985""211"本科毕业生和普通本科毕业生的社会声望不一样。

教育系统的分层实际上体现了精英主义的一种教育思想，在这种教育思想的指导下，教育系统的功能是选择和培养最有能力的候选人，使之从事最重要的工作。而教育的"双轨制"则是这种精英教育思想得以落实的制度保障。由于存在着教育分轨，学生也就会被人为地分成两种类型，即继续升入大学的学生和毕业后不能升入大学的学生。在西方国家中，政府和学校对这两类学生的期望迥然不同，因此对他们的学习要求和培养内容也就有所区别。对前一类学生强调的是人文和科学素养、逻辑思考能力以及解决复杂问题的能力；对后一类学生强调的则是与工作岗位直接相关的职业知识和技能。在这些国家中，用人单位也都普遍认同这种区分以及对培养目标的不同设定，它们对持有学术资格证书的大学毕业生的认可度普遍较高，对持有职业资格证书的非大学毕业生也无明显的歧视。由于他们有扎实的职业技能，也就比较容易找到工作（不过在分轨制下，后者仍处在相对弱势的地位，尤其是在美国）。可以这样说，在西方国家中，政府、学校和用人单位之间分享着一种"社会共识"，正是由于这种社会共识的存在，所以无论是大学毕业生还是非大学毕业生，从学校到职场的过渡，都会相对轻松。

可中国的情况迥异于西方国家。在中国，一方面，在精英主义教育思想的影响下，我们有着较高程度的教育分层和比较严格的教育分轨，从而使得学术教育的地位远高于职业教育的地位；另一方面，在教育普及尤其是高等教育大众化的趋势下，我们的社会（尤其是用人单位）又强调毕业生的实践能力和职业素养。面对用人单位的这种要求，普通高校学生与职业院校学生相比，反而处于劣势。比如，近年来出现的大学生赚钱不如农民工多，职业院校毕业生比普通大学毕业生更加抢手等。在笔者看来，问题的关键在于，精英教育的教育思想和大众教育的教育思想是矛盾的，重学术教育、轻职业教育的教育价值观与培养学生实践能力和社会能力的价值观是矛盾的。学校在面对这两种彼此冲突的要求时，就会显得左支右绌、手足无措。在政府、学校、用人单位和学生个人之间尚缺乏"社会共识"的情况下，单独去指责其中任何一方都于事无补。

根据上文所述，要促进高校毕业生从学校到职场的过渡（顺利就业），除了加强对学生的就业指导、鼓励到基层就业等措施外，教育自身也需要改革。就当下情形，进一步在高等教育的本科及以上层次教育中进行学术教育和职业教育的分野，似乎比较切题。近年来，许多大学已经开始试点专业硕士（博士）培养工作。本科层面，6月底印发的《关于加快发展现代职业教育的决定》提出，要"引导一批普通本科高等学校向应用技术类型高等学校转型，重点举办本科职业教育"。这样做的好处是，既能满足国家对学术型人才的需求，也能满足社会和用人单位对技能型人才的需求。当然，要想实现这一目标，还需要科学设定对两类学生的培养方案及其教学内容，真正做到"一桶水浇一棵花，而不是一桶水浇两棵花"。

学历与能力

《国务院关于加快发展现代职业教育的决定》（国发〔2014〕19号）提到"促进形成'崇尚一技之长、不唯学历凭能力'的社会氛围，提高职业教育社会影响力和吸引力"。在笔者迄今为止的职业生涯中，有过因为学历不高能力还可以而职业生涯发展屡屡受挫，不得不一次次去拿更高的学历以证明自己能力的痛苦体验，所以笔者很赞成上面那段话。不过，说老实话，真要达到这句话所说的愿景，恐怕也非易事。

顾名思义，"学历"就是一个人学习的经历，指这个人曾在哪些学校学习，是肄业还是毕业，以经教育行政部门批准的实施学历教育，有国家认可的文凭颁发权力的学校及其他教育机构所颁发的学历证书为凭证。比如说硕士毕业后笔者在南京师范大学读了3年书，被授予博士学位（还有学历）。学历有层次高低之分，从低到高计有小学学历、中学学历、大学学历、研究生学历等。那能力又是什么呢？根据心理学的理论，能力是成功地完成某种活动（工作）所必需的个性心理特征，分为一般能力和特殊能力两种，前者指进行各种活动都必须具备的基本能力，如观察能力、记忆能力等；后者指从事某些专业性活动所必需的能力，比如做一名合格教师、律师、医生、数控机床维修工所需要的能力。人的能力从哪里来呢？人的各种能力不是与生俱来的，而是在后天的学习、生活和工作实践中逐渐形成和发展起来的。前现代社会里，人的能力大多从生活和工作实践中获得。现代社会中，一个人从事某种职业的能力往往与其在学校里的学习经历有关，也即接受相应时间的教育并获得学历证书是具备某些能力的一个证明。学历这一"标记"不仅体现求职者的后天努力程度，也体现求职者的知识和能力水平。越是复杂的高端能力，获得这个能力所耗费的学习时间就越长、成本就越大。经济学上的教育信号理论认为，学历证书就是教育信号的具体体现形式，没有获得学历证书，也就无法发出相应的教育信号。

在劳动力市场上，人们通过发出学历信号来表明自己有能力，用人单位也会依据学历信号对不同能力的人进行甄别，进而决定是否录用此人。既然用人单位视学历为甄别求职者个人能力的首要标尺，理想的状态就是每一个接受了特定时长教育的人都具有与所获学历证书对应的能力，学历和能力名实相副，这样的话，用人单位就能够通过学历而招到自己需要的员工，个人也可以找到适合自己的工作，达到双赢的目的。可实际上往往会出现"高学历、低能力"和"招非所需、用非所学"的问题。这是因为能力大小属于私人信息，不同的人有不同的能力，能吃几碗干饭只有自己知道，在用人单位不能直接观察到人的能力大小时，"看学历、辨能力"就是最简便的途径。当然，用人单位以学历高低作为衡量个人能力大小标准的前提条件就是，上文述及的学历所传递出来的信号是有效的，一旦学历信号失效，用人单位必然就会选择替代品。比如我们经常看到时下的一些用人单位在招收员工时，在学历上面再加一个有工作经验的要求，这里工作经验就是对学历的一种补充或者替代。学历信号失效后，用人单位就失去了一个对能力不同的人进行甄别的有效而简便的手段，就业市场又重新回到了信息不对称状况。在这种情况下，用人单位对招来的人就不敢以学历高低作为支付工资水平的依据，而是以能力不同的人的分布概率给出一个平均工资。由于平均工资牺牲了高能力人的利益，就业市场出现了逆向选择。当生产能力高的人不愿意降低自己的工资要求时，就出现了找工作难的局面。目前，中国高校毕业生的就业难题正是高等教育学历信号失效后就业市场做出"逆向选择"的结果。

　　用人单位不能根据学历信号对能力不同的人进行甄别，造成的另外一个后果是无法将能力不同的人安排到合适的岗位上。一般来说，用人单位在无法判别一个人能力高低时，通常采取的是"从低原则"，即先将其安排到低能力的人就能胜任的岗位上。这一方面造成了高能力的人不能被配置到高生产率的岗位上，整个社会出现人才（高端人才）短缺；另一方面，高能力的人被配置到低生产率的岗位上，使整个社会的生产率降低了。最近几年，越来越多的高校毕业生找不到和所学专业对口的岗位，越来越多的高校毕业生从事低生产率的工作，概缘于此。

　　唐代诗人白居易有一首《放言》诗，里面有"试玉要烧三日满、辨材须待七年期"一联，说的是了解事物的真伪优劣时间短了不行，这个道理同样适用于甄别人才。现在，还有哪个企业愿意花十年八年的时间选人用人？笔者看不多。为节约成本，它们主要还是看学历。我们要做的就是尽量使学历和能力匹配起来。

要重视职业学校教师的课堂教学能力

《关于加快发展现代职业教育的决定》（国发〔2014〕19号）第四条是提高人才培养质量，在这条下面又讲了5点提高人才培养质量的措施，分别是推进人才培养模式创新、建立健全课程衔接体系、建设"双师型"教师队伍、提高信息化水平、加强国际交流与合作。这五点的确都是影响职业院校人才培养质量的重要因素。不过，在笔者看来，这些因素真的要发挥提高职业教育质量的作用，还得落实到职业院校的课堂教学上来。不管职业院校组织结构如何变化，也不管快速发展的现代信息技术如何影响职业教育，在未来一段比较长的时期内，有计划、有目的的课堂教学依然是包括职业院校在内的教育组织培养学生的主要渠道。换言之，职业学校学生主要还是在课堂上学习几年后从事某一具体职业的知识和技能。当然，专门用于技能学习的课堂，其空间布局可能迥异于我们熟悉的教室。因此，我们应该重视职业学校教师的课堂教学能力，只有每一位教师的课堂教学能力提高了，职业教育质量的提高才会成为现实。2015年的9月10号是我国第30个教师节，按照惯例各级政府都要表彰一批教学名师，如果你留意历届教学名师的事迹，不难发现他们大多数人都是课堂教学的高手，他们的成就主要体现在课堂教学的效果上。从这个意义上讲，称他们为课堂教学名师亦不为过，特别是眼下职业学校的学生在义务教育阶段的学业成就普遍不理想、良好行为习惯尚没有形成，强调提高教师的课堂教学能力尤为重要。那么职业学校教师的课堂教学能力有哪些呢？从职业学校的实际出发，起码有以下几点：

第一，讲授能力。课堂教学是基本的教学组织形式，讲授法是课堂教学最常用的教学方法，也是职业学校教师必备的基本功。笔者接触的职业学校教师反映学生不爱学习，在课堂教学过程中，如果教师的讲授清晰流畅、语言有感染力，能把很难的知识讲得通俗易懂，还带有一点幽默感，教学效果肯定就好一些。

第二，示范能力。职业学校培养的学生将来都要到生产、建设、服务、管理第一线，使用各种各样的生产工具开展工作，这就需要训练其基本的技能。职业学校的所有专业课教师不仅要了解各种生产工具的性能和操作程序，谙熟相关专业的生产工艺，而且都应该熟悉技能形成的规律，了解多样的技能训练方式。通过自己的示范操作，有效地指导学生操作，使其掌握一定的职业技能。

第三，互动能力。课堂教学说到底是师生互动的活动。教学活动不纯粹是语言上的交流，还包括实践行为的塑造。课堂教学中的互动环节是塑造学生良好行为习惯的主要手段，因此，互动能力是职业学校教师课堂教学中必不可少的能力。互动教学不是简单的问答，或者让学生讨论某个话题，它可以通过多种教学形式灵活组织，实现师生在思想上的交流，让学生通过参与教学领悟教学内容。

第四，拓展能力。职业学校的教师在课堂教学过程中，一定要使课程内容与时俱进、常教常新。对专业课来讲，应在课中直接引入新方法、新材料、新产品、新工艺等；对基础理论课（含专业基础课）而言，其基本概念和理论有相对稳定性，但它们都有新应用，所以应该在做好应用更新的同时，充实丰富讲课内容，使其有足够的信息量和广博的知识点。

第五，启发能力。职业学校课堂教学要富有启发性，要能激发学生探究知识的冲动。职业学校课堂教学实行启发—创新教学模式，教师要把学生带到知识宝库的门前，让他们看到门内琳琅满目、光彩照人的宝物，以至急于登堂入室，一探究竟。职业学校教师应该有能力指导学生学会发现有意义、有价值的问题，培养学生创新、创业的意识和技能。

有人可能会说笔者写的都是老生常谈，不过据观察，具备这五种课堂教学能力且运用自如，又有不错的教学效果的职业学校教师，其数量还远远不能满足提高职业教育质量的需要，老生常谈的往往都是不容易做好的。

好工作都去哪儿了？

众所周知，中国是"世界工厂"，生产的商品供全世界的人们使用。按说应该能创造出大量的工作机会，一些薪金、福利较高的好岗位也应该不断涌现。可是，为什么不论是应届大学毕业生，还是有一定工作经验的求职者，都感觉好工作越来越难找了呢？笔者想这可能与"刘易斯拐点"有关。

1954年，英国经济学家阿瑟·刘易斯提出了著名的"二元经济"发展模式。他认为，一个国家在经济发展初期，存在着两大经济部门：一个是以传统生产方式为主的"维持生计"的部门，一般以农业和农村为代表；另一个是以现代生产方式为主的"资本主义"部门，一般来说工业和城市是其代表。最初，农村人口很多而农业又用不了这么多人，这就产生了大量农村剩余劳动力，此时，只要工业部门能够提供稍微多于维持农村人口最低生活水平的工资，大量的剩余劳动力就会从农村进入城市，涌入工业部门。只要农村还有足够多的剩余劳动力，工业部门就不需要给工人提高工资，因为劳动力处于无限供给状态。但是当农村剩余劳动力基本上被不断扩大的工业部门吸收完的时候，工厂的老板会猛然发现，要想招到足够多的工人，就必须大幅度提高工人的工资水平。像这样工人的工资水平从停滞不动到陡然上升的时间点，被后来的经济学家称为"刘易斯拐点"。"刘易斯拐点"代表了一个国家的劳动力从剩余向短缺变化的关节点，在此之前，是人求工作，不涨工资也会有源源不断的劳动力前来找工作；在此之后，是工作求人，不把工资涨到足够高的水平，工厂就招不到合适的员工。最近几年，我国沿海省份工厂集中的地区频频出现的日益严重的"用工荒"现象，说明我国经济的"刘易斯拐点"到来了。果真如此，有人就会说，这对于找工作的人应该是个好消息，可为什么实际情况却是大量高校毕业生找不到工作，或者只能屈就薪水较低、自己不满意的岗位呢？

我们可从两个层面来看待"刘易斯拐点"：一个是从普通的制造业劳动力的层面，另一个是从高学历劳动力的层面。我国的工业以服装鞋帽、机械设备等低端加工制造业为主，需要的主要是学历、技术要求不太高的劳动力，这部分劳动力的供给的确出现了"刘易斯拐点"，从剩余转变成缺乏的状态。对于中国的制造业企业来说，面对"刘易斯拐点"的挑战，它们的应对措施无非是三点：第一是提高工人工资待遇，吸引工人来自己的工厂工作；第二是加大技术研发力度，提高企业的科技水平；第三是把工厂的业务搬迁到劳动力供给充足的地区，那些地方的工人工资还比较低，工厂可以支付得起。面对"刘易斯拐点"的冲击，我国沿海地区的许多工厂选择了第三个方案，即把生产业务搬迁到劳动力成本更加低廉的东南亚、南亚等发展中国家（比如越南、缅甸、孟加拉国等国家）去做。这对国内的就业市场而言，不仅低端岗位流失了，中高层职位无形之中也减少了。由于普通制造业的工人是供不应求的，因此这部分工作岗位的减少，对于想去工厂打工的年轻人来说，虽有影响，但还不是很大。而对于由于连年扩招而供给充足、数量庞大的高学历劳动力的影响就严重得多，工厂搬迁到国外，和工厂相关的一些中层乃至高层职位，自然有一部分会由国外当地人来占据，所谓的好工作也就减少了。根据"刘易斯拐点"理论，大学生劳动力还处于"刘易斯拐点"之前的工资平稳期，他们与老板讨价还价的空间并不大，这就是大学生的就业前景变得更差的原因之一。

好工作难找还有一个原因就是互联网兴起导致的对就业岗位的"创造性破坏"（熊彼特语）。互联网行业在创造出了许多工作机会的同时，也摧毁了大量的传统工作岗位。比如网上购书的兴起让大批实体书店倒闭，与此关联的工作岗位因此减少。互联网摧毁了大量的传统类型公司，这些公司原来许多薪水不错的员工被迫去从事一些低端工作。

不过，正所谓"道路是曲折的，前途是光明的"。由于中国已经进入老龄化社会，每年加入就业队伍中的年轻人总量会逐年减少，事比人多，用人单位为了招人势必提高薪金待遇。而且，"创造性破坏"的一个规律是一开始可能会摧毁大量传统工作岗位，但最终也会孕育出一些伟大的企业，并带动社会经济的转型发展，进而增加工作岗位特别是中高端工作岗位。比如，美国的微软公司、苹果公司和我国刚刚在美国上市的阿里巴巴公司，都创造和激发了大量的新型工作机会。先进的技术和高科技产品就像"点石成金"一般把大量从事笨重、烦琐体力劳动的劳动力变成了白领阶层。

用精益方法提高职业教育人才培养质量

中国的职业教育经过多年的规模扩张，已经到了向内涵提升转变的关键时刻，只有提高教育教学质量，才是中国职业教育的出路。没有质量的职业教育，对于一个国家经济社会发展的促进作用不大。那怎样才能提高职业教育的质量呢？笔者认为职业教育质量的提高可以依靠的途径之一是提升职业院校的管理能力，所谓"向管理要质量"是也。在这方面，精益方法是可以拿来使用的。精益方法起源于 20 世纪 50 年代的日本丰田汽车公司，是优化企业内部流程的一种有效管理方法。精益方法帮助丰田成为世界领先的汽车公司之一。"精益"是汉语对英文 lean 的一种翻译，"精益"这个词汇，在中文里是"精益求精"的简称，反映的是"少而精""好了还要更好"的意思，能够非常妥帖地表述 20 世纪末在发达国家管理领域出现的"精益思想""精益企业""精益生产"等概念。

尽管在职业院校实施的精益与企业装配生产线上的精益有所区别，但消除冗余、控制成本、提高质量是其本质，它可以应用于各种工作环境，在农业、工业、建筑业、物流乃至军事领域都可以运用，在职业教育领域同样可以运用。在职业院校中，精益不仅是一种管理理念、思想、精神，也是一种过程、技术和优化职业院校内部教育教学过程的有效管理方法，贯穿职业院校从招生（进口）到学生毕业（出口）的整个过程。当然，要想在职业院校顺利应用精益方法且取得一定效果还需要以下条件：

1. 健全制度。在职业院校中推行精益方法，要完善相关的程序，健全有关制度。如在教学过程中，要有标准的程序、步骤，等等。对标准的执行力度必须强，即标准制定以后必须最大限度地执行。在使用精益方法的前期，教职员工的工作习惯、固化的工作思维可能会与创新性的、反常规的精益手法、精益思维相悖，因此在推进的前期必须用制度保障各项工作顺利推进，在遵守制度的过程中慢慢培养教职员工的精益意识。

2. 组织保障。任何一种新的管理方式、工作方式的变革，都需要领导层强有力的支持，精益方法也是从上向下推行的。首先学校领导者要带头做起，从这个意义上讲，把精益称为"一把手工程"也不为过。大野具耐一在丰田公司推行 TPS（Toyota Production System）时也是得益于丰田喜一郎等决策者的鼎力支持才取得成功。职业学校校长的重视可以有以下作用：使学校站在更高的角度、用更宽的视野去考虑精益方法的推进，而非仅仅将精益看作是工作改善、课堂管理等片面的管理方法；还可以引进优秀的人才，更好地协调各部门的关系，保证为推行精益方法而制定的相关制度的权威性。

3. 激励措施。要保持教职员工对精益工作推进的积极性，就要给他们适当的激励。包括两个方面：物质方面将教师推进精益方法的努力与其绩效挂钩，如对教师的教学改革案例按等级予以奖励，且奖金要与新方法节省时间、减少浪费、取得效果等的程度挂钩。精神方面要做到以下几点：尽可能地按照人体工学的要求为教职员工提供舒适的工作环境；关注教职员工的个人成长，为教职员工的个人发展提供舞台和机会，如提供合理的培训，帮助表现突出的教师晋升职称；关心教职员工的生活、家庭困难等。

4. 人才培养。丰田公司的专家们经常说，精益生产的成功在于人才的育成。人才培养应该包括以下几个方面的内容：培养教师的团队意识，因为精益强调的是团队合作，只有形成团队精神，精益的各种方法才会真正发挥作用；培养一专多能型的教师，以适应学校教育教学工作的调整及教师个人职业生涯发展的需要；培养教职员工的危机意识、问题意识及创新能力。

5. 持续改进。精益方法需要不断充实和完善，即让教职员工坚持经常性、日常性的改善活动，进而推动学校教育教学工作不断向前发展。要达到这个目标必须做到：第一，全员参与。学校的每一个人都是工作改进的源泉，要相信教师、鼓励教师，并与教师分享教育教学工作改进的成果，同时学校领导要保持对精益方法的支持力度，不能因领导更换而改变指导思想。第二，全面改进。学校工作改进不局限在一个方面，可以在方方面面进行。而每当一个改变发生时，会引起其他很多环节的连锁变化，周而复始。更何况，职业院校总是处在变动不居的环境中，新问题源源不断地产生，因此改进没有止境。

职业教育的新常态：
从"做大"到"做精"

今年 6 月 23 日，李克强总理在接见出席全国职业教育工作会议代表讲话时指出：中国有 13 亿人，9 亿多劳动者，如果大多数成为掌握高技能的人才，人口的压力就可以转化为人才的优势，这是世界上任何一个国家都比不了的。这句话说明了一个道理，就是职业教育是通过培养职业技能人才来促进一个国家和地区的经济社会发展的，正如基础教育是通过培养合格公民服务于社会一样。换言之，职业教育只有培养出既真正掌握熟练技术，又始终坚守职业精神的学生，才能为社会提供优质的产品和服务，进而促进社会进步、经济发展。那么，职业教育怎样才能培养出这样的人才呢？笔者认为在当下中国经济已经进入"新常态"的背景下，职业教育要想培养出李总理说的那样的人，唯有尽快从"做大"转到"做精"上来。

"新常态"是习近平总书记于 2013 年 12 月 10 日首次提出的一个概念。所谓"新常态"，应该是跟过去的常态——"旧常态"相比较而言。过去三十几年中国经济发展的常态主要有两点：第一，经济增长速度非常快，年均 10% 的增长率，被经济学者称为"经济奇迹"。第二，经济结构失衡、资源利用效率低下、收入分配不公和环境污染等问题越来越突出。旧常态不可持续，必须走向新常态，主要也是受到两个方面因素的推动：一是经济增长模式的转型。过去主要靠投资、靠出口、靠大量资源投入的增长模式已经难以为继，需要转向以满足国内需求、提高劳动生产率为主的增长模式。二是中等收入陷阱的挑战。过去我们的经济发展在很大程度上得益于低成本优势，现在劳动力市场已经从过剩变成短缺（15年前，我国劳动人口年均增长800万人，现在年均减少300多万人），而且农村剩余劳动力越来越少。劳动工资持续、快速上升，其他投入品包括能源、土地和资金的成本也已经或者即将上升，这就意味着过去劳动密集型、低附加值的产业正在快速地失去竞争力，中国经济必须通过产业结构升级和发展方式转变来保持未来的高速增长。新常态下的经济增长速度与旧常态相比会慢一些，但质量更高也更可持续。

与经济发展的"旧常态"相适应，我国的职业教育也走上了以"做大"——规模扩张为主的道路。据统计，1978年我国仅有中等职业学校4700多所，当年招生70.4万人，占高中阶段招生总数的6.1%，在校生130万人。2013年，全国中等职业学校共有1.23万所，中等职业教育在校生1922.97万人，加上高职（高专）院校在校生776.22万人，职业教育共有在校学生2699.19万人，是名副其实的世界上规模最大的职业教育。职业教育为中国经济发展的"旧常态"输送了数以亿计的普通劳动者和初中级技术工人。随着经济发展进入"新常态"以及职业教育目标人群（最近几年，全国中等职业学校数和在校生数呈递减趋势，学校数2012年比2011年减少了430所，2013年比2012年少了333所；在校生数2013比2012年减少了210.62万人）的减少，这种以追求"做大"为主要目标的职业教育发展方式不仅失去了生源基础，而且不能满足经济发展的"新常态"对高素质的技术技能型人才（中高级技术工人）的需求。因此，职业教育必须"做精"，才能适应经济发展的"新常态"。

要想把职业教育"做精"，要做到如下几点：首先，职业院校的管理者要转变观念，要认识到当前中国经济转型升级需要职业教育的"精"而不是"大"，提高人们对职业教育的社会认可度也要靠"精"而不是"大"，做"精"是职业教育发展的唯一出路。其次，要增加职业学校专任教师数量，实行小班化教学。职业院校要训练学生的技能，在有限的时间和设备前提下，只有小班化才能保证学生获得老师的充分指导和比较充足的练习时间。2013 年中等职业学校共有专任教师 86.79 万人,生师比 22.97∶1,比普通高中 14.95∶1 的生师比高很多,这不利于提高职业学校的教学质量。再次,职业学校要有自己的核心专业,且要提高做好核心专业的能力,要形成比较优势。办好一个专业绝非易事,需要职业学校多年的积累,一所职业学校不可能同时办好很多专业,要集中力量办好几个专业,不能求全,要求"专"、求"特"。第四,政府要切实增加财政性职业教育投资,尤其是要提高财政预算内教育经费用于职业教育的份额,为职业学校做"精"创造条件。这几年,政府确实对职业教育重视了,可这种重视不仅要体现在开多少次会、发多少种文件上,更要体现在增加投入上,只有投入充足的经费,职业学校才能建造符合标准的校舍、实训场所,也才能购买满足教学要求的设施设备和学生训练用的耗材。

总之,"新常态"职业教育就是做精的职业教育,职业教育的"精",发文件发不出来,开会开不出来,讲话讲不出来,只有踏踏实实地做才能得来。

转型升级要紧的是提高劳动生产率

习近平总书记在今年 8 月 18 日召开的中央财经领导小组第七次会议上的讲话指出,从发展上看,主导国家发展命运的决定性因素是社会生产力发展和劳动生产率提高,只有不断推进科技创新,不断解放和发展社会生产力,不断提高劳动生产率,才能实现经济社会持续健康发展。诺贝尔经济学奖获得者、美国经济学家舒尔茨研究发现,从 20 世纪初到 50 年代,美国的农业在劳动力数量没有增加的情况下产出迅速增加,与农业劳动生产率迅速提高有关。改革开放以来,在既有的大量受过一定教育的劳动力基础上，农村的土地制度改革大大解放了农村生产力，劳动生产率大幅提升；城市的大量企业通过开放引进新技术和现代生产线，大大提高了制造业的劳动生产率，那个时期中国经济的快速增长很大程度上是劳动生产率大幅度提高的结果。这说明无论经济体发展水平如何，劳动者的有效劳动（劳动生产率）才是促进经济社会发展的根本因素。

瑜不掩瑕，虽然中国30多年年均10%以上的外向型经济增长速度是很快的，但国外厂商来中国投资，工资成本和土地成本都便宜，现代生产又多用数控机床，不需要工人有太多技能，尤其是家用电器和电子产品组装线上，工人不需要掌握特别多的技术。然而，这种低人工成本、低附加值、高消耗、高污染的经济发展方式并不具备可持续性。为了使中国经济继续保持快速增长，必须要转变发展方式，这已成为全社会的共识。国内外经济发展的经验和教训告诉我们，我国转变经济发展方式的真正含义就是要让所有产业提高生产率，通过生产率的提高消解无限劳动力供给、低成本优势和进口的快速增长这三项重要条件逐渐失去后我国经济面临的发展压力。

当前阶段中国劳动力供需存在"两个短缺"的问题。一个是初级劳动力短缺，具体表现为劳动密集型企业出现招工难。2011年中国劳动人口比重10年来首次下降，2012年起比上年减少345万人，2013年劳动人口下降244万人，劳动人口连续三年出现下降。另一个"短缺"指的是以技师、技工等专业技术人才为代表的"中级劳动力"的供需失衡。据北京师范大学国民核算研究院前些日子发布的《国民核算研究报告（2014）》显示，从总体上看，中国劳动力市场依然是供大于求。报告指出，虽然在珠三角和长三角农村已没有多少剩余劳动力，但是2012年在全国农村至少还有8876万剩余劳动力，其中河南967万人、湖南966万人、四川910万人、云南885万人、安徽702万人，即使每年转移400万农村剩余劳动力，起码还要20年才能基本消化完成。这就是说，上述两个短缺是一种相对的结构上的失衡，这些问题都可以通过提高劳动参与率与劳动效率来解决。

　　道理很容易理解，但是提高劳动参与率与劳动效率却非易事，原因在于短时间内很难大幅度提升人的知识、能力和技术水平，改善劳动力质量。转变经济增长方式、调整产业结构会持续将劳动者从劳动力密集型部门转移到资本密集型部门，并进一步转移到科技密集型部门。劳动力在不同部门之间每转换一次，就要求劳动力质量相应地提高一次。比如劳动力从制造业部门进入生产率更高的现代服务业，而现代生产性服务业需要大量技术知识密集型劳动者。中国的既往经验表明，将工人从第二产业内的劳动力密集型部门转移到资本密集型部门，平均需要1.3年的教育年限；而进一步将其转移到第三产业中的科技密集型部门还需要另外4.2年的教育年限。然而人力资本只能是缓慢地完成积累，以中国16岁及以上人口的平均受教育年限为例，1990年的平均受教育年限是6.24年，2000年上升至7.56年，10年内净增加1.32年，而10年后的2010年则升至8.9年，比2000年增加了1.34年。当务之急就是提升数量巨大的农民工（根据国家统计局统计，2013年全国共有农民工2.45亿人，他们中的绝大部分只受过不足7年的教育）的技能，使他们能随着产业升级转移到新的行业。据中国网7月31日报道，国务院总理李克强7月30日主持召开国务院常务会议，强调要促进农民工就业创业，实施职业技能提升计划，鼓励各地改扩建面向农村招生的职业、技工院校，努力让未升入普通高中或普通高校的农村应届初高中毕业生都能接受职业教育。从中不难看出，李总理试图采取提高劳动力的受教育程度和劳动生产率的方式，推动中国经济转型发展的良苦用心。

技术如何促进教学

科学技术对职业学校教学的影响非常大，但要想发挥技术对教学的促进作用又绝非易事，现实当中有很多技术非但不能促进课堂教学，反而削弱课堂教学效果的例子。如何扬技术（多媒体技术）之长助益职业学校课堂教学？笔者认为至少要做到以下三点：

1. 教学前做好准备。也就是说当职业学校的学生在学习新课之前对主要概念和特性有所了解的时候，教师们如果运用多媒体技术，其学习效果就好。比如说，在汽车刹车系统工作原理的教学过程中，把学生分为两组：一组学生通过带解说的动画来学习汽车刹车系统的工作原理；另一组学生在运用带解说的动画学习汽车刹车系统的工作原理之前，先了解刹车系统各个组成部分的名称和可能的状态、活塞在主汽缸内能够前后移动、制动液在金属管中可以被压缩等信息。随后对两组学生进行问题解决的迁移测验，测验成绩显示，提前准备组学生比另一组学生的成绩要好。

2. 做到相近的教学内容一起呈现。相近教学内容包括空间相近和时间相近两种情况。在书面或屏幕上，文字和图示教学内容在时空上的邻近呈现比分离呈现效果要好很多。所谓的空间邻近，是指相应的文字和图示在书面或屏幕上相隔很近呈现时，学生的学习效果比较好。时间邻近是指相应的文字和图片同时呈现而不是继时呈现时，学生的学习效果会更好。笔者反对在教学过程中将教学内容中的文字和图示分离，因为它不是建立在对人们如何学习的精确理解的基础上。观察得知，职业学校学生在学习时，总是希望在文字和图示之间建立起实质性的联系，而不是像复印机一样仅仅记录输入的信息。当文字和图示在屏幕上分离时，人们只能将自身稀有的认知资源都用于连接文字和图片，根本无力顾及在心理上组织、整合学习材料；当教师把文字和图示整合在一起教给学生时，学生就能够在工作记忆中把它们结合起来，建立起两者之间有意义的联系，学习就很容易发生。

3. 尽量减少教学中的冗余内容。控制冗余是指学生通过动画和解说进行学习，比通过动画、解说和文字进行学习的效果要好。如果一名教师正在设计一个多媒体课件，其中包括伴随口头解说的图表（例如动画、视频或者静态的图片或照片），那么其中是否还应该包括相同文字的屏幕文本？这就涉及所谓的控制冗余。认知科学的相关研究告诉我们，在多媒体教学过程中增加冗余的屏幕文字会使一个人的视觉通道负担过重。例如，把包括动画、叙述和文字的多媒体文本一起呈现给学生时，会发生这样的现象：动画通过眼睛进入学生的认知系统，在视觉图示通道中被加工；而语音叙述通过耳朵进入学习者的认知系统，在听觉言语通道中被加工。要知道，屏幕文字也是通过眼睛进入学生的认知系统，并在视觉图示通道中被加工。因而，视觉/图示通道中有限的认知资源必须被用来加工动画和屏幕文字，如果呈现的速度较快并且学生对这些材料不熟悉，学习者的视觉/图示通道就会出现认知负担过重的情况，结果动画中的一些重要内容就难以被学生选择并组织到其心理表征当中。需要指出的是，在一些多媒体技术被应用在课堂教学中的特殊情况下，如果增加冗余的屏幕文本并不会加重学习者视觉信息加工系统的负担，比如当课堂教学的多媒体呈现中没有图示（屏幕上不呈现动画、视频、照片或插图等情况）、屏幕文本和相应图示的呈现速度非常慢，学习者有足够的精力来加工图示信息、学生付出相当大的努力来理解口头文本和书面文本（学习者有特殊的学习障碍、言语材料复杂冗长或是学习材料中包括生僻的词语等情况）时，多媒体技术教学过程中使用冗余的屏幕文本就有助于学习者对学习材料的理解。

理论上讲，多媒体技术有助于改善学习者的学习状况，但这还不足以说明所有的多媒体教学资源以任何形式呈现都能够促进有意义学习的发生以及学生理解能力的提高。只有经过仔细筛选、精心设计的多媒体教学资源，才能较好地发挥作用，而这恰恰是最容易被我们忽略的一个方面。

能力导向的职业学校教学评价

职业学校的核心活动就是教学，学生的发展是通过教学这个活动完成的，教学质量的优劣决定着学生的发展情况。那么，如何知道教学质量的高低？评价是途径之一。一般而言，教学评价就是依照教学目标对教学活动（主要是学生的学习活动）及其结果进行的价值判断，它是一种获取和处理用以确定学生水平和教学有效性的证据的方法，包括有效进行教学指导的一连串反馈活动。职业学校教学评价的主要任务是寻求影响教学质量的因素，促进教学质量的提高，因此，应该以教学质量为核心来设计教学评价体系。既然如此，如何认定职业学校的教学质量以及教学质量的影响因素便成为职业学校教学评价的关键。也就是说，职业学校教学评价体系的构建取决于职业学校教学评价的价值观。职业学校是培养技术技能型人才的教育组织，作为其"最终产品"的职业学校毕业生的质量水平取决于用人单位对其综合能力的评价。因此，在职业学校教学评价中应用能力导向评价方法是一种不错的选择。

第一，能力导向教学评价的目标。能力导向评价源于工作岗位对于职业学校毕业生的能力预期，包括专业知识、技能和态度，社会用人单位注重与实际工作密切相关的、可转换的综合能力，而不是具体到某一学科的专业知识多寡。从学生职业生涯发展的角度看，这种评价的导向性非常明确，即职校生所应该拥有的能力对于其今后的职业生涯发展将起到至关重要的作用。前已述及，教学评价是对职业学校教学进行的价值判断以及对教学活动表现形式的评价，即依据教学目标和标准，在系统、科学、全面地收集、整理和分析教学信息的基础上，对教学质量做出判断的过程。在这里，非常重要的一点就是确定教学目标及其判断标准。传统的知识导向型教学评价是关于学习的评价而不是为了学习的评价，因而较为片面且容易忽视学生的个性特质，致使职业学校学生的培养类似于流水线生产出来的"标准化产品"，难以满足社会多样化的用人需求。而能力导向的教学评价则不一样，它紧紧围绕专业知识、技能和态度三大目标展开，可以满足社会对多样化人才的需求。在具体的教学评价实践中，能力导向教学评价方法鼓励所有的利益相关者（学生、教师、学校、企业等）都参与到教学评价过程中，表达自己的利益诉求，充分体现了教学评价"支持教学"和"共求进步"的指向。

第二，能力导向教学评价的流程。能力导向教学评价的流程有评价准备、正式评价和修订改革三个阶段。首先是评价准备阶段。一方面要做好资料准备。包括自我评价、对存在问题的分析和认识，以及对评价组织机构的要求等。另一方面要做好组织准备，确定参与评价工作的人员以及评价目标、任务、内容和日程的安排。其次是正式评价阶段。这是评价最重要的环节，也是教学过程管理方案形成的过程。主要工作是运用综合调查或专题调查方法，就教学活动的现状和问题开展调查研究，并在此基础上运用定性方法、定量方法或混合方法进行分析，确定要解决的主要问题，找出各种问题产生的原因，并提出具体可行的整改建议。再次是修订改革阶段。这一阶段的主要任务是对有关人员进行培训，指导他们修订教学方案并把方案落到实处。

与惯常的直接由教师教学行为结果反映其教学效果的教学评价方式不同，能力导向的教学评价方法评价的教学效果，是通过学生在相关专业知识、技能和态度方面的变化体现出来的，教师不再是教学评价绝对的主体，学生成为教学评价的主体之一。这种评价体系的转变不仅是形式上发生了变化，更重要的是教育观念的改变。这种评价方式真正体现了"以生为本"的教育理念，使得学生可以站在自己的需求和立场上去思考教学效果问题。同时，由于学生相关能力的提升是与教学过程同步进行的，也可以促使教师在教学过程中进行实时的调整和改变，从而使得教学评价真正发挥其提升教师和学生双方能力的作用而不仅仅是监控作用。

什么是好的职业教育

2014年12月29日，高技能人才座谈会在北京召开，中共中央政治局委员、国务院副总理马凯在此次会议上强调：面对新形势新任务，我们比历史上任何时期更需要一支拥有现代科技知识和创新能力的高素质技工队伍。延伸开来，这句话也可以这样说：我们比历史上任何时期更需要能够培养一支拥有现代科技知识和创新能力的高素质技工队伍的职业教育。那么，这个时代的职业教育面对的新形势新任务又是什么呢？

首先是对传统产业的改造升级。在2014年中央经济工作会议上，习近平总书记讲到调整存量和优化增量要并存，不能单单依靠增量的扩张，更要重视存量的调整。所谓存量的调整就是对传统产业的改造，即通过不断地变革和创新制造方式将传统产业做精做强，提升产品的档次和附加值，推动其走向价值链的中、高端环节。如发展产品定制、零部件定制、柔性制造、个性化制造等，在规模化、批量化生产的同时，注重满足不同层面、不同客户和消费者的需求，进而培育一大批能够占据产业高地的隐形冠军，缩小与世界先进水平的差距。

其次是发展生产性服务业。服务业包括生产性服务业和生活性服务业。发达国家服务业占GDP的比例达到70%左右，在服务业中生产性服务业占了近六成。生产性服务业是直接或间接为工业生产过程提供中间服务的服务性产业,是现代服务业的核心。生产性服务业除包括交通运输业、部分金融业外,更多是第二产业的延伸、扩展和分离。它可以向下游延伸,围绕主导产品发展故障诊断、维护检修、检测检验、远程咨询、仓储物流、电子商务、在线商店等售后服务和增值服务;也可以向上游延伸,搞研发、咨询、工业设计、软件信息、节能环保服务等。

  有人说对传统产业的改造和发展生产性服务业,推进先进制造技术和工艺在生产中的应用,必然会提高劳动生产率、减少劳动在工业总投入中的比重,可能弱化我国的比较成本(劳动力成本)优势;也有人说新产业革命和发达国家的"再工业化"对中国工业可能产生的负面影响,更多的在于国外企业可以利用先进制造技术在维持"可接受成本"的基础上,针对快速变化的市场需求,提供较中国产品种类更丰富、功能更齐全、性能更稳定、使用更人性化、环境更友好的产品。在笔者看来,不管是新一轮产业革命,还是传统产业的信息化和制造业的服务化,其本质是人机关系的深刻变化。这种变化大大增加了对知识与技能的需求,而与先进制造技术相适应的知识和技能的形成和积累,才是我国遇到的最大挑战。怎么办?为今之计,劳动者素质的提高、知识技术的不断更新、能力的不断增强,也只有靠不间断的职业教育和培训这条途径来实现。时代是一条川流不息的河,在这条河流中,跟上时代节奏的职业教育才能生存和更好地发展。

▶ 职教观察
2015

是挑战更是机遇

2014年12月16日,第三次全国经济普查结果公布。此次经济普查公报显示,我国经济在过去的五年里出现了一些新的变化,这些变化对于始终以服务于经济社会发展为己任的职业教育来说是挑战,更是机遇。

产业结构发生变化。第三次全国经济普查结果显示,2013年,我国三次产业比例为9.4∶43.7∶46.9。第一产业占国民经济比重首次降至10%以下,第二、第三产业规模总量稳步扩大,尤其是第三产业超过第二产业,成为国民经济的第一大产业。这说明我国开始从工业主导型经济向服务业主导型经济转变。服务业主导型经济在经济增长速度、产业业态、劳动者素质等方面与工业主导型经济相比具有明显的不同。不过,应该看到,虽然我国的第三产业超过了第二产业成为第一大产业,但相对于发达国家服务业的现状(作为第三产业的服务业占据国民经济主导地位是处于后工业化时代的发达国家产业结构的基本特征,其服务业比重基本在60%以上,最高的甚至达到80%左右),我国的服务业发展水平仍然较低,主要体现在服务业整体占比仍相对较低,尤其是其中的生产性服务业比重偏低。生产性服务业是指生产过程中为满足其他行业或部门的中间需求而提供各种服务的行业,是生产过程中以中间产品形式存在的服务,主要包括研发服务业、设计服务业、咨询服务业、财务管理服务业、金融服务业、保险服务业、商务服务业和信息服务业等。可以预见未来若干年,我国仍处在产业转型升级的攻坚期,由于生产性服务业具有高附加值、低能耗、低排放的特点,努力发展生产性服务业当是产业转型升级的重要手段。

工业结构发生变化。第三次全国经济普查结果显示,我国的工业规模依然继续扩大。2013年末,全国工业企业法人单位241万个,从业人员14025.8万人,分别比2008年末(第二次经济普查)增长26.6%和19.5%。难能可贵的是工业结构内部也发生了可喜的变化,高耗能行业在工业增加值中的比重从2008年的32.2%下降至2013年的28.9%。高技术产业、装备制造业、消费品制造业等在政策推动和市场需求拉动下快速增长,在工业经济中的支撑作用增强。其中,高技术产业在工业增加值中的比重从2008年的9.6%上升至2013年的9.9%;装备制造业从2008年的28%上升至2013年的29.2%;消费品制造业从2008年的22.2%上升至2013年的24.5%。瑜不掩瑕,尽管我国工业经济规模已经十分巨大,甚至若干产业已达到国际先进水平,但就综合素质而言,我国工业化仍然任重道远。首先,我国工业的主体部分仍处于国际竞争力较弱的水平。如果把我国工业制成品按技术含量低、中、高的次序排列,其国际竞争力大致呈U形分布,即两头相对较高,"中技术"的行业如化工、材料、机械、电子、精密仪器、交通设备等,国际竞争力明显较低,而这类产业恰恰是工业的主体和决定工业技术整体素质的关键。其次,我国工业的大多数行业均未占领世界产业技术制高点。许多重要产品同先进工业国家(德国、日本、美国等)还有几十年,甚至更长时间的技术差距,离世界产业技术制高点还非常遥远。就是一些国际竞争力较强、性价比高、市场占有率很大的产业,其核心元器件、控制技术、关键材料等均依赖进口,导致我国工业产品的精致化、尖端化、可靠性、稳定性等技术性能同国际先进水平仍有较大差距。因此,我们还要继续高举工业化旗帜,将工业化进行到底,并且要走新型工业化的道路。简言之,就是要通过现代信息技术与制造业融合、制造业与服务业融合等手段来提升产品的制造能力,快速满足消费者个性化需求。

不管是发展生产性服务业,还是发展新型工业化,都需要大量的高技能人才。没有足够的懂业务会管理的复合型技能人才,现代服务业不可能发展;没有足够的"现代机械和知识性员工"对大量"传统机械和简单劳动力"的替代，新型工业化也只能是纸上谈兵。实践证明，德国汽车、瑞士手表、日本电子产品之所以在全球具有竞争力，我国航天工程、探月工程、高铁技术、核工业等重点领域之所以能取得举世瞩目的成就，很大程度上得益于拥有一支素质优良的高技能人才队伍。

高技能人才短缺的状况，已成为制约我国产业转型升级和经济结构调整的"瓶颈"。发展生产性服务业和新型工业化，不仅需要一批高层次知识和技术方面的创新人才，而且需要一大批具有创新精神的技能型高素质劳动者。有人说，职业教育培养高技能人才正逢其时，我以为这件事单靠职业教育一方做不了，只有政府、社会、企业、职业院校等相关部门都重视且共同努力才行。2014年12月29日，人社部在北京举行第十二届高技能人才表彰大会，对中华技能大奖获奖者和全国技术能手进行表彰，可谓带了个好头。遗憾的是人数太少，两者相加只有区区330人。

创业·就业·学业

笔者心底里也羡慕比尔·盖茨、马克·扎克伯格、李彦宏、马云等创业者的成就和风光，希望自己当老板，但羡慕归羡慕，却从没有动过创业的念头，自知不是那块料，只是想着找份工作并尽力把手头上的事情干好，就已经很不错了。身为农民的父母当初为了多挣点钱供应我们三兄弟读书考大学，吃上国库粮（就业），种地之余做过炸油条、卖豆腐等本小利微的营生，如果这也算是"创业"，他们经历的辛苦至今还历历在目。真可谓"考学难，就业更难，创业更是难上加难"。

刚刚过去的2014年，我国应届高校毕业生达到727万人，比被称为"史上最难就业季"的2013年还多出28万人，创历史新高。为了解决大学生就业难的问题，政府一是引导和鼓励大学生到中小微企业就业，二是引导和鼓励大学生自主创业，以创业带动就业。进入 2014 年，创业的大环境似乎也越来越好。李克强总理在各种场合谈创业，希望掀起"大众创业、草根创业的大潮"。2014 年 3 月 1 日起，商事制度改革正式实施，创业者开公司进入零门槛时代。人力资源和社会保障部等九部门颁发的《关于实施大学生创业引领计划的通知》（人社部发〔2014〕38 号）提出，我国将通过一系列帮扶措施，使大学生创业的规模、比例继续得到扩大和提高，力争实现 2014—2017 年引领 80 万大学生创业的预期目标。针对大学生创业资金不足等问题，"大学生创业引领计划"规定：落实小额担保贷款政策，简化反担保手续，强化担保基金的独立担保功能，适当延长担保基金的担保责任期限，落实银行贷款和财政贴息，重点支持吸纳大学生较多的初创企业。2014 年 12 月 10 日，教育部印发的《教育部关于做好 2015 年全国普通高等学校毕业生就业创业工作的通知》要求高校建立弹性学制，允许在校学生休学创业，鼓励扶持开设网店等多种创业形态。媒体上宣传的个别大学生创业成功的事迹，更是炒热了大学生创业的话题。有人说，在中国创业已经进入黄金时代。

各省（市、自治区）也不甘落后，纷纷出台相关政策鼓励创业。比如山东省人社厅、财政厅就出台了《关于在全省创建创业大学的指导意见》，该文件指出，到 2014 年年底，有条件的市力争建立 1 所创业大学；到 2015 年年底，每市至少要建立 1 所创业大学；自 2016 年起，创业培训任务全部由创业大学承担。不难看出，山东省这种创业大学是集教育、培训、实训、服务等多种功能于一体的非学历创业创新人才培养平台。这种创业"孵化器"式的培训机构，无疑可以为一些无文凭、有能力的人提供实现梦想的机会。在政府不断鼓励创新与创业的同时，通过教育给创业者们提供便利，不失为一种很好的探索。它将发展职业教育和培训与地方政府积极促进创业有机地结合起来，开创了一种很好的以教育和培训带动就业和创业的模式。

创业是很多中国人的梦想，美国安利公司2014年11月18日在纽约发布了一份《2014年安利全球创业报告》，报告显示，近90%的中国人对创业持积极态度，有62%的受访者想开创自己的事业，远高于国际水平，仅有6%的受访者明确表示"对创业不感兴趣"。我国的创业空间也相当大，根据中央党校周天勇教授的分析，目前发达国家和地区平均每千人口拥有40至50个企业，发展中国家为20至30个，而我国仅有11.66个，差距就是创业潜在的机会。可现实中由于创业者能力以及财力的制约，也由于制度的种种障碍，真正能成功创业的实属凤毛麟角。据统计，大学生毕业头三年，创业失败率是96%，一百个人里只有4个是成功的，其余都是"炮灰"。大学生如此，其他人也好不到哪里去。据不完全统计，我国创业企业3年存活率是10%，5年存活率是5%，10年存活率是3%。

一般来讲，创业有两类：一类是生存型的，一类属于成长型的。理论上讲，各类群体都有可能创造出成长型的企业，但真正最有能力、最有潜力创造成长型企业的还是大学生等知识群体。对于更多的人特别是职业学校的学生来说，最重要的还是接受职业教育与培训，掌握一门技能，在完成学业的基础上就好业。况且，对很多企业来说，也缺乏技术技能型人才。就大环境而言，在保证就业和经济转型的双重任务之下，职业教育的地位也在不断上升。在各种就业压力中，大学生就业难的问题突出，这不仅是大学扩招之后的结果，也是因为学校里教的内容与市场需求脱节的缘故。因此，建立现代职业教育体系，除继续发展中等职业教育、高等职业教育外，也要发展本科层次职业教育，使一部分可造之才转学职业教育，发挥他们的技能特长，做到人尽其才、才尽其用。

最后，笔者模仿裴多菲的《自由与爱情》诗，戏作《创业与学业》诗表达自己的观点：创业诚可贵，就业价更高；若为学业故，二者皆可抛。

人去勿须来　"乡愁"依旧在

每年春节笔者都回山东省临沂市莒南县石莲子镇侯瞳村和父母一起过春节，对于笔者这样通过考大学离乡进城的人来说，"乡愁"不是什么所谓乡村的山山水水、花花草草，而是对父母的思念，父母在，故乡在，乡愁就在。笔者很不理解，毫无新意、纯粹是无病呻吟的《博士春节返乡手记》何以一石激起千层浪，引起这么大的反响。每次回老家，笔者也会问问左邻右舍、亲戚朋友一年的收成、收入、期待。笔者不认为存在乡村凋敝、亲情疏远、农村人对知识怀疑等现象。至于现在农村中出现的诸如乡村伦理习俗的瓦解、社会秩序紊乱、老无所养等问题，也不是现在才有，晚清以降就开始了。相反，以笔者对儿时生活的记忆，过去吃不饱、穿不暖、管制严的农村一点都不值得留恋。父母经常跟我说，现在的农村远比从前的农村生活富足，吃得饱、穿得暖、住得好，出行也方便。不可否认，这些都与改革开放有关，改革开放是对生产力的解放、对人的解放，农民可以自由迁徙进城务工，凭自己的劳动获得比在农村多得多的报酬。因此，在我国尚未实现现代化（现代化的实质就是实现由传统农业社会向现代工业社会的演化，由农业国变成工业国）、城乡还存在巨大差距（根据城乡一体化住户调查，2014年城镇居民人均可支配收入28844元，农村居民人均纯收入为9892元，城镇居民人均可支配收入与农民人均纯收入之比为2.95∶1）的当下，不应该延缓或者阻碍农民进城，而应该创造条件、破除障碍促进更多的农民顺利地进入城市、融入城市。

发达国家的经验以及我国的国情告诉我们，加快工业化、城镇化，推进农业现代化是我国全面建设小康社会的基本途径，也是从根本上解决

"三农问题"的必由之路。只有促使更多的农民进入城市生活，进入第二、第三产业工作，才能减少农民；只有农民减少，才可以富裕农民。单纯靠种粮食，无法使农民富裕。重庆市南川区大观镇铁桥村种粮大户张风说："现在种一亩水稻，肥料、种子、农药、农膜等农资成本要300多元，人工费用400元，土地流转费700元左右，一亩地总成本将近1500元。2014年水稻市场价是每斤1.34元，按每亩600公斤单产计算，收入是1608元，一亩地就赚100元，无论怎么算，都是不划算。"(《光明日报》，2015年2月12日)。在我国，农民收入主要由家庭经营性收入、工资性收入、转移性收入、财产性收入等构成。据中国社科院农村发展研究所发布的《中国农村经济形势分析与预测（2013—2014）》，2013年，农民人均纯收入8895元中，家庭经营纯收入人均3793元、工资性收入人均4025元、财产性收入人均293元、转移性收入人均784元。其中工资性收入首次超过家庭经营纯收入，农民工资性收入对农民人均纯收入增幅的贡献率达到59%。看来，只有加快农业发展方式转变，建立现代化、规模化、专业化大农业，才能提高农业劳动生产率和增加农民收入。习近平主席在去年的全国农村经济工作会议讲话中就曾指出，单季农业地区，每个劳动力能耕种100~120亩地；双季农业地区，每个劳动力能耕种50~60亩地，其劳动生产率就能达到社会平均劳动生产率，农民就能成为一个体面的职业。目前，我国农村户均耕地约为半公顷，从事粮食生产的劳动力有1.5亿人左右。如果按照习总书记所说，北方地区户均规模120亩、南方两季地区户均规模60亩的标准，仅需要农业劳动力4300万人。这就意味着还有超过1亿的劳动力从农业转移出去。前些日子发布的2015年中央一号文件指出，增加农民收入，必须促进农民转移就业和创业，盖出于此。2014年，全年农民工总量27395万人，比上年增加501万人，其中本地农民工10574万人，外出农民工16821万人。农民工月均收入2864元，年均收入34368元，是农民人均纯收入的3.86倍，打工的确比种地强呀。

接下来，我们要做的就是采用"精准培训"的办法促进农民转业、进城，也即细化有关培训内容、培训主体、培训形式、培训资金来源和保障、培训效果评估等方面的政策内容，严格培训标准和提高培训质量、水平。对于那些欲进入城市的农民工来说，"到2020年，新生代农民工都能得到一次由政府补贴的就业技能培训，全国平均下来，人均补贴800元，能基本消除新成长劳动力无技能上岗的现象，以此在总体上缓解因缺少技能而产生的农民工就业招工'两难'的结构性矛盾"（人力资源和社会保障部副部长杨志明所说。见《经济日报》，2015年3月1日）。

对于那些留下来的农民，政府要发挥自身在新型农业经营主体培育中的作用，特别是大力开展新型职业农民教育培训，整合教育培训资源，围绕主导产业开展农业技能和经营能力培训，扩大农村实用人才和带头人示范培养培训规模，努力构建新型职业农民和农村实用人才培养、认定、扶持体系，建立公益性农民培训制度，建立培育新型职业农民制度。

"中国制造2025"：职业教育准备好了吗？

2015年3月25日，国务院总理李克强主持召开国务院常务会议，部署加快推进实施"中国制造2025"，实现制造业升级。会议强调，要顺应"互联网+"的发展趋势，以信息化与工业化深度融合为主线，重点发展新一代信息技术、高档数控机床和机器人、航空航天装备、海洋工程装备及高技术船舶、先进轨道交通装备、节能与新能源汽车、电力装备、新材料、生物医药及高性能医疗器械、农业机械装备10大领域，强化工业基础能力，提高工艺水平和产品质量，推进智能制造、绿色制造。在这之前，就有消息说，中国计划用30年时间，通过"三步走"战略，实现从制造业大国向制造业强国转变。"中国制造2025"对应的是第一个10年，是"三步走"的第一步,计划用10年时间进入全球制造业第二方阵,为后两步走奠定好基础。在2012年主要工业化国家的制造业综合指数分布中,美国遥遥领先,处于第一方阵,德国、日本处于第二方阵,而中国及英国、法国、韩国则处在第三方阵。

为什么要实施"中国制造2025",大致有两个原因。第一是中国制造业大而不强。据世界银行统计,2012年,我国制造业增加值为23306.8亿美元,超过美国的18532.7亿美元,位居世界第一位。但是,中国并不是制造业强国,很多核心部件,比如飞机的发动机、计算机的芯片,甚至煮饭锅的内部涂料等都难以生产出来,需要进口。前些日子闹得沸沸扬扬的"马桶盖"事件虽有点搞笑,却也是实情。第二是中国面临着工业发达国家"再工业化"的严峻挑战。金融危机以后,发达国家纷纷抛出国家战略,希望通过调整技术进步和产业政策,重获在制造业上的竞争优势,以美、德、日最为典型。

先看美国。2009年初,美国开始调整经济发展战略,同年12月公布《重振美国制造业框架》;2011年6月和2012年2月,相继启动《先进制造业伙伴计划》和《先进制造业国家战略计划》,实施"再工业化"。美国的"再工业化",包括调整、提升传统制造业结构及竞争力和发展高新技术产业两条主线。比如,3D打印技术产业已成为美国"十大增长最快的工业"之一。美国政府提出"再工业化"旨在达到"一石数鸟"的效果:短期达到刺激经济复苏、缓解严重失业、缓和社会矛盾的目标;中期实现结构调整、培育新的增长动力、促进经济再平衡的目标;长期目标是抓住新一轮产业革命契机,谋划战略主导权,重塑国家竞争优势。

再看德国。德国向来以高质量制造和贸易强国著称,为保障其核心竞争力,2012年底,德国产业经济联盟向德国联邦政府提交《确保德国未来的工业基地地位——未来计划"工业4.0"实施建议》。工业4.0是利用信息与通信技术和生产制造技术的深度融合,通过信息物理系统技术建设与服务联网,在产品、设备、人和组织之间实现无缝集成及合作。德国认为近10年来企业的核心竞争力已经从产品质量控制转移到了客户价值创造，这种变化对企业的能力提出了前所未有的要求。在工业4.0时代，消费者可以直接向智能工厂定制商品且价格更低。过去企业出售的商品主要是产品，消费者使用后才会产生价值，比如纺织品、食品、家具、车辆等，现在企业向客户提供的则是价值，以及各种系统和基于系统的服务。

最后看日本。2014年，虽然日本的GDP只有中国一半，但是日本安倍政府高度重视高端制造业的发展：首先，政府加大了开发企业3D打印机等尖端技术的财政投入。其次，快速更新制造技术，提高产品制造竞争力。近年日本制造业出现了三个新现象：一是采用"小生产线"的企业增多。比如本田公司通过采用新技术减少喷漆次数、减少热处理工序等措施把生产线缩短了40%，并通过改变车身结构设计把焊接生产线由18道工序减少为9道，建成了世界最短的高端车型生产线。二是采用小型设备的企业增多。比如日本电装公司对铝压铸件的生产设备、工艺进行改革，使得铸造线生产成本降低了30%，设备面积减少80%，能源消费降低50%。三是通过引入机器人和改变生产组织方式等手段破解成本瓶颈。比如佳能公司从"细胞生产方式"到"机械细胞方式"，再到世界首个数码照相机无人工厂，大幅度提高了成本竞争力。除上述三国以外，韩国有"新增动力战略"、法国有"新工业法国"方略。

战略是好战略，但要落到实处，产生效果，还需要做各方面的努力，关键还在于人才。"中国制造2025"不仅需要科技领军型人才，也需要大批技能高超的技工，二者缺一不可。因为，在今后的智能化工厂及智能化制造过程中，整个生产模式将发生很大变化，大量应用电子、软件等新产品新技术，对在一线的生产人员提出了更高要求。这在客观上需要职业教育培养大量合格人员。那么，我国的职业教育准备好了吗？

今天，我们该如何敬业

只要有时间，每天下午笔者都要到离家不远的公园去快步走，一来是为锻炼身体，二来也是为缓解工作一天后的疲劳。公园内道路两边的每根路灯杆子两侧各挂有一面条幅，且条幅大小高低对称，内侧（靠近道路）条幅上都写有相同的内容，即"××地产"；外侧条幅的内容各不相同，间隔写着24个字的社会主义核心价值观（富强、民主、文明、和谐，自由、平等、公正、法治，爱国、敬业、诚信、友善）和"保护未成年人就是保护我们的未来"等内容，条幅的落款是"××市委宣传部（文明办）宣"。有一次，笔者无意中看到有面条幅上的"未成人是祖国的未来和希望"这句话中很明显少了一个"年"字，一字之差，可谓谬以千里。当时我想可能是工作人员的疏忽，很快就会改过来的。没承想，这个少了"年"字的条幅一挂就是半年。结合落实社会主义核心价值观和学习在2015年4月28日举行的庆祝"五一"国际劳动节暨表彰全国劳动模范和先进工作者大会上受到表彰的劳动模范，这件事引发我的思考：今天，我们该如何敬业？

在我国古代，《礼记·学记》中以"敬业乐群"将"敬业"明确提了出来。宋朝朱熹说"敬业"就是"专心致志以事其业"。简单说，敬业就是尊重并热爱自己的工作，工作时全身心地投入，甚至把工作当成自己的私事，无论怎么付出都心甘情愿，并且能够善始善终。

为什么敬业？因为所敬之"业"（职业）对于人的生存与发展至关重要。恩格斯说："人们首先必须吃、喝、住、穿，然后才能从事政治、科学、艺术、宗教，等等。"而人吃、喝、住、穿的物质条件只能从职业活动（即劳动）中得来。在现代社会中，我们大多数人的一生，多半时间是在职业生活中度过的。社会上每一个正常的人，都是通过一定的职业活动来获得生存、发展，实现其人生价值的。可以说，职业活动是人类生存、发展的现实基础和根本前提，社会的延续和进步必须依靠人类的职业活动来提供物质条件和文化生活需要。一个人要满足自身物质文化生活的需要，就不能不从事各种职业活动，要把某种职业活动做好，就必须具有一定的敬业精神。所有组织，无论是企业、公司、学校，还是政府机关，都在寻找敬业的人——对组织、团队、工作能够尽责尽职、热情饱满、自觉自发的员工。在我看来，被表彰的劳动模范身上最大的共同点就是敬业，他们都热爱并敬畏自己的职业，倾注了理想信念和无限的热爱。

虽说"敬业"很重要，但是，光有敬业之心还不够，还要有敬业之法。就拿笔者来说吧，自认为是有敬业之心的，既热爱自己从事的职业（教书），也能够吃苦、不偷懒，可是这么多年过去了，自己的职业成就却乏善可陈，与那些受到表彰的各行各业的劳模相比，简直判若云泥，想来应该是只有敬业之心而无敬业之法的缘故吧。

如何敬业与所敬之业的特点有关，不同职业要求从业者的敬业方式不同。比如，前述条幅中漏了一个字，只要从业者（印制条幅者或者悬挂条幅者）细心、有责任感即可避免。如何敬业还与社会分工与技术进步导致的职业分化有关，这一点从新中国成立以来历次受表彰的劳动模范的结构变化中可以看出。党中央、国务院始终坚持全心全意依靠工人阶级的根本指导方针，高度重视、关爱亿万劳动群众，在革命、建设、改革各个时期，每逢"五一"国际劳动节，都以不同形式组织庆祝表彰活动。这样的大会，新中国成立以来已先后召开了14次，自1995年以来，每5年召开一次，共表彰全国劳动模范和先进工作者28247人，2015年的庆祝表彰大会是第15次。20世纪五六十年代的劳模，诸如淘粪工人时传祥、石油"铁人"王进喜、售货"一抓准"张秉贵等，绝大多数是以工人、农民为主的体力劳动者，大多以实干和苦干著称，文化水平不高。他们热爱本职工作，甘于奉献，不怕脏、不怕苦、不怕累，无论在什么岗位上，都比别人干得多、干得好、干得精，这与当时我国处于工业化初期、生产技术含量低、工艺粗糙的特点相吻合。而现在的劳模则不同，据全国总工会最新统计，在今年接受表彰的 2968 名全国劳动模范和先进工作者中，有技师、高级技师等高等级技术工人 445 名，比上届增加了 121 名。这与新技术、新材料、新工艺不断地在生产中应用，需要高素质的从业者密切相关。可以预计，随着互联网技术的兴起及对传统产业的改造，以及中国经济从"中国制造"向"中国创造"的产业转型升级，新业态不断出现，劳动者的敬业方式会发生转变，劳模结构也会发生变化。可是不管怎样变，未来的劳模与现在的劳模、过去的劳模，在爱岗敬业、埋头苦干、精益求精、默默奉献方面是不会不同的，变化的是未来的劳模要更加勤于学习、讲究科学、勇于创新。需要强调的是，敬业之心和敬业之法都不会与生俱来，需要环境的熏陶和教育的培养，在这方面，职业教育应该能够发挥更大的作用。

劳动难以致富　职教何以走远

近一年来，随着国内股票市场的大幅飙升，全民炒股的风潮再次席卷神州大地。伴随着这股风潮的是各种一夜暴富的传闻，诸如"90 后炒股 4 年资产过亿，收益每年翻倍"，"炒股买上兰博基尼"，等等。股市的火爆与赚钱效应被不断地放大，吸引着各行各业人士蜂拥而入，好像股市中遍地是黄金，只要进入就会发大财。笔者不炒股，也不反对别人炒股，股市确实圆了部分人的发财梦。可是，凡事就怕走极端，全民炒股就很可怕。对于一个国家，尤其是一个大国来说，单靠吹大房地产或股票市场的"泡沫"是不可能真正走向繁荣富强的；对于大多数劳动者来说，指望依靠各种投机行为发家致富同样是不靠谱的。没有强大竞争力的实体经济，没有脚踏实地的劳动，于国于民都是极其有害的。仔细想来，之所以出现上述现象，大致有两个方面原因：

一是部分普通劳动者收入偏低，劳动付出与所获报酬不成比例，勤劳无以致富。以为我国三十多年经济发展做出巨大贡献的产业工人"主力军"——农民工为例，根据人力资源和社会保障部的调查统计，2014年全国农民工总量达到2.74亿人，其中外出农民工1.68亿人，外出农民工月平均收入只有2864元，而且这个工资水平还是建立在超过8成农民工每周工作时间在44小时以上的基础上。其实不仅是农民工工资低，事实上，我国城镇职工的平均工资在大多数的年份里都落后于GDP增速，成了国民收入分配中的"短板"。在一个以工资为主要收入来源的国家，工资低，收入就低。

二是行业之间（特别是垄断行业与非垄断行业）、岗位之间劳动报酬收入差距大，劳动报酬与勤劳与否无关。5月27日，国家统计局发布2014年不同岗位平均工资水平数据和一套表联网直报平台继续对不同岗位工资情况进行调查，涉及16个行业门类的91万多家企业法人单位。被调查单位的就业人员按工作岗位分为中层及以上管理人员，专业技术人员，办事人员和有关人员，商业、服务业人员，生产、运输设备操作人员及有关人员5类。全部被调查单位就业人员年平均工资为49969元。调查数据显示：年平均工资，中层及以上管理人员为109760元，专业技术人员为66074元，办事人员和有关人员为47483元，商业、服务业人员为40669元，生产、运输设备操作人员及有关人员为42914元。其中，商业、服务业人员平均工资最低，是全部就业人员平均水平的81%。岗位平均工资最高与最低比率为2.70。分行业数据显示：在非私营单位中，年平均工资最高的行业是金融业，为108273元，最低的是农、林、牧、渔业，为28356元，最高行业是最低行业平均工资的3.82倍；在私营单位中，年平均工资最高的行业是信息传输、软件和信息技术服务业，为 51044 元，最低的是农、林、牧、渔业，为 26862 元。

  为国家长远发展计，就不仅要在社会大众中重新树立起勤劳可以致富的信仰，更重要的是给劳动者实惠。习近平总书记在庆祝"五一"国际劳动节暨表彰全国劳动模范和先进工作者大会上的讲话中指出："党和国家要不断增加劳动者，特别是一线劳动者的报酬……排除劳动者参与发展、分享发展成果的障碍，努力让劳动者实现体面劳动、全面发展。"为此，就需要先创造出有利于勤劳致富的环境，破除导致分配不公的体制机制障碍，打击一些部门、市场主体和个人利用不正当手段和权力获取利益；需要进一步深化收入分配制度改革，缩小过大的不合理差距，使收入分配重新回到"勤劳致富"的正常轨道上来。这一点我们要好好地向发达国家学习，在西方国家，像建筑工人、矿工、大货车司机、高空作业者等，需要相当的体力、耐力与胆量，并不是一般人能胜任的，因此，这些工作收入丰厚，远超普通白领，而那些需要相当技术与经验的熟练技工、高级技工就更不用说了。在发达国家，蓝领工种收入高并不新鲜，水管工、装修工之类还算不上拔尖的。2013 年的一份资料显示：美国收入最高的蓝领职业是电梯安装与修理工，其平均年收入高达 74140 美元，这份职业当中占 10% 的最高收入者的年收入甚至超过 10 万美元，超过美国一些大学的终身教授的年收入（7.5 万美元）。也就是说，只要掌握让电梯动起来的技能，就可能获得远高于大学知识精英的收入。排在电梯修理工之后的是变电站和继电器的电气和电子修理工，他们的平均年收入有 67380 美元，其中的高者近 9 万美元。榜单上还有交通员，平均年收入为 66470 美元；锅炉工的平均年薪为 55830 美元；测量师的平均年收入为 59180 美元。总之，榜上的任何一个工种，都足以笑傲许多白领了。

  平时，我们经常谈到职业教育吸引力的问题，以笔者私见，只要把普通劳动者（职业院校毕业生）的工资提高到能够使其过上体面生活的水平，何愁职业教育没有吸引力。

铁打的"问题"流水的人

笔者是研究职业教育的，当然要看大量的研究外国职业教育的文献。看到介绍职业教育发展先进国家（比如德国）的职业教育为何发展得好的经验时，少不了要提到人家国家有健全的法律法规。在笔者看来，那些国家制定和颁布健全的法律确实值得学习，但更值得学习的是那些国家的人们强烈的法律意识和尊重法律的行为。无法可依固然不好，但有法不依、执法不严也是大问题。我国1996年就颁布了《中华人民共和国职业教育法》（以下简称《职业教育法》），希望以此规范相关主体的行为，促进职业教育发展。这么多年过去了，《职业教育法》的执行情况不得而知，也没见到对违反此项法律处罚的相关记载，其间倒有几次修订《职业教育法》的动议，最后也都是无疾而终。

从媒体上看到，2015年3月25日，在北京举行全国人大常委会（最高权力机关）《职业教育法》执法检查组第一次全体会议，正式启动了本年度全国人大常委会第一项执法检查。这是《职业教育法》施行19年来全国人大常委会第一次就此开展执法检查，张德江委员长亲任执法检查组组长。在3月—5月这个时间里，执法检查组分成4个小组，分赴广东、江苏、河南、湖南、吉林、重庆、甘肃、新疆等8个省（区、市）进行检查，同时委托其他23个省（区、市）的人大常委会对本行政区域内《职业教育法》的实施情况进行检查，并提供书面报告。具体执法检查的程序、内容、方法、工具等，报纸上没说。

一晃三个月过去了。6月29日上午，十二届全国人民代表大会常务委员会第十五次会议举行第三次全体会议，全国人大常委会委员长张德江作了全国人大常委会执法检查组关于检查《职业教育法》实施情况的报告。

报告讲到了成绩,提到"目前,我国已经建成了世界上规模最大的职业教育体系,共有职业院校 13300 多所,在校生近 3000 万人,每年毕业生近 1000 万人,累计培训各类从业人员 2 亿多人次……职业教育为国家和地方支柱产业、新兴产业和现代服务业发展提供了有力的人才支撑和保障……19 年来,职业院校共培养超过 1.3 亿名毕业生,成为我国中高级技术技能人才的重要来源。特别是在高速铁路、城市轨道交通、现代物流、电子商务、信息服务等快速发展的行业中,新增技术技能人才 70% 以上来自职业院校"。

报告也列举了存在的问题,笔者归纳几家主要媒体的报道,问题主要集中在这几个方面:第一,职业教育不能满足社会对技术技能人才的多方面需求。主要表现在有些地方不按经济社会发展实际情况布局职业教育,依然是按行政区划来设置和管理,导致职业教育脱离实际,效益不高;一些职业院校对产业发展、市场人才需求研究不够,盲目扩大规模、盲目招生,造成不良后果。现有用人和就业政策不利于系统培养人才,开展学徒制培养、推进"双证书"制度均面临体制机制障碍。农业职业教育存在的问题未引起高度重视,涉农职业院校招生困难、农业技术专业萎缩,农业职业教育吸引力不强。

第二,全社会尚未形成有利于技术技能型人才成长的氛围。主要表现在职业学校的办学条件、师资力量配备普遍低于普通学校,许多地方把职业院校放在中招、高招最后批次录取;职业学校毕业生就业率虽高,但就业质量不高,待遇偏低,在择业、升学、报考公务员等方面存在诸多政策限制和歧视。这些问题助长了人们对职业教育的偏见。

第三,有些职业学校办学条件很差,仍停留在"一支粉笔、一本书"的水平。具体表现报告中已有所述:"近年来政府和有关方面加大了投入,但仍不能满足加快发展现代职业教育的需求……国家经费投入有待进一步增加。一些地方反映,目前仍缺乏稳定的投入增长机制……一些地方财政对职业教育投入的能力有限，仅能维持正常运转，无力改善办学条件，学校达不到国家办学的基本标准。特别是县级职业学校的办学条件较差，有些仍停留在'一支粉笔、一本书'的落后水平，缺乏专业教师，没有配套的实训设备，学生参加实训锻炼、顶岗实习的机会很少。"

第四，职业学校引进优质专业教师困难重重。张德江委员长明确指出，教师队伍建设仍是职业教育发展中的薄弱环节。当前，编制不足、有编不补，职业院校生师比在各类教育中是最高的；教师队伍结构不合理，文化基础课教师多，专业技术课教师紧缺，"双师型"教师尤为不足，仅占职业教育教师总数的25.2%。教师来源单一，新入职教师大多是学历高、技能低的高校毕业生，缺少实践经验，理论与实践脱节现象较为严重。张德江还指出，受人事制度限制，职业学校引进优质专业教师困难重重，企业人才到职业院校兼职任教或通过招聘专职任教的通道不畅，政策不优。

说实在话，这些问题都是老问题，笔者关心的是这些问题与职教法执行之间有什么关系，更关心的是：这些问题是老问题且产生原因也很清楚，为什么却经年得不到解决？

并不是人人都能够把技能学好的

每年的六七月份是中国的考试季，小升初、中考（初中毕业生升入高中和职业中学）、高考（高中毕业生升入大学）都扎堆在这一时间段。借用狄更斯《双城记》里的说法，这是最好的时期，这是最坏的时期。所谓"最好的时期"，是说部分学生考试过后能够进入自己中意的学校读书，家长及其亲朋好友皆大欢喜；而所谓"最坏的时期"，是说另外一部分考生不能考取自己中意的学校，家长为其前途焦虑，做着艰难的选择。前些日子，有个朋友的侄子高考分数不到200分（江苏省），问笔者有无高职院校招生的关系，朋友说，孩子学习不好，就想让他上个高职院校学点技能。因为不了解过去几年高职高专的录取分数线，加之当时江苏省高职院校省控线尚未确定，笔者不知如何作答。但能够回答的是：理论上讲，人人都可以学习从事某种职业所需要的技能；而实际上，能够把技能学好的人却是少数。

根据最新的全国人大常委会执法检查组关于《中华人民共和国职业教育法》实施情况的报告可知，目前我国共有职业院校13300多所，在校生近3000万人，每年毕业生近1000万人，累计培训各类从业人员2亿多人次……19年来，职业院校共培养超过1.3亿名毕业生。虽然每年有近千万学生从职业院校毕业走向社会，企业却依然难以招到理想的技术工人，特别是那些技术过硬的高级技工。中国劳动科学研究所早几年出台的《2010—2020年我国技能劳动者需求预测研究报告》指出：目前全国技能劳动者总需求约为11577.3万人，短缺927.4万人；高技能人才需求为3067.1万人，短缺为105.8万人。在2014年12月29日举行的高技能人才座谈会上，中共中央政治局委员、国务院副总理马凯强调说，面对新形势新任务，我们比历史上任何时期都更需要一支拥有现代科技知识和创新能力的高素质技工队伍。人社部一项统计显示，我国仅制造业高级技工缺口就达400余万人；《中国汽车人才发展战略研究报告》显示，中国汽车产业技术人员年需求2015年将突破500万人大关，到2020年将达到776万人。大家都知道，中等职业教育的培养目标是在生产、服务、技术和管理第一线工作的高素质劳动者和中初级技能人才（初级工和中级工）；高等职业教育以培养生产、建设、服务、管理第一线的高端技能型专门人才（高级工、技师和高级技师）为主要任务。把上面的技能人才短缺与这个培养目标相对照，可以看出职业教育没有培养出足够数量的技能人才，换言之，技能人才不是想培养就能培养出来的。

技能的难以培养与技能的特点有关，技能是掌握和运用专门技术（工具）完成某项任务的能力，而工具是技术的产物，却不等于技术本身，工具当中隐含的技术与主体能力的耦合，才能幻化成一种非实在的技能（技巧）。技能有以下一些特征：（1）技能是练习和经验的产物。技能与天赋有关，但技能不是与生俱来的，而是在后天的学习和经历中不断积累起来的，技能的形成无法脱离生产现场的实践过程。（2）技能是有意识地完成某项任务的综合能力。这种技能的运用是基于劳动者的"有意识"，劳动者必须发挥主观能动作用，而且这种能力也不仅是手、脚等身体器官的灵活程度，还包括了其他各方面的能力。毋庸置疑，完成任务所需的技能是建立在知识和技术基础上的，但是技能的含义要远远超过知识和技术的范围。（3）技能既包括技能本身，也包括运用这种技能的能力（使用技能的能力）。这是指技能包括了两个部分，一个是技能本身，这是技能的核心部分，但也是低级部分。仅有技能本身是不足以完成（创造性地完成）职业工作的，还需要有足够的高级能力来运用技能本身。

技能的上述特点，对技能学习者的素质提出了很高的要求，并不是随便哪个人想学就可以学的。这使笔者想起传统学徒制中对学徒的甄选，当时是先对学徒的家庭背景进行考察，对此基本无异议后，接着才对学徒进行考察：要求其年龄一般是15至20岁，身高五尺，五官端正；然后"测其智力，试其文字"，即让其认字、写字、打算盘，看其文化水平的高低；再与之交谈，察其应对是否灵活，是否聪明。有的商号招收学徒，除了年龄、身家、书算合格外，"更须仪态大方，习于礼貌"，且为"不惮远行者"。传统学徒制培训是一个漫长的学习过程，常常需要3～7年时间。时移世易，道理恒常。今年"五一"期间中央电视台《大国工匠》节目中，介绍的中国商飞上海飞机制造有限公司高级技师胡双钱、港珠澳大桥钳工管延安、航天科技集团运载火箭技术研究院特种熔融焊接工高凤林等8名高技能人才，哪一个不是敬业爱岗、聪明善思、勤学苦练、循规创新、技能高超者？他们的所为岂是庸常之辈能够做到的！

走笔至此，把题目改为"并不是人人都能够把高技能学好的"似乎更为合适。是该认真反思我们对职业教育定位的时候了，在笔者看来，迄今为止只有一种教育是面向人人的，那就是基础教育（义务教育），因为它是培养公民的。

人无贵贱高低　职分三六九等

这段时间，经常有政府官员辞职进入企业任职的消息，媒体也给予关注。在笔者看来，喧嚣背后反映的是不同职业负载的差等化内涵。迄今我们接受的教育，都是说无论从事何种职业，只要是正当的、合乎道德和法律的，都是光荣的、平等的、没有高低贵贱之分的。早在新中国成立后的1959年10月26日，时任国家主席刘少奇同志在接见身为环卫工人的全国著名劳动模范时传祥时就指出："革命工作只有分工不同，没有高低贵贱之分。"无独有偶，说出"教师是人类灵魂的工程师"这一名言的苏联共产党和国家领导人之一的米哈伊尔·伊凡诺维奇·加里宁也曾说："无论是泥瓦匠的劳动，或学者的劳动、打扫街道人的劳动，或工程师的劳动、木匠的劳动，或美术家的劳动、养猪人的劳动，或演员的劳动、拖拉机师的劳动，或农艺家的劳动、店员的劳动，或医生的劳动，等等，都一样是荣誉、光荣、豪迈和英勇的事业。"其实，不管是刘少奇同志说的"革命工作"，还是加里宁说的某某某的"劳动"，都是职业工作，他们提倡的是职业平等。

1776年美国的《独立宣言》开宗明义：所有人被平等地创造，那就是他们被他们的"造物主"赋予了某些不可转让的权利，其中包括生命权、自由权和追求幸福的权利。人类文明的另一个重要文件，1789年法国的《人权宣言》也在第一条写下：在权利方面，人们生来是而且始终是自由平等的。两百多年后的今天，人人平等的理念已经深入人心，世界上越来越多的国家已经接受平等、自由这些人类的普遍价值观。很多国家也都以法律的形式规定人不分性别、肤色、种族、信仰、出身等都是平等的，这是"人无贵贱高低"的意涵。职业平等的美好愿景和我们看到的结果之间总有很长的距离，抽象层面上的"人无贵贱高低"更是无法消弭具体层面上的"职分三六九等"。从实际情况出发，笔者更想强调的是"人无贵贱高低，职分三六九等"。所谓"职分三六九等"，即指人们从事的职业是不一样的，形形色色、千差万别。简言之，就是"三百六十行，行行各不同"。那么，一个国家或地区到底有多少种职业，各种职业之间又有何不同，这些问题与职业分类有关。

发展职业教育，不能不研究职业。研究职业，首先要对职业进行分类。职业分类是采用一定的标准和方法，依据一定的分类原则，对从业人员所从事的各种专门化的职业所进行的全面、系统的划分和归类。职业分类是基于一个国家的经济发展水平、产业结构、技术状态以及社会文化状况，对人的劳动状况做出的划分。各个国家的经济社会条件不同，又有着各自的管理需要，因此，职业分类标准不仅与国情相关，且会随着时代的发展而不断变化。

我国职业主要有两种分类标准，一是按照在业人员从事经济活动性质统一性的原则，即按照职业所属行业将其划分为门类、大类、中类、小类等四级，《国民经济行业分类和代码》国家标准即采用此类标准。我国的《国民经济行业分类和代码》于1984年首次发布，分别于1994年和2002年进行了修订，2010年做了第三次修订。该标准（GB/T 4754－2011）由国家统计局起草，国家质量监督检验检疫总局、国家标准化管理委员会批准发布，已经于2011年11月1日开始实施。第三次修订除参照2008年联合国新修订的《国际标准行业分类》（修订四版，简称：ISIC4）外，主要依据我国近年来经济发展状况和趋势，对门类、大类、中类、小类做了调整和修改。新修订的《国民经济行业分类和代码》依此分类标准将国民经济行业划分为20个大门类，分别是农、林、牧、渔业，采矿业，制造业，电力、燃气及水的生产和供应业，建筑业，交通运输、仓储和邮政业，信息传输、计算机服务和软件业，批发和零售业，住宿和餐饮业，金融业，房地产业，租赁和商务服务业，科学研究、技术服务和地质勘查业，水利、环境和公共设施管理业，国民服务和其他服务业，教育，卫生、社会保障和社会福利业，文化、体育和娱乐业，公共管理和社会组织，国际组织。

二是依据工作性质的同一性原则划分职业，1999年颁布实施及今年7月29日颁布的新修订的2015年版《中华人民共和国职业分类大典》（以下简称《大典》）即采用此分类标准。新版的分类结构为8个大类、75个中类、434个小类、1481个职业。与1999年版相比，新版《大典》维持8个大类、增加了9个中类，新增347个职业、取消了894个职业，共计减少547个职业。"快递员""网络信息安全管理员""税务专业人员"等347个新职业被纳入其中，而"收购员""平炉炼钢工""凸版凹版制版工"等894个传统职业则被取消。

职业种类的去留折射出中国经济社会的巨大变迁。新版《大典》确定的职业分类有助于促进职业教育质量的提升，提高劳动者职业素质和技术技能水平。职业教育研究者以及职业院校的教师们应该思考的是，自己的工作如何因应职业分类的变化。

使用比培养更重要

我国提出制造业要"超德（日）赶美"，也就是"中国制造2025"提出的中国从制造业大国转变为制造业强国"三步走"战略：第一步是用

10年时间进入世界制造业强国之列；第二步是再用10年时间进入世界制造业强国的中位；第三步，即到2045年，进入世界制造业强国的领先地位，在新中国成立一百周年时成为制造业强国。根据中国工程院构建的制造业强国评价指标体系，在世界主要工业国家中，美国制造业遥遥领先，处于第一方阵，德、日处于第二方阵，中国、英国、法国、韩国处于第三方阵。为什么我们要如此重视制造业？因为制造业是任何时代、任何国家都离不开的，它具有永恒和不可替代性。在工业发达国家约四分之一的人口从事各种形式的制造活动，70%以上的物质财富来自制造业。

可是，理想很丰满，目标难实现。制造业主要以技能人才，尤其是高技能人才为重要基础和前提条件，技能人才匮乏已成为制约各国制造业发展的主要障碍。2012年6月，麦肯锡全球研究所的一项研究显示，截至2020年，预计全球制造业领域将出现近1300万个技能人才岗位空缺。2013年，英国就业和技能委员会针对91000家公司所作的调查显示，因为技能、资历不足或缺乏技能工人，制造业、建筑业、医疗等行业发展缓慢。人力资源和社会保障部新闻发言人李忠去年在接受《工人日报》记者采访时也表示，我国技能劳动者总量严重不足，大概不到总劳动量的五分之一，高技能人才的数量更是不到二十分之一。技能劳动者的求人倍率一直在1.5∶1以上，高级技工的求人倍率更是达到2∶1以上。

解决技能人才短缺的问题一直是世界各国头疼的事情，我国为此也做了一些努力，采取了不少措施，比如大力发展职业教育，加大培养的力度。笔者认为，就我国职业教育（在世界上规模最大，每年有数百万有一定知识和技能基础的职业院校学生毕业）发展实际来说，培养不是问题，更重要的是对这些毕业生的使用。

为什么说"使用比培养更重要"？这与技能人才的特点有关。《高技能人才队伍建设中长期规划（2010—2020年）》里说，高技能人才是指具有高超技艺和精湛技能，能够进行创造性劳动，并对社会做出贡献的人，主要包括技能劳动者中取得高级技工、技师和高级技师职业资格的人员。

一般技能人才是指在生产、服务等领域的一线岗位上，掌握一定知识和技术，具备一定操作技能，并能够运用自己的知识和技能进行实际操作的人员，主要包括取得初、中级工以及达到类似水平的其他技能人员。从高技能人才和一般技能人才的上述定义中，我们可以总结出技能人才的几个特点：第一，技能人才是长期工作（以此安身立命和实现自我价值）在生产一线的劳动者，不劳动就不是此类人才，仅仅临时性劳动一天、两天，甚至一个月、两个月的劳动者也不是此类人才。第二，技能人才的劳动是一种基于专门知识和娴熟技能的创造性劳动，不是基于一般知识和简单技能的重复性劳动。第三，技能人才是通过创造性劳动对社会做出较大贡献的人，应该说，每个人对社会都有贡献，但比较起来技能人才为企业或者社会所做的贡献更大一些，甚至发挥了缺之不可的作用。第四，技能人才的成长都要经过长期而又艰苦的磨炼。一名工人只有经过既有数量又有质量的训练才能成为高技能人才。关于成才的规律，国外有"一万小时"定律，即一个人必须经过一万小时的锤炼，方能成才；国内也有原国家体委提出的针对专业运动员（技能人才）的"2805"训练模式，即专业队运动员的训练（包含比赛）每年 280 天，每天 5 小时，经过 8～10 年才能成为世界冠军。第五，人才是稀缺的，就是因为人才的成长需要比较长的时间，当事人还要吃得了苦，所以主观上人人想成才，客观上真正成为"才"的人却不多。尤其需要强调的是，工人所具有的与工作有关的技术和能力主要是在与生产过程有关的培训和工作中学到的，绝大多数技能人才的技能是在工作中获得的，工作就是使用，"使用比培养更重要"。10 月 5 日，中国药学家屠呦呦因为"有关疟疾新疗法的发现"，同爱尔兰及日本科学家一起获得 2015 年度诺贝尔生理学或医学奖，一名中国的"三无"（无博士学位、无留洋经历、无院士头衔）科学家首次获得诺贝尔科学类奖项，有人叫好的同时，也伴随着争论，这里面也反映了怎样使用人才的问题。

  对技能人才的科学评价与合理激励是"使用"的重要举措。一是要建立健全技能人才评价与激励机制；建立健全技术技能水平与等级的考评机构及资格证制度；二是建立层级合理、公平公正、公开透明、奖励到位的竞赛机制，以选拔高水平技能型人才；三是推行"双轨制"，打通高技能人才职务与职称晋升的通道，对于技术精湛，在关键位置上解决重要实践问题、做出突出贡献的高技能人才，要开通破格晋职晋升的通道；四是提升技能人才的收入。

时间都去哪儿了？

前两天，接到学校办公室的通知，让提交今年的工作总结，这才静下心来盘点一下今年做了些什么事情。这一盘点吓了一大跳，感觉自己什么也没做，可每天又总是不得空闲。岁终年末了，估计和笔者有一样经历的人不在少数，忙忙碌碌似乎又一事无成，笔者不禁想起王铮亮唱的《时间都去哪儿了》这首歌。

2014年春节晚会上，《时间都去哪儿了》这首歌给人们留下了很深的印象，歌词朴实无华、感情细腻，表达了儿女对给予自己无私真爱的父母的感激和眷恋，也流露出人们对时光一去不复返的惆怅和无奈。是啊，任何人、任何国家、任何法律都无法阻止时间前进的步伐，时间不会受制于任何人，也不会偏向任何人，更不会讨好任何人；时间既不能贮存，又不能买卖，也不能转借，只会无情地流逝，不做半刻停留，它就像沙漏一样，只会有减无增。细想起来，人生就是时间的延续，一个人做的任何事情都与时间有关，所以说人生的意义就在于怎样利用时间，将其用在什么地方，得到的就是什么东西。而在笔者看来，所谓的成功人士其实就是能够很好地利用时间的人。对于职校生的学习来说也不例外，学生只有把时间多用在学习上，才能收获好的学业，也才能前程无忧。笔者始终认为，目前中等职业学校教学质量不高的重要原因之一就是学生用在学习上的时间不足，那他们的时间都去哪儿了？

让我们看看国家相关文件上关于中职生在校学习时间是怎么规定的，以2000年教育部发布的《关于制定中等职业学校教学计划的原则意见》为例。这个文件有如下一些规定：全日制中等职业学校学历教育一般招收初中毕业生或具有同等学力者，基本学制为3至4年，以3年为主。中等职业学校的课程设置分为文化基础课程和专业课程两类，文化基础课程包括德育课、语文、数学、外语、计算机应用和体育等，专业课程包括专业基础课、专业课、教学实习和综合实习等。三年制的时间总周数约为150周，其中教学时间为106至111周，总学时数为3000至3300个；学校可以灵活安排的教学或活动时间为3至6周；复习考试12周；寒暑假24至26周。周学时数一般为28至30个，综合实习可按每周30至40小时（1小时折算1学时）安排。文化基础课程与专业课程的课时比例一般为4:6，专业课程中的实践教学比例一般为50%，综合实习（顶岗实习）一般安排一学期。中等职业学校要在三年的时间内，用这么多的学时把一名初中毕业生培养成"与我国社会主义现代化建设要求相适应，德智体美等方面全面发展，具有综合职业能力，在生产、服务、技术和管理第一线工作的高素质劳动者和中初级专门人才"。

可实际上，中等职业学校并没有用足上述文件规定的学习时间。也许是出于对经济利益的考虑，又或许是出于应对招生数量膨胀、教学资源不足的考虑，有一些职业学校开始压缩学生的在校学习时间，把学生到企业顶岗实习的时间由半年延长为一年，其他职业学校也纷纷效仿。有鉴于此，教育部在2009年发布了《关于制定中等职业学校教学计划的原则意见》，干脆将学生顶岗实习累计总学时确定为一学年。这样一来，培养目标未变、课程数量不减（笔者查了一所职业学校几个专业的课程安排：物流专业开16门课，建筑专业开14门课，金融会计专业开16门课），唯独学习的时间少了。好在江苏省已经认识到这个问题了，从2013年开始规定职业学校顶岗实习时间不超过半年。

再让我们看看学生在校期间利用时间的情况。下面是我在一所职业学校的调查结果（以1天为单位）：一天一般6节正课，270分钟，4.5小时；晚自习2小时；睡觉时间8小时左右；吃饭时间1小时左右；体育运动时间0.5~2小时（各个学生有所不同）；玩手机（主要是网购、打游戏、聊天等）1~4小时；看闲书（主要是女生看言情小说）2~3小时；社会活动时间（不均，学生干部多一点，有的达到2小时，有的同学没有）；自主学习（有少数同学每天有0.5~1小时，大部分同学没有）；剩余时间（除了必要的生活琐事之外，不少同学都是在闲逛和发呆中度过）。总体上看，学生实际在校上课时间（2年）：6节/天×5天/周×(15+16×2+17)周=1920节（即1440小时）；课外学习时间（作业）：42分钟（即0.7小时）/天（学生大都在校内就能完成作业）×5天/周×(15+16×2+17)周=224小时。也就是说，职业学校的学生在校2年，真正可能用于学习的时间是1664小时，其余的时间除了睡觉、吃饭、运动外，都在玩手机、上网、打游戏、聊天、看闲书、闲逛、发呆中度过了。

早些时候，教育部印发了《关于深化职业教育教学改革　全面提高人才培养质量的若干意见》（教职成〔2015〕6号），希望全面提高职业教育人才培养质量。笔者认为如果不能保证学生必需的学习时间，人才培养质量的提高就很难实现。因此，让学生学会管理时间是当务之急。

▶ 职教观察
2016

要注意生产方式变化对职业教育的影响

这几天看报纸，颇有感触。

《中国青年报》2015年12月30日第4版有篇报道东莞制造业的文章，其中讲到，在机器人慢慢占领工厂的过程中，东莞制造业的人才结构也开始嬗变——低技能、高危险的一线普工岗位需求降低，调试、维护和控制智能装备的技术性人才走俏，这也刺激了更多的产业工人通过转型来提升个人竞争力。文章举了某民营石雕厂24岁的名叫杨威的车间主管的例子。走进杨威工作的车间，信号灯闪烁的机器人在安静地作业，开料、精雕、清洗等一系列工序在机械手中有条不紊地迅速完成。杨威和他的同事们只需要不时地确认机器人的工作状态是否良好，一个人就能同时管理18台机器人。"刚进厂时，我在车间当设备维修工，后来工厂引进了机器人，我就成了一名前段操作员。起初特别担心自己会在技术升级中被机器人淘汰，但没想到随着效率的提高和产量的增加，企业的规模也越来越大，作为最早一批操控机器人的技术工，我也从一线工人变成了管理者。"杨威说。

《21世纪经济报道》2015年12月31日第10—11版讲到广汽本田汽车有限公司新建了一家工厂，这家新建厂非比寻常，就拿焊装车间来说，不仅100%实现了焊接自动化，还导入了国内领先的智能化自适应焊接控制器，焊接能耗降低了20%；焊装车间还可同时对焊接控制器进行联网监控。此外，焊装车间还引进了Honda最新总拼系统Smart-G/W，该系统具有定位精确、生产柔性大、可靠性高等特点，切换完全自动化，适应高精度卓越品质的生产需求。

如果愿意，这样的消息在最近的媒体上可以找到很多，那么，这意味着什么呢？在我看来，这就是新的生产方式的出现。回溯既往不难发现，一部人类社会的发展史，即是通过劳动和生产将天然物转化为人工物、人工物社会化进而导致产业的生成和不断发展的过程，也就是生产方式不断演化的过程。人类社会发展史也已表明，每一次科技进步导致的产业革命都必然伴随着生产方式的演进与跃迁，每一次生产方式的新旧更替都必然伴随着生产率的极大提高。放眼世界，20世纪以来，生产方式的演进和变革与大国的崛起、新型工业国家和地区的兴起密切关联。20世纪上半叶福特制生产方式促使美国雄踞世界，中叶以来日本的精益生产方式促进了日本的崛起。美国在20世纪80年代为了重振雄风倡导敏捷生产方式，90年代以来美国在经济全球化、知识化中处于主导地位依靠的是温特制生产方式、第三意大利生产方式、戴尔制生产方式。如此等等，都向我们展示了生产方式体现出来的现代产业发展的核心竞争力。

不同的生产方式要求不同素质的员工与之匹配。比如在福特制生产方式下，工厂对工人不断进行细密的分工使之成为局部工人，这些工人的劳动技能趋于简单化和程式化，退化成只会进行局部简单重复性操作的熟练工，这被称为工人的"去技能化"。这种现象也出现在过去30年的中国，因为拥有大量的富余劳动力，依靠人力的大规模流水作业生产线就成为制造业企业的主要生产方式，甚至一些在国外已经具有很高自动化水平的产业，如手机电池生产线引进中国后，被拆解成一道道手工工序，工人经过几天的培训就可以掌握简单的操作技能上岗工作。而在新福特制生产方式下则不同，团队取代个人成为基本的工作单位，管理对象也从传统的蓝领工人变为知识工人，表现出如下特点：一是团队工作制的推广减少了管理层次，这就意味着决策权的下放，因此，员工有了一定的自主权；二是由于决策权的下放，员工需要参与决策，决定员工劳动效率的不再是体力，而是员工所拥有的知识资本；三是每个团队成员都必须通过培训或学习来不断提高自己的技能，从而引发了团队成员技能的多样化和提升，而不是

"去技能化"。

进入21世纪以来，既有生产方式的潜能趋于消退，新的生产方式曙光已现。欧美企业纷纷把"互联网"和"制造业"的结合作为突破口，发展大数据、云计算、智能传感技术，为互联网在经济领域"全渗透"提供支撑。信息技术和传统制造业高度融合的趋势越来越明显，现代制造业的模块化趋势越来越明显，可以预见，"互联网+"给社会经济结构和生产方式带来的重大变革还会不断强化，抓住这个机遇，刻不容缓。中国只有建立新的制造业生产方式，才能在新一轮工业革命中占得先机。

新的生产方式，对从业人员提出了新要求，这就进一步要求我们的职业教育要培养掌握新生产方式的产业人才，为此要做到三点：一是普通高校要转型为应用技术大学，培养既懂生产又懂管理的经营管理人才、高素质的工程师和高技能的产业工人；二是改革职业学校办学模式，提高职业教育质量，使培养的学生具备产业公认的技能水平；三是借助政府扶持的培训项目，针对机床操作、通用工业机器人操作等重点工艺设备进行重点培训，提升我国制造业的整体劳动生产率。

普及与提高并重　数量和质量齐抓

好多人在决定接受某一阶段教育的时候，总是要问一问，接受教育有什么用？能不能带来立竿见影的好处？这无可厚非。即使没什么用（那是不可能的），能够多上几年学也是好的。对于一个国家的政府来说，让更多的人接受更高层次的教育，不只是出于迈向人力资源强国的考虑，也是政府为民做的实事，普及九年制义务教育就是这样。2015年10月29日党的十八届五中全会通过的《中共中央关于制定国民经济和社会发展第十三个五年规划的建议》(以下简称《建议》)提出"普及高中阶段教育",其意义是多方面的,也必将惠及千万个人和家庭。

依照惯例,高中阶段毛入学率是指高中阶段(普通高中、成人高中、普通中专、成人中专、职业高中、技工学校)在校学生总数占15～17岁年龄组人口数的比例,这是一个监测教育发展水平的指标。1990年,我国高中阶段教育毛入学率为26%;2000年,这一比率提高到42.8%;2010年提高到82.5%;2014年则达到86.5%;2015年可能达到87%。《国家中长期教育改革和发展规划纲要(2010—2020年)》提出,加快普及高中阶段教育,到2020年高中阶段毛入学率达到90%,满足初中毕业生接受高中阶段教育需求。如果说"普及"就是指高中阶段毛入学率达到90%,那么未来5年,高中阶段毛入学率需要在2014年4170.78多万名高中阶段在校生(中等职业教育在校生1770.28万人、普通高中在校生2400.5万人)规模的基础上再提高3个百分点左右。别小看这3个百分点,要想达到似乎也不容易,因为剩下的都是难啃的硬骨头。高中阶段教育主要包括普通高中教育、中等职业教育两个方面,前者以考大学为目的,后者为就业做准备。目前,在多数城市和东部地区,绝大多数适龄青年都能够接受高中阶段教育,普及高中阶段教育的重点和难点在广大农村和中西部地区,可谓"非贫即农"。这些地区的适龄青年,由于无高中可上、有高中不想上或有高中上不起等原因无法完成高中学业,需要政府采取切实可行的措施予以解决。好在《建议》提出"逐步分类推进中等职业教育免除学杂费,率先从建档立卡的家庭经济困难学生实施普通高中免除学杂费"。如此,起码能够让那些因贫困不能接受高中阶段教育的学生读得起高中(包括普通高中和中等职业教育)。另外,各级政府在中西部贫困地区,特别是刚刚普九的地区要进一步增加高中阶段教育资源供给,为学生提供更多的进入高中阶段教育学习的机会。比数量上的普及更难的是提高质量,特别是在普及的基础上提高质量,实现有质量的普及更非易事。如果没有随之提高的教育质量,普及的意义就要大打折扣。普通高中需要提高质量，高中阶段教育的另一半——中等职业教育尤其需要提高质量（普及倒在其次）。就中职而言，提高质量意味着必须更加关注学生的综合素质，培养学生的知识技能、专业情感、个人情趣。具体说有如下几点：第一是培养学生具有比较系统的专业理论知识。中职学生学习与将来所从事职业相关的比较系统的专业理论知识，通过在校学习了解工作背后的知识、原理、规律，学会科学的思维方式和解决问题的方法，为以后在工作岗位上不断地学习打下坚实基础。第二是训练学生掌握通用技能。按照适用范围，技能可以分为通用技能和专门技能，专门技能是从事某种特定工作需要的技能，比如模具制造技能之于机械工程，混凝土浇筑技能之于建筑工程；通用技能是各行各业都需要的技能，比如信息技能、量测技能、沟通技能。职业学校经过事先周密的计划安排，能够让学生在训练中掌握通用技能，这是一个人职业生涯发展和岗位转换最需要的技能。第三是培养学生具备初步的职业道德。职业学校学生大多在15～18岁，这个年龄段是其职业价值观、道德规范形成的关键时期，职业学校通过各种有意识的活动使学生认识职业岗位、形成职业意识、认同职业规范、养成职业习惯，这对于尽快适应岗位很重要。

从普及高中阶段教育来说，还有一个重要的工作是职业教育普通化、普通教育职业化。在我国作为两种不同的教育类型，普通高中教育与中等职业教育已经越来越多地增进了教育的资源共享和合作共赢。例如一些职业学校已经成为普通高中教育中技术类课程、校本课程开设的重要支持力量；又如随着高等职业教育、高校结构与布局调整的深入，中职教育愈加重视学生基础性素质与能力的培养，在课程实施、师资配备上也与普通高中展开合作。可以说，随着高中教育的普及化，两类教育之间呈现出"你中有我，我中有你"的互利合作、协调共生、各美其美的局面。我们要做的是进一步探索普职融通机制，让在普通高中就读的学生有机会选择职业教育，实现普高向职高的合理有序分流，真正满足高中阶段学生多样化的教育需求。

工作，工作，更多的工作

李克强总理在刚刚闭幕的"两会"《政府工作报告》中指出：今年我国发展面临的困难更多更大、挑战更为严峻。李总理作为一个发展中大国的总理，提到的挑战可能来自很多方面，但就笔者个人来看，最大的挑战就是要提供更多的工作岗位，让能就业之人都就业。工作是民生之本，有了工作，心中不慌，没有工作，麻烦就大了，"无事生非"说的就是这个。笔者接触的都是普通人，既没有"官二代""星二代"，也没有"富二代"，对于普通人来说，工作是非常重要的，没有工作就没有一份稳定的收入，没有相对稳定的收入，也就谈不上体面的生活。所谓的"小康社会"，起码得让普通人过上体面的生活。当然，收入（工作报酬）不能太少，就像过去那样随便给个一千两千的，恐怕不行，得是足够过上体面生活的收入。要做到这点，还真不容易，否则就不叫挑战了。工作最终来自经济发展，因为只有经济发展才能创造更多的就业岗位。经济发展走在快车道的时候，解决就业问题不难，经济发展驶入慢车道的时候，工作问题就不好解决。像现在这样，经济发展速度已经下降（《政府工作报告》把2016年国内生产总值增长预期目标定为6.5%~7%，2014年是6.9%），找工作的人有增无减，困难就更大了。

我国是一个人口众多的发展中国家，劳动力总量在9亿人以上，在新成长劳动力、失业人员、农村转移劳动力"三重叠加"的情况下，这几年城镇每年需要安排1000万以上人就业。今年1500万人左右新成长劳动力要进入市场，其中高校毕业生再创新高达到765万人，因为退休等腾退的城镇就业岗位近500万个，要保证就业市场基本稳定，仍然需要安排1000

万以上的人就业。765万个大学生，765万个家庭为他们上学付出了很多，现在需要他们工作回报家庭，也是为了他们自己的生存和发展。

2016年2月29日，国家人力资源和社会保障部部长尹蔚民表示，在经济下行压力依旧存在的背景下，化解过剩产能成为2016年供给侧改革的关键性任务之一。他透露，2016年针对化解产能过剩需要安置分流的职工，目前正在以钢铁和煤炭两个行业作为切入点开始做。尹蔚民说："对这两个行业做了初步的统计，大约煤炭系统是130万人，钢铁系统是50万人，即大约共涉及到180万职工的分流安置。"他们的背后站着自己的妻儿老小，面对着每日的柴米油盐，没有工作、没有收入，维持日常生活都很难。

《国家新型城镇化规划：2014—2020年》具体规划，到2020年户籍人口城镇化率达到45%左右，努力实现1亿左右农业转移人口和其他常住人口在城镇落户。这意味着2014—2020年这7年中，平均每年要解决1428万农民工及其家属的城镇户口，而我国从2010年到2014年，城镇户籍人口年均只增加了925万，若除去原城镇户籍人口本身的自然增长，农民工及其家属年均市民化的数量远远低于925万。若以2015年城镇常住人口占56.1%，城镇户籍人口占37.5%计算，从"十三五"规划开局之年的2016年开始，要实现2020年城镇户籍人口45%的目标，每年至少也要解决2000万农民工及其家属的城镇户口。如果解决了城镇户口却没有工作，这个户口又有什么意义呢？

全面建成小康社会，一个都不能少。根据国务院扶贫办的数据，目前，全国尚有5600多万贫困人口，这一数字相当于一个中等国家的人口总规模。未来5年，我国平均每年需要使1000多万人脱贫，平均每月需要使近100万人脱贫。扶贫办给出的贫困人口致贫的原因有因病致贫、缺少资金、缺少技术、生存环境恶劣等。扶贫办开出的脱贫药方也很多，我认为治本之策还是得让贫困人口有稳定的工作（职业）。国际经验表明，让人跟着就业机会走而不是让就业机会跟着人走，更有利于减少贫困。

上述这些人就构成了 2016 年需要工作的人群，让这些人都就业，而且还要比较好地就业，的确是李总理的挑战。政府对此也采取了应对之策，准备了针对五类人群的支持政策以及建设"三张网"。这五类人群：第一是大学生，包括往届毕业就业遇到问题的和应届毕业大学生；第二是失业、返乡的农民工；第三是困难企业具备再就业能力的职工；第四是困难地区有就业意愿的人员；第五是确实有困难的就业人员。"三张网"就是就业信息网、职业培训网和社会保障安全网，既兜住这五类人，同时又为广大就业者服务。笔者认为，在为就业人口提供帮助方面，诸如对高校毕业生的就业促进计划和创业引领计划、对企业下岗职工再就业和农民工职业技能提升培训等，职业教育似应有大作为。前提是我们要更新职业教育理念、转变职业教育发展方式，做好"职业教育供给侧改革"。

了不起的"工匠精神"

在中国，很多新词需要借助政治手段，特别是借助领导人讲话才能火起来，而每年春天的全国"两会"往往是新词的"爆发期"。今年，李克强总理在第十二届全国人民代表大会第四次会议上所作的政府工作报告中提出的"工匠精神"，无疑是最引人关注的新词之一。那么，什么是工匠精神？为什么要培育工匠精神？

代表、委员们在"两会"会场上从不同侧面对工匠精神进行了阐述。制造手机的雷军说："工匠精神就是看不到的地方也做精致"；演员张国立的理解是"踏踏实实做好一件事、做精一件事"；从生产摩托到生产汽车的李书福则视工匠精神为"把自己岗位的工作做得最细，打磨得更好"；工艺美术大师吴元全认为，工匠精神就是"认真、敬业的精神"；曾经在德国学习和工作多年的科技部部长万钢则将工匠精神概括为敬业精神……表述虽各有不同，但工匠精神的根本在于"认真做事"。

近日《工人日报》连续报道了一些大国工匠的传奇故事。中国航天最年轻的特级技师王曙群将"把每项测试数据做到极致"作为座右铭，工艺雕刻大师马荣被誉为钢板上的"手指舞者"，中国电子科技集团数控车高级技师胡胜的工作被形象地称为"在金属上进行雕刻的艺术"……梳理每一位大国工匠的事迹，追寻每一个高级技师的成长轨迹，不难发现，他们都有着共同的特质：长年累月苦练职业技能，持久专注深耕同一领域，严肃认真对待道道工序，追求极致打磨每个产品。从这些"大国工匠"身上不难看出，工匠精神的内涵主要是指对产品质量的精益求精，对工艺制造的一丝不苟，对完美无瑕的孜孜追求。它的核心在于，不仅把工作当作谋生、赚钱的工具和手段，而且树立了对工作的敬畏、对责任的担当、对质量的执着、对手艺的珍视、对名誉的尊重意识。一个企业蕴藏精益求精的工匠精神，企业才能基业长青。从德国的精密机床和仪器到瑞士的机械手表，我们不难看到工匠精神带给一国制造业的巨大经济效益和强大生命力。

中国缺少工匠精神，其来有自。早在 97 年前胡适先生就创作《差不多先生传》，以此讽刺当时的中国人处事马虎、不肯认真的做事态度。鲁迅先生也曾经说过"中国四万万的民众害着一种毛病，病源就是那个马马虎虎，就是那随它怎么都行的不认真态度"。最近几十年，有些企业为了追求速度和规模而采取的粗放型生产方式，使得技术条件难以满足要求，追求质量有心无力。李克强总理曾沉痛地说，钢铁产能过剩，却不具备生产模具钢的能力，连圆珠笔的"圆珠"都要进口。而长期"有供给就有需求"的状况，也在看不见的层面损害了追求质量的态度。如果在改进技术、提升质量上投入 1 块钱能得到 5 块钱的回报，而在扩张规模、增加数量上投入 1 块钱可以得到 10 块钱的回报，那质量肯定就被放在价值排序的后面了。

经过数量的扩张之后，通常会进行质量的提升。我国大约有 220 种工业品产量居世界第一，是响当当的制造业大国。然而在全球市场上，谈起"品质""质量"，却很少有中国制造排在前头。李克强总理在不同场合多次用国人去日本抢购马桶盖的例子来说明"国货当自强"——我们自己的产品质量上去了，才可能夺回市场。从这个角度看，所谓工匠精神，就是以更好的态度，以创新为导向、以技术为生命、以质量为追求，生产更好的产品，正所谓"增品种、提品质、上品味、创品牌"。

其实，中国自古就不缺乏工匠精神。《诗经》里就歌咏过对玉器、石器"如切如磋，如琢如磨"。"庖丁解牛"的故事广为人知，"班门弄斧"的故事更是家喻户晓。历代能工巧匠们匠心独具，从"雨过天青云破处"的汝窑瓷器到"无须一铁一钉"的古建筑榫卯结构，把敬畏与虔信，连同自己的感悟，倾注于一双巧手，创造了独具风韵的"东方制造"。只是，作为现代化路上的追赶者，我们把这些手艺乃至手艺背后的人生观、价值观、职业观，都当作前现代的东西扬弃了。如今，在很多领域，工匠精神已经缺失了很久，粗制滥造似乎成了一种时代病。在政界，"拍脑袋"者大有人在，各种不科学的决策、难落实的政策仍然很多；城市建设中"拉链路""短命建筑"层出不穷，从规划到建筑都缺少科学、眼光和胸怀；新闻传媒传递的许多消息真假不辨，"标题党"只求一时博取眼球……凡此种种，无一不是缺少对职业敬畏、对工作执着、对规则坚守、对产品负责、对创新热心的体现。

工匠精神很重要，无论过去、现在，还是未来。当我们呼唤工匠精神的时候，应该花更多的心血培育工匠精神，"工匠精神"离不开历史的传承，离不开追求品质和创新的企业文化，离不开成熟的职业教育体系，更离不开社会对工匠价值的认可与尊重。

写这篇文章的时候，从新闻联播中听到，北京召开了高等教育改革创新座谈会，会上，李克强总理又提到要培育工匠精神。

科比的启示

笔者不喜欢足球，并不是因为中国足球水平不高，水平高的西班牙足球、意大利足球、德国足球笔者也不喜欢。笔者喜欢篮球，尤其是美国的NBA篮球，不是因为中国人姚明曾经在美国打过球，且最近进入了NBA名人堂，在姚明出国打球之前笔者就喜欢有空看看电视转播的NBA篮球比赛，没时间看转播就翻翻《篮球先锋报》上的有关报道，了解一些动态。笔者喜欢NBA，是因为这里面无处不在的专一、专注和专业。近几个月来，NBA有两档事最火，一个是勇士队超过了乔丹率领的公牛队创造的72胜记录，获得了73胜的好成绩（NBA常规赛只有82场比赛）；另外一件事就是湖人队球星科比·布莱恩特退役。不管是勇士队的屡创佳绩，还是科比职业生涯的完美谢幕，都有值得我们学习的地方。笔者虽然喜欢看篮球比赛，但并不了解NBA所有的球队和球员的情况，可对科比还是略知一二。在笔者眼里，科比就是个不折不扣的美国国家篮球协会的"劳动模范"，他身上的很多东西都值得我们去学习。

一是科比的忠诚。在被商业元素紧紧包裹的NBA，一个球员一生只效力于一支球队是非常难得的。1996年11月4日，科比第一次踏上NBA赛场，他只是一位青涩的菜鸟。2016年4月14日，当科比最后一次出战时，他已是即将38岁的声名卓著的老将。20年来，他一直为湖人队效力，这是NBA的记录。在NBA还有爵士队的斯托克顿、马刺队的邓肯、小牛队的诺维茨基等巨星，都是十几年在一个球队，忠心耿耿、兢兢业业为之打球，想球队之所想，急球队之所急，在为球队发展做出了巨大贡献的同时各自达到了职业生涯的顶峰。忠诚即伟大。

再一个就是科比的勤奋。科比是近20年来NBA最强大的数据之王：5个总冠军、18次全明星赛、2次总冠军MVP、1次年度MVP、4次全明星赛MVP、两次得分王、15次最佳阵容、12次最佳防守阵容、NBA生涯总得分3364。除此以外，他还为美国赢得了两届奥运会和一届美洲杯的冠军。有网友评价："这个辉煌的数据除了乔丹，没有谁能压倒他。"成功没有捷径，即便是科比这样的天才球员也需要苦练，否则哪有拥有如上述成绩的科比。论天赋和身体素质，科比不是NBA联盟里最顶尖的。如论身体素质，艾佛森的速度、詹姆斯的强壮、麦迪的臂展、霍华德的身高都有过人之处。但论技术，放眼联盟没有几个人比科比更优秀，尤其是被球迷赞为投篮美如画的跳投姿势，到底怎么来的？答案就是他的勤奋刻苦和不服输的劲头，这绝对是联盟里数一数二的。对于训练他几近偏执，疯狂程度超越常人，即使休赛期也绝不放松，20年如一日，这已经成为科比的习惯。他一直被认为是NBA里最勤奋的球员，他制订的训练计划比任何一个人都要长，每天不低于投中800次的投篮练习，练得比任何一个人都刻苦，晚上11点看到他离开球馆，第二天凌晨4点又看到他出现在训练场。他的训练师曾透露，科比在湖人队几乎总是到训练馆最早、离开最晚。关于科比的勤奋，最著名的故事便是凌晨四点的训练。"洛杉矶每天的凌晨四点都还是黑暗的，但此时我已经起床，行走在洛杉矶黑暗的街道上了。十多年过去了，洛杉矶凌晨四点的黑暗依旧如初，但我的肌肉已经变得更强健、体能更充沛、力量更足、命中率更高了。"科比说。想一想，经常要凌晨四点起来训练需要一种怎样的毅力。这样的毅力还体现在科比的日常训练中，其中最著名的是他地狱般的"6—6—6"训练法，即每天6小时，每次6个阶段，每周6天。这是科比休赛期间训练的主要内容，在其他球员享受着假期带来的放松时，科比始终不忘训练，且风雨无阻。"在奋斗过程中，我学会了怎样打球，我想那就是作为职业球员的全部，你明白了你不可能每晚都打得很好，但你不懈的奋斗总会有收获。"科比接受记者采访时这样说。

科比的故事带给我们的启示：一个人做一件事，要想做出名堂，需要时间的积累，当时间足够长时，这会变成一种财富。对任何一个人来说，无论你做什么工作，工作经历带来经验，经验就是一种财富。要成为工作的主宰而不是工作的奴隶，唯一的办法就是迅速找到工作的规律，驾驭它，然后才有创造的可能。这需要一个人具备三个方面的素质，即主动、方法和坚持。

做一件事容易，做好却不容易；坚持只做一件事，不等于一定能做好，但如果没有坚持，肯定做不好。一个人最难的不是做什么惊天动地的大事，而是始终如一地做一件事，且尽可能地做好，最近媒体上报道的各行各业的劳动模范无一不是这样的人。习近平总书记在"五一"劳动节前夕召开的知识分子、劳动模范、青年代表座谈会上说："广大劳动者无论从事什么职业，都要勤于学习、善于实践、踏实劳动、勤勉劳动，在工作上兢兢业业、精益求精，努力在平凡岗位上干出不平凡的业绩。"想必也是在号召我们做这样的人。

职业院校的"断舍离"

笔者经常翻看语文刊物《咬文嚼字》，杂志虽小，影响却很大，读者能从中了解和学习到好多汉语言知识。每年咬文嚼字编辑部都会召集国内语言文字专家评选当年度十大流行语，2014年年度十大流行语中有"断舍离"这个词，它源自日本家政咨询师山下英子所著《断舍离》一书。山下英子倡导通过"做减法"，收拾好自己居住的房屋，让自己处在宽敞明亮的空间，过简单清爽的生活，享受自由舒适的人生。做减法，即减去不必要的反复冗杂，减去过多的物质欲望，减去有损身心的沉重背负，减去不切实际的妄想，让心态平和、心灵轻松、心情愉悦。简单一句话，"断舍离"就是"把那些不必需、不合适、令人不舒适"的东西统统断绝、舍弃并切断对它们的眷念。在习惯了"做加法"的中国当下，适时"做减法"不失为一种可取的生活方式，当然，"做减法"需要讲究方式方法，更需要勇气。

细想想，个人漫长生活中需要"做减法"，居家过日子需要"做减法"，就是国家经济社会发展也需要"做减法"。最近一段时间中央力推"供给侧结构性改革"，在我看来"供给侧结构性改革"就是在经济社会领域"做减法"（同时也"做加法"），也是一种"断舍离"。

2015年11月10日在中央财经领导小组第十一次会议上，习近平总书记强调，在适度扩大总需求的同时，加强供给侧结构性改革，提高供给体系质量和效率。接着中央财经领导小组第十二次会议研究供给侧结构性改革方案、第十三次会议提出坚定不移地推进供给侧结构性改革，这说明今后一个较长的时期供给侧结构性改革是国家的中心工作。去年年底召开的中央经济工作会议强调，2016年推进供给侧结构性改革的五大任务是"去产能、去库存、去杠杆、降成本、补短板"。其实，"三去一降一补"不就是做减法吗，拿"去产能"来说吧，积极稳妥化解过剩产能，将宝贵的资源要素从那些产能严重过剩、增长空间有限的产业（如钢铁、煤炭开采、水泥、造船业、炼铝和平板玻璃等）和"僵尸企业"中释放出来。因为"僵尸企业"占用了大量的资源要素和市场空间，不利于产业结构优化和新供给的创造和形成。淘汰落后产能必将导致结构性就业人员增多，据预计，未来2至3年，随着若干产能过剩最严重的行业减产30%，将造成裁员300万人。在这里，淘汰落后产能是做减法、清除"僵尸企业"是做减法、裁减员工也是做减法。其他的诸如"去库存""去杠杆""降成本""补短板"无一不是与无效和低端的供给"断舍离"，增加有效和中高端供给，提升供给结构对需求变化的适应性和灵活性，提高全要素生产率，增强我国经济持续健康发展的内生动力。需要指出的是，供给侧结构性改革不全是做"减法",还要做"加法",就是要促进产业转型升级,培育新一代信息技术、新能源、生物医药、高端装备、智能制造和机器人等新兴产业,使新增长点汇聚成强大的增长动力。

国家经济社会发展要靠供给侧结构性改革,要做减法,要"断舍离"。职业院校的改革和发展同样要靠供给侧结构性改革,要做减法,要"断舍离"。

目前我国人才供需的结构性失衡主要表现为:一方面,中低端人才"产能过剩",人才同质化问题严重,知识结构落后,技能单一。并且,未来在去产能、处置"僵尸企业"的过程中,还会有越来越多的人才分流出来。另一方面,技能型人才供给不足,人才不够用、不适用问题突出。随着产业升级,劳动力市场对于技能的要求越来越高,对高技能劳动者的需求逐渐增加,对低技能劳动者的需求逐渐减少。据统计,2014年底,全国技能人才计1.57亿人,其中高技能人才4137万人,仅占26.35%。与"中国制造2025"的战略目标相比,我国技能型人才的教育培养能力还远不能满足发展的需要。面对生源下降和产业结构转型升级给自身生存发展带来的挑战,职业院校必须舍弃、断绝、减掉那些不符合市场需求、不利于技能人才培养的职教理念、专业设置、培养方案、课程教材、教学手段、评价方式,切实提高人才培养的"含金量"。

在这些方面,有些院校已经行动起来了。据报纸信息,北京财贸职业学院基于北京市产业结构升级的需要,以及近两年生源锐减的严峻挑战,2015年在22个专业中一下子停招计算机、广告设计与制作、文秘、税务、国际商务、旅游英语等专业,将这些专业或调整并入其他专业,或充实为新的专业方向,同时新增空乘、视觉传播设计与制作、中外合作旅游管理等专业,以适应市场需求。天津中德职业技术学院在人才培养方向上也是如此。作为中、德两国政府在职业教育领域重要的合作项目和天津市百万技能人才培训计划的参与单位,学院已经结题验收的13个职业技能培训项目涵盖了飞机铆装、风能风机维修等"高大上"的专业,70%为战略新兴产业和装备制造业，将目光直接定位于"中国制造2025"与国家经济结构转型升级。

识变与应变

习近平总书记在全国科技创新大会、两院院士大会、中国科协第九次全国代表大会上发表重要讲话，强调如果我们不识变、不应变、不求变，就可能陷入战略被动，错失发展机遇，甚至错过整整一个时代。习总书记讲的是我国科技界要跟上或者超越科学技术日新月异的变化，别被新一轮科技革命甩掉。其实，这种快速变化不仅发生在科技领域，也发生在你我的日常生活和工作中。拿我们的工作来说吧，就已经或正在发生着巨大的变化。

第一，机器代替人工。根据牛津大学的一项研究，未来20年美国全部702种职业中47%的职位将被机器取代。下面是从报纸上看到的几个机器换人的例子：广东樱奥厨具有限公司陈姓行政副总经理说，自4年前公司开始引入机器人实现自动化智能生产以来，员工从当时的600多人减少到现在的260人；主打产品不锈钢水槽产量不降反升，在品质提升的同时，每个产品成本还减少了5元。走进吴江盛虹集团包装车间，机器设备一直在运转，却难得遇到一个工人，30多架机械手迅速敏捷地搬动包装，丝饼从落筒、输送、储存、检验分类、包装到码垛，全部自动化。据公司总工程师介绍，通过机器换人、导入物联网技术，盛虹集团年均节约成本1500万元，一条生产线可以节省用工127人，用工率减少34%，故障率减少55.9%，人员单产提升29.8%，产能提升33%。在笔者工作单位所在的苏南地区的水稻田里，即使农忙季节也很少见到农民耕作的身影，因为从插秧到收割的劳作都已实现了机器作业，只有喷洒农药还需要人工操作，现在种水稻的工作量大概只有原来的三分之一。可以说，机器设备正在向第一、第二、第三产业全面渗透，三次产业的机械化、信息化程度都在不断提高。昔日田地里、流水线上忙碌的农民、工人，已然被先进的生产线、机器人、专业的控制软件所取代。

第二，"科层"换成"扁平"。美国教育专家托尼·瓦格纳在其《教育大未来》中描述的工厂各岗位人员数量的此消彼长说明了企业组织的结构变换："25年前，管理人员占公司员工总数中的16%，后勤人员占12%。而今管理人员占5%，后勤人员只占3%。1991年以来，我们踏上了一条'不断前进'的道路。在此之前，员工只负责自己那一部分工作，管理者向他们发出指令，但自此以后，管理层人员逐渐减少，这才是真正的改变。伴随着这些改变而来的是对劳动力能力需求的改变。管理人员已经不必要了……因此我们对员工的要求和几年前也有所不同：我们需要员工具有批判性思考的能力、创造力。"扁平化的组织结构使一线员工的作用凸现出来，员工可以参与企业决策，对企业经营和生产有了话语权，权利和责任是对应的，这就要求员工要有批判性思考和解决问题的能力，仅仅满足于做一个"听话的"员工是远远不够的。

第三，流动多于稳定。20个世纪初，美国服务类行业吸纳的就业者仅占就业总人数的31%，而农业和制造业就业人数则占到了69%。今天，这个比例正好相反，从事服务行业的人员占到了78%，而从事农业和工业的仅占22%。在中国也是如此，国家统计局公布的数据显示，2015年末，服务业就业人员占全部就业人员比重为42.4%，分别比第一产业和第二产业高出14.0和13.2个百分点，第三产业成为吸纳就业的第一主体。随着产业结构的不断调整，预计会有更多的新增就业人员到生活和生产性服务业岗位就业。按照有关专家的估算，在我国如果劳动者从第二产业的劳动密集型就业转向资本密集型就业，要求其受教育水平提高1.3年；转向第三产业的技术密集型就业，要求其受教育水平提高4.2年；即使转向第三产业的劳动密集型就业，也要求其受教育水平提高0.5年。

第四，临时超越正式。从发达国家的情况看，信息技术迅速普及的20世纪90年代，也是非正式就业发展迅速的时期。在整个20世纪90年代，欧盟新增就业中有约五分之一是非正式就业；西班牙非正式就业人数占到了30%；荷兰的非全日制就业人数占总就业人数比重一度超过40%；英国新增就业约三分之一都是临时就业；美国作为全球信息科技最发达的国家，远程就业人数的年增速一度超过50%，在世纪之交就已经超过1500万人。2000年以后，我国电子商务逐渐成熟，开辟了巨大的就业渠道，仅淘宝电商就直接带动超过300万人就业。根据国家统计局公布的数据，近年来每年有近20万应届大学毕业生选择自己创业，临时性的非正式就业和创业已呈燎原之势。

为此，职业学校必须识变、应变，培养具备在特定工作或学习领域解决复杂和不可预知问题所需的高级技能、熟练技艺和创新精神的劳动者，以适应新的就业岗位的要求。

承认失败也是进步

在平常的交谈和写作中，虽然我们也会用"失败是成功之母""胜败乃兵家常事""不以成败论英雄"等哲言，但在中国人的心理积淀中，更牢固的还是"胜者为王，败者为寇"。时至今日，这种情况也没有多少改变。比如对待正在进行的里约奥运会参赛选手的成绩，鲜花、掌声和笑脸依旧包围着胜利者，失败者只能留下无奈而孤独的身影。是呀，成功总是荣光的事情，也是每个人向往的，可是谁能保证任何时候做任何事情都能成功呢？

笔者的生活经历比较简单：上学，然后工作。上学的时候是学生，工作后做老师，做学生和做老师都没有离开学校。先是做中学老师，后做高校老师，一晃三十多年过去了。三十多年里，笔者见到过、听说过，也体验过许许多多的教育（或者教学）改革，有国家层面、地方层面、学校层面的教育改革，也有课堂层面的教学改革；有基础教育、高等教育改革，也有职业教育改革。在笔者的印象里，这些大大小小的教育改革好像皆取得了明显的成效（最起码报纸上是这样说的），也就是说凡是教育改革没有不成功的，失败的很少。最近河北涿鹿县"三疑三探"课堂教学模式改革失败的消息，使人眼前一亮，笔者终于看到承认教育改革失败的案例了。在笔者看来，涿鹿开展的课堂教学程序方面的"三疑三探"教学改革并无新意，即使成功了价值也不大。但是，这件事促使我们加深对教育改革的认识，慎重对待教育改革，从这个意义上说，承认失败也是进步。

因为只有承认教育改革有可能失败，我们才能够在改革前多做些调查研究工作，更加充分地论证其合理性、可行性，毕竟现实当中有太多的"拍脑袋"式改革。都说"百年大计、教育为本"，现代社会的教育关乎个人、家庭、民族、国家的前程。教育改革最不允许失败，一定要深思熟虑，谋定而后动，宁可缓慢推进，切莫轻举妄动，以牺牲一代人为代价，是不能承受之痛。具体到涿鹿教改，就显得匆忙了点。从媒体的报道中可知一个细节，主导涿鹿教改的郝金伦曾做过多年的乡镇党委书记，2013年8月份才"上调"县直部门，出任县教育和科技局局长、党委书记，之前并没有在学校工作的经历。他有感于本县学子学业负担重且学习质量不高，决心推广"三疑三探"课堂教学改革，他听说西峡县教改取得了很好的效果，便带队到西峡县考察其教改模式，回来后在没有选取当地的优质校、薄弱校、一般校进行试点的情况下，直接迅速地开始大面积推广。2014年5月，涿鹿县所有学校开始启动"三疑三探"改革之时，他当局长不过9个月，可以说，这是一次外行人在短时间内上马的教育改革。涿鹿县过于简单、粗暴的推广方式，把好事办成了坏事。如果涿鹿教改能事先多用些时间论证,多考虑考虑如何处理细枝末节的"小事";如果主管部门愿意用更多精力向学生和家长解释新模式的好处;如果教师能有更多时间适应新模式,结果也许会是另外一番样子。

因为只有承认教育改革有可能失败,我们才能够在改革过程中照顾到大多数人的核心利益,得到对改革的更多认同。教育改革需要广泛凝聚共识,求得"最大公约数","涿鹿教改"恰恰在这一点上出现偏差。它之所以遭到很多学生和家长的反对,其实不难理解,在"分数决定命运"、高考"一棒定乾坤"的大背景下,"讲课少、作业少、考试少"的教改模式,引发家长的担心甚至"愤怒"不足为奇。在改革者眼中,满堂灌、题海战术有违教育规律,是误人子弟。但在家长心中,考高分才是硬道理,万一改不好,出现闪失,岂不吃亏?对老师而言,面对重新备课、课堂控制、充电加码等挑战,远不如原来按部就班、驾轻就熟的教学秩序来得安逸,所以,他们也不是坚定的支持者。这样,没有家长的广泛理解,得不到多数教师的广泛支持,改革只是少数人的"孤军深入",这样的改革以失败告终也就在情理之中了。

因为只有承认教育改革有可能失败,我们才能够对改革者多点宽容,对改革结果多点耐心。教育改革和其他领域改革不同,其成效有一定的滞后性。涿鹿教改要改掉的"满堂灌"和着力推广的"启发式教学"之间的差别究竟在哪里,培养探究精神、质疑思维和"夫子步亦步,夫子趋亦趋"的差别又在哪里,实在难以在一学期、一学年甚至几年后的高考试卷上体现出来。教育教学改革的真正成果,需要等这批孩子长大成人后,才能够从其综合素质、创新能力、工作表现上看出端倪。既然十年才能树木、百年方能树人,那么,面对今天遍地开花、今后还会越来越多的五花八门的教育改革,政府应该坚定支持、勇于担当,社会应该多点耐心、多点宽容,改革者也应该多点智慧、多点勇气。

这个问题太重要了

2013年国务院批转的发展和改革委员会等部门的《关于深化收入分配制度改革的若干意见》提出，扩大中等收入者比重，逐步形成"中间大、两头小"的橄榄型社会结构，改变现在"上头小、底层大"的洋葱型社会结构。今年的政府工作报告也进一步明确，完善收入分配制度，缩小收入差距，提高中等收入人口比重。2016年5月16日中共中央召开中央财经领导小组第十三次会议，共讨论了两个议题，一是供给侧结构性改革，一是扩大中等收入群体。在笔者的印象里，中央会议讨论中等收入群体问题是第一次，可见此问题的重要性。

中等收入群体作为特定的社会阶层，无论从经济层面、政治层面，还是从社会文化层面来说都是一个非常重要的群体，这个群体在所有国民中所占的比重，在某种意义上反映了一个国家的经济实力和稳定状态，他们是社会结构的"稳定器"、社会冲突的"解压阀"、社会进步的"火车头"。扩大中等收入群体，直接关系到全面建成小康社会目标的实现，是维护社会和谐稳定、国家长治久安的必然要求。中等收入群体对于一国经济的重要作用，已为历史所证明。20世纪20年代到60年代中期，欧美发达国家相继进入以中等收入阶层为主体的"橄榄型"社会，不仅改变了长期生产过剩、消费不足的状况，也极大地促进了科技进步，带动了财富增长。日本以"国民收入倍增计划"、扶持中小企业计划以及完善社会保障等措施，培育出庞大的中等收入群体，高档耐用消费品的生产和销售迅速扩张，形成了对工业化具有巨大拉动作用的内部市场，从而以扩大出口和扩大内需的紧密结合实现了经济腾飞。最近十多年来，日本、美国、英国等发达国家也深受中产阶级萎缩的困扰。

那么,什么是中等收入者?我国目前又有多少中等收入者呢?对于何为"中等收入群体"学界并没有统一明确的定义,国际上通行的称谓是"中产阶层""中产阶级",指其收入和财产处于社会平均水平或处于收入、财产中位数及其附近区间的人员的集合,一般采用家庭收入、资产数额以及消费意愿等指标来衡量。2016年7月,《经济学人》杂志上有一篇文章以家庭年收入在7.66~28.6万元人民币为中等收入群体的标准,说中国的中产阶级从1990年代的几乎为零增长到今日的2.25亿人。国家统计局将家庭年收入在6~50万元的家庭列入中等收入群体。以此为标准,中国社会科学院发布的《社会蓝皮书:2016年中国社会形势分析与预测》显示,目前我国有中等收入人口3亿人左右。总的来看,相对于我国近14亿的人口总量,目前中等收入群体规模还明显偏小,分布很不均衡,与发达国家相比差距不小。从地区、城乡分布看,中等收入群体主要分布在东中部经济发达或较发达地区;从行业看,主要分布在金融行业、高新技术行业、现代服务业和效益好的其他行业;从用人单位看,主要分布在国有企业、外资企业、机关事业单位等;从职业、岗位看,主要为用人单位的中高层管理人员、金融从业人员、各类专业技术中高级人员、外企白领职员、技术工种高级操作人员以及农业规模经营户等。

中等收入群体既然如此重要,那怎样才能增加中等收入群体呢?扩大中等收入群体是一个涉及经济、社会、文化、政治等方面的系统工程,比如废除户籍管理制度、持续扩大就业、改革收入分配制度等。从笔者个人的角度而言,除了要继续增加私营企业主、个体工商户、经理人员、中高级管理人员、专业技术人员、专家学者等中等收入者的数量外,还应对已经具有一定和较高技术水平的农民工给予正式的技术职称认定,从而实现农民工自身的结构转型,使有技术的农民工进入专业技术阶层的队伍,进而进入中等收入群体。这不仅符合国际上大多数国家社会结构演变的规律,而且也可以大大提高农民工学习技术,以及参加技术评比、追求技进步的积极性。要做到这一点，就必须重视包括教育数量与质量在内的人力资本投资。人力资本的构成方式有多种，其中最为核心的是教育。教育既是传授知识的过程，也是推动个体正常社会化、掌握技能和传承文化的过程，有助于让受教育者形成特定的知能结构、塑造健全人格，进而促进社会阶层流动。一个人要实现正向社会流动，从低收入群体跨入中等收入甚至高收入群体，需要接受基于特定经济发展水平的教育与培训，具有一定文化知识的累积和叠加。因为知识的积累尤其是技能技术的掌握，必将对劳动者增加收入、适应形势和紧随时代发展起到重要作用。文化知识和技能水平越高的人，在劳动力市场竞争中越占有优势，获得中等收入的可能性也就越高。

这些话笔者以前就多次说过，现在再"旧话重提"，不是因为重要的话要说三遍，实在是因为这个问题太重要了。

今天，我们依然需要向日本学习

笔者一直很关注日本，不仅关注这两天有日本科学家获得2016年生理学或医学奖，也关注被誉为日本"国宝级匠人"的新津春子。最近还看了美国人写的与日本有关的两本书：《丰田人才精益模式》和《日本第一》，受益匪浅，尤其是美国的社会学家傅高义（也是《邓小平传》的作者）写的《日本第一》，今天读来感触尤深。《日本第一》首次出版于1979年，距今已近40年。在这近40年的时间里，日本经历了从经济繁荣到泡沫破灭之后的经济停滞，至今尚未出现全面反弹。与此相反，进入新世纪以后，与日本经济发展速度放缓不同，中国在经济领域高歌猛进，取得了全球瞩目的成就，几年前就超过日本成为全球第二大经济体。于是，中国曾经有的那股向日本学习的风气，便开始发生了某种微妙的变化。有人认为，日本早已陷入政治和经济问题中无法自拔，已没有资格再作为中国人学习的榜样。那么，置诸今天，中国是不是真的不需要向日本学习了？笔者的态度是明确而坚决的，即过去我们向日本学习，今天我们依然需要向日本学习。

中国向日本学习的历史可以追溯到 100 多年前。1877—1882 年，担任清政府首任驻日参赞的黄遵宪，凭借在日工作期间的观察和了解，写下了《日本国志》一书。在《日本国志》中，黄遵宪向国人介绍了明治维新后日本的天文地理、政法礼俗、工商文教、物产工艺等。可以说，黄遵宪是近代第一个向中国人系统介绍明治维新后的日本社会制度的人。从此以后，尽管中日两国关系充满了冲突和纠结，但多数中国人自始至终都将日本认作先进国家中的模范，希望学习它的成功之道。这不仅因为几乎和中国同时开启现代化征程的日本，取得了比中国更大的成就，更在于日本是唯一一个跻身发达国家行列的非西方国家。

日本"为什么能行"一直是许多研究者想搞明白的问题。有的学者将日本的成功归因于日本民族的传统。他们认为，日本人之所以常常能创造出社会发展的奇迹，就在于其独特的民族精神和民族传统。人类学家鲁思·本尼迪克特在《菊与刀》里就写道，日本能轻易地"从一个极端转为另一个极端"，并且日本人对领导、父母和君主（统治者）的"忠""孝"是完全无条件的。正是这样极端的个性和传统，使得日本人能为了实现自己的目标而迅速调整自己的政策。应该说本尼迪克特的观点并非没有道理，但这种解释总显得说服力不足。如果说日本在战后能够迅速摆脱战争阴影，并抛弃民族自尊心而忍受美国人的占领，将自己的发展中心完全转向经济建设，是与日本民族的传统性格有关的话，那么日本在战后短短的 20 年里持续维持着经济高速增长，就不能仅仅用文化传统来解释了。

傅高义的分析靠谱得多，他指出，"日本人之所以成功，并非来自所谓传统的国民性、古已有之的美德，而是来自日本独特的组织能力、措施和精心计划"。这主要体现在日本的教育和情报制度、组织制度、社会管理制度等。笔者认为，日本在这方面的成功，才是值得包括中国在内的所有国家学习借鉴的重要内容。

日本人对教育的重视有目共睹，当前，中国大力发展智库，而日本智库在情报搜集方面的能力是非常值得中国学习的。《日本第一》指出，日本发展智库的目的不在于向决策者提供建议和结论，更多的是向企业家、官僚提供决策的线索和参考，因此它的核心任务在于搜集信息，也就是"就某个具体的问题搜罗世界的最高知识"。

机构组织方面，一般人诟病日本企业和行政机构的层级森严且流动性很低，在其中供职的职员和公务员大部分都是"终身制"。但是，在这种组织制度下，职员或公务员为了避免被制度边缘化，可能会更努力地奉献自己的能力和精力，帮助组织实现发展目标。另外，在这样的组织制度下，职员也会对组织更加忠诚，职员之间也更加团结，这有助于长期规划组织的发展和大型项目的实施。

特别需要强调的是，作为一个亚洲国家，日本却难能可贵地在社会管理上同样实现了现代化。正如很多人所看到的，日本无论在环境管理、社会治安还是城市规划上，都显示出强大的组织能力。尽管日本也曾经历过环境污染的问题，也同样遭受着犯罪案件的困扰，但我们不得不承认，今天的日本的确比大多数国家都要显得更干净、安全和井然有序。

傅高义是在20世纪70年代末对日本成功经验进行总结的，可是好景不长，就在《日本第一》出版不到10年，日本经济即陷入了停滞衰退，直到今天，仍未能走出衰退的阴影。这是为什么呢？似乎是未卜先知，傅高义在书的结尾处已经用古希腊悲剧里复仇女神涅墨西斯的故事暗示：任何骄气横溢、自大妄为的国家，总有一天都会迎来衰败的悲惨结局。

殷鉴就在身边，日本于今天的中国依旧是一面很好的镜子。在它的身上，我们既可以看到它走向成功的经验，也能观察到它在经济上陷入泥潭的教训。

因材施教有"三难"

笔者侄子今年高考，成绩没有达到山东省本科分数线，在笔者的动员下到江苏的一所高职院校学习。前几天，他到笔者家里来玩，跟笔者说他参加了学校的十大歌手评选，被评为第二名。笔者觉得他挺厉害（我们家里人都不会唱歌），夸奖他歌唱得好，他却满脸沮丧，说本来是冲着第一名去的（信心满满），结果他很不满意。过后，笔者和爱人聊起此事，她半开玩笑地说："早知道他是唱歌的'材料'，从小好好培养，兴许他能成为歌唱家呢！"这使笔者想起最近媒体讨论的一个历史悠久的教学原则——"因材施教"。因材施教，就是要求教师在教学中因人而异，区别对待，量体裁衣，一把钥匙开一把锁。

因材施教基于这样一种观点：世界上全才总是很少的，人各有所长，对绝大多数人来说总有自己比较擅长的方面。据遗传学家研究，人的正常中等智力是由一对基因所决定的。另外，还有五对次要的修饰基因，它们决定着人的特殊天赋，人的这五对基因中总有一对是好的，也就是说，一般人总可能在某些特定的方面具有良好的天赋与素质。美国哈佛大学霍华德·加德纳提出的多元智能理论给出了心理学上的说明，他认为世界上每个人都拥有八种主要智能：语言智能、逻辑—数理智能、空间智能、运动智能、音乐智能、人际交往智能、内省智能、自然观察智能。不同的人会有不同的智能组合，例如：建筑师及雕塑家的空间感（空间智能）比较强、运动员和芭蕾舞演员的体力（运动智能）较强、公关者的人际交往智能较强、作家的内省智能较强等。教育应该发现学生具有何种智能并培养这种智能。

根据每个人的实际情况开展教育，使每个人都能各展所长，这确实是很理想的图景。可是因材施教说起来容易，做起来很难，最起码有"三难"不好解决。

一、材难辨。教师要因材施教，逻辑上他首先需要判断每一位学生到底是什么"材"，这是其施教的逻辑起点。"材"是指学生先天禀赋和后天素质的结合，包括道德修养、意志性格、知识水平、接受能力、才能爱好等方面的特质。这个不好判断，好多心理学家、教育学家想了很多办法，也设计出了诸如智力量表、能力量表等五花八门的测量工具，目的就是想弄明白每个人的"材"，依此制订合适的培养计划并付诸实施，我认为效果甚微。原因是个人之"材"是一个十分复杂的综合体，是一个难以探明的黑箱，加之个人之"材"又是一个动态的、受周围环境影响而不断变化的东西，更增加了人们测量它的难度。

二、教难施。就算我们借助某种工具能够辨析出每个人的"材"，接下来因材施教也很难。首先施教者和受教者在数量上不对等。因材施教就意味着有多少不同的"材"就应该有多少教师，而目前我国大中小学连小班化教学都做不到，遑论因材施教的"一对一"或者"多对一"。其次施教者的能力也不足以完成因材施教的任务。现在的教师无论是知识、能力还是其他素质做个胜任"大班"教学的教师都勉强，何谈其他。明知道该少年天赋异禀，因找不到合适的施教者致使其沦为普通人的例子比比皆是，无须赘言。

三、才难成。现代学校教育，推崇因材施教的目的是使此"材"变为彼"才"，怎奈"材"与"才"音虽同，意殊远。《国家中长期人才发展规划纲要（2010—2020年）》对人才的定义是：具有一定的专业知识或专门技能，进行创造性劳动并对社会做出贡献的人，是人力资源中能力和素质较高的劳动者。由此可知，人才是长期工作在生产一线的劳动者，人才的劳动是一种基于专门知识和娴熟技能的创造性劳动，人才是通过创造性劳动对社会做出较大贡献的人，人才的成长都要经过长期而又艰苦的岗位磨炼。反观作为"材"的学生，则另有特点，据《现代汉语词典》(第7版)，学生是在学校读书的人，或者是向老师或前辈学习的人。以职业院校教育为例，职业院校的学生有以下一些特点：第一，是一群在职业院校以学习为业的人，学习和工作不一样，学习是掌握知识技能的过程，工作是运用知识和技能的过程；第二，专门学习的时间是固定的，且比较短，中、高等职业院校学生学习时间都是三年，三年能做的事情是有限的；第三，对社会几乎没有什么贡献，相反，社会要为他们的学习生活做贡献；第四，学习的内容以通识、可迁移技能为主，不拘泥于某一固定岗位。由上可知，由"材"到"才"还有漫长的路要走。

正如没有十全十美的人一样，也没有十全十美的教育。现代教育本质上就是照顾绝大多数人的教育，这在教育史上是很大的进步。根据大多数人的大致相似的禀赋基础开展教育教学，使尽量多的人获益，这种局面短时间内无法改变，也不应该改变。

实体经济才是职业教育大显身手的舞台

2016年12月份好事不断，7日首届世界智能制造大会在南京召开，会上发布了《中国智能制造"十三五"规划》，工信部装备工业司司长李东在发布规划时指出：到2020年，智能制造发展基础和支撑能力明显增强，传统制造业重点领域基本实现数字化制造，有条件、有基础的重点产业智能转型取得明显进展；到2025年，智能制造支撑体系基本建立，重点产业初步实现智能转型。9日中共中央政治局会议在北京召开，分析研究2017年经济工作，会议提出要大力振兴实体经济，培育壮大新动能。有专家指出，在经济下行压力未见缓解的当下，资本"脱实向虚"令实体经济发展面临诸多挑战，会议释放出提振产业发展的重要信号。这两条消息都与制造业有关，笔者在以前的文章中也多次提到，中国这样的人口大国必须发展以制造业为主的实体经济，这样既能解决就业问题，又能保证经济可持续增长。

在过去的几十年间，中国迅速成为"世界工厂"，得益于低廉的劳动力、成熟的产业链、政府的税收优惠以及降低环保标准等因素。中国制造以价格优势逐步占领国际市场，推动中国成为制造业大国。但是，随着税收优惠的结束、环保标准的提高，尤其是劳动力成本的大幅上涨，中国制造的成本优势正在逐渐消失，低端产业早在几年前就开始向东南亚或南亚国家转移。而现在，像富士康这样的企业也感受到了压力。富士康是一家主要为苹果等高科技公司代工的企业，目前的主要基地在中国大陆，迫于成本压力，也开始寻求向印度等低成本国家和地区转移。近日，一家机构调查近千家中国企业后得出结论，45%的受访公司表示，预计在未来一年将员工的工资提高6%~10%。与此同时，近期各省市也陆续公布了工资指导线，虽然数值有所下降，但纵向比较依旧保持了增长势头。中国工资连续多年上涨，其中一个因素是劳动力供求发生了变化，在劳动力供需结构性紧张的市场里，更加劳累的制造业缺少劳动力，农民工开始返乡或者去从事诸如快递、外卖等相对舒服的服务业（这也是最近几年服务业增加值占GDP比例上升的原因）。还有一种观点矛头直指《中华人民共和国劳动合同法》，认为偏向劳动者的《中华人民共和国劳动合同法》不利于企业用工自由和降低生产成本。鄙意以为这种观点不成立，因为即使给予企业更多的用工自由，在房价不断创出新高、生活物价不断上涨的背景下，劳动者成本很难降低，除非出现大规模的失业造成劳动力过剩。

中国制造业不仅受到劳动成本上升的影响，在国际上还受到来自发达国家（比如美国、日本等）和发展中国家（比如东南亚国家）的双重夹击。冷战结束后，中国实施改革开放以及加入世界贸易组织，为世界提供了过剩的劳动力。在过去的十几年里，美国在低利率下大量消费，而中国则在低利率环境中发展制造业以满足这种消费。长期以来，美国因经济过度虚拟化而造成国内经济失衡以及分配不均，次贷危机过后，美国日益担心经济衰退而失去现有的地位，因此要发展制造业。在奥巴马就任总统之初，他力推"再工业化"战略，意图吸引制造业回流，但收效甚微。特朗普当选美国总统后，提出了胡萝卜加大棒的政策，一方面，对企业进行大幅减税，以鼓励投资；另一方面，如果企业向外转移，则对其出口到美国的产品征收高额关税。这样的政策可能吸引美国跨国公司囤积在海外的资金开始回流，那些以美国为主要市场的企业也可能会被吸引。这表明，中国制造业的优势除了被不断上涨的成本削弱外，也面临巨大的国际竞争压力。西方发达国家不但争抢制造业，还要用贸易保护主义降低中国商品的市场占有率。冲击并不仅仅来自美国的再工业化，人口成本更低的印度、越南等国家正在日益崛起，随着这些国家基础设施的完善、劳动效率的提高，国际产业资本向这些国家转移已经成为趋势。与发达国家的争抢等相比，来自新兴市场国家的竞争更加激烈。

尽管如此，我认为对中国制造业的最大威胁不在于劳动力成本提高，也不在于国际竞争加剧，而在于增长缓慢的劳动生产率。今年9月份，国家统计局公布的数据显示，中国单位劳动产出（劳动生产率）仍然较低。2015年，中国单位劳动产出只有7318美元，明显低于世界平均水平18487美元，与美国的98990美元相比，差距更大。虽然，中国与世界平均水平及发达国家的差距正在逐渐缩小，1996年我国单位劳动产出只相当于世界平均水平的10.6%，2015年已达到40%，相当于美国的比重也从2.1%提升到7.4%；但是，中国劳动生产率的提升空间还是相当大的，这也是"红利"。

职是之故，中国必须重视传统制造业，提高已有产业的国际竞争力，发展新型制造业，抢占智能制造制高点。这些都需要提高生产者的劳动效率，通过提高劳动生产率以及技术水平来增强制造业的竞争力。提高劳动生产率别无他途，只能是大力发展教育，尤其是职业教育，加强在职职工培训，充分开发和利用存量和增量人力资源。别忘了，制造业发达的国家也是职业教育获得很好发展的国家。

高等职业教育要为"四新"经济培养人才

当今世界已经进入以互联网、新能源、新材料、生物技术以及绿色、智能、普惠和可持续发展为特征的新科技革命时期。新科技革命使传统的行业界限消失并产生各种新的活动领域和合作形式，改变了创造价值的过程，重组了产业链分工，出现了软硬件结合、跨界融合、兼并收购等发展势态，促使"新技术、新业态、新产业、新模式"（简称"四新"）不断涌现。发达国家纷纷瞄准国际科技经济竞争制高点，制订相应战略和行动计划，加快构建适应新科技革命的政策和制度体系，力争在新一轮国家间经济社会发展竞争中拔得头筹。比如美国先后三次修订颁布国家科技创新战略，围绕清洁能源、先进制造、生物经济等出台行动计划；欧盟发布"分享经济指南"，明确政府和企业职责定位，为分享经济发展搭建制度框架；日本政府多次更新"面向未来的新成长战略"，应对未来20年人口老龄化、信息化社会和可持续发展等方面的重大挑战，构建适应先进生产力的政策和政府监管体系。

党的十八大以来，我国也不断出台相应政策，促进新动能发展壮大、传统动能焕发生机，汇聚经济发展新能量，取得了明显的成效，经济发展新动能不断增强。首先，作为新经济发展核心动力的技术创新正在不断取得重大突破。例如自主开发的核心信息安全芯片实现技术突破，TD-LTE-Advanced被国际电信联盟确定为第四代移动通信国际标准，基因测序技术进入世界前列，轨道交通装备国产化率超过80%。其次，新技术被应用于各行各业及国民经济方方面面，衍生出大量新业态和新商业模式。例如，移动互联网、物联网、云计算、大数据技术等新一代信息技术被广泛应用在经济社会各领域，催生出了电子商务、网络约车、"慕课"、移动办公、互联网金融、智能家庭、远程医疗、网络旅游等一批新业态。传统"一手交钱一手交货"的商业模式逐渐被"免费服务赚客户+增值服务赚利润"等新赢利模式取代。这些新业态、新产业快速成长，大大推动了国民经济的增长。以战略性新兴产业为例，27个重点行业增加值占GDP比重由2010年的4%提高到2015年的约8%，正在成为引领产业迈向中高端、助力经济中高速增长的重要力量。

笔者认为，新经济势头虽强劲，但在当前毕竟还未形成燎原之势，尚需要诸如公平开放的市场、严格的知识产权保护、对失败的宽容等条件，最重要的是要有适应"四新"经济要求的人才资源。在这方面，肩负着培养高素质技术技能型人才（"四新"经济需要的人才类型）重任的高等职业教育无疑将起着十分重要的作用。为此，高等职业院校要未雨绸缪，适时调整专业设置，淘汰旧专业、增设新专业。2015年，教育部颁布了新的高职专业目录，将专业类由原来的78个增加到99个，专业总数由1170个调减到748个，同时列举了746个专业方向，其中一、二、三次产业相关专业数比例为6.8：39.4：53.8，与当前国内生产总值比例（0.9：40.5：50.9）基本吻合。以2014年为例，高职撤销或停招5200多种专业，减少文秘、计算机信息管理、法律事务等专业，同时增加了3000多个与新业态密切相关的专业，如物联网、老年服务等。还需注意的是，高职院校的专业划分不能太细，因为专业太细很不利于毕业生今后的成长，"四新"经济的从业者往往需要具有相邻专业，甚至不同专业的知识和能力。

另外，高等职业院校还要特别注重培养学生的创新素质。以往高职院校培养的是适应某一岗位需要、在岗位上按部就班工作的毕业生，这些学生在新技术、新业态、新产业、新模式里面估计都难以适应，因为"四新"经济无一不是违反常规进行创新的结果。为了适应新经济时代对创新的较高要求,高职院校培养的人才应是能够创新性开展工作的人。这就要求他们在校时一定要将知识和能力基础打好,要有比较宽广的知识结构和扎实的专业技能。还有,高等职业院校要培养学生懂一点管理。管理就是如何提高既定的资源投入的使用效率,高职院校学生不管学什么专业,为了顺应时代的要求,都必须学学管理学。因为,不管你今后从事何种工作,都离不开管理。假使以后成为高技能人才,你管理一个技能大师工作室能管好吗?你在车间当领导,你能把车间管理好吗?你带一个销售团队,能把团队带好吗?就是个人自身的职业生涯发展,也涉及如何管理自己拥有的资源使之效用最大化。凡此种种,都与管理有关。

不管我们承认与否,"四新"经济都会成为这个时代的新常态,影响国家发展与你我的生活。如果非要把"四新"经济概括成一点,"这一点"就是:"资本"的力量被弱化,"智本"的力量正在勃发。也正是从这个意义上说,可以把推动"四新"经济发展的核心力量归结到"人才"上面,高等职业教育大显身手的时候到了。

今天,我们如何讨论职业教育问题

借国家重视职业教育的东风,职业教育研究也红火起来了。2016年12月17日至18日,第十一届中国中青年职教论坛暨中国职业技术教育学学科建设与研究生培养研讨会在华东师范大学召开。论坛以"面向2030:职业教育的愿景与变革"为主题,聚焦中外职业教育比较、职业教育理念、农村职业教育、职教师资培养、校企合作和职教学科建设等问题,吸引了400多名来自全国各地的专家学者、职业院校教师和职业教育专业的研究生参加，可以说是盛况空前。大会不设主席台，只有主持人和发言席；发言者每位发言不超过10分钟，几位发言者集中发言后，安排1个小时的自由论坛时间，对前面几位发言的内容进行提问或者批评，每半天的会议中间设有15分钟的"茶歇"——会议安排的茶点和休息时间。此刻，与会代表们可以喝着咖啡饮料、吃着水果点心向发言人继续提问或彼此讨论。"茶歇"过后更换主持人。这种会议形式能够让更多有价值的思想、观点、方案、方法展现出来，使人们在切磋、商讨、争鸣中或分清是非、或找出短长、或明晰思路，会议很成功。当然，瑜不掩瑕，中青年职教论坛也存在一些问题，诸如，大家各说各话，致使讨论缺乏交集、无法聚焦；在职业教育一些ABC的初级层面上纠缠，没有实质效果；观点偏颇、走极端；等等。凡此种种，促使笔者思考：时至今日，我们应该如何有效地讨论职业教育问题？众所周知，世界不会也不应该只有一种声音，正是在质疑与反质疑的过程中，人们对职业教育本质的认识才会深入，职业教育才能发展。这就需要我们学会不同的思考问题的方式，以及运用正确的方式方法来讨论问题。

首先，独立思考。有了独立思考的习惯和能力，才有可能另辟蹊径，从别人司空见惯的现象中发现别人发现不了的有趣问题，才有可能走上创新之路。独立思考的第一步是质疑，面对任何一个问题，不管三七二十一，先持一个反思与批判的态度。老师和权威说的都对吗？那些一代代沿袭下来的天经地义的"常识"都是正确的吗？从认识论上说，我们只能无限接近真理，而不可能获得终极真理。因此，面对任何观点和事物，都不能轻易相信甚至毫无保留地全盘接受，都要通过多角度搜集资料和证据来检验它们的真实性。

其次，找真问题。所谓真问题，指的是在理论或实践层面具有讨论与研究意义的问题。围绕职业教育办学的问题有很多，但不论这些问题的轻重缓急，宏观还是微观，都有一个基本的价值判断，即这个问题值不值得我们去思考。为了避免围绕"假问题"纠缠不清，在找问题之前，我们应该有"三问":一问问题在实践层面的合理性,即问题在实践层面是否有讨论的必要;二问问题在理论层面的合理性,即问题在理论层面是否有讨论和研究的必要与条件,以及问题涉及理论研究的什么层面;三问问题内在的逻辑性,即这个问题是否具备一个问题所拥有的形式上的各个要素。一个问题可能在某个方面表现不突出,但无论是实践问题还是理论问题,只要是真问题,就一定同时拥有这三个方面的特点。

再次,不可偏题。"你跟他讲法律,他跟你说政策;你跟他说政策,他跟你谈民意;你跟他谈民意,他跟你讲国情……"这是网上的段子,也是避实就虚、非理性讨论的写照。理性讨论的基本要点在于紧紧抓住讨论的中心,不偏题,讨论 A 的时候,就紧紧地围绕 A 讨论,不要讨论对方在 B 方面的弱点,也就是说批评要有目标。这就要求我们必须明确所要讨论的问题是什么,不能跑题偏题。如果连讨论的问题都不清楚,即使有了质疑精神和反思能力,说来说去,也不过是"你方唱罢我登场",胡说乱说一通罢了。这样的讨论,表面上看似乎热闹得很,其实并不能增加我们对某一职业教育问题的理解和认知。

最后,方法正确。明确了讨论的问题,接下来就要围绕它准确表达自己的观点,并对其进行解释和论证。从学术讨论要有效和要有意义的角度看,需要做到的基本前提是:每人所给出的概念和定义一定要明确,否则会导致许多无谓的争论。在同一个观点下面,你不能一会儿说制度化的学校职业教育,一会儿又说培训,虽然它们都属于广义的职业教育,但二者的内涵和外延不同。还需要论证论点的合理和自洽。在数、理、化这些硬科学领域,以及能通过严格的推理证明的领域,通常不存在分歧,比如一定可以由"A→B"推理出"非B→非A",而在人文社科领域,很难有严格的推理论证。即便如此,我们在论证过程中,也要尽量做到逻辑推理严密、结构完整、论据充足。不满足这些要求,讨论就像建在沙滩上的建筑,经不起推敲。常识告诉我们,每一篇论文特别是好的论文都是相对独立完整的,它总是力图为分析问题、解决问题而建构一个理想化的模式。

讨论问题时要准确理解他人观点，切忌望文生义、断章取义。

　　总之，讨论职业教育问题要有足够的准备，不仅要有专业知识和理论的足够准备，而且要有学术争鸣方法论的足够准备。如果缺乏这些准备，随兴而起，仓促上阵讨论，对职业教育学术发展并无益处。

▶ 职教观察
2017

天道酬勤　勤须得法

笔者很佩服的研究政治学（小说写得也好）的清华才女刘瑜说过一句话："每当我一天什么也没干的时候，我就开始焦虑。每当我两天什么都没干的时候，我就开始烦躁。每当我三天什么都没干的时候，我就开始抓狂。不行啊，不行了，我三天什么都没干啊，我寝食难安。"作为"时间的疯狂守护者"，这句话就是笔者春节假期的真实写照。寒假开始，笔者就到新西兰看在奥克兰读书的女儿，近一个月的时间除了尽情呼吸新西兰新鲜的空气、饱览南北岛美丽的自然风光外，几乎没看什么书，没写什么文章，这对于笔者来说实在有点"不正常"。多年来笔者已经养成一种习惯，绝不浪费任何一分钟，还美其名曰"做时间的主人"：在走路的时候构思文章；在开车的时候学英语；在出差的火车上整理日常剪下来的报纸；在上厕所的时候看书；在任意两件事的衔接点里扒出细缝，用来回复邮件、短信，思索人生的道理……以为这就是所谓的勤奋，自己也心安理得地享受着来自同事的钦佩："你那么忙，真的很勤奋！"但笔者很快就发现，自己的工作时间越来越长、休息时间越来越短，以至于情绪越来越焦躁，只要有10分钟无所事事，就会变得非常慌张——这是不是在"慢性自杀"（鲁迅先生说过，生命是以时间为单位的，浪费别人的时间等于谋财害命；浪费自己的时间，等于慢性自杀）？更可怕的是，自己的工作量明明没有变化，可看起来每一天它都在成倍地递增着，笔者开始害怕夜幕降临的那一刻，因为那意味着这一天有更多的事情被贴上了"没完成"的标签。笔者责备那是自己"无能"的表现，直至意识到问题的关键——勤奋也须得法，不得法的勤奋是没有效率的勤奋，与懒惰无异。

放眼周围，和笔者一样患有"勤奋式的懒惰"症状的人似乎并不少见。笔者的一些研究生都表达过这样的疑惑："我每天除了上课，剩下的时间都泡在图书馆、自修室，为什么期末考试的时候，成绩还是没有那个每天下课就去玩的室友好呢？"笔者的那些辛勤的同事在年终总结的时候也诧异："我时常加班，有时把周末都贡献给了工作，为什么感觉自己一点也没有进步，一年下来好像什么都没做似的呢？"这究竟是怎么回事呢？

著有《每周工作4小时》的蒂姆·费瑞斯在他的书中更正了"忙碌"的含义。他指出了忙碌和效率的重要区别，那些整天忙忙碌碌的人——忙完一个活动又忙另一个活动——事实上可能是以牺牲有效性为代价而维持忙碌状态的。你的目标应该是富有成效——即你所做的事情必须能够让你更加接近你的目标。他还指出，那些"忙碌"却没有"成绩"的人，也许需要重视一些其他的能力：培养选择性忽视的能力，养成使用和保持低信息食谱的习惯，少做无意义的工作……

为了证明蒂姆的理论，笔者以自己为例列出一天的行为清单，发现了如下几个未曾察觉到的细节：自己时常在缺乏计划的无序状态下开始新的一天；习惯在开始一天的工作前打开新闻浏览半个小时；在做一件事的时候，很容易因为收到的邮件、短信或电话而分心；当思维卡壳的时候，总是迅速起身去喝口茶或者去趟厕所，而不是顺着思路继续找寻答案……

就是这些不易察觉的小习惯，制约着笔者将所拥有的时间发挥出最大功效，让每天用15个小时工作的自己，一边"勤奋"地推掉朋友的聚会，一边"懒惰"地翻看着无意义的新闻，"我没有时间做任何事，我甚至没有时间完成我的工作"就是结果。问问曾与笔者有同样苦恼的学生和同事，"图书馆、自修室里刷微信看朋友圈""毫无计划地加班""追了几集肥皂剧"，这些是导致大多数人"有付出无收获"的最主要原因。

笔者意识到我们必须改变没有效率的勤奋状态。这几天看了一些时间管理方面的书后，有种醍醐灌顶的感觉，似乎找到了能够让自己一边勤奋地工作一边享受生活的几个诀窍：首先是手写一天的工作计划。每一个小时的计划抵得上五个小时的执行,而一笔一画写出来的计划更令自己有想征服的欲望。买一块小黑板用来写自己每一天待办的事,把它放在办公桌上,并按照事情重要和紧急的程度去完成清单。其次是选择在自己最有精力的时候做最重要的事。比如,夜猫子最好选择把最重要的事情放在晚上来做,晨起人士就在清晨处理重要的事情,了解自己的精力巅峰并进行合理利用,这是用更少的时间达到更好的效果的高效原则之一。再次是专注于手中的那件事,远离容易令自己分心的事。我们总是"做不完"一件事,也许是因为我们并没有真心实意地"想把它做完"。如果想真正达成目的,那去自修室就不要带手机,处理棘手问题时就不要回复朋友的邮件,熬夜加班时就不要随手打开淘宝,正在做家务的时候就不要不自觉地看起了《欢乐颂》……。最后是劳逸结合。不要一味地"为了工作而工作""为了学习而学习",一个人工作的目的是为了达成目标,除此之外,要尽可能地"扩大再生活"。比如运动,有研究显示,运动可使一个人的工作效率提升15%,适当的运动并不是浪费时间。

新的一年开始了,新的学期开始了,希望大家都避免"无效率的勤奋"。

五年能干什么事情

在中国,大家对五年规划都比较熟悉,每到逢五逢十,大到国家,小到一所学校甚至个人都要制定五年规划,通过制定五年规划盘点一下过去五年做成了哪些事情,有什么得失,在此基础上,设计一下未来五年要做的事情。笔者以为,这反映了人们的一种在不确定的社会里寻求确定性的心理,只不过,进入信息社会后,这种确定性的追寻是越来越难了。尽管如此，有些东西还是可以确定的，比如初中起点的"五年一贯制"大专便是一种行之有效的、培养经济社会发展需要的技能型人才的教育样式。

第一，它有利于强化学生的职业认知。职业生涯伴随人的一生，良好的职业生涯教育是青少年未来职业发展的重要基石。在我国现行教育体制下，职业生涯教育大多起始于大学阶段，似乎只是高等教育该管的事，初中的职业生涯教育只有零星的几处试点，小学阶段的职业生涯教育更是几近空白。然而，美国、日本、韩国、德国等国家都非常重视从小对孩子进行职业生涯教育。他们认为职业生涯等同于人生的发展，职业生涯教育就是关于人生发展的教育，因此需要从小对孩子进行各种与生存技能有关的教育，让孩子进行职业体验和职业角色模拟扮演，从而学会沟通、合作与变通。不经过比较长时间的职业生涯教育，学生很难对自己未来的职业发展道路有清晰而又稳定的认知。而五年一贯制高职既可以弥补学生在义务教育阶段职业生涯教育的欠缺，又可以在五年内循序渐进地明确自己的职业兴趣、能力倾向、生活方式、专业选择、未来工作、毕业去向。

第二，它契合于技术技能型人才成长规律。技能是掌握和运用专门技术（工具）完成某项任务的能力。技术技能型人才的成长需要长时间练习，短时间内难以奏效。传统学徒制中，常常需要 3～7 年时间才能出徒。国外有一个"一万小时"定律，这个定律是在研究了很多功成名就者的经历之后得出的，意思是要想做好任何事情，比如写文章、绘画、拉琴、打高尔夫、玩篮球、踢足球、开飞机、搞焊接等，都需要操练至少一万小时。时移世易，道理恒常。2016 年中央电视台《大国工匠》节目中介绍的上海飞机制造有限公司高级技师胡双钱、港珠澳大桥钳工管延安、航天科技集团运载火箭技术研究院特种熔融焊接工高凤林等 8 名高技能人才，无一不是十几年、二十几年坚持勤学苦练的人。五年一贯制大专虽然不一定能培养出上面提到的技能大师，但是用五年时间为学生打好成为未来技术技能型人才的基础应该是能够做到的。

天下哪有这样的"好工作"

笔者最近有点犯愁，女儿研究生即将毕业，找工作压力大。

和笔者一样有压力的还有国家人力资源和社会保障部的部长尹蔚民，他在去年年末曾公开表示：供给不减、需求下降、企业生产经营面临困难等因素会直接或间接导致"十三五"期间我国劳动力需求量相对减少。而"十三五"期间，我国每年需要在城镇安排就业的人数仍然维持在2500万。这其中，约1000万人是登记失业人员，约1500万人是以高校毕业生（据教育部发布的数据，2017年全国普通高校毕业生预计达795万人，比2016年多出30万人）为主体的青年就业人员。此外，"十三五"期间每年还有近300万农业富余劳动力需要转移就业。这么多人要就业，压力之大可见一斑。不过也有乐观的消息，今年人代会期间，李克强总理的政府工作报告在回顾2016年的工作时提到，就业增长超出预期。2016年城镇新增就业1314万人，高校毕业生就业创业人数再创新高。由此看来，大学生就业率似乎并不低，但为什么社会上仍然弥漫着就业难的气息呢？个人认为，除了低迷的经济对庞大的就业人口吸纳不足外，还有就是不现实的就业观作祟，大家都想找一个"好工作"，正如一位即将毕业正到处寻找工作的大学生所说的："不是找工作难，而是找好工作难。"可什么样的工作是好工作呢？

说到"好工作"，笔者讲个故事。笔者有一位人面广、熟人多、去的地方多，又乐于助人的相对来说比较能干的朋友，每年在填报高考志愿期间或毕业生就业季，就有一些熟人向他"求助"，无非就是希望他能够出谋划策帮自己亲朋好友的子女介绍推荐比较好的大学或职业。今年也不例外，而且这事来得比往年早，这不，春节刚过他的手机就接连不断地响起了那些熟悉而又焦虑的声音，并且找他帮忙的人还再三叮嘱，在为其亲朋好友的子女介绍工作时，务必介绍个比较好的，希望这份工作尽可能具备以下特点：轻松的、体面的、高薪的、离家比较近的、工作环境好的。我的这位朋友告诉我，听罢这些具体的要求，他兴奋了、紧张了，当晚就失眠了，无奈之下吃了几颗与睡眠安神有关的药丸子，但还是睡不着。他根据这五点要求广开思路，从东海之滨想到西部边陲，从白山黑水想到天涯海角，从国务院想到基层乡镇，从国有企业想到事业单位，从城管交警想到小商小贩，思维非常活跃，但怎么也想不出与这五个特点相近的职业。为此，他充分利用现代信息技术，发挥强大的朋友圈的"搜索"功能，跟同学、熟人、朋友、同事讨论具备这种特点的工作，结果大伙一听都乐了，打趣道：天下哪有这样的工作？如果有，他自己不会干，还留给你？

让我们来仔细看看这所谓的好工作吧。到底什么叫轻松呢？大凡有责任心的人干任何一件事情，想干好根本不可能做到轻松，只有好上加好，除非不负责任地混日子，可混日子也不轻松啊。什么是体面呢？不同的人有不同的看法，有人觉得涂脂抹粉是体面，也有人觉得这像戴了假面具；有人觉得嗲声嗲气体面、斯文，也有人觉得这是中气不足。多少薪水才算高薪呢？谁都想高薪，但现在只有"高新"开发区，而没有"高薪"开发区。就目前情形看，每月有6000元至1万多元的薪水已经很不错了，但这要创造相应的价值与之对应，如果要知识没知识，要技能没技能，要专长没专长，谁会给这样的新员工那么高的薪水呢？凭什么给你？要说离家近，这可以理解，但远近的距离以什么标准来计算呢？标准不一，难有定论，在北京从一环到五环，有的人说很近，有的人说太远了。要工作环境好，这一点大家异口同声，在这五点意见里最能达成共识的就是这一点。但环境分大小，即使你工作在窗明几净、整洁有序的小环境里，咫尺之外就是痰迹、狗屎、垃圾遍地的大环境（公共场合），这又如何呢？

细究起来，这五个要求其实反映出一种人格的偏差，一种狭隘的择业观。对此，我们是不是应该学学体操王子李宁的择业观？照常理，他是世界名人，获奖无数，凭借过往的荣耀，退役后可以找份轻松体面的工作。可他却从荣誉巅峰走下神坛，告别一种功成名就的享受，果敢创业。据报道，李宁做实业并不是一帆风顺，而是遭遇了很多波折，为此他也哭过多次。有一次他开订货会，席间高朋满座，许多人甚至都是他的老熟人，但席终人散之后，并没留下多少订单，这时的李宁是笑在脸上苦在心里。但他咬紧实业不放松、坚持创业不退缩，最终创出了响当当的"李宁牌"体育用品，打破了国外品牌一统天下的局面。在我国亟须发展实体经济的当下，这该是一种多么可贵的精神。

择业可体现一种品格，创业也是如此。古往今来，从所有的名人传记中，你都可以看到这个轨迹。既如此，我们应该从现在开始，不再去想那些用优美词句堆砌起来的不切合实际的近乎完美的职业。我们应该提倡的是，从实际出发，脚踏实地，学用结合，从小事做起、从基础做起的就业创业观。也只有不辞辛苦、勇于实践，方能一分耕耘一分收获。

我得跟我女儿说，找工作一定要有符合实际的就业观。

迎接产业工人的春天

最近媒体上的两则消息引起了笔者的思考。

第一则，国家统计局最新数据，2016年我国农民工总量达28171万人，比上一年增加424万人，增长1.5%。其中本地农民工11237万人，增长3.4%；外出农民工16934万人，增长0.3%。第二则，2017年开春以来，持续十多年的招工难问题依然弥漫在企业尤其是制造业企业中，几乎覆盖了所有工业体系。广东在劳动力总量上仍存在一定缺口，如广州市缺口为18.16万人，佛山市缺口为8万人（广州市和佛山市人力资源市场服务中心数据）。相比整体上的用工缺口以及普通工人招聘问题，广东制造业企业在节后招聘时的突出难点在于，企业招不到技术型、管理型等高端人才。

这两则消息反映了一个"矛盾"的现象，那就是在我国，一方面我们依然有庞大数量的劳动力，另一方面，用人单位招不到自己所需要的员工。30多年来，我国制造业规模不断扩大，不仅制造业总体规模稳居世界前列，在进出口贸易规模、从业人员数量、专利数量等重要指标上也在全球独领风骚。其中，数以亿计的产业工人在推动技术创新方面起到了不可替代的作用。近些年来，我国经济结构正在加速转型升级，尤其是信息技术、新能源等新兴产业的兴起，对产业工人在技能上的要求发生了根本性转变。不过，在从制造大国向制造强国迈进的过程中，我国中高级技工人才数量不足，专业技能人才整体结构不尽合理，使得某些高水平、高质量的工业设计只能停留在图纸上。产业工人队伍的总量、结构和素质还不能适应工业发展的需要，产业工人队伍中的技能人才严重短缺，已成为制约工业持续快速发展和产业升级的重要因素。因此，打造一支具有高职业素养、高专业技能的产业工人队伍，是发展先进制造业的关键因素。

为便于论述，这里将工人大致划分为普通工人、高级技工、"灰领"工人等类型。普通工人是指技能水平一般、主要从事经常性的熟练劳动的工人，在工厂里面也叫熟练工，其社会地位较低，劳动能力不高，靠训练获得一定的劳动技能，有些具备初级工或中级工的资质，大多数没有职业等级证书。高级技工是指具有丰富实践经验和较高操作技能，能够解决关键性技术难题的工人。从工人群体职业等级的角度来看，在企业里面，高级技工主要是指技术工人中的高级工、技师和高级技师，其技术能力处于工人群体的上层。高级技工一般由好学习、善钻研、勤训练的普通工人成长而来，他们在操控运行高精技术、调试维修复杂设备、分析解决制造难题、防止排除事故隐患、改革更新工具工艺等方面起重要作用。"灰领"

一词来源于美国，原指负责维修电器、上下水道和机械的技术工人，这些工人常穿灰色工作服，故得此名。随着工业生产日益复杂化、生产过程的技术含量不断提高，以及信息技术和自动控制技术在生产中的大规模应用，要求工人不仅需要掌握基本的机器操作要领，也需要学习和掌握先进的技术原理，并能够结合实际去改造工艺流程，从而更好地处理生产过程中出现的技术问题。于是介于管理决策者（白领）和执行操作者（蓝领）之间的工人——"灰领"工人就应时而生了。具有扎实的专业知识、较强的创新能力、熟练的操作技能，既能动手又能动脑，既直接操作机器又掌握专业技术原理的"灰领"工人，连同上面提到的高级技工，是我国加快产业优化升级、提高企业竞争力、推动技术创新和科技成果转化等方面极其需要的工人类型。

从国家到企业都意识到，打造和培育一支技术娴熟、爱岗敬业的产业工人队伍正当其时。2017年2月6日，中共中央召开中央全面深化改革领导小组第三十二次会议，会议提出打造一支有理想守信念、懂技术会创新、敢担当讲奉献的宏大的产业工人队伍。为此，我国应该尽早确立与产业结构调整相适应的制度性规范体系，保障产业工人的合法权益。除了改善薪酬待遇之外，他们希望能够获得更多的认同感。要让劳动力要素在分配中占有更大比重，让智慧和劳动成为人们获得收入的主要途径，给产业工人更多的上升通道；也要在全社会弘扬劳动光荣、技能宝贵、创造伟大的时代风尚，让能够当上一名产业工人重新成为一件令人羡慕的事情。

更令人鼓舞的是此次会议还审议通过了《新时期产业工人队伍建设改革方案》，相信随着"政治上保证、制度上落实、素质上提高、权益上维护"的思路不断变为现实，中国的产业工人将会拥有更多社会认同感和职业荣誉感，迎来自己的春天。

普及一个什么样的高中阶段教育

2017年3月24日，教育部、国家发展改革委等四部门共同发布《高中阶段教育普及攻坚计划（2017—2020年）》（以下简称《计划》）。《计划》提出，到2020年，我国将普及高中阶段教育，全国各省高中阶段教育毛入学率都要达到90%以上，普通高中与中职学校招生规模应大体相当。这后一句话给那些担心"普职比"变化的人吃了颗定心丸。

笔者是1981年上的高中，那个时候初中毕业生一般先考小中专（招收初中毕业生的中专，考上的都是学习尖子），考不上小中专再考高中。笔者没有考上小中专所以考了个高中，能够考上高中也不容易，大多数初中毕业生既考不上小中专，也考不上高中，就回家务农去了，上高中还是挺难的。时间一晃过去了36年，其间笔者师专毕业到高中教书，后又离开了高中。而国家高中阶段的教育结构也发生了变化，小中专取消了，除了普通高中以外又增加了职业高中。对于完成义务教育阶段的学生来说，只要愿意，接受高中阶段教育已不成问题。有数据为证，2016年全国高中阶段教育毛入学率达到87.5%，教育部2015年统计数据显示，全国已有22个省份的高中阶段教育毛入学率超过90%，北京、上海等地都达到95%以上，笔者老家山东的情况也大致如此。从普及的角度来看，由2016年的87.5%到2020年实现"高中阶段毛入学率90%"这个公认的全面普及标准，三年多的时间完成2.5%的增长应该不是难事。笔者更关心的是普及一个什么样的高中阶段教育。

第一，高中阶段教育要激发学生学习动机，培育其对未来规划发展的能力。高中阶段教育包括普通高中和中等职业教育，中等职业教育又包括中等专业教育、中等职业技术教育和职业高中教育，是国民教育体系的重要环节，它承担着升学、就业、培养全人的使命，是承上启下、进行分流的重要环节。高中阶段教育在人的发展中地位独特，它是学生从未成年走向成年、个性形成和自主发展的关键时期。学生自身学习动机、个人学习意愿、学习目的和家庭对于教育的支持程度都对高中阶段教育选择产生重要影响，所以要加强对学生学习动机的教育，将普通高中和中等职业学校各自教育特色、优势以及职业发展渠道统一纳入学生发展规划能力的培养当中，提高学生自主选择教育的能力。

第二，调整普通高中学校与中等职业学校的比例结构，压缩普通高中规模。相对于我国经济发展和接受教育人口数量比例的快速上升而言，我国高中阶段教育的学校结构还存在较大问题。对于中等职业教育的发展，要采取分类指导的方式，在落后地区，尤其是中西部地区等中等职业教育基础还十分薄弱的地区，首要任务是加强基础能力建设，调整普通高中学校和中等职业学校的比例结构，这些地区普及高中阶段教育的工作重点应该放在扩大中等职业学校招收初中毕业生规模方面；在中等职业教育已经发展到一定规模的地区，主要任务是深化产教融合、挖掘办学特色；在中等职业教育已经具有较好基础、具备一定办学特色，毕业生就业竞争力较强的中等职业教育改革示范性地区，则应该实施创新驱动发展战略，为经济转型升级培养具有一定创新创业能力的高素质技能人才。

第三，提升中等职业学校办学质量，改变中职毕业生回报率普遍低于普通高中毕业生的现实。我们接受教育总是想通过教育提高自己的生活质量。现实中相当一部分家庭的子女接受完基本的九年义务教育后便直接进入社会或勉强进入普通高中，进入普通高中的考不上大学再直接进入社会，这些人在劳动力市场中整体缺乏竞争力，择业范围窄、就业环境与待遇较差。即使如此，他们也不选择进入职业学校。学生选择中等职业学校的比例较低，对中等职业学校的满意度偏低，表明社会普遍对中等职业教育的认可度不高。未来要提高中等职业学校办学质量，提升职业学校学生的就业质量，改变社会对职业教育的歧视性观念，使职业学校毕业生投资回报率高于一般普通高中。

第四，拓宽中等职业教育进入高等教育的升学通道，扩展中等职业学校学生的发展空间。参加高考是学生选择普通高中的最主要目的，甚至有不少学生和家庭愿意以非正式录取生或交纳不菲赞助费的方式入读普通高中，以获取参加高考的机会，这种情况我们应该正视。目前对中等职业学校学生参加高考的数量和可就读学校限制过多，远不能满足学生需求。因而有必要拓展中等职业教育与高等教育的衔接通道，提升学生发展空间，要采取措施使大多数招收普通高中生的高校都能对职业学校学生开放，增加中等职业学校的吸引力。

青少年的身心发展是一个连续的过程，这对我们设计教育制度提了两个要求：首先，应该具有一种整体的教育观念与制度安排；其次，不同阶段的教育与青少年身心发展的阶段性特征之间应该相互联系或衔接。希望我国高中阶段教育能够准确定位，很好地实现与高等教育和职业生活的衔接，助益学生可持续发展。

不同群体就业难题破解策

去产能攻坚战的重中之重是解决好职工安置，这关系到去产能全局的成败。据估算，未来 2～3 年，若产能过剩最严重的行业——钢铁、煤炭开采、水泥、造船业、炼铝和平板玻璃减产 30%，将有 300 万人面临分流。由于技能单一，这些结构性失业人员将面临再就业的尴尬处境，加上近几年每年 700 多万的高校毕业生和农村劳动力转移人口，就业压力之大可想而知。与之形成鲜明对比的是，今年一季度全国人力资源市场招聘需求高于求职需求，制造业的用工需求尤为旺盛。比如，广东省东莞市一家公司为熟练技工开出了5000～8000元的高薪，仍然没有招到合适人选，只能招聘普通工再逐步培养成技工；河北省一家制造企业招聘10名焊工和钣金工，但由于该岗位既要能电焊操作，又要会看图纸，最后仅5人报名；四川省人社厅统计显示，全省技能人才总量680万，其中高技能人才100余万，现代制造业等领域高端领军技能人才稀缺；浙江省杭州市工商联2016年针对全市建筑业、传统制造业等上百家企业的调研显示，有71.43%的企业反映中高级技术工人短缺，低技能劳动力过剩；天津劳动力市场信息反馈，企业高级技术人才的供求比例已经达到1∶10左右。社会科学文献出版社近期发布的2017年人才蓝皮书《中国人才发展报告（NO.4）》也印证了这一点，该报告显示，我国高级技工缺口高达上千万人。

　　一边是大量需要就业之人一岗难求，另一边是企业对于技术工人求贤若渴，这就是经济学上说的"结构性就业"难题。结构性就业问题的成因归结起来不外乎两个方面：一是随着产业升级，劳动力市场对于技能的要求越来越高，对高技能的劳动者需求逐渐增加，对低技能的劳动者需求逐渐减少。而结构性失业人员由于长期在生产一线，工作内容相对固定，又缺乏有效的职业技能教育与培训，知识结构落后，技能单一，很难满足劳动力市场新的要求。二是工匠精神缺乏，难觅高端手艺人。当前，我国正处在由"制造大国"向"制造强国"迈进的时期，这对企业的生存发展提出了更高的要求。然而，在自动化大生产时代，从业人员所扮演的角色更多的是"螺丝钉"，而不是"工匠"，这使得他们缺少独特性，很容易被替代。

　　目前，转型升级、提高竞争力是我国整个制造行业面临的重要任务。但总体看，受制于技工短缺，部分企业技术水平的提升还没有转化为产品及生产力，致使转型升级步伐迟缓。尽管近年来国家出台了一系列措施推进职业教育发展，但仍然跟不上产业升级对高技能人才队伍的需求。为此，我们还要根据形势的变化制定一系列的措施,提高待就业群体的技能水平。

一是要构筑新型劳动力培育体系。要使结构性失业人员能够顺利转岗就业,就要避免当前职业培训及职业教育中重理论轻实践的培养模式,而要把两者有机地结合起来。同时,将职业教育与职业培训作为结构性失业人员、大学毕业生、进城务工人员培养体系通盘考虑,充分发挥市场机制作用,引导社会力量参与职业教育,鼓励兴办继续学习及再教育机构,形成就业再就业合力。

二是按需调整职业教育资源的布局。一方面要建立各群体待就业人员数据库,有效掌握结构性失业人员、新增就业人员的动态,为政府决策提供数据支持。另一方面要建立就业人员需求数据库,促进职业教育同社会需求紧密对接,根据需求调整专业设置和资源投入,加强个性化职业教育与培训,使结构性失业人员既能提升原有技能,又能掌握符合新产能要求的新技能。

三是要建立专业化的师资队伍。要注重师资的培养,从事职业教育和培训的工作者必须与时俱进,需要经常性地更新自己的知识和技能,系统改进教学、实习等环节,弥合人才培养与企业需求之间的缝隙,以满足教学和培训的需求。

四是要优化各个年龄段、各层次"劳动力"的就业安排,有针对性地开展职业教育与培训,满足经济社会发展的需要。当前,要重点抓好四类教育培训:其一是提高在校生的技能水平;其二是做好企业在岗职工的技能提升培训;其三是做好结构性失业人员的再就业技能培训,重点推行校企合作培训、订单式培训和定向培训模式;其四是做好创业培训,为分流人员创业就业打下基础。

五是政府也应保护企业在技能培训方面的热情,分担投入成本,增强企业开展技术技能培训的积极性。同时,鼓励社会力量成立各类社会化培训学校,让想参加培训的人员可以自由选择,打开职业技术院校和企业之间的通道。

劳动节里说劳动

笔者是在劳动中度过今年的"五一"国际劳动节的,劳动节就应该在劳动里度过。当然,笔者也不反对"五一"国际劳动节放假,对于那些整日忙忙碌碌的人来说,多一天假期是再好不过的事情。按照惯例,每年"五一"国际劳动节期间都要评选和表彰劳动模范,报纸也会连篇累牍地发表评论(社论),宣传劳动光荣、劳动崇高、劳动伟大、劳动美丽等理念,希望全社会都热爱劳动。实际效果好像并不尽如人意。关于劳动的价值,笔者觉得需要从应然和实然两个方面加以分析,并应注意把这两者统一起来。"应然"就是告诉我们"应该如何",涉及事情的好坏,比如从道理上论述劳动是光荣的、劳动是崇高的、劳动是美丽的;"实然"就是告诉我们"是什么",涉及真假,比如具体的劳动是什么样、报酬多少、劳动条件如何。如果我们不从实然角度分析现实生活中劳动也分三六九等,有的"劳动"可能是美丽的,有的"劳动"也许并不美丽,只是一味地从应然层面论说"劳动就是好""劳动就是光荣",到末了,大家把自己实然的劳动处境和应然的理想劳动一对照,谁还相信你说的话呢?这就是我们每年都宣传劳动好,但是整个社会鄙薄劳动之风愈益严重的原因之一。

劳动是抽象的,也是具体的,与其说劳动是一个哲学概念,不如说它是一个经济学概念。从经济学上看,劳动是指人类在财富生产过程中所提供的有价值的服务或贡献。所有的劳动,其共同的特征是劳动者都要付出时间、体力、知识或技能。换言之,劳动是人们为了创造使用价值以满足物质和精神需要而对体力、脑力以及时间的付出。劳动是一个随社会、历史的发展而内涵不断发生变化的概念，处在不同发展阶段的社会，其劳动往往有不同的类型和特征。历史上，中外皆把劳动分为"劳心"（脑力劳动）和"劳力"（体力劳动）两种，劳心者不太看得上劳力者，常常称之为苦力。近代启蒙运动以来，一些思想家看不惯这种现象，开始为劳动者，尤其是体力劳动者张目。法国思想家卢梭曾宣称"劳动是社会中每个人不可避免的义务"；中国教育家蔡元培也倡导"劳工神圣"，赞美体力劳动者。然而，就社会阶层而言，体力劳动者在几乎所有国家依旧处于社会底层。在中国，体力劳动者真正获得社会地位是在1949年新中国成立以后，那时候工人成为老大哥，工人阶级成为最受欢迎的阶层。这种"好时光"到20世纪80年代就一去不复返了。最近三十多年，是体力劳动者、普通劳动者付出和回报不相称，难以体会劳动尊严的时期。当前以"三去、一降、一补"为主要任务的供给侧结构性改革正处在关键时期，产业转型升级加快，结构调整深化，导致很多劳动者不能劳动、不会劳动、劳动不好。总体来说，劳动（体力）光荣应然的成分大于实然。

毋庸讳言，人生在世，必须以劳动来交换生存所需的物质和精神营养，没有谁可以单独生存。从这个意义上说，劳动光荣首先是体力劳动光荣，体力劳动光荣应该有高回报，有高回报是因为其创造"效用"。比如，一些看似简单的重体力劳动，像建筑工人、矿工、开大货车的、高空作业者，等等，他们的劳动需要非凡的体力、耐力与胆量，这都是社会必需的稀缺能力，并不是一般人能胜任的，所以应该获得高回报。在西方国家，这些工作也是收入丰厚，远超普通白领的。那些需要相当技术与经验的熟练技工、高级技工就更不用说了。美国通用一线的工人工资水平高于美国普通大学教授的平均工资，水管工工资是一般美国人的两倍以上。美国社会学家加尔布雷斯在其《富裕社会》中说，"对劳动的报偿不是在劳动的本身，而在于劳动报酬"……对"新兴阶层"来说，"工资并非无足轻重。尽管还包括其他方面，工资却是声望的主要指标。声望就是其他人的尊重、关注和尊敬，实际上是与这种工作密切相关的满足感的一个重要来源"。广大普通劳动者的劳动和其收入、健康、休息等切身利益攸关，需要我们努力做好劳动者的思想引导、转岗安置、就业培训等工作，确保他们就业有出路、生活有保障，捍卫劳动者的尊严。

最后，建议在我国的教育方针中恢复"德智体美劳"的说法。《国家中长期教育改革和发展规划纲要（2010—2020年）》把我国的教育方针变成了"德智体美"全面发展，去掉了"劳"字，笔者认为是不合适的。那些诸如"'德智体美'对人的素质的基本要求和'劳'对人的技能方面的要求不是一个层面的东西，不宜放在一起"的说辞（还有别的说法），都是不靠谱的。2500多年前古希腊剧作家欧里庇得斯写下的"美德在劳动中产生"这句话，再过2500年也还是有用的。把广大中小学生培养成"德智体美劳"全面发展的社会主义事业建设者和接班人，应该是我国发展教育的长期目标。

高考、公平、效率与职业教育

教育无小事，当今时代，教育不仅仅是公民个人发展的基础，也是一个国家或民族崛起和可持续发展的基础。

6月7日，全国有940万考生走进考场，参加2017年高考。高考是大多数中国人生活中的大事，上至政府下至百姓都很关心，高考期间，相关部门全体动员为高考服务，警察提供安保，气象部门提供天气预报，甚至考场周围的施工单位都得停工，以免噪音影响学生答题。今年又恰逢恢复高考40周年，一些不满于或受益于高考的人纷纷撰文各抒己见、臧否是非。不满高考的人历数高考的种种弊端，受益于高考的人竭力为高考辩护，说恢复高考如何改变部分人的命运，又说随后的扩招如何改变了更多人的命运。客观地说，40年的高考的确改变了部分人（包括大量和笔者一样的农民孩子）的生活轨迹，也为更多的青年人提供了接受高等教育的机会。想一想刚恢复高考制度的1977年，当年参加高考的考生有570万人，录取人数才区区27万人，录取率为5%，而2013年全国高考录取684万人，创历史新高，录取率为76%，部分省市高考录取率甚至高达90%以上，这显著提高了中国的"适龄青年入学率"（18岁到22岁的适龄青年的大学入学率）。高考录取率的变化折射了中国高等教育公平——起点（相同的受教育机会、过程，相同的受教育环境、条件及师资等）日益公平的现实。人们除了对高等教育的公平孜孜追求外，对基础教育的公平也念兹在兹。

为什么人们会对某种教育的公平问题抓住不放？笔者想大致有以下原因：第一，这种教育是每个人都必须接受的（受教育无商量）。现代社会，所有人都要接受教育，通过基础教育掌握通用知识、学会阅读写作、形成初步价值、训练基本能力、锻炼身体素质、熟悉传统文化等，从而形成他特定的人格和能力特点，这些是一个合格公民必须具备的，也是一个人未来漫长的工作生活所需要的，这种教育就是基础教育。基础教育阶段如果不公平，扣不好人生的第一粒纽扣，就会影响一些人的生存和长远发展。像我国现在这样，在城乡之间、区域之间、学校之间、群体之间存在的师资、设施、理念、活动等方面的基础教育不公平，就不利于公民整体素质的提高，对国家的长远发展极为不利。基础教育公平关涉社会正义和所有人福祉，不能不好好重视。第二，这种教育是稀缺的，而且是所有家庭都希望自己孩子接受的教育，高等教育就是这类教育。在我国，高等教育作为稀缺资源（稀缺资源是指既有限而又有很大用途的资源，是需求量大于供给量的资源，又称相对稀缺资源）在不同的发展阶段有不同的表现。1999年高等学校扩招以前，因为高等学校招生录取率低，不管是专科还是本科学校，也不管是重点还是普通大学，只要能被录取就意味着未来工作有着落了，端上了"铁饭碗"；1999年扩招以后，因为高等学校招生录取率大幅度提高，使上大学变得不再是难事，相应的上好大学（"211""985"等高校）就难了，因为这些学校在就业、晋升等方面更有优势，含金量更高。高等教育公平关涉社会正义和个人福祉，不能不好好重视。对于基础教育来说，追求的是一种教育公平的"广度"，不断扩大教育覆盖面直至实现全纳教育，将教育普及到各种边缘弱势群体；对于高等教育来说，讲究的是教育公平的"深度"，由单纯的机会公平转向有质量的教育公平，从受教育机会转向受教育过程和结果。

在基础教育和高等教育之外，还有一种类型的教育——职业教育，要不要谈公平，值得探讨。前些日子笔者有个学生寻找做毕业论文的主题，说想做职业教育公平研究，笔者当时就表示反对，因为职业教育跟公平无关。从历史上看，有一种"双轨制"学制类型，它的学校系统分为两轨：一轨是精英型的学术教育，其发展历程是先有大学，后有中等教育的预备学校（文法学校），再后有初等教育性质的文法学校的预备学校，目标是培养学术精英和管理精英；另一轨是平民型的职业教育，其发展历程是先有小学（补习学校、平民学校等），后有因应工业社会发展需要而设立的职业学校，目标是培养熟练劳动力，两轨之间互不贯通。在现实当中，职业教育也不是每个人都必须要接受的教育，跟基础教育比，它培养的不是公民，是会做事（具体操作）的技术工人，并不是也不需要人人都去做工人。跟高等教育比，它也不是稀缺资源，在某种程度上还有点过剩。

从职业教育与经济发展之间的关系看，职业学校的设置和布局应该依据经济社会发展的需要程度，而不是一个地方的人口多少。今后一个阶段，对职业教育而言，提高效率也许比讲求公平更迫切。

职业教育要关注产业人力资本需求新变化

最近几年，在我国经济转型升级加快，经济结构持续优化的背景下，产业人力资本配置出现了一些新变化。如果我们把经济发展作为人力资本的需求侧，把职业教育作为人力资本的供给侧，那么前述变化就是需求侧的变化，相应地作为供给侧的职业教育就要对这种需求侧的变化做出响应。

技术进步导致技能人才需求层次的高移。经济增长很大程度上来自技术进步和人力资本的有效供给。促进信息技术与制造业的深度融合，通过技术改造提高企业生产工艺水平，是实现"中国制造"向"中国智造"转变的重要方式。新技术在生产中的应用对劳动力的知识技能提出了新的要求。从人力资本的角度看，在智能生产条件下，低端简单劳动岗位将逐步被替代（根据英国公共政策研究所分析预测，信息和通信领域有不到25%的工作岗位可能会被机器取代，制造业的概率约为49%，批发零售业占比约三分之二），倒逼企业升级人力资本。比如主营3C产业的东莞长盈精密是典型的劳动力密集型产业，目前其20000余名员工中，除去800余名研发人员，绝大部分还是普通工人。这家企业从2015年开始推行"机器换人"，投入了将近2000台机器人，取代将近6000名工人的工作量。在低技能劳动者需求减少的同时，高技能劳动力短缺成为普遍现象。据全国101个城市劳动力市场监测数据，2016年劳动力市场总体求人倍率（在一个统计周期内劳动力市场有效需求人数与有效求职人数之比）约为1.07，而高技能人才的求人倍率连年高于2。

产业调整升级引致劳动力就业结构变化。产业结构调整带动劳动力的就业结构调整，而劳动力在三次产业中是否合理且均衡地分布，又会影响到产业结构调整的进度和成效。未来几年，以供给侧结构性改革为主线和"三去一降一补"为主要任务的产业调整，将对产业人口转移产生新的影响，即从过去的农业剩余劳动力向外转移为主，转变为工业人口在内部向高效率部门转移以及向第三产业转移为主。过去几十年，我国农村剩余劳动力快速转移，第一产业人员大幅下降。近些年我国农业人口向第二第三产业转移的速度已明显趋缓，农业人口转移出现省内就近就业和返乡创业增多的趋势。2016 年，本地农民工 11237 万人，比上年增加 374 万人，增长 3.4%，增速比上年加快 0.7 个百分点；外出农民工 16934 万人，比上年增加 50 万人，增长 0.3%，增速较上年回落 0.1 个百分点。在外出农民工中，进城农民工 13585 万人，比上年减少 157 万人，下降 1.1%。第二产业人力资本需求也出现结构分化。长期以来，第二产业是全要素生产率增长最快的产业，也是中国经济高速增长的主要推动力。从 2012 年起，第二产业出现两个明显变化：一是人均产值增速大幅下降；二是因为人力资本在产业内转移滞后，大量滞留在低效率行业形成过剩，未能向高效率行业转移（推动我国劳动生产率提高的重要因素是乡村就业转变为城镇就业，当城镇就业人数增长放缓时，劳动生产率的增长也随之减慢了），致使就业弹性从正值区间进入负值区间。第三产业人力资本需求持续增长。改革开放以来，服务业（生活性服务业和生产性服务业）占全社会就业比重持续上升，是三次产业中保持较高就业弹性的产业，也是将来吸纳第一、第二产业中低端转移劳动力的主要产业。

对外开放招致人力资本在全球范围配置。经济发展归根结底靠人才，随着中国经济体量增大，参与全球经济治理的程度不断加深，仅依靠本国人才在本国配置已经远远不能满足经济增长、技术赶超和大国竞争的需要，需要在全球范围内配置人力资源。从人才流动趋势看，中国正在从"人才流出国"逐步转变为"人才流入国"。可以预见，未来学成回国人数将超过出国人数，出现人才"净回流"（今年海外留学归国人员将超过40万人）。但我们也要看到，目前我国利用国际人才资源仍然以海外留学归国人员为主，在华工作的高层次外籍专业技术人才和创业就业人员数量不多。就利用国际化人才而言，现阶段我国既要提高国际人口基数，也要精准引进各级各类人才。对于后者，要基于我国经济发展和产业调整升级需要，精准引才。比如，推动"一带一路"建设，急需一批熟知当地和第三国商务、法律和文化的国际人才；推进中国企业"走出去"战略，海外项目运作、研发生产基地管理以及产业企业在海外布局需要大量相关人才；为加快技术追赶，在人工智能、"大云平移（大数据、云计算、平台化、移动化）"、高端制造业等新兴产业中，亟须加大引进国际人才的力度。

在下一发展阶段，我国能否形成新的比较优势，主要看在全球贸易分工中技术和制度创新的力度，这都集中到劳动力素质提高和人才培养使用上。产业人力资本需求侧的快速变化，对职业教育和企业培训提出了新的要求，我们必须正视这些新情况和新特点，采取有针对性的应对措施。

口惠而实至

机器人、智能技术、3D打印技术等正在引发制造业的革命性变化，而制造业升级需要提高技术水平和从业人员素质，技能人才尤其是高技能人才决定着"中国制造2025"目标的实现。中华全国总工会党组书记李玉赋曾在《求是》杂志上撰文指出，我国2亿产业工人技能素质总体不高、结构不合理，技术工人总量不足。这与产业工人队伍建设存在一些体制机制障碍有关，比如技能形成缺乏顶层设计，职业教育、普通教育和职业技能培训之间协调衔接不够，产业工人职业发展通道不畅，人力资本投入不足，相关法律法规政策不完善和贯彻落实不够，等等，其中产业工人收入不高是最重要的影响因素。

增加劳动者的收入年年讲，近些年，普通劳动者的"钱袋子"确实有点鼓起来了，但"被增长""被平均"的抱怨也不时见诸各类媒体。做大蛋糕的同时还要分好蛋糕。党的十八大以来，收入分配制度改革持续发力，其中的效果有目共睹：2013 年以来，我国城乡居民收入年平均增长 7.4%，实现了与 GDP 增长基本同步；收入差距逐步缩小，基尼系数从 2013 年的 0.473 下降到 2016 年的 0.465。当前我国深化收入分配制度改革的主要任务是到 2020 年我国城乡居民收入比 2010 年翻两番，确保全面建成小康社会目标如期实现。要完成这一目标和任务，需通过收入分配制度改革促进居民收入增长与经济增长同步、劳动报酬增长与劳动生产率提高同步，既不能以牺牲人民福祉为代价换取一时的经济增长，也不能以牺牲经济竞争力为代价单纯谋取社会福利的改善，要实现经济社会持续协调平衡发展。2017 年，中央政府将多措并举深化收入分配制度配套改革。前些日子，国家发改委印发了《2017 年深化收入分配制度改革重点工作安排》，城乡居民增收综合配套政策、专项激励计划、收入监测等三类试点将陆续启动。笔者最关心的技能人才、新型职业农民等多个群体有望实现增收。

人们对收入增长的期待往往是与时俱进的。今天，当大家为收入分配制度改革的成果点赞时，也有着新的担心。新常态下经济增速放缓，今后的收入还能连年快涨吗（国家统计局公布的《2016 年农民工监测调查报告》显示，2016 年，农民工月均收入 3275 元，比上年增加 203 元，增长 6.6%，增速比上年回落 0.6 个百分点）？有的实体企业一年利润比不上一套房子，劳动致富空间还有多大？不同行业间的收入差距难以弥合，是不是一旦"入错行"，就意味着自己的收入状况难以改善？种种担忧、诉求说明，收入分配领域还存在许多亟待调整的环节，深化改革依然任重而道远。

收入增长的动能还需要加强。大家都盼着收入连年快跑，而收入增长总体上有赖于经济总量的扩大。因此，必须继续"做大蛋糕"，只有把蛋糕做大，才有更多资源可供分配，更多财力可用于民生。只有保持经济稳中向好的发展总态势，保持稳定的经济增速，才能不断创造新的就业机会，让劳动者享有发挥才智、提升收入的机遇。

过大的收入差距也还需要调节。合理的差距能激发劳动者提高效率，不合理的差距则可能激化矛盾。现如今，不同行业之间、不同群体之间、高管与员工之间的差距仍然偏大，常引发热议。姚明收入高，大家没意见；个别垄断行业企业的从业者收入过高，谁都不服气。调节收入差距就应精准施策，要控制高收入者过高收入，增加低收入者收入，扩大中等收入者比重，努力缩小城乡、区域、行业收入分配差距，逐步形成橄榄型分配格局。控高，就是盯住那些不符合市场机制、与要素贡献明显不符的高收入。同时，在经济下行压力大的时期，尤其要关注提低。要提高农村居民、城乡贫困居民、企业退休人员等群体的收入，提高中小企业、劳动密集型企业中一线劳动者的收入，让低收入群体更多分享发展成果。

收入分配还要有利于"增活力"，能够调动劳动者的积极性。近几年，勤劳致富的观念受到一定程度的质疑。有人说，辛勤工作没用，再怎么加班加点、绞尽脑汁，收入还是不如房价跑得快；有人说，现在致富最快的是"炒钱"，即炒股、炒房、炒外汇。如果任由这种观念蔓延，不仅影响物质财富的创造，更可能导致奋斗精神的流失。矢志不渝深化收入分配制度改革，通过有效的制度安排，提高居民收入在国民收入分配中的比重，提高劳动报酬在初次分配中的比重，才能让肯干、能干的劳动者更多地积累财富，让诚实守信专注实干的人更有奔头。中共中央、国务院印发的《新时期产业工人队伍建设改革方案》提出，建立健全培养、考核、使用、待遇相统一的激励机制，引导企业在关键岗位、关键工序上培养使用高技能人才，提高相应待遇，实现多劳者多得、技高者多得。只有这样才能够调动产业工人学习技能的积极性。

笔者希望所有这些好的政策口惠而实也至。

少标明"问题学生" 多解决学生问题

由于工作关系，笔者对报纸上关于教育的消息很敏感，前两天看到 2017 年 7 月 13 日的《人民日报》上有篇小文章，讲述一位乡村老教师给学生写评语的事情。说有一年期末，这位教师在给学生写评语时，一不留神把一个"优等生"和一个"差生"的名字搞反了，本是"优等生"的拿到了差评，本是"差生"的拿到了好评。让她颇为震惊的是，一段时间之后，两个学生均发生了"逆袭"，变成了评语中的样子，原本是"优等生"的变成了"差生"，原本是"差生"的变成了"优等生"。为什么会这样呢？社会学上的标签理论给出了解释。这里所说的"标签"，就是一种标记，是社会按照某种规定给某一些（个）人烙上的印记。贴在人身上的标签多种多样，除分为积极的标签（如"好人"）和消极的标签（如"坏人"）之外，也可按其他的标准进行分类。文艺作品（小说、电影等）最擅长给其中的典型人物贴标签，现实当中，"贴标签"也是人们认识和区分事物的一种必要手段，我们都被贴过标签，也给别人贴过标签。社会标签理论认为，倘若一个人在社会生活中被别人（尤其是他特别在乎的人，即"重要他人"）贴上了某种标签（比如"懒人"），这个标签就会对其产生"这是一种难以改变的烙印"的心理效应。某人被贴上"懒人"的标签后，学校、社会、同伴、同事都会对之另眼相看，迫使其与其他不勤快的人为伍。因为在这个群体中，成员间的相互认同（大家都懒）恰好能减轻他因"懒惰行为"造成的内疚和自我悔恨，"我是懒人"的自我形象进一步被强化。因此，这些群体中的成员更是以"懒人"自居，按照标签的暗示实施他们自己日常生活中的行为，结果可能就会持续地"懒惰"下去，由有意识懒惰变成无意识懒惰。上述现象和社会标签理论提醒我们，在职业教育中要少贴"问题学生"标签，多解决学生问题。

在现实中，由于天性禀赋或家庭环境等原因，一些学生性情乖张，难以管教，学习成绩也一塌糊涂，常常表现为品德行为偏常、上课捣乱、逃学旷课、对学习无兴趣、不做作业、打架斗殴、说谎、偷窃、无目的、态度恶劣、懒惰，甚至经常违反校规校纪，成为家庭的"弃儿"、学校的"刺儿"和教师眼里的"问题学生"。根据上述社会标签理论，学生开始时可能有点问题，但不是大问题，却因此被轻易贴上"问题学生"的标签。学生一旦被贴上"问题学生"的标签，周围的人都会对之另眼相看，迫使其走近其他"问题学生"，以期"抱团取暖"。而这些群体中的成员不知不觉地就会按照教师给予标签所暗示的行为模式去导引自己日常生活中的行为，本来不是问题学生，倒真成了"问题学生"。正如俗话说的，"说你是，你就是，不是也是"。

社会标签理论将学生的问题行为解释为教师和学生将另外一些人标定为问题行为者的过程。既然每一个人都是潜在的问题行为者，每一位学生在日常生活和学习中都有可能因一时糊涂、冲动、好奇或其他微不足道的原因而犯下某种错误，从而有可能成为"问题学生"，那么如何看待他们就成为一个关键点。职业院校所有学生从受教育甚至从出生的那一天起，便受到来自周围人的评判，在日常生活和学习中会有许多正式和非正式评语（标签），这些"标签"会伴随他们整个学校生活。这些主观评价无论对教师还是学生本人都具有强大的心理暗示和强化功能。鉴于此，父母、老师、朋友、同学等都应当善待学生偶发的初次问题，在对其出现的某方面问题进行评价、批评、惩罚和做出一定裁决与判定之前，一定要慎重，要具体问题具体分析，找出原因和症结所在，拿出相应的解决办法。切不可轻易地给他们扣上诸如"懒虫""笨蛋""朽木不可雕也"等帽子，以避免太多的"自证预言"（意指人会不自觉地按已知的预言来行事，最终令预言发生）的实现。

我们这个时代并不缺少观点掮客、"民科（民间科学家）式"的人生指南与满足自己道德欲望的"爱心"，真正缺少的可能是走近和理解"问题学生"的耐心、分析和解决"学生问题"的用心。

以工匠精神引领高技能人才培养

世界上的制造业强国，都有一支数量充足的高素质技术技能人才队伍，也都有适合自己国家的技术技能人才培养制度。具体到我国，主要由中、高等职业院校和企业承担培养高技能人才和技术工人的任务。在"中国制造2025"的机遇与挑战面前，职业院校技术技能人才培养需要用工匠精神来引领。具体而言，就是要用"慢"的精神陶铸职业信念，用"专"的信念提升职业能力，用"创"的理念助推职业发展，用"德"的秉性重塑师生关系，让工匠精神渗透到教育教学全过程。

"普职融通"，强化职业认知。要将职业教育融入各级普通教育体系，发挥基础教育和高等教育在技术技能人才培养中的协同作用。中小学阶段，应在文化课和实践活动课中加强职业基础知识、能力和观念的启蒙，帮助学生了解自身特点和行业产业特点，培养初步的职业认同意识，为选择适合自己的职业打下基础。本科教育阶段，要形成学科专业动态调整机制，围绕产业链和价值链科学、灵活地调整学校的学科布局和专业设置，凸显特色。研究生阶段，要加强高等院校与科研院所联合培养研究生的能力，让学生参与重大工程项目，在实践中增长才干。

"慢工细活"，陶铸职业信念。古语说得好，"慢工出细活"，工匠正是追求这种精神，在不断修改和完善中实现对完美的追求。目前，我国职业院校的教师与学生缺乏这种"等待"与"琢磨"的态度，效率第一，质量第二。要转变教师与学生的这一观念，培养追求精致的精神。这种精神有利于他们体会工作的价值，有效提升产品与服务质量，满足企业技术升级和产业转型升级的需求。

"知行合一"，提升职业能力。工匠操作机器、制作器物和传授技艺的过程是知行合一的过程。工匠在学徒时，需要尽可能多地"知"，除了向师傅学习各种工具的使用和操练技能外，还需要对师傅所授的技艺心得不断加以揣摩和领悟，持之以恒；在"行"的方面，学徒不仅需要对自己所制器物反复比较、总结改进，更需要勇于突破前辈的发明创造。可以说，"知"与"行"的结合程度直接决定技能水平。对于职业院校的教师，除了了解显性知识外，还有那些"只可意会，不可言传"的隐性知识，嵌入工作场景。总而言之，教师职业能力的提升必须扎根于日常实践，在长期的工作实践中形成不断思考的学习方式，培养反思能力，从学生的眼中认识自己，在与同事的合作中提高自己。

"除旧布新"，助推职业发展。工匠精神并不是因循守旧，而是除旧布新，它是在传统工艺的基础上不断创造新工艺、新技术的过程，是传承与创新的并存。中国的发展日新月异，职业教育的发展迫切需要创新理念，需要教师不断根据新问题思考新办法，这些新办法既包括宏观重大决策，也包括微观层面的调整。职业院校教师应当以"创"的理念，拓宽反思视角，丰富反思内容，建立一种持续不断的、积极主动的、严谨认真的科学思维。过去，部分职业院校教师往往将反思狭隘地化为一次教学的总结和回顾，反思不仅是对教学内容选取和教学内容展开顺序的反思，还应从单纯的教学反思向科研反思、师生交往、工学结合等领域拓展。

"面向职场"，创新培养模式。职业教育是与经济发展关联度比较高的一种教育类型，如果职业教育的人才供给与经济社会发展的人才需求相适应，人力资源配置就达到最优化，反之则会导致人力资源配置的低效率。我国职业教育人才培养素有"重理论知识传授、轻实践技能训练"的弊端，当务之急是解决人才培养方向与社会需求脱节的问题。随着科学技术的迅猛发展及其在生产生活中的广泛运用，企业对掌握新知识、新技术、新工艺技能型人才的需求不断增加，传统的"理论型""学术型"人才培养方式远远不能满足行业企业需求。根据产业设置专业是办好职业教育的原则，职业院校不同专业毕业生之间就业率差异巨大，实际上反映了专业结构和产业结构的吻合程度不同。比如，为追求专业门类的齐全，一些原本具有行业特色的职业院校盲目增加会计、计算机等所谓热门专业，导致一定程度上的"过度教育"，供大于求、供不适求，学生毕业即失业、用非所学现象普遍。因此，职业院校要把握经济社会发展趋势，在专业设置上尽可能与国家宏观经济结构、经济发展趋势和产业结构匹配，如有可能还要有一定的前瞻性，把人才培养工作做在前头，以适应产业结构升级对技术技能人才素质的更高要求。

"心传身授"，重塑师徒关系。教师是技术工人职业生涯里的"关键他人"，教师的水平，直接关系工匠能否更好地踏入职场和完成工作任务。振兴职业教育，培育大国工匠，需要有更多知技兼备的职教名师。源自古代的师徒制度，师徒之间的"心传身授"没有固定模式和范本，师傅不仅有责任将技艺传授给徒弟，而且要像父母一样承担教会徒弟做人的职责。与古代师徒制度相比，现代职业教育的形势发生了翻天覆地的变化，但是师生之间的情感联结是不变的。职业院校应当推行现代学徒制，让名家大师、能工巧匠与学生建立师徒传承关系，重视"默会知识"，重视情感态度的影响。职业院校教师要将温暖和情感倾注到每个学生身上，用欣赏增强学生的信心，用信任树立学生的自尊，让每一个学生身心健康成长，以"德"激发学生对教师的尊重之情，对行业、企业、岗位的向往之情。

"完善制度"，深化校企合作。目前，职业院校与企业开展的校企合作多停留在中低层次，且多以项目化形式存在。为此，必须提升校企合作的深度，打造制度化的校企合作人才培养体系。一是完善法律法规体系，明确推进校企合作所涉及的学校、企业、政府部门、行业协会等各方的责权利，加强职教法与教育行政法规、劳动法规、税收法规之间的匹配和衔接。二是建立企业、学校、政府、行业等多方信息互通的对接机制，真正做到学校专业设置契合产业需求，课程内容符合行业标准，学生能力素质满足职业资格要求。三是明确校企合作中企业的主体地位，各级政府应鼓励校企合作，给予企业接收职业院校实习学生和在实习设备以及实习生补贴等方面的税收优惠，挖掘和开发校企在人才培养方面的共同需求。

我们应该如何与工作相处

每年的 8 月底 9 月初是大多数职业学校新学期开学的日子，按照惯例，开学前学校会组织教师学习，请专家做个讲座。有个校长朋友鉴于所在学校目前教师队伍中出现的"不安心工作，得过且过、敷衍塞责"现象，请笔者去给老师们讲讲如何与工作相处的问题。在准备这次讲课的时候，笔者想到了最近看过的《摩托车修理店的未来工作哲学》和《禅与摩托车维修艺术》这两本关于摩托车维修的书，第一本书的作者就是开摩托车修理店的老板兼伙计，后一本书的作者是到修理店修理摩托车的顾客。这两本书都是讲人如何对待工作的问题（类似我们讲的"工匠精神"）。美国作家罗伯特·波西格写的《禅与摩托车维修艺术》，曾经被超过 100 家出版社拒绝出版，但是后来一经出版就风靡天下，销量超过 1000 万册，受到各色人等的欢迎。据说，大科学家霍金是这本书的粉丝，NBA 传奇教练菲尔·杰克逊也曾在执教公牛队时送给每位球员一本《禅与摩托车维修艺术》，希望他们通过读这本书寻找到篮球比赛的最佳状态。虽然从书名就可以看出这本书并不是一本好读的书，但这丝毫没有影响它受到读者热捧，而且直到今天依然很受欢迎，因为它回答的是一些恒久的问题：人应该怎样跟工作相处，或者说怎样才能不讨厌自己的工作？

在这本书中，人与摩托车的关系以及如何对待摩托车修理，代表着人与工作的关系。罗伯特·波西格发现，摩托车专业人员对待摩托车修理这件事就像大多数人对待自己的工作一样很粗鲁，"做起事来像猩猩一样，没有真正投入"。他们一边工作（也就是一边修理摩托车），一边摇头晃脑地听着音乐，缺乏对工作的专注（在我们周围，这种现象可以说比比皆是）。大家明明需要这份工作，可又都排斥自己的工作。

而在作者看来，修理摩托车不只是一个需要熟练技术的劳动，它更是一个需要理智和科学方法的过程。一个外行站在旁边看修理人员修理摩托车，会误以为修理摩托车就是个简单的体力劳动，但实际上，修理摩托车最重要的是"仔细观察和精确思考"——专注。优秀的摩托车修理人员在工作时很少讲话，就是因为需要专心思考。"熟练的技术往往是一连串推理的过程。摩托车的运作完全依照推理的过程，研究维修摩托车的技术，也就是研究理性推理的艺术。"比如，可以把最常见的两种逻辑推理方法——归纳法和演绎法运用到修理摩托车上面。

归纳法就是从观察摩托车开始，然后得出普遍性结论。摩托车在路上遇到坑洼，发动机熄火，又遇到一次坑洼，发动机再次熄火，如是再三；之后在平坦的道路上行驶，发动机就没有熄火，于是我们可以推断，发动机熄火是道路不平造成的。这就是归纳法。演绎法是从一般原则推论出特定结果。比如，摩托车是一个系统，它可以分为功能和组件两个部分。组件又可以分为动力产生系统和动力传输系统，可以一直这样划分下去。在这个系统里，修理人员知道喇叭是受电池控制的，所以，喇叭不响了，一个原因可能是电池没电了。这就是演绎法。修理摩托车的过程，就是不断交替运用归纳法和演绎法的过程。逻辑推理方法可以帮助人准确思考，这个方法几乎在所有工作中都用得上。

修理摩托车除了需要科学方法之外，还需要"心平气和"，这听上去像是陈词滥调。听听波西格是怎么说的："事实上，要做到心平气和并不简单。那是整个事情的灵魂，（摩托车）保养得良好与否就取决于你是否有这种态度。机器运转是否正常是心平气和的具体表现。最后考验的往往是你的定力。如果你把持不住，在你维修机器的时候，很可能会把你的个人情绪导入机器之中。"人与机器（工具）出现对立，延伸为人与工作的对立，这就会产生大家熟悉的烦躁、焦虑，而烦躁和焦虑则是工作的大敌。

总之，在人和工作的关系上，人要了解工作运行的方式、掌握工作的科学方法，要超越自己的情绪，对工作产生关心之情，少一些咒骂和批评，多一些理解和尊重。当你把自己手中的工作变成一种艺术的时候，你不仅会发现工作是有趣的，同时还会发现自己变成了一个有趣的人。

人类要改造更大范围的外部世界，多倾向于从宏大的问题着手，比如改变制度，我觉得从改变一个人的"心灵、头脑和手"开始更为可取。比如先改变一个人对待他和工作的关系、他和周围环境的关系，再及其他。一如波西格所说："想要知道怎样画一张完美的画吗？很简单，你先让自己变得完美，然后再顺其自然画出来，这就是专业的方式。画画和修理摩托车一样，都同你生活中的其他方面密切相关。如果你一周当中有六天很懒散，那有什么办法能够使得你在第七天突然变得敏锐起来呢？一切都是密切相关的。"

干一行、爱一行、专一行、精一行，道理都是相通的。

不患数量减少　唯患质量不高

2016 年世界上人口超过 1 亿的国家有 13 个，只有美国（3.23 亿人）和日本（1.27 亿人）是发达国家。这说明到现在为止，人口数量还没有成为促进经济社会发展的有效变量。我们经常说的"人多力量大"多数情况下是靠不住的。中国一直是个人口大国，近代以来却屡遭人口比我国少得多的蕞尔小国欺负。我们也一直在向别的国家学习，试图找到可为我国经济发展提供借鉴的经验，这些国家大多是人口很少的小国。这也说明一个国家经济社会发展主要靠的是人口质量而不是数量（当然既有数量又有质量是最好的）。

2013年末，我国全面实行"二胎"政策，据说主要是为了解决老龄人口增加、人口红利消失的问题。可笔者始终认为中国不缺人，对于中国这样一个正在经历快速转型的经济体来说，人口红利（根据国际经验，人口红利接近消失的"刘易斯拐点"通常会发生在农村人口占比降低到20%的时候，只要未达到这个边界，劳动力就会像美国经济学家刘易斯所说那样可无限供给）的主要来源不是流量新增劳动力，而是存量增加劳动力，其中最主要的是由城乡二元经济结构向一元化工业经济结构转型所释放的农村剩余劳动力，这由农村人口占总人口的比重所决定（还包括经济体制改革所释放的冗员，即所谓的城市下岗职工）。从统计数据来看，2016年中国的城市化率为57.35%，那么农村人口占比就是42.65%，根据"十三五"规划提出的2020年我国城市化率要达到60%左右的目标，中国的农村人口占比也只能降低到40%左右，比照发达工业化国家农村人口平均占比2%来看，中国怎么可能成为一个没有人口红利的国家？根据国家统计局的数据，中国目前15～59岁的劳动人口为90747万人，不仅是历史上的高点，仅劳动人口就比美国、欧洲、日本、俄罗斯四个国家和地区的人口总和还多，这难道不是人口红利？

再从动态的角度来讲，只要中国农村能够有效实现从小农经济向规模化、专业化现代农业转型，就可源源不断地向城市工业部门提供更多剩余劳动力。美国在过去的100年里农业劳动生产率提高了近1000倍。今天美国3.2亿多人口，耕种着世界上22%的可耕地，而农村人口只有800万人左右。中国的可耕地仅占世界的7%，农村人口却高达58973万人，占全国总人口的42.65%以上，如果我们能够通过改革城乡户籍制度和农村土地制度，将细碎化的小农经济变成现代大农业，我们就将释放庞大的农村剩余劳动力进入城市工业部门，而这也是使农民过上体面生活的重要途径，不减少农民怎能富裕农民？习近平主席在2014年全国农村经济工作会议讲话中曾指出，单季农业地区，每个劳动力能耕种100~120亩地；双季农业地区，每个劳动力能耕种50~60亩地，其劳动生产率就能达到社会平均劳动生产率，农民就能成为一个体面的职业。目前我国有2.6亿农户，户均耕地不到7.5亩。如果按照习近平主席所说的标准，仅需要农业劳动力4300万人。那么剩下的农民就需另谋出路，出路在哪里？在城市。据预测，2016—2030年我国平均每年从农村转移出来的劳动力依旧多达540万人。

笔者认为未来经济发展的一个很大难题在于提高劳动力质量，即所谓的人力资本。在由中等收入国家向高收入国家迈进的过程中，中国的产业升级会持续将雇员从劳动密集型部门转移到资本密集型部门，并进一步转移到科技密集型部门。中国发展的既往经验表明，将工人从第二产业的劳动密集型部门转移到资本密集型部门，平均需要13年的教育年限；而进一步将其转移到第三产业中的科技密集型部门，还需要再增加4.2年的教育年限。目前农民工平均受教育年限刚好达到9年义务教育的要求，与第二和第三产业劳动密集型岗位是匹配的。产业转型升级后则需要接受过大约12年教育（高中教育）的劳动者，也就是说，今天的人力资本与未来的产业需求至少存在3年的教育差距。但人力资本只能缓慢地完成积累，以中国16岁及以上人口的平均受教育年限为例，1990年我国劳动力平均受教育年限是6.24年，2000年升至7.56年，10年内净增加了1.32年，而10年后的2010年则升至8.9年，比2000年增加了1.34年（《光明日报》，2014年4月9日）。20年间，我国成年人的平均受教育年限才增加2.66年，我们常讲"百年树人"，诚然不谬。

一切经济增长的最终源泉都来自人的劳动，尤其是高素质人才的劳动。高质量的人力资本不是天生的，主要还是要靠各级各类教育培养。说实话，过去三十多年取得的经济持续高速增长，与新中国建立以来的义务教育普及化培养了大量具备基本素质的劳动力是分不开的。推动我国过去30年经济社会发展的劳动力素质已不适应未来的发展需要，这就需要政府通过全方位的教育改革，增加对职业教育的投入，培养适合现代经济社会发展的包括技术技能人才在内的各类新型人才。未来我国的经济社会发展更多的是靠人才质量，而不是数量。

质量·效率·动能

中国共产党第十九次全国代表大会提出了贯彻新发展理念，建设现代化经济体系的要求。建设现代化经济体系必须以提质增效为目标，也就是坚持质量第一、效益优先。为实现这个目标，必须推动经济发展质量变革、效率变革、动力变革，不断增强我国经济创新力和竞争力。为此，作为与经济社会联系最密切，始终以服务经济社会发展为出发点和落脚点的职业教育也到了推进质量、效率和动力变革的时候了，否则，职业教育就很难满足未来经济社会发展对知识型、技能型、创新型劳动者大军的需求。

第一，职业教育发展必须特别注重质量提升。一定的经济发展方式需要特定的劳动力素质，特定的劳动力素质又决定了职业教育的规模、层次和布局。改革开放以来的39年间，中国经济以劳动密集型发展方式为主，与此相适应，中国的职业教育也以数量扩张型发展方式为主，通过职业教育，把数以亿计的适龄青少年培养成具备基本职业知识和技能的劳动者，迅速把中国从一个农业经济为主的国家变成一个工业门类齐全、工业体系完整、数十种工业产品产量位居世界前列的工业大国。随着中国经济进入新常态，我国经济由过去的高速增长阶段转向高质量发展阶段，迫切需要转变发展方式、优化经济结构。要将互联网、大数据、人工智能与实体经济深度融合，加快传统产业优化升级，促进我国产业迈向全球价值链中高端，培育若干世界级先进制造业集群。与建设现代化经济体系相适应，职业教育要进入质量提升为主的发展阶段。职业教育质量就是实际的职业教育达到其目标的程度，也就是职业教育是否为现代经济体系建设培养了知识型、技能型、创新型劳动者大军。为此，要建立系统的职业教育和技能培训体系，广泛开展技能竞赛，加强技能人才培养选拔，促进优秀工匠脱颖而出。鉴于我国有关职业技能培训的要求散见于《中华人民共和国劳动法》《中华人民共和国就业促进法》等法律中，缺乏系统性和可操作性的现状，笔者认为，一方面要加快职业技能培训立法，构建全体劳动者终身职业教育和培训体系；另一方面行业、企业要主动作为，通过引进来、走出去等方式，为员工提升技能、成为大国工匠提供机会和平台。

第二，职业教育发展尤其需要注重效率提高。经济社会发展最重要的支撑是一支庞大的知识型、技能型、创新型劳动者大军，而知识型、技能型、创新型劳动者大军必须经过职业院校和企业长期的、系统的培养和培训。鉴于目前职业学校在校学生知识、能力方面基础十分薄弱（几乎是九年义务教育的失败者，而知识型、技能型、创新型劳动者又必须得有一定的知识和能力基础），在校学习时间比较短（高职院校3年、职业学校3年）的现实，要想在短时间内把基础并不理想的初中生、高中生培养成知识型、技能型、创新型劳动者，就必须提高职业学校的效率，尤其要提高课堂教学效率，通过增效实现提质的目的。职业教育提质增效受师资、设备、投入、实习等诸多因素影响，其中最关键的因素是"人力资源"。因此，必须千方百计推进职业学校教师队伍建设，培养更多知识型、技能型、创新型教师，只有知识型、技能型、创新型教师才能培养出知识型、技能型、创新型劳动者。

第三，职业教育发展必须特别注重动力变革。过去职业教育发展的动力来自职业教育内部，现在职业教育发展必须从内部驱动转到外部驱动。首先，各级政府主管要改变工作重心，重点关注对所在地区人力资本的挖掘、开发、利用、提升，依此实现劳动力从初中级向中高级、从传统型向现代型、从单一型向复合型的转变，通过劳动力素质的提升推动所在地区经济社会的可持续发展。其次，要营造一个崇尚劳动、尊重劳动的社会氛围，提供相应的人事制度、用人标准、教育培训、就业辅导、创业支持，构建政府、企业、社会"三位一体"的普通劳动者服务系统，使技能劳动者在自身岗位上也能实现自我价值。在新时代下实现黄炎培先生所说的"使无业者有业，使有业者乐业"的理想，让每个人都有人生出彩的机会，且也都能出彩。再次，在物质支持方面，薪酬待遇、工作环境是基础条件。德国职业教育专家克劳斯·比尔申克曾说，德国职业教育之所以吸引人，就在于"德国各行各业的技师收入可观，社会地位与大学毕业生相同，同样受人尊重"。反观我国，一位工人从初级工、中级工到高级工，从技师到高级技师，技能等级在提升，薪酬待遇成长的梯度却不够大。当务之急是建立一套制度化的、有针对性和激励性的技能人才薪酬体系，这是职业教育发展动能转换的核心。

要让更多的年轻人愿意当工人

发展实体经济、实施制造强国战略靠什么？靠工人。建设一支高素质的产业工人队伍，已经成为一项重要而紧迫的战略任务，直接决定着我国在经济全球化、新一轮科技和产业革命中能否抢占先机，永立潮头。因此，十九大报告提出的"建设知识型、技能型、创新型劳动者大军"战略目标，切中要害。但是，问题在于没有人，尤其是没有年轻人愿意当工人。2016年全国"两会"上，来自生产一线的全国人大代表李斌，在上海代表团发言时引用了一组数据：一项针对17个省市、41家企业的2577名职工的调查表明，受访职工中，认为产业工人在当下享有较高社会地位的仅占6.07%，认为地位不高的占61.62%，认为没地位的占32.31%，只有1%的人不介意当工人。也就是说，现在的年轻人越来越不喜欢从事枯燥的制造业，而是选择服务业。因为，当下我国低端服务业从业人员比效率相对更高的制造业从业人员能够拿到更高的工资，贡献得多还少拿钱，谁还愿意当工人呢？如果这种情况不扭转，建设知识型、技能型、创新型劳动者大军的目标恐怕难以实现。为此，我们必须做到以下几点。

首先，拓展产业工人的发展空间。受企业相关劳动人事管理制度的影响，产业工人的职业发展空间狭窄。一方面，优秀产业工人发展通道不畅，在不少企业中，干部和工人的身份界限尚未从制度上打破，产业工人即使做得再好也难以跻身管理层或者技术人员行列。另一方面，普通产业工人晋升技术等级渠道过窄。从现行规定来看，从初级工到技师最快要8年，到高级技师最快也要15年，时间成本和机会成本比较高。这些因素束缚了产业工人的职业发展，进而消解了产业工人这一职业的生命力和吸引力。上述问题十分需要采取措施予以解决。比如，针对前一个问题，需要尽快制定颁布特殊、急需、紧缺工种职业技能鉴定评价标准，支持和鼓励企业在该行业中对特殊技能人才开展自主评价；针对后一个问题，需要建立和完善技能人才（技师、技工）与工程技术人才（工程师）之间转换的发展通道，使符合条件的高技能人才能够参评工程师、高级工程师，进入工程技术人才序列。

其次，增加产业工人的报酬收入。大多数产业工人维持日常生活靠的是报酬收入，报酬收入的多寡决定了工人生活质量的高低。放眼域外，大凡技工强国（诸如日本、德国），技术工人月均收入普遍超过本国人均收入水平，有的甚至与白领的工资不相上下。反观我国，产业工人业绩贡献与收入所得不匹配，制造业工人的收入比金融等行业从业人员的收入低，即使在同一行业与管理层和专业技术人员相比差距都很大，这不利于激励人们去做技术工人。只有切实改变劳动成本低廉、技能价值低廉的现状，才能激发产业工人立足岗位创造性地开展工作的积极性。应该高度重视劳动要素在收入分配中的重要作用，贯彻落实已经出台的提高技术工人待遇的相关政策，使技能人才工资尽快达到与管理类、科研类高级专业技术职称人员相当的水平。还应该鼓励和支持企业建立薪酬水平与技能等级和业绩贡献挂钩的分配制度，加大对技能人才工作绩效的物质奖励力度，做到技高多劳者多得。

再次，促进产业工人的纵横流动。横向流动是指人们在物理空间或者相同阶层中的流动（或东或西），纵向流动是指人在不同阶层之间的流动（或上或下），产业工人合理有序的纵向和横向流动是一个社会有活力的表现。但在现实生活中，产业工人不仅纵向流动较难，横向流动也不易。一方面，产业工人对企业用人需求、就业岗位信息了解不充分，对个人流动前景、流动成本难以准确判断、评估和承担。另一方面，产业工人特别是已经成为产业工人主体的农民工，仍然面临着户籍、医疗、子女入学等方面的重重障碍，在城市落不了地、扎不了根，成为常年在城市和农村之间奔波的"候鸟"，而难以真正成为稳定就业、稳定增长技能的产业工人。对此，应该深化基本公共服务供给制度改革，实现城市基本公共服务覆盖城市常住农民工及其随迁家属，使他们平等享受市民权利，促进农民工学会技能、稳定就业、融入城市。

最后，提高产业工人的社会地位。习近平总书记多次强调："环境好，则人才聚、事业兴；环境不好，则人才散、事业衰。"党的十九大报告又提出"弘扬劳模精神和工匠精神，营造劳动光荣的社会风尚和精益求精的敬业风气"。这些说法对于产业工人队伍建设尤为重要，一个良好的社会环境对于产业工人成长成才至关重要。各级党政部门首先应该树立正确的人才观，对待优秀产业工人特别是其中的高技能人才，像对待科技创新人才、企业管理人才一样，给予同等待遇，以实际行动向全社会释放劳动光荣、技能宝贵、创造伟大的强烈信号。此外，也应该大力宣传劳动模范和优秀产业工人的先进事迹，让越来越多的能工巧匠从幕后走到台前，成为整个社会知晓、称道和羡慕的"名人""能人""红人"，这样不但能增强产业工人的荣誉感、自豪感和归属感，又能发挥榜样的作用，在全社会倡导"千金在手，不如一技傍身"的价值取向，推动劳模工匠精神成为产业工人队伍的主流价值观。

乐观对待技术创新对就业的影响

中国是个人口大国，除了保证在岗人员的就业稳定外，每年还需要给数以千万计新增劳动力提供就业岗位，所以就业一直是全社会关心的最大的民生问题。最近经常会听到人们议论机器人、人工智能等新技术对就业的影响，大家对"机器换人"似乎都很悲观，认为未来"机器会将人们驱逐出就业市场"，且有数据为证。牛津大学近期一份报告预测，未来25年内，人类高达47%的岗位将消失。也有机构预测，美国有47%、经合组织国家有57%、发展中经济体有三分之二、全球则有二分之一（相当于20亿份工作）的就业岗位岌岌可危。观察周围不难发现，在某些领域的确已经出现了人工智能（机器人）取代劳动力的现象，自动化带来的失业率增长，对于欲以人力资源赢得先机的发展中国家来说形势尤为严峻。但这并不能说明新技术的进一步发展就一定会引发大规模的失业。回溯历史，关于技术驱动下的结构性失业和大规模工作流失的预言其实并不新鲜，它们与历史上出现的重大生产技术的发展（科技革命和产业革命）总是如影随形，但每一次的预言都未曾兑现。相反，每一次技术变革都推动了生产力的发展和就业的增长。

　　一个主要原因是技术创新在淘汰了一些现有工作的同时也创造了新的工作。首先,生产力发展导致人们对于现有产品以及新产品和新服务的需求不断增长,这反过来也促使生产者提供更多的产品以及服务。例如,市场对印刷工人的需求下降时,对于平面设计从业者的需求在增长;市场对于银行柜员的需求下降时,对于专业金融人士的需求在增加。其次,在创新技术取代部分工作机会的同时,也为部分工作提供了辅助,从而增加了这些工作的岗位。例如,计算机技术就是对于从事非常规认知型工作者的辅助。据一项报告分析,近期接近一半的美国就业增长都是由新工种和新职位贡献的,如"基因组合管理者""个人记忆管理者""数字化裁缝""陪走陪聊师"和"AI辅助保健技术人员"等新职业。《当机器能做任何事情时我们做什么》一书称新职业将使美国产生2100万个新岗位,以抵消同时期可能有1900万个就业岗位(美国劳动力的12%)被自动化机器淘汰的影响。有一个"贝丁效应"的词可资佐证。艾德文·贝丁是190年前锄草机的发明者,锄草机虽然致使锄草工人失业,但开辟出新的空间——草坪,围绕草坪人们发明了各种游戏活动(比如足球和橄榄球等)。现如今美国6200亿美元规模的体育产业和数以万计的就业岗位,都发端于锄草机。

　　再者,我们还要分析人工智能到底替代哪些工作。理论上说人工智能可以替代多种人类劳动,但不同类型的劳动被人工智能所替代的难易程度是有较大差异的。也许你会认为,越是简单的劳动越容易被替代,越是复杂的劳动越不容易被替代,或者脑力劳动相对于体力劳动更难被替代。这种观点未必正确。比如说,翻译(脑力劳动)相比汽车修理(体力劳动)是更为复杂的劳动,但前者却比后者更容易被人工智能所取代。某项劳动是否容易被人工智能替代,主要取决于劳动规则性的强弱——规则性强的劳动是一些标准化、程序化的劳动,这样的劳动相对而言容易被人工智能所取代;而那些非标准化、非程序化的需要大量运用创造力、抽象力、情感力的规则性弱的劳动,被人工智能替代的难度较大。如此看来,随着人工智能的发展,面临失业风险的不仅仅是体力劳动者,诸如文秘、行政助理、普通会计等规则性较强的工作岗位上的脑力劳动者,也有被取代的风险。有人开玩笑地对笔者说教师都不能幸免,因为笔者就是一名教师。

其实,从历史的角度看,职业从来都是变动不居的,工作岗位和人工智能之间不是非此即彼的关系,我们不能简单认为一项工作不由人做,就由人工智能去做,很多的工作属于"叠加型"职业。在"叠加型"职业中,人类和机器将各司其职并密切配合。人类负责工作的艺术性,机器负责工作的科学性。因为人类比机器更擅长价值判断和情感表达,机器更擅长数据处理和模式识别,对于大多数牵涉感情依附和好恶评判的工作,人机组合可以增加产出、提高效率,进而保护就业。

有鉴于此,我们应当做的不是去阻碍技术进步或者减少技术在生产中的应用,而是应改革和扩大教育和培训方案,着重为工人(特别是中年人)提供适应不断变化的劳动力市场需求的技术技能,帮助其跟上技术创新的步伐。这就要求我们变过去"学习—工作—退休"的职业生涯路径为持续学习、不断培训和终身教育。

技术变革还将继续对劳动力市场产生重大冲击,正如过去发生的一样,这是一个不可逆转的趋势。人类社会需要通过理性地制定前瞻性政策,迎接挑战并确保未来的就业变得更好。

▶职教观察
2018

为所有需要的人提供适合的职业教育

2018年元旦过后,笔者到一所职业院校参加一个活动,活动间隙,相关老师跟笔者说他们过几天要出去招生了,他们还说,这两年学校招生的压力越来越大。对此,笔者也多有了解,许多职业院校为了在竞争激烈的招生大战中多招到几个学生,使出浑身解数,不得不越来越早地启动招生工作、越来越多地投入人力物力。事实上,随着适龄人口(15岁的初中毕业生和18岁的高中毕业生)的减少,职业院校招生数量减少是必然的。在职业教育投入体制机制尚不完善的情况下,要想保持学校的生存和发展就要维持一定的在校生规模,毕竟一个学生就意味着一笔办学经费。可是,这也非长久之计,如果我们的职业院校都只是盯着逐年减少的这个年龄阶段的人群(初中毕业生和高中毕业生),职业院校的生源危机只会加重,不会缓解。其实,在一个产业结构转型升级、技术创新蓬勃发展相互交织,所有人都要不断学习才能适应的时代,每一个年龄段的人都需要适合的职业教育。

《2016年国民经济和社会发展统计公报》(以下简称《公报》)显示,2016年末,我国0~15岁(含不满16周岁)人口为24438万人,占总人口的比重为17.7%。这个年龄段的人口大致可分三部分:一部分是0~3岁幼童,一部分是3~6岁的幼儿园学生,一部分是6~15岁的义务教育阶段学生。幼儿园和义务教育阶段学生需要符合其身心发展规律的职业意识、职业常识、职业能力和职业体验教育,为其后继专业学习和职业生涯发展打下坚实基础。比如现在是数字时代,幼儿园、小学、中学的孩子要尽早接触数字技术,就需要渐次学习计算机软硬件知识、编程技术,培养自己适应数字时代的逻辑判断能力,数字技术是打开未来职业生涯的敲门砖。

《公报》又显示,2016年末,我国16~59岁(含不满60周岁)人口为90747万人,占总人口的比重为65.6%。人口学将这个年龄段的人口看作是劳动年龄人口。我们可以把这个年龄段的人口大致分为两部分:一部分是在校学生,包括普通高中生、职业院校学生和普通高校学生。职业院校学生自不待言,接受职业教育是他们的本分。普通高中生和普通高校学生同样需要学习职业知识和职业技能,为选择和从事某种职业做好充分准备。还有一部分是非在校学生,包括待业人群和在岗人群,这两个群体都需要职业教育与培训。有数据为证,《中国劳动力动态调查:2017年报告》显示劳动力受教育程度以中等教育为主,平均受教育年限为9.02年;劳动力获得专业技术资格证书的比例为13.24%。又据全国总工会2017年开展的第八次职工队伍状况调查显示,产业工人中无技术等级的比例达72.8%,没有专业技术职称的达61.3%,高级技工数量占比不到4%,高技能人才比重远低于西方发达国家特别是一些制造业强国30%~40%的水平,高端技术工人需求缺口一直居高不下。在非公企业、小微企业,技术工人更是严重匮乏。又据由摩根大通支持发起,清华大学和复旦大学合作完成的《中国劳动力市场技能缺口研究》报告,我国劳动人口中失业风险最高的三类群体是16~29岁的青年农民工、22~24岁的大学毕业生和45~60岁的中年劳动力。

快速城镇化形成了进城务工的农民工群体和留在农村的农业生产人员群体。国家卫计委去年12月份发布的《中国流动人口发展报告2017》显示,2016年我国流动人口总量为2.45亿人,他们已经成为我国产业工人的主力,前文所述产业工人队伍的教育和技能状况也适合他们。根据国家统计局最新发布的农业普查数据显示,2016年全国有3.14亿农业生产经营人员,年龄大(36岁及以上的农村生产经营人员占到了全部的80.9%)、受教育程度低(以初中文化程度为主)是这个群体最大的特点。

新技术、新产业、新业态、新模式等发展壮大，技术创新和自动化程度提升，加快了企业向技术、资本密集型转变的步伐，资本逐步取代人工，尤其是从事简单重复劳动以及特殊环境作业的岗位。机器换下来的"人"需要通过再培训才能更换其他的工作岗位。待业的要就业、下岗的要转岗、在岗的要发展、进城的要留下、传统的（农民）要变现代的（职业农民），凡此种种，都需要通过职业教育与培训来提高技能水平。

《公报》还显示，2016年末，我国60周岁及以上人口达到23086万人，占总人口的16.7%。老龄化并不可怕，问题在于据有关数据我国将近八成老年人的受教育程度为小学以下水平，其中将近一半的老年人属于文盲或者半文盲，这意味着庞大的老年人口难以成为老年人力资源。因此，当前和未来一段时间，一方面要完善应对老龄化的制度安排，包括延长退休年龄、建立完善养老福利制度、完善社会服务体系和大力发展养老产业等；另一方面要对老年人群进行再教育和再培训，将老年人口转变为老年资源。

这个转型的新时代告诉我们最确定无疑的一件事就是，当改变成为常态时，人人都需要终身的职业教育与培训。如此说来，我们还用为生源减少发愁吗？

高质量职业教育是制造业转型升级的关键

习近平总书记指出："不论经济发展到什么时候，实体经济都是我国经济发展、我们在国际经济竞争中赢得主动的根基。我国经济是靠实体经济起家的,也要靠实体经济走向未来。"实体经济核心部分是制造业,所谓提高实体经济质量很重要的一点就是提高制造业的质量。

工业和信息化部赛迪研究院构建了由规模发展、质量效益、结构优化、持续发展等4项一级指标、18项二级指标组成的制造业评价体系,用于评价各国制造业综合发展水平。根据这些指标进行计算,2012年美国的综合指数是156,日本和德国分别是121和111,中国是81。经过5年的发展,到2016年,中国的综合指数已达到90左右。从这些数据中我们可以看出,美国制造业综合实力遥遥领先,属于第一方阵;德国、日本紧随其后,属于第二方阵;中国、韩国、法国、英国处于第三方阵,这也是制定中国制造业强国建设"三步走"政策的依据。

经过几十年的发展,我国制造业在数量规模上早已经处于领先位置,与全球制造业第一和第二方阵的差距主要体现在质量上。在质量方面,我国制造业存在诸如知名品牌较少(在全球知名品牌咨询公司Interbrand发布的2016年度"全球最具价值100大品牌"排行榜中,中国制造业产品品牌只有华为和联想2个)、劳动生产率低、产业技术能力不强等突出问题;表征产业技术能力的"工业四基"(关键基础材料、核心基础零部件、先进基础工艺和产业技术基础)还存在质量稳定性、环境适应性和精确保持性低的问题;高品质、个性化、高复杂性、高附加值的产品的供给能力不足,制造业中的关键装备、核心零部件严重依赖进口和外资企业生产。调查显示,我国50%的机械关键零部件依赖进口,重大设备生产的母机、高端医疗仪器、高级精密仪器及其核心元器件等主要依赖进口。以生产方式的颠覆性变化(从创意、设计、生产制造,到销售和售后服务全流程改革)为主要特征的新制造业还没有受到足够重视。美国、日本、德国、法国等均在制定政策发展新型制造业,尤其是重视高端制造业的布局规划。据德勤制造业信息技术有限公司发布的《2016全球制造业竞争力指数》,未来五年内,美国有望超越中国成为全球最具竞争力的制造业大国,届时中国将屈居第二。在更长远的未来,日本的制造业能力也会凸显出来，极有可能赶超中国。

制造业对于中国这样的大国来说尤显重要，它是整个国家经济发展和科技创新的基础，更是就业的基础。在全球制造业竞争格局快速变化和中国经济转向高质量发展阶段的背景下，实现中国制造提质增效已是当务之急。

制造业提质增效说一千道一万得有人才。过去我们成为制造业大国靠的是数以亿计的接受过一定教育、遵守纪律、安于工作的劳动者。现在我们要成为制造业强国同样需要数以亿计的劳动者，不过这些劳动者得是训练有素、术业专攻的技能劳动者。因为高质量的制造业背后，必定得有一支高素质的技术工人队伍。相对于制造业强国对高素质技术工人的需求来说，中国人力资源的数量积累和质量提升都还有很大空间。根据国家统计局 2015 年 1% 人口抽样调查数据测算，我国 15 岁及以上人口文盲率为 4.5%，6 岁及以上高中人口占比只有 11.4%。如果这些占总劳动力约三分之一的劳动人口，能够通过学校教育、在职学习和培训提高文化知识水平，获得相应的技术技能，其劳动生产率和生产质量将会大大提高，建设制造业强国就指日可待了。

中国要促进人力资源升级，就必须促进各级各类教育发展，尤其是要大力发展高质量的职业教育和培训，只有高质量的职业教育和培训才能培养和造就国家制造业转型升级需要的技能人才。高质量的职业教育是坚持以人的可持续发展为本理念的教育，是遵循职业教育规律和技术工人成长规律的教育，是围绕内涵提升开展教育教学工作的教育，是得到了更均衡更充分发展的教育。最终，高质量职业教育是其毕业生有更高质量就业的教育，也就是说在职业院校掌握了一技之能的毕业生，成为技术工人要有比较好的劳动报酬和其他劳动福利。2018 年新年伊始，这一点又有利好消息，1 月 23 日召开的中央全面深化改革领导小组会议强调，要坚持全心全意依靠工人阶级的方针，发挥政府、企业、社会协同作用，完善技术工人培养、评价、使用、激励、保障等措施，实现技高者多得、多劳者多得，提高技术工人待遇，增强技术工人职业荣誉感、自豪感、获得感，激发技术工人积极性、主动性、创造性。

有一种现象叫劳动力就业"极化"

所谓极化，就是事物向极端发展变化，可能是向高端发展变化或者向低端发展变化；也可能是事物发展变化过程中的分化，一部分向高端发展，一部分向低端发展，而处于中间层次的减少，出现两极分化，它既表示事件或事物的动态过程，也表示其发展结果。党的十九大提出，我国经济已经由高速增长阶段转向高质量发展阶段，正处在转变发展方式、优化经济结构的时期。在这一过程中劳动者的就业结构和技能结构将会发生改变。一般认为，高素质、高技术劳动者的就业比例将会增多，而低技能、低素质劳动者的就业份额将会减少。但是，对美国和16个欧洲国家的研究发现，高技能工人和低技能工人的就业相对增加，同时中等技能工人就业却相对减少，这就是就业的"极化"现象，这种现象在中国也开始出现了。就业"极化"分为空间极化和技术极化。

就业分布的"空间极化"指某一地区就业密度和就业占比不断提高，而另外地区就业密度和就业占比不断下降，最终形成区域就业中心的现象。就业的空间分布取决于产业的空间布局，产业集聚带来了就业分布的"空间极化"现象。在我国，就整体而言，全国51%的就业人口集中于东部地区，中部和西部地区就业人口各占21%，东北地区就业人口仅占全国总就业人口的7%。1996年以来，中部和东部地区第一产业就业密度相对较高但呈现下降趋势，西部地区就业密度略有下降，东北地区就业密度保持不变。第二产业形成以长三角、珠三角、环渤海地区为主的沿海就业带，第三产业就业向东部地区集聚，就业分布的"空间极化"现象加剧。除了第一产业以外，我国的第二产业和第三产业就业都在向东部地区加速集中。

劳动力就业的"技术极化"指高技能与低技能岗位的就业比例提高，而中等技能岗位的就业比例下降的现象。这样的现象归因于新技术和新经济，"机器人+物联网"的完整生产线可以完成越来越多的常规工作，效率高、成本低、危险系数小。智能制造催生了大批数字化车间、智能工厂、智能化装备产品，使得重复性强、劳动强度大、危险性高的诸多岗位实现了"机器换人"，如包裹分装、机械装配、高温或高空作业等。从国内统计数据来看，"技术极化"现象已经初露端倪。《中国高技术产业统计年鉴》显示，2011—2015年，虽然几个高技术制造行业的产值均有大幅增长，但是互联网及人工智能等相关产业的迅速发展使得电子及通信设备制造业的产值占比从2011年的52%增长到2015年的60%。2006—2015年，中国高技术产业的从业人员数逐年增加，从2006年的744万增加到2015年的1354万，年均环比增速达到6.8%。可见，经济迈向中高端水平对高技术产业就业的影响是显而易见的，这意味着未来机器对劳动力的挤出效应将会增强。除了制造业之外，服务业的技术替代步伐也在加快，银行业的"机器换人"现象尤为明显。2014年银行离柜业务替代率超过50%的银行仅有33家，而在2016年，离柜业务替代率超过70%的银行就有34家。这也是世界潮流。麦肯锡全球研究院近期的一份报告对全球800多种职业所涵盖的2000多项工作内容进行分析后发现，全球约50%的工作内容可以通过改进现有技术实现自动化。这份报告还指出，在现今所有工作内容之中，过半会在2055年左右自动化。

"技术极化"可能导致劳动者分流。第一，一些中等岗位的劳动者结合自身专业优势，借助教育或培训体系将掌握更多技能，转向薪水更为优厚的岗位，这些劳动者最终将从这种技术冲击中获益；第二，学习能力差或者原来掌握的专业技术被新技术淘汰的劳动者不得不寻求低技能、不容易被机器人取代的工作，如接待或个人护理岗位；第三，还没有接受正规教育的青年人可能更倾向于学习高级认知、社会情感类技能，因为这些技能在短期内很难被技术模拟，且相比低技能岗位，这些岗位的收入水平较高。

应对劳动力就业的"空间极化"，需要充分考虑市场规模、人力资本和基础设施等各种因素，综合施策，增强产业集聚，进而带来就业的集聚。应对劳动力就业的"技术极化"，需要建立和完善职业教育与培训体系。考虑到新一轮的科技革命最重要的特征就是迅速，而教育和培训是有时间效应的，这些领域的改革需要多年才能见到成效，所谓"百年树人"是也，所以教育和培训必须要有前瞻性，走在技术进步的前头。职业院校与培训机构要调整培养定位、整合专业设置、优化教学模式、强化职业道德，培养有一定文化基础、具备基本职业素养、能把简单工作做到极致的"工人"。只有让劳动者通过接受教育和培训积累更强的人力资本，才能保证其在新经济环境下有业就、就好业。

质量视角下的职业教育改革开放 40 年

2018 年是改革开放 40 周年，鉴于这 40 年里中国在各个方面取得的辉煌成就，估计会有很多各种形式的纪念活动。5 月 6 日下午江苏省教育厅在 2018 年职教活动周启动仪式结束之后，召开了"改革开放 40 年与江苏省职业教育发展"座谈会，笔者有幸参加，并根据会议安排从质量的角度谈谈改革开放 40 年职业教育的发展。虽然笔者不是 40 年职业教育改革发展的亲历者，但从 2000 年开始观察、研究职业教育也有 18 个年头了，不敢说对江苏省乃至全国的职业教育知根知底，最起码能做到大致了解。基于此，对改革开放40年职业教育发展质量层面的认识笔者有三个观点。

第一，提高职业教育质量贯穿改革开放40年。最近这几年，"质量"一词成为一个热词，人们把生产生活的方方面面加在它前面，表达对美好生活的期许，比如产品质量、生活质量、教育质量。这样给大家的印象就是，最近我们才重视质量，好像以前不重视似的，实际并非如此。就拿教育来说吧，重视质量非自今日始，提高包括职业教育在内的各级各类教育质量贯穿改革开放40年始终。这一点从改革开放以来中央关于教育工作的几个最重要的历史性文件中"质量"一词出现的频率可以看得出来，1985年颁布的《中共中央关于教育体制改革的决定》、1993年颁布的《中国教育改革和发展纲要》、2010年颁布的《国家中长期教育改革和发展规划纲要（2010—2020年）》和2017年初印发的《国家教育事业发展"十三五"规划》这四个文件中，"质量"一词出现的频率分别是4次、20次、51次、72次。从这里我们能够看出来国家是越来越重视教育质量的，但是得不出以前不重视、现在才重视教育质量的结论。改革开放的40年间，各级政府制定出台的林林总总的政策文件，各级各类职业院校采取的种种举措都指向职业教育质量的提高，这是毫无疑问的。

第二，职业教育质量的核心是人才培养质量。职业教育质量是职业院校必须达到的水平，即由社会决定的关于毕业生必须达到的知识、技能、习惯与价值水平的一组参数。什么叫职业教育质量，怎么提高职业教育质量？不同的主体，站在不同的角度，为了不同的需要，会产生不同的理解，自然对提高职业教育质量有不同的任务和策略，有的时候强调课程质量，有的时候强调教学质量，有的时候强调实训基地质量，还有的时候强调师资队伍质量。不管人们对职业教育质量的定义有多么不同，职业教育质量的核心终归还是人才培养质量，这是经济社会发展对职业教育提出的要求。邓小平同志在改革开放初期就说过："我们国家，国力的强弱，经济发展后劲的大小，越来越取决于劳动者的素质……"提高劳动者素质靠什么？还得靠职业教育。把人才培养质量当作职业教育质量的核心，也是职业教育作为一个类型的教育区别于其他教育的质的规定性使然，职业教育改革和发展的目的就是要培养适应现代化建设的数以亿计的高素质的劳动者和数以百万、千万计的社会各个领域的专门人才。从这个意义上说，衡量职业教育人才培养质量的标准有两个：一是看能否适应经济社会发展的需要，既满足社会当下对人才数量和规格的需求，又为未来发展做好必要的人才储备。二是看能否适应人的发展需要，既能保证对学生基本职业素质和职业技能的培养，又能提供个性化的可持续的发展空间。有质量的职业教育是能够满足人民群众日益增长的多样化、多层次、多方面需求的教育，可以帮助受教育者获得更稳定的工作、更满意的收入。

第三，职业教育质量是建立在数量上的质量。大家都知道，企业管理中有个概念叫"规模效益"，意思是指企业将生产要素等比例增加时，产出增加价值大于投入增加价值的情况。只有当经营规模扩大，才具有规模效益，效益就是质量。受此启发，笔者提出职业教育"规模质量"这个概念，以此说明在职业教育领域"质"和"量"是一对不可分割的变量，有数量不一定有质量，没有数量一定没有质量，职业教育发展是质和量的结合。这是13亿多人口的国情决定的，把庞大的人口资源变成人才资源，由人口大国变成人力资源强国，靠的就是数量基础上的高质量的教育。改革开放40年来，在数量快速增长的基础上提高质量是江苏省乃至我国职业教育发展最大的特点和成就。十九大报告明确指出，普及高中阶段教育，努力让每个孩子都能享有公平而有质量的教育。报告把"普及高中阶段教育"和"努力让每个孩子都能享有公平而有质量的教育"放在一起，不难看出党和政府对职业教育数量（规模）和质量（内涵）关系的辩证考量。

质量是职业教育发展的永恒主题，也是职业教育改革的持续动力，在新时代，我国职业教育依然要把提高质量作为改革发展的核心任务。

从参加世界杯比赛的德国队表现想到的

笔者不是球迷，不会半夜三更不睡觉看足球比赛，只是通过报纸了解一下各队胜负的情况，聊作谈资。如果非要笔者说出喜欢哪支球队，当然是德国队了，有着"德意志战车"美誉的德国足球队的纪律性、球员的战术执行力以及在球场上永不放弃拼到最后一秒钟的顽强意志始终是世界杯赛场上的一道独特风景。其实笔者也不是真的喜欢德国足球队，是因为喜欢德国产品和生产德国产品的企业，以及为这些企业服务的德国职业教育，爱屋及乌，也就关注一下德国足球队的信息。

笔者现在开的车是上海大众生产的帕萨特。前些年，只知道德国的举世皆知的大众汽车、西门子、戴姆勒、宝马、博世、贺利氏等大型高端工业制造企业。随着对德国了解的深入，才知道，在德国最厉害的是在国际市场上生产成千上万高品质产品的中小微企业和其中的"隐形冠军"企业。

德国拥有大量中小型隐形冠军企业，这是其始终保持强大竞争力的主要原因，它们集中在制造业，以家族企业为主要形态，普遍拥有数十年甚至上百年历史，占据全球大部分细分市场份额，它们才是"德国制造"的支柱和骨干。比如伍尔特公司，只生产螺丝、螺母等连接件产品，却在全球80多个国家设有294家销售网点，其产品的应用涵盖上至太空卫星、下至儿童玩具的几乎所有行业领域，年销售额达到70多亿欧元。再比如海因公司是一家只有700万美元年收入的公司，生产专供小孩用来吹肥皂泡的"普斯特菲克斯"牌肥皂水，但产品出口全球50多个国家。还有总部位于巴伐利亚州施瓦本市的 Seele 公司，专注于玻璃外墙的设计和建造，世界上很多地标性建筑都用了它的产品。比如，北京鸟巢的顶层铺膜、上海人民广场大剧院的玻璃幕墙，就是由这家公司设计和制造的。森海塞尔耳机、贺利氏贵金属、克林贝格齿轮、卡赫清洁、Volocopter电动直升机、双立人刀具，等等，这样的名单还能列出很长很长。中小微企业生产的产品涵盖了整个工业产品、消费产品和技术服务等诸多领域，包括按钮、装订材料、金属网、无损检测、养鸡场设备、玻璃幕墙、酒店软件、捕蝇纸、温度控制技术等，其中有很多我们每天都在使用但不被我们注意。据德国联邦外贸与投资署提供的数据，德国99.6%的企业都是中小型企业，这些企业提供了79%的工作岗位，贡献了超过55%的经济附加值，对德国国民经济的稳定发挥了积极影响。

笔者跟大家一样想弄明白为什么德国会产生如此多的隐形冠军企业？很多企业管理人士和专家也一直研究这个课题，并给出了自己的答案。有人认为这源于德国人严谨而理性的性格、对产权制度的保护；也有人认为德国学校教育和企业训练并重的双元制职业教育模式发挥了重要的作用（而在我们国家许多人包括决策者在内的头脑里面，都认为早期的职业技能训练不如文化知识学习重要）；还有人说，这源于德国工人对于职业的专注和自豪以及对企业的忠诚（德国隐形冠军企业的员工流动率为2.7%，远低于德国7.3%的平均水平。公司的重视换来了员工的忠诚，员工的忠诚保证了企业的发展）。笔者认为，德国产生这么多的隐形冠军企业是上述因素综合作用的结果。尽管如此，德国隐形冠军企业的成功事例，也值得中国政府和企业学习。

改革开放以来，特别是近年来我国中小微企业数量迅速增加。截至2017年末，我国小微企业法人约有2800万户，个体工商户约6200万户，中小微企业（含个体工商户）占全部市场主体的比重超过90%，贡献了全国80%以上的就业，70%以上的发明专利，60%以上的GDP和50%以上的税收。但是瑜不掩瑕，我国的中小微企业发展还有许多问题，我们的隐形冠军企业太少，中国现在急需培养的是隐形冠军企业。中国经济从高速增长阶段向高质量发展阶段转变，从制造业大国转变为制造业强国，必须由诸多技术性、专业性的隐形冠军企业支撑，否则，成为制造业强国就只能是一句空话。

好在中国政府一直高度重视中小企业的发展。早在2009年12月就成立了国务院促进中小企业发展工作领导小组，旨在加强对促进中小企业发展工作的组织领导，协调解决促进中小企业发展工作中的重大问题。组长由国务院副总理兼任，现在的组长由新晋国务院副总理刘鹤担任。也就在近日，李克强总理主持召开了国务院常务会议，部署进一步缓解中小微企业融资难、融资贵的措施，持续推动中小微企业降成本。

在笔者看来，培养和扶持以中小企业为主的隐形冠军企业，除了融资服务以外，政府还要通过鼓励企业更新设备、加强职工培训，提高其创新潜力。社会要充分尊重技术工人，让经过良好培训的技师比学习冷门专业的高校学生更容易找到工作，获得更高的劳动报酬。企业要为所有的员工提供舒适的工作环境，帮助员工提高技能和保持队伍的稳定性，使他们得到良好的个人发展，促进员工之间、员工与管理层之间的沟通和相互信任。在这些方面，我们的职业院校是可以大有作为的。

"下得去、留得住"与中等职业教育

经济转型升级主要有三条路径：一是高科技含量的新兴产业部门和业态不断替代低科技含量的传统产业部门和业态；二是从产业价值链的低端环节向"微笑曲线"的两端攀升；三是改造提升制造环节，用精细化生产和流程优化提升加工制造的质量。这三条路径，无论走哪一条，都需要有相应的人才队伍支撑。在中国，提转型升级已经很多年了，但是效果不彰。不能不说，亟待提升的人力资源素质结构对产业结构转型升级造成严重制约。而随着新型城镇化战略的推进，农村劳动力加速向城镇流动，但劳动力供给与需求的结构性错配依然严重，高技能人才"用工荒"与大学生"就业难"现象并存，优秀人才严重短缺。

在2017年3月召开的主题为"中国与世界：经济转型和结构改革"的中国发展高层论坛上，有企业负责人向工业和信息化部部长苗圩提了个问题："最近，我们准备组织20000名大学生下工厂。在这个过程中，我们发现不少大学生不愿意到生产一线动手和动脑，这其中有观念的原因，也有理论和实践存在差距的原因。现在，有没有什么激励政策，让这些人才愿意去基层和生产一线工作？"对此，苗圩回应道："在制造业中，市场急缺动手操作能力较强的高级技术工人。当前，市场需要的大部分人才还是适用型人才，需要他们到工厂和车间去，能够直接从事生产线方面的技术和管理工作。如果没有一批高技术的工人，中国要想建成制造业强国，终究是一句空话。"苗圩接着说："我们已经注意到这方面的问题，也有专门规划，但是调整起来需要一个过程。"也就是说，涵养人力资源需要时间，正所谓"十年树木，百年树人"，培养一名高级技工需要三年五载，打造一名大国工匠可能需要二三十年。远水解不了近渴。

这位企业负责人之问，反映出人力资源需求与供给之间不匹配的矛盾。按照十九大报告给出的判断，我国经济已由高速增长阶段转向高质量发展阶段，正处在转变发展方式、优化经济结构、转换增长动力的攻关期。中国经济提质增效不仅需要一支规模宏大、结构合理、素质优良的科学家、科技领军人才、科研人员队伍，而且需要整体人力资本的大幅提升。但需要追问、深究的是，经济转型升级对人力资源素质提出了哪些具体要求？如果不能明确上述内容，那么将很难讲清楚人才资源需求与供给的矛盾根源。

暂且回到本文开头所提出的三个问题。经济转型升级的第一条路径意味着产业结构的变化。从三次产业结构看，2013年全国第三产业占GDP

比重首次超过第二产业，产业结构发生重要变化。从表面上看，服务业已经取代制造业成为中国产业结构转型的新方向。但实际上，服务业特别是高端服务业，对制造业有很大的依赖。而且，"中国制造2025"战略的提出已经传递信号，打造高端制造业，重点发展实体经济，将成为我国产业结构转型的真正方向，这无疑将迫切需求与制造业相关的人才。经济转型升级的第二条路径意味着在全球劳动分工产业链中由生产环节向研发环节的转移。事实证明，在制造业创新过程中，研发与制造不可分离。美国制造业的大规模外包，造成研发与制造环节的分离，间接导致了美国制造业的衰落。哈佛大学教授加里·皮萨诺等人在《制造繁荣：美国为什么需要制造业复兴》中指出，当一个国家失去制造能力时，同时也在失去创新能力。在此需要引入"产业公地"的概念，它是指根植于企业、大学和其他组织之中的研发与制造的基础设施、专业知识、工艺开发能力、工程制造能力等，这些能力共同为一系列的产业成长和技术创新提供基础。也就是说，即便是专注于制造业研发，也绝不能脱离生产环节，这就要求我们培养能够"下得去""留得住"的人才。经济转型升级的第三条路径意味着，制造业创新不仅包括研发创新，而且包括工艺创新、流程创新。这种生产过程层面的创新依赖的是有效技能经验的积累，其形成标志并非是掌握了生产过程的工艺和流程知识，而是具备了在复杂生产情境中解决新问题的能力，这种技术转化能力的培养同样需要"下得去""留得住"。

培养人才在根本上需要依靠基础教育、职业教育、高等教育有针对性地开展人才培养工作。作为直接为劳动力市场输送人才的教育类型，高等教育、职业教育无疑承担着更为突出的责任。大学生之所以"下不去""留不住"，与高等教育发展战略不无关系。高等教育过度扩招导致其过度发展（超出经济社会发展需要的程度），而且高等教育在办学实践中存在不重视实习实训、大学生动手能力差的问题。如苗圩部长所言，"30多年前，我们在学校还要到工厂去实习，需要亲自动手操作。现在很多学校已经没有实习安排，大都是纸上谈兵"。高等教育培养出"眼高手低"的大学生，培养不出"千金难买"的技术工人。我国正致力于经济发展方式的转型，而转型的基础是企业，如果企业的技术进步缓慢，则会严重影响转型的进程。在发达国家，技术进步路线与人力资本实现了很好的匹配，即普遍体现为一种技能偏向型的技术进步。通过近20年高等教育的规模扩张，中国已经积累了庞大的人力资本，但是从目前来看，我国并没有出现明显的技能偏向型技术进步，这说明已积累的人力资本并没有得到有效释放，对于创新所应起的作用还未充分发挥，人力资本还无法发挥其之于技术进步、转型升级的应有价值。

再来看职业教育。前述企业负责人之问也反映出我们国家不少人对职业教育的不重视，没有真正意识到职业教育尤其是中等职业教育在经济转型升级过程中角色的重要。改革开放40年，中等职业教育为区域经济发展培养了数以亿计的劳动者和技术工人，有力地支撑了我国经济结构的调整变化。2016年，全国农民工中高中及以上文化程度的占比为26.4%，比2012年提高2.7个百分点，这表明低技能劳动者群体的整体素质也在稳步提升。然而，中等职业教育在整个高中阶段教育中的地位仍然有待提高。高中阶段不仅是连接义务教育和高等教育的重要纽带，也是学生成长为技能型人才与高素质劳动者的重要阶段。相对于我国经济发展和接受教育人口数量比例的快速上升而言，高中阶段教育的学校结构还存在较大问题。我们接受教育总是想通过教育提高生活质量，现实是相当一部分家庭子女接受完九年义务教育后便直接进入社会或勉强进入普通高中，考不上大学然后进入社会，这些人在劳动力市场中整体缺乏竞争力，择业范围窄、就业环境与待遇较差。在普及高中阶段教育背景下，不少人将其等同于普及普通高中教育，而未意识到普及攻坚目标的实现离不开中等职业教育。实际上，中等职业教育是国民教育体系的重要环节，它担任着升学、就业、培养全人的使命，是承上启下、进行分流的重要环节。

更为关键的是，与其他类型教育相比，中等职业教育服务区域经济发展的特征更为明显，立足区域深化产教融合，为地方经济发展培养所需要的技术技能人才，一直是中等职业教育改革的重要方向。对我国经济转型升级而言，培养"留得住、下得去"的人才，必然离不开中等职业教育，甚至需要中等职业教育发挥更大作用。从职校到企业，是新时代青年工人普遍的成长路径。不同于20世纪八九十年代零基础进厂的"社招"员工，从职校"准员工"规范化的培养到企业提供平台发展，让青年工人有了更多成长契机和空间。为此，我们建议，要采取因地制宜、因校制宜、分类指导的方式发展中等职业教育。在经济尚不发达的地区，首要任务是加强基础能力建设，调整普通高中和中等职业学校比例结构；在中等职业教育已经发展到一定规模的地区，主要任务是深化产教融合，形成办学特色；在中等职业教育已经具有较好基础、具备一定办学特色、毕业生就业竞争力较强的中等职业教育改革示范区，则应该实施创新驱动发展战略，为经济转型升级培养具有一定创新创业能力的高技能人才。

从中国的国情和发达国家职业教育演进的经验出发，不管是谋求企业发展的企业家，还是有志于促进区域经济社会发展的地方政府官员，都需要理性地看到，中等职业教育对于培养"下得去""留得住"的技术技能人才所发挥的作用在短时间内是难以替代的。当然，上述培养目标的实现，需要提高职业学校办学质量，提升职业学校学生就业质量，改变社会对职业教育的歧视性观念，使职业学校毕业生投资回报率高于一般普通高中。

按照教育规律办好"让人民群众满意的教育"

这个暑假对于江苏省的职教人来说注定是一个不一般的假期，大家都在为学校是否招到学生、招到什么样的学生而纠结。这一切都源于一次会议及会议讨论的内容。据相关媒体报道，2018年6月15日，江苏省委召开常委扩大会议，专题研究江苏高中招生、高考改革以及高考命题等事项。在调研了三个城市，听取教育部门负责人、中学校长、教师、学生家长的意见建议后，江苏省委书记对江苏省过去若干年的教育改革，特别是高考改革提出了批评，认为过去很多做法是瞎折腾，需要拨乱反正。会议决定改革中考、高考相关制度，其中就包括增加学生的中考选择机会，不再硬性规定职普分流比例（俗称"普职比"）。有人问笔者怎么看这件事情，说实话，笔者看不出这次改革和以前的那些被认为不对的改革本质上有什么区别，以前的历次教育改革也都是为了让人民群众满意的啊！其实这不是孤例，今年是改革开放40周年，教育领域和其他领域一样，也是改了40年，每年各级行政管理部门出台的关于教育改革的政策文件不知凡几，翻来覆去地改。在为改革取得的成绩高兴之余，笔者也在思考一个困扰自己多年的问题：每次我们的教育改革初衷都是让人民群众满意，可为什么最后结果都是人民群众不满意？想来想去，原因只有一个，就是我们没有真正按照教育规律办"让人民群众满意的教育"。

笔者注意到，2017年9月中共中央办公厅颁布的《关于深化教育体制改革意见》有四个地方提到了"要尊重教育规律"，有八个地方强调"要科学办教育"，科学办教育也就是按照教育规律办教育。这个文件强调这么多次"规律"，一方面说明，尊重教育规律很重要；另一方面说明，我们对于教育规律的认识还很不够。现在，在政策上、制度上，以及在我们很多领导人的头脑中，还不同程度地存在不懂教育规律或者不尊重教育规律的现象。要真正办好让人民群众满意的教育，就要发自内心地（不是口头上）了解教育规律、尊重教育规律。

首先，要真正了解教育规律、尊重教育规律。所谓规律，就是事物的本质联系，规律决定着事物发展变化的趋势。教育作为人类的一种以教化人为目的的社会性活动，也有自身的规律。教育规律是客观存在的，是人类经过数百上千年教育实践，或经过数十年教育研究所发现、总结的结论。比如一个国家和地区教育的层次、结构、规模与其经济社会发展人才需求的层次、结构和规模相适应的规律；又比如教育内容的安排与人的身心发展阶段、速度相适应的规律；还有学生知识和技能学习的不可分隔性，人获取知识、掌握知识需要运用知识进行实际体验和检验，这是被人类长期的学习实践证明了的规律；等等。我们只有真正地了解教育规律，才能根据规律设计教育制度，符合教育规律的教育也就是人民群众满意的教育。

其次，要清楚人民群众不是抽象的概念，而是由动态变化的、多元社会特征的活生生的个体人构成的群体。我国现阶段的人民群众由工农群众、知识分子和新的社会阶层所组成，各个阶层又由不同的群体组成。就拿农民来说，细分为无业、务农、兼业以农为主、兼业非农为主、打工、个体工商户、农村企业主、农村干部8个阶层。无业者是没有职业的人；纯务农者就是指全部时间用于农业活动的人；而兼业者专指农业与非农兼顾的那些人，其中一年中务农时间多于非农时间的人属于以农为主兼业者，而一年中务农时间少于非农时间的人属于以非农为主兼业者；打工者就是指被他人雇用了去从事有偿劳动的那些人；农村个体户指自己当老板，可能有少量雇工的人；农村企业主指雇用8人以上的投资经营者；农村干部主要指乡镇和村干部以及居住在村庄里的其他农村干部。农民阶层尚且如此，遑论其他阶层。

再次，要通过科学的调研了解多样化的人民群众的教育需求。2012年中共中央政治局审议通过了《中央政治局关于改进工作作风、密切联系群众的八项规定》，第一项规定就是改进调查研究。调查研究是我们党领导社会主义建设的重要工作方法，习近平总书记指出："调查研究是谋事之基、成事之道。没有调查，就没有发言权，更没有决策权。"通过调查研究，领导干部不仅走进了人民群众，更借此提高了认识能力、判断能力和工作能力。事实证明，缺少统筹规划和科学安排的调查研究，往往事倍功半，收效甚微，甚至流为形式。当前，面对日益分化而多元的人民群众，以及人民群众的多样化的教育需求，唯有开展全面的、长期的、系统而精准的调查，进行深入细致的研究，才能做出科学决策，促进教育的健康发展。

教师还是那些教师　学生已非那些学生

以前，笔者在做中学教师的时候，经常参加教研活动，除了学习最新的教学理论和方法、同行之间互相听课评课外，还有一项重要的内容就是学情分析。这里的"学情"指的是学生的整体情况，既包括影响课堂教学的学生自身特征和学习过程因素，也包括影响学校日常教育的学生成长的特征和价值观形成的因素。前者有学生的认知、学习心理和情感、原有知识、学习动机、学习兴趣、学习偏好、学习风格，等等；后者有学生成长的家庭、朋友圈、业余喜好以及经常参加的社会活动，等等。会分析学情是合格教师必备的能力，也是一位教师开展有效教学的前提。这一点，在当下的职业院校尤其重要，因为现在的学生和以前的学生是大大的不同了。

现在进入职业院校的学生都是"00后"。"00后"出生于2000年之后，这一代年轻人身处丰厚优越的物质环境，他们是在移动互联网影响下成长起来的"指尖一代"，自出生之日起就处在移动互联网的爆炸式上升大潮中。据中国青少年宫协会儿童媒介素养教育研究中心调研组一份针对全国34个省区市、113934名3~14岁儿童家庭的调研显示，25.2%的3岁儿童每天使用网络的时间超过30分钟；53.9%的6岁儿童会自己下载安装喜欢的游戏、视频和音乐；10~14岁的儿童周末使用电子产品娱乐（玩游戏、看视频、听音乐等）超过30分钟的比例达57.1%；从8岁开始，10%以上的孩子主动加过网友、QQ群，18.7%的10~14岁孩子创建过自媒体，19.4%的14岁孩子遇到问题会上网找答案。

与初探互联网的"80后"、生于PC互联网成熟期的"90后"相比，"00后"在个性上截然不同的是，他们的社会态度更加开放包容。一方面，他们对外界信息非常敏感，可以通过快速的信息获得高效地发现和认识自我，因而具有更强烈的个人意识和精神追求；另一方面，社交网络的细分和多元，让他们能够找到兴趣相投的同类群体。这在竞争异常激烈的教育环境下，让他们拥有了一种族群认同的归属感。于是就在这个完整"社交链"尚未形成的年龄，他们依靠诸如游戏、动漫、二次元等"标签"，聚集起了志同道合的朋友。

处在移动互联时代的"00后"，基本是通过手机获得新知的。方便快捷的上网方式，意味着他们所受到的来自学校和父母的限制会更少，花在上网上的时间会更多。青少年时期是一个人价值观形成的关键时期，而众多社交平台都在"00后"的中学时代出现，使得他们信息摄入的深度和广度都超乎从前，这就意味着"00后"从小便能够基于各自兴趣而获得各种知识、培养各种能力，进而通过展示各种才能获得他人的认可。他们能够清楚地认知自我，从而确定自己的发展目标并且为实现目标付诸行动。"我就是我"是"00后"一代的个性宣言。

"00后"学生的生活方式、认知方式、获取知识的方式和渠道（比如以前是读书获得知识，现在是读屏获得知识）已经发生了变化，这必然要求教师也要转变角色，从过去的知识传授者转变为学生学习活动的设计者，师生之间形成一种新型的学习伙伴关系。

教师必须转变观念。过去的观念以为成人都很难做到的事情，孩子就更难做到了。这个观念其实有问题，网络时代学生有能力做出成人做不了的事情。根据《腾讯"00后"研究报告》的调查结果，移动互联时代获取知识的便利赋予"00后"很大的自信。他们不再盲目相信和崇拜"专家"与"权威"，因为很多事情专家也未必正确。69%的"00后"说，如果遇到不懂的问题，询问专家之后还是会查资料。教师要相信自己的学生,珍惜他们可贵的好奇心,要给他们足够的空间和勇气,支持他们去勇敢地探索未知。

教师要能够了解互联网,走进学生的世界,充分利用网络的优势促进教学。只有了解他们,才能教育他们。推动提升"00后"学生网络素养,培养和助长学生网络社会应有的生活技能、社交技能和工作技能,不仅与个人、家庭相关,也关乎互联网和人类社会发展的大问题,它决定着我们将塑造一个什么样的未来。教师要利用网络资源重塑课堂教学模式,重构学校教育生态,让课堂教学走近生活,走向学生的实际。比如可以借助学生愿意玩的游戏项目驱动学生兴趣、思维和意识的发展。2008年,美国华盛顿大学的贝尔实验室开发了一款确定蛋白质最佳三维形状的《foldit》游戏,玩家在3D画面下试着操纵简单的类蛋白质构造,变形、折叠、拼接,不断调整蛋白质的三维形状,上传最高分和所得的三维体,参与世界排名,并且还能与游戏参与者进行即时聊天,融知识学习于游戏操作之中。我国在功能游戏领域尚处于摸索阶段,近期陆续有《欧氏几何》等推出,我们要为学生加快研发更多既锻炼能力又增长知识的功能性游戏。

笔者感到教师这个职业越来越难干了。

要尽快补上职业教育这块短板

不管怎么说,像中国这样的大国,其经济社会发展终归要靠人,要靠人的能力和素质的不断提高。改革开放40年来,中国经济社会发展取得的成绩主要是因为我们有数以亿计的有一定素质的劳动者。接下来,我国经济社会的高质量发展归根结底也在于人,没有全球顶尖的技术人才,没有潜心创业的企业家,没有精益求精的产业工人,没有全体中国人素质的提高，中国就难以实现2020年全面建成小康社会和2035年基本实现社会主义现代化的宏伟目标。而上述各类人才和全体中国人素质的提高都需要大力发展教育。换言之，不同层次、不同类型的人才以及各行各业高素质的劳动者需要通过不同层次、不同类型的教育有针对性地予以培养，比如技能人才需要职业教育来培养，依然是当今社会一种普遍而有效的规律。习近平总书记在2018年9月10日召开的全国教育大会上强调要把教育事业摆在优先发展地位，全面提高基础教育、高等教育、职业教育和继续教育等各级各类教育的质量，大概也与此有关。

但现实情况是，我国的教育在类型上、层次上还存在一些短板。正如中共中央政治局委员、国务院副总理孙春兰在全国教育大会闭幕会上指出的，农村义务教育、学前教育、职业教育等是短板。这些短板的存在不仅在整体上拖了我国教育质量的后腿，也影响了特定行业、特定层次、特定地域人群人才的培养。所以我们必须精准分析"短板"短在何处，以便"补"在当补之处。就职业教育来说，个人认为短板在如下几个方面：

第一，师资队伍的数量不足、结构不尽合理。教师的数量和质量决定着学校教育的质量，生师比是衡量职业学校师资力量的指标之一。根据《2017年全国教育事业发展统计公报》的数据，全国中等职业教育（包括普通中等专业学校、职业高中、技工学校和成人中等专业学校）在校生1592.50万人（占高中阶段教育在校生总数的40.10%），共有专任教师83.92万人，生师比（中等职业教育生师比不含技工学校数据）为19.59∶1。与普通高中13.39∶1的生师比相比，中等职业学校生师比过高，而职业学校生源现状以及技能人才的培养目标决定职业学校需要更低的生师比，才能保证基本的教育教学质量。除了数量不足外，职业学校教师队伍在结构上也有待优化，比如文化课教师偏多，专业课教师偏少；又比如专业理论课教师有余，而指导技能训练的教师不足。

第二，职业教育的经费不足、投入增长缓慢。职业教育的成本及各种费用都要大大高于普通学校教育，尤其是职业教育理论和实践操作的各个环节增加了职业院校的教育教学成本。技能人才成长需要实习实训，实习实训必须真刀真枪地练，这需要投入大量的原料、材料、设备等。据中国工程建设焊接协会常务副秘书长张友权介绍，要将一位零基础的工人，培训为拥有基础技能的焊工至少需要花费 3000～5000 元。据研究测算，职业教育的生均成本是普通教育的 2～3 倍。如果没有充足的经费，就不能添置和及时更新实践教学设备，也不能采购充足的实习实训耗材，最终影响的是学生培养的质量。当前职业教育经费投入仅仅能够满足职业教育理论教学阶段的费用支出，而在职业教育最为核心的部分——培养学生动手操作能力的实践教学阶段的经费投入极为匮乏。由于经费投入不足，学校专业设备陈旧且数量不足，学生的实习、实训教学得不到有效保障，导致知识教学与实习实践相脱节，严重制约了职校生动手实践操作能力的提升。站在职业教育促进经济社会发展的战略高度看，我国职业教育经费投入的数量与其在整个教育领域经费投入的数量相比偏低，且国家对职业教育经费的投入并没有制度性的规定、没有形成正常的增长机制。

第三，产业工人的收入偏低、社会地位不高。从国家统计局发布的 2017 年城镇单位就业人员年平均工资的主要数据中，可以看到我国产业工人队伍的总体收入水平较低。由于制造业、建筑业职工目前占产业工人总数的 76% 以上，2017 年，这两个行业职工的年均收入水平在整个国民经济 19 个行业中分别排在第 14 位和第 15 位，其收入分别为平均水平的 86.7% 和 74.8%，直接拉低了产业工人队伍的总体收入水平。8 月 31 日在北京举行的以"弘扬劳模精神和工匠精神"为主题的十三届全国政协第九次双周协商座谈会上，与会代表说的情况也印证了这一点。代表们普遍反映目前我国基层劳动者、技术工人收入水平和待遇依然偏低，社会地位不高、岗位吸引力不足，这就导致社会上很多人不愿意从事生产一线的相关工作。职业教育缺乏吸引力的原因也在此，因为职业院校的毕业生大都是基层劳动者。

补职业教育的"短板"，最终是要吸引青少年愿意到职业院校学习技能，毕业后在岗位上努力钻研技能，通过自己的优质劳动在经济上得实惠、在政治上有地位、在社会上受尊重。

职业教育与社会主义建设者和接班人的培养

习近平总书记在 2018 年 9 月 10 日召开的全国教育大会上指出，我们的教育必须把培养社会主义建设者和接班人作为根本任务，培养一代又一代拥护中国共产党领导和我国社会主义制度、立志为中国特色社会主义奋斗终身的有用人才。根据教育目标、教育对象、教育内容以及教育方法的不同，教育又被区分为不同类型（比如基础教育、职业教育和社会教育）、不同层次（比如初等教育、中等教育和高等教育）。在中国，不管是什么类型，也不管是什么层次的教育，其任务或者说目标都是培养社会主义建设者和接班人，这一点是毋庸置疑的。但是，需要强调的是，培养社会主义建设者和接班人是我国教育的总任务，具体到不同类型、不同层次的教育，在培养社会主义建设者和接班人方面，会有更下位、更具体的规定，因为社会主义需要不同层次、不同类型的建设者和接班人。这就要求不同类型、不同层次的教育精准定位、各司其职，为社会主义培养不同类型、不同规格的建设者和接班人。职业教育作为一种类型的教育，其培养的社会主义建设者和接班人最起码应该具备以下特点：

一是下得去。中国的社会主义建设事业是一个全方位（城镇和乡村）、全领域（经济、社会、文化、政治和生态）的系统工程，不仅条件好的城市和东部发达地区农村需要建设者，中西部地区和"老少边穷"地区的乡村更需要建设者；在一个单位中，办公室事情需要有人做，基层生产车间也需要操作工人和技术人员。职业教育培养的"下得去"人才有几层意思：其一是职业院校毕业生愿意到中小城镇，甚至农村就业（这是相对于去大城市就业来说的）；其二是职业院校毕业生愿意到中小企业和民营企业就业（这是相对于大型国有企业和事业单位来说的）；其三是职业院校毕业生愿意到生产一线从事与自己专业有关的生产劳动（这是相对于从事办公室文案和一般管理工作来说的）。"下得去"其实就是"下一线、下基层"，反映了职业院校学生的职业道德素养、爱国爱乡情怀和担当。遗憾的是，当下不仅是普通教育的大学生，即便是职业教育的毕业生，普遍存在着"下不去"（不愿意到一线去踏实奋斗）的现象。

二是留得住。所谓"留得住"，就职业院校毕业生来说就是毕业后经过慎重选择到了一家单位工作，能够耐得住清苦，心无旁骛地搞生产，千方百计学技能，用自己的专业和创造性劳动为企业服务，在服务企业的同时自己获得发展。万丈高楼平地起，人才都是从基层一步步成长起来的，想一口吃成大胖子是不现实的。华为的任正非曾经对招聘应届生的本企业人力资源部门说过："对应届生，要多宣传（来公司要吃）苦的事情，千万不要对应届生说我们公司如何公平。这个世界上本来就没有公平，只有那些本分、知足的员工才有培养前途。不满足感太强的员工，不要录用，以免增加管理困难。你是来打工的，主要看给你的报酬是否与贡献吻合。"乍听起来，任先生这些话对于刚毕业的学生来说不是那么顺耳，但是这就是现实。试想，你今天在这个企业一不满意就走人，明天在另一个企业一遇挫折就跳槽，你怎么能积累系统的经验和处理现实问题的能力？所以说，只有留得住，才能在实践中增长才干，也才能有好的长远发展。"留得住"反映了学生的忠诚、自律和专注的品质，而专注恰恰是技能人才成长的重要因素。

三是干得好。所谓"干得好"就是说，职业院校毕业生了解制造工艺，愿意在车间埋头工作，并且知道怎样用双手来精打细磨，到了企业后能够很快适应岗位要求，熟练掌握所在企业生产工艺流程，保质保量地完成企业分派的任务，有时候还创造性地从事生产劳动，解决生产中遇到的难题，帮助所在企业转型升级。"干得好"反映了职业院校学生具备了完善的智能结构，而完善的智能结构是毕业生适应工作、完成工作和创造性工作的基础。职业院校学生完整的智能结构包括知识（是人们在社会实践中获得的系统的认识和经验，有作为社会公民的基本知识，也有从事某种职业的专业知识，知识主要是通过记忆获得）、技能（是完成某项任务的身体动作或者心智活动的习惯性反应，技能通过指导和练习获得，光有理论知识不能形成技能，还需要实际练习）和思维（是在表象、概念基础上进行分析、综合、判断和推理等认识活动的过程。思维能力是职业院校人才培养的主要目标）等要素。如果一所职业院校学生具备了比较完善的智能结构和综合素养，再通过自己在工作岗位上的"做中学"，很快就会成长为企业发展需要的技能人才。

职业院校只有为企业培养出"下得去、留得住、干得好"的员工，才算是比较好地完成了培养德智体美劳全面发展的社会主义建设者和接班人的任务。

接下来的任务就是狠抓落实

以前，笔者觉得制约我国职业教育发展的是政策缺乏，所以很多人会说"要政策"，就是希望国家能够出台有利于职业教育发展的政策，越多越好。最近这些年，笔者已经不再担忧没有政策，而是担心政策接二连三地出台，能不能来得及落实了。如果说颁布的红头文件就是政策的话，现在，政策的确多得有点令人目不暇接。你看看，从去年底到现在一年左右的时间，我们就有几十个，甚至上百个大大小小的职业教育文件出台，其中，重磅政策就有4项，分别是2017年12月19日国办印发的《关于深化产教融合的若干意见》（文件包括7个方面30项政策，这是国家发改委、教育部等部门共同深化产教融合的具体举措，文件提到职业教育的地方虽不多，但是处处都与职业教育有关）；2018年2月5日教育部、国家发改委、工信部、财政部、人社部、国税总局等六部门联合印发的《职业学校校企合作促进办法》（包括总则、合作形式、促进措施、监督检查和附则等5章，共34条，这是直接与职业教育有关，为落实产教融合政策出台的政策）；2018年1月20日印发的《中共中央国务院关于全面深化新时代教师队伍建设改革的意见》（里面多处内容涉及职业院校教师队伍建设）；2018年11月14日中央全面深化改革委员会第五次会议审议通过的《国家职业教育改革实施方案》（这就是业界期待的所谓职业教育"20条"，正式文件尚未发布，估计很快就会出台，据知情人讲，里面有很多"干货"）。如此数算下来，政策真不可谓不多，几乎涉及职业教育的方方面面。笔者看可以了，接下来的工作就是把这些好政策落实好，从某种意义上说，落实政策比制定政策更难。

制定政策就是要解决职业教育发展中遇到的具体问题，或者解决困扰职业教育发展的老大难问题（比如产教融合、校企合作问题）。如果制定的政策在贯彻执行的过程中扭曲走调，或者"只闻楼梯响，不见人下来"，总是悬在半空中落不下来，则政策就如同在墙上画饼一样让人"看得见、吃不着"，初衷再好的政策都没用。现实当中这样的事情我们遇到的也不少。所以2018年11月1日，习近平在民营企业座谈会上的讲话中指出，各地区各部门要从实际出发，提高工作艺术和管理水平，加强政策协调性，细化、量化政策措施，制定相关配套举措，推动各项政策落地、落细、落实。那么，怎样做政策才能落地、落细、落实呢？

首先，要增强政策的"知晓度"。职业教育的相关政策都是各级政府制定并出台的，事先也经过调研、论证阶段，少数专家、政府从业人员和基层民众也都参与其事。从某种意义上说，政策制定是少数人的事情，可是，政策出台以后的落实那就不是少数人的事情，而是变成所有人（与职业教育相关）的事情了。这就需要所有相关人员知道并把政策相关内容结合到自己的日常工作中，比如校企合作的利好政策需要所有企业知晓，否则企业怎么有积极性参与校企合作；又比如职教教师队伍建设的利好政策需要每一个在职教师和有可能要做职业学校教师的人知晓，否则怎么吸引精英人士当教师。所以，我们要通过报纸、电视、广播、网站、微信公众号等媒介，办专刊、建专栏、设专题，构建全天候、多层次、立体化宣传网络，让职业教育发展的政策人人、校校、企企、行行知晓。

其次，要提高政策的"细化度"，越到上层，政策越宏观、越抽象，等到下面的时候，政策必须细化、具体，要善于从小处切入、由点上发力，确保政策文本的每一句话都有具体的操作指标和操作程序。如果政策只是停留在大而化之的文本层面，那下边的人就不知道怎么办，基层从业人员不知道怎么办的政策不是好政策。比如给参与校企合作的企业减税，减多少、怎么减、大中小企业要不要区别对待？又比如推进实习实训规范化，保障学生享有获得合理报酬等合法权益，这里面合理报酬是什么意思？多少是合理的？等等，都要有具体的规定。因此，政策要逐级细化，使之便于操作，要从细处入手，一点点推进。

再次，要强化政策"执行力"。执行力是指单个的人或者团队把上级的命令和想法变成行动，把行动变成结果，把结果变成好结果，从而保质保量完成任务的能力。习近平总书记提出"既谋划战略性改革，也推动战役性改革"，推动战役性改革其实就是执行力。职业教育发展和改革的核心，就是提高政策执行的能力，中央政府的政策出台了，省、地、县各级政府要提高各部门和各个官员的政策执行能力，既要不折不扣地把上级出台的政策落到实处，也要结合自己所在地区的实际情况因地制宜创造性地执行。

总起来说，笔者认为，未来一个时期我们工作的重点不是再出台更多的职业教育政策，而是把既有的职业教育政策落实好。

究竟是什么影响着我国职业教育的高质量发展

"发展中的大国"这个国情决定了我国必须坚定不移地大力发展以制造业为主体的实体经济。制造业的发展需要掌握核心技术、提高产品质量、打造叫得响的品牌，这些归根结底在于人的能力和素质。没有顶尖的科技人才、潜心创业的企业家和精益求精的产业工人，就不可能有世界一流的企业和制造品牌，也就不可能助推中国成为制造业强国。高素质的劳动者和技术技能人才需要高质量的职业教育来培养，低质量的职业教育很难培养出满足经济高质量发展需求的高素质技术工人，这一点已经被过去的职业教育实践所证明。改革开放40年，我们的职业院校累计毕业了数亿毕业生，可我们的技术工人却一年比一年更缺乏，岂不怪哉！这说明，我国的职业教育还没做到高质量发展，那究竟是什么影响着我国职业教育的高质量发展呢？笔者认为主要有三点：

第一是生源质量。目前我国职业教育的主体是中等职业学校和高等职业学校，前者主要有教育部门管理的中等专业学校、职业高级中学与人力资源和社会保障部门管理的技工学校；后者主要有教育部门管理的职业技术学院和非教育部门管理的职业技术院校。中等职业学校为高中阶段教育，招收应届初中毕业生（部分学校也招收往届毕业生），最终进入职业学校的学生大多是当地中考成绩排在后面的学生，这些学生都是被普通高中淘汰的生源，也可以说是初中阶段就被老师"抛弃"的学生，没有较好地掌握九年义务教育阶段的基础知识、基本技能、基本方法（学习），没有养成良好的行为习惯。进入职业学校学习，没有一定的知识、技能和方法基础，是学不好与未来从事的职业相关的专业知识和专业技能的。指望在短短的三年（职业学校学制三年）里既要给学生补上义务教育阶段落下的应知应会（有些知识、技能和方法一旦错过了学习的关键期，以后再学就难上加难了），又要使他们成为高素质的技术工人，在笔者看来就是痴人说梦。职业技术学院情况类似。没有高质量的生源哪里会有高质量的职业院校毕业生？没有高质量的职业院校毕业生又怎么会有规模庞大的高素质劳动者和技能人才？

第二是经费投入。办任何教育都是要花钱的，而且钱越多越好。从成本核算的角度看，不同类型教育的成本是不一样的，有的教育（比如职业教育）多一点，有的教育（比如普通教育）少一点。世界银行的一项研究显示，发展中国家职业教育和技术学校的生均成本，通常比普通中学生均成本高153%，实际比这个数字还要高，因为职业教育要训练学生的技能，需要很多设备和耗材，要求学生掌握的技能越熟练，成本就越高。但我国对职业教育的投入却远低于普通教育，根据相关数据，2017年全国中等职业教育经费总投入为2319亿元，占高中阶段教育经费总投入（6637亿元）的35%；普通高职高专教育经费总投入为2023亿元，占全国高等教育经费总投入（11109亿元）的18%。2017年全国中等职业学校生均教育经费为18364元，比普通高中生均教育经费18575元少211元。据2017年全国教育事业发展统计公报数据，全国高中阶段在校生2374.55万人，其中职校在校生占比40.1%；普通本专科在校生2753.59万人，其中高职高专在校生占比40%。用约三分之一的经费支撑着近"半壁江山"的在校生规模，又想马儿跑，又不想给马儿吃草，不投入足够的经费，还喊着要培养高素质劳动者和技能人才，天下哪有这等好事。2018年12月19至21日召开的中央经济工作会议提到明年要增加对学前教育、农村贫困地区儿童早期发展、职业教育等的投入，为什么要特别强调增加上述教育的投入？就是因为过去对它们的投入太少了，欠账太多。

第三是薪酬收入。据说每年有70%的新增劳动力来自职业院校，在笔者看来，这些新增劳动力薪酬收入的多少，往前决定着适龄学生是否愿意选择职业学校就读，往后决定着他们是否愿意全身心地投入到技能水平的提高上。从国家统计局发布的2017年城镇单位就业人员年平均工资的主要数据中，可以看到我国产业工人队伍总体收入水平较低。2017年，制造业、建筑业（目前占产业工人总数的76%以上）这两个行业职工的年均收入水平在整个国民经济19个行业中分别排在第14位和第15位，其收入分别为平均水平的86.7%和74.8%，拉低了产业工人队伍的总体收入水平。国家统计局提供的对一套表联网直报平台16个行业门类约98.3万家规模以上企业法人单位的调查数据显示，企业内部从事生产制造工作和生产服务工作岗位的一线职工的年平均工资分别为50703元和49502元，仅为社会平均水平的68.2%和66.6%，岗位平均工资最高与最低比率为2.67。

职是之故，我们必须提高职业院校生源质量（职业教育不是"兜底"教育），大幅度增加经费投入，提高一线产业工人的薪酬收入，不如此就不能壮大知识型、技能型、创新型劳动者大军。

▶ 职教观察
2019

远虑近忧话职教

都说教育是关于未来的事业，培养的是未来社会的建设者和接班人。问题是谁也不能准确预测未来是什么样子，我们只能用过去的知识培养现在的学生，叫他们去面对未来的世界，至于过去的知识又是如何变成现在的人解决未来世界问题的能力的，也没有人说得清楚，所以说教育屡被诟病也在情理之中。职业教育作为一种类型的教育，当然也是关于未来的事业，只是因为有了"职业"这个具体的前缀，和其他类型教育（比如基础教育）相比，职业教育的这个"未来"并非遥不可及，至多十年八年的光景。但即使如此，当面对眼前的"未来"的时候，职业教育好像也有些手足无措。

众所周知，职业教育与职业息息相关。所谓职业就是人们手头上正在干着的工作，在现代社会里，技术是影响职业变化的重要因素，科技的进步导致职业的类型越来越多、职业的更替越来越快。理论上讲，职业变化了，为人们选择合适的职业并获得职业发展服务的职业教育模式也要变化。基于这样的逻辑，笔者就很关注分析科技进步对就业影响的文章，试图找到"现在"的职业教育应对"未来"职业变化的策略，正所谓职业教育要有远虑。

这些年学界讨论比较火的是人工智能、机器人对就业的影响。对此尚无定论，可以说是仁者见仁、智者见智。有些人认为人工智能、机器人等新技术的经济影响就像蒸汽机和电力的通用技术一样，使以前的高技能工作转变为低技能工作，从而为低技能工人创造大量的就业机会。从历史的视角看也的确如此，早在19世纪中叶，英国的工厂就开始使用机器进行生产，当时一部分工作岗位被机器取代，进而引发人们的失业担忧。20世纪五六十年代，美国也出现过类似的状况。但实际结果是科技进步并没有引发大规模的失业浪潮，只是推动了新工作岗位替代旧工作岗位的历史进程。虽然过去的历史经验告诉我们，科技进步将促使新旧工作岗位替换，部分劳动力离开旧的工作岗位，接受再教育后能够顺利地转移到新的工作岗位，自动化仅会让劳动密集型工作岗位受到影响，只涉及受教育程度较低的劳动力群体，而获得了大学学历的，从事市场营销、医疗、会计、法律服务等行业的群体不会受影响。但是，这次好像非同以往，我们不能过于乐观地看待正如火如荼的人工智能的冲击。

悲观主义者认为近年来发展迅速的人工智能技术具有一定的学习能力和自我调整能力，可以替代人类从事许多方面的工作。人工智能削弱了人类劳动力市场中的竞争力，"机器换人"可能导致劳动力市场萎靡以及大规模技术性失业，部分低技能、重复体力的底层劳动者在人工智能的"岗位挤占"过程中被淘汰，千千万万的人面临失业危机，白领、蓝领皆无幸免。人工智能和机器人的到来，让自动驾驶、人工智能客服变成了可能，人工智能和机器人将抢走很多之前由中产阶层群体从事的岗位。随着科技的不断发展，人工智能和机器人可能还会进入医疗、法律服务、会计和金融等专业领域，未来低收入和中高收入群体都可能面临被替代的风险。创新工场CEO李开复持此论点，他在其新书《AI未来》中指出，信息技术总的发展趋势是通过减少高技能工人对其他辅助工具的依赖性提高工人的生产率。例如，电子邮件和文字处理器已经取代了电话和打字机，对秘书的需求正在减少。李开复预测美国40%到50%的工作将在未来几十年内实现自动化，这可能会使失业率增加20%到25%。当然，技术本身具有极大的复杂性和可塑性，技术的进步路径及其对社会所带来的影响从来都不是单一的，而这就促使我们更深入地思考技术与职业以及职业教育之间更为复杂的相互影响。

对于我们来说，既需要有人工智能、机器换人的"远虑"，也需要有技能人才短缺与大量人口要就业的"近忧"。中国经济高质量发展迫切需要高质量制造业，制造业的品质革命离不开知识型、技能型、创新型工人队伍的支撑。问题是我们短缺技能人才（这个问题其实不是近忧，而是"往忧"了）。在全国范围内，截至2017年底，我国就业人口总量7.76亿人，其中技能劳动者1.65亿人，占21.3%，但高技能人才只有4791万人，占6.2%，高级技工占比仅为德国、日本等制造业强国的一半，缺口人数达到八位数。与此同时，我们国家每年解决上千万新增劳动力的就业也是棘手的事情。2018年12月份召开的中央经济工作会议两次提出"实施就业优先政策"，"稳就业"也被列为"六个稳"之首。在这之前，国务院出台的《关于做好当前和今后一个时期促进就业工作的若干意见》，提出我国经济运行稳中有变，经济下行压力有所加大，对就业的影响应高度重视，必须把稳就业放在更加突出的位置上。未来的人要就业，现在的人也要就业。

综合远虑与近忧，我们需要全面提升职业教育和培训的质量，培养立足当下、具有未来社会所需技能的复合型职校生。这些技能包括全面沟通能力、社交沟通能力、团队协作能力、批判性思维能力等可迁移能力。在未来，这些能力可以与自动化技术相互补充，且不易被自动化取代。因为技能范围越小、越具体，在充满不确定性的未来劳动力市场中，被取代的可能性就越大。

要打通职业教育改革的"最先一公里"

当前，我国经济已由高速增长阶段转向高质量发展阶段，高质量发展尤其需要高技能人才。与此对应，职业教育发展也要从以规模扩张为主转变为以内涵提升为主，为经济社会发展培养高素质劳动者和技能人才。在新的发展阶段，我们需要考虑职业教育改革和发展走什么路、怎么走、走得怎么样？这不但需要整体谋划、加强顶层设计，增强各项改革政策的关联性、系统性、协同性，更要以"钉钉子"的精神抓好各项改革政策的落实。这就是习近平总书记强调指出的要"处理好改革'最先一公里'和'最后一公里'的关系问题"。相较于"最先一公里"，目前各方面人士对职业教育改革发展的"最后一公里"问题关注得比较多（笔者也曾撰文述及）。其实，"最先一公里"和"最后一公里"都很重要，从健全职业教育改革制度顶层设计的角度看，前者尤为重要，正所谓"'落地'诚可贵，'破局'价更高"。

2019年2月13日，国务院印发了《国家职业教育改革实施方案》，这个方案尚未印发，就已经受到各界人士的关注与议论，业界对此充满了期待，有人甚至说我国职业教育的春天真正来了。读了整个文本后，我觉得如果它能够真正被落到实处，必然助推我国未来一个时期的职业教育发展，进而促进就业、改善民生和提振经济。不过，我也有些担心，职业教育发展绝不是教育部门一家能够决定的事情，它牵涉到的事项、主体和利益十分广泛。根据以往的经验和教训，这些政策举措可能不会一帆风顺，可能会遇到各种各样的障碍，无法被全部贯彻落实。政策规定有十分，落实到地方能剩下六分、五分就已经不错了。这就是职业教育改革发展过程中的"最先一公里"现象。

职业教育改革的"最先一公里"问题突出表现在以下诸多方面：一是职业教育发展和改革的政策文件"量多质次"，具体表征在政策文件普遍存在摆花架子、搞"大呼隆"、针对性不强；原则性规定较多、具体措施较少，操作性不强等方面。二是一些政策措施无视基层实际情况，搞无差别的"一刀切"，导致实施过程中尴尬频出。三是一些改革政策在部门间（比如人力资源与社会保障部门和教育部门之间）缺乏协调，致使政策方向互相背离，政策效应形成"对冲"；同时，有些新政策出来了，旧政策尚未清理，导致新旧政策扞格不通，难以执行。四是一些政策问题导向性不强，精准性不足，导致政策出台不仅没有解决老问题，还人为制造出新问题。五是一些政策思路和工作方式方法欠妥，事前工作没有做到位，等到政策出了问题，搞了个措手不及，只能匆忙收回或暂停执行，好事办不好。六是虽然颁布的都是涉及群众切身利益、社会呼声和期望很高的改革措施，但由于涉及部门多、各方认识不统一、协同力度不够，长期难以提出细化方案，拿不出具体的落地措施。

职业教育改革发展"最先一公里"现象危害不可小视，针对上述问题，笔者建议：一是更加注重职业教育政策的研究和储备。充分发挥职业教育研究机构的优势，聚焦职业教育发展的突出矛盾和问题，牵头组织开展重大课题、前沿课题研究，加强调研、摸清底数、找准根源，及时形成专门调研报告并转化为储备政策，使研究机构成为重要政策的"蓄水池"。二是建立健全职业教育改革实施情况的监测、调整与问责机制。对于短期内具备条件解决的问题，集中力量打歼灭战；对于短期内还不具备条件解决的问题，可等待时机成熟时或创造条件出台相应政策举措。通过中期评估、第三方评估、督查检查等多种方式，对政策举措和改革方案进行全过程动态监控。三是明确中央和地方的责任分担。建议在职业教育领域借鉴国家扶贫攻坚计划中的"中央统筹、省（市、自治区）负总责、市县抓落实"的工作机制，中央相关部门做好顶层设计，及时分解细化政策任务，督促政策落实。地方政府认真执行上级政策，制定配套措施，在人、财、物和制度上提供保障，并积极做好政策实施情况的反馈。四是完善试点经验推广模式。引导各地在充分理解中共中央、国务院决策部署的基础上，结合本地区、本部门发展实际探索解决问题之道并先行试点，总结提炼基层鲜活经验，再逐级推广，并上升到制度层面。五是积极推广政策文件"1+N"模式。由牵头部门（教育部）组织研究出台综合性指导文件，确定原则、厘清任务，重点强化文件的前瞻性、系统性、原则性。其他与职业教育相关的部门结合具体情况，灵活安排和确定时间、形式、内容等出台专项方案,力求有干货、可操作、能见效。六是建立职业教育政策文件的统一审查制度。研究建立政策文件统一出口和政策内容审查机制,切实把好职业教育政策的政治关、风险关、效果关,确保职业教育政策文件充分贯彻落实党中央、国务院精神,避免政策效应过度叠加或相互抵消。

源于教学　反哺教学

最近,江苏省教育厅的领导叫笔者把江苏省获得2018年国家教学成果奖(职业教育)的成果编辑出版,这件事情促使我思考教学成果来自何处、去向何方。

"教化之本,兴于学校。"一直以来,教学始终是职业学校的核心工作,集中体现了制度化职业学校的价值和特征。教学工作之所以如此重要,是因为它承载了人类经验代际传承与发展的重要任务,间接乃至直接推动了人类社会的进步。在职业学校和工作场所里,学校教师和企业师傅通过课堂讲授、问题启发、榜样示范、练习纠错等方式协助学生掌握理论知识与实践技能。改革开放以来,各级各类职业学校为产业输送了大量合格的一线从业人员,其中的佼佼者还成长为技术骨干乃至大国工匠。这也是为什么职业学校的内涵式发展一定要以教学工作为切入点和抓手,从教学材料的设计与编写,到教学过程的实施,再到教学效果的评价都要精心设计。从职业学校实际工作的开展情况来看,教学工作受到重视还因为它是职业学校各类资源的有效整合。无论是师资队伍的建设,还是实习实训设施设备的完善,抑或是各类行政事务的推进,几乎都与教学工作紧密结合。围绕教学开展工作,有利于学校明确办学方向、彰显学校特色。

在多年的教学探索、组织和实施过程中,一些学校注重对教学过程中的做法、经验和成果进行提炼和总结，形成了基于丰富教学实践的抽象成果。这些成果具有以下特点：（1）拥有坚实的理论基础。任何一项成果一定是基于已有研究和实践的成果，是对已有理论和实践的验证、反驳或创新。所以理论是检验一个成果是否具有历史性、科学性与前瞻性的重要指标。例如笔者作为第一完成人获得2018年职业教育国家级教学成果一等奖的成果——《德知技融合、因类施策、多元发展——整体提高职业学校人才培养质量的江苏实践》就充分借鉴了国内外技能学习的阶段理论、技术技能人才的生涯发展理论等成果，并在此基础上结合江苏省职业学校的育人实践，构建了技术工人技能成长的"二维时空交融"理论。（2）整体框架具有一定的稳定结构。成果要有其内在的结构稳定性，即各种围绕教学开展的工作能够按照一定的框架统一起来。这个稳定框架的价值在于明晰成果内部工作的机理。例如获得2018年职业教育国家级教学成果一等奖的《省域中等职业教育专业教学标准体系建设的研究与实践成果报告》中提到的"以推进复合型技能人才培养为价值追求的教学标准体系建设基本框架""'三层衔接、六类贯通'一体化的专业教学标准体系""'建用结合、点上试验、面上推广'教学标准实施路径"等。（3）形成清晰完整的概念体系。概念体系是一项成果由经验层面走向抽象层面的要素支撑，是一项成果发挥成效的关键变量。例如获得2018年职业教育国家级教学成果二等奖的《系统设计、三次优化、融玩于学：中职微型游戏项目教学的研究与实践成果报告》中就贯穿着"项目教学""微型游戏""错位教学"等核心概念，且部分概念在成果的语境下还被赋予了新的意涵。（4）具有明确的核心思想。核心思想的作用在于指导成果的设计与实施，并为成果实施效果的检验提供依据。例如获得2018年职业教育国家级教学成果二等奖的《传承刘国钧"懂技术、会管理"用人观，探索"双核并重、双轨并进"人才培养模式》就始终围绕刘国钧的"懂技术、会管理"用人观设计人才培养目标，开发人才培养方案，并据此构建了"课堂教学体系和实践活动体系"双轨并进的人才培养模式。以上四个特点是判断一系列的教学经验和做法是否能够"进化为"系统性的教学成果的主要依据。

但成为教学成果，并不意味着它一定就是行之有效的。即使是在一所学校行之有效，也并不能确保它具有推广使用价值。所以判断一项成果是否能够在省级乃至国家级层面获奖，成为其他地区学习和借鉴的"标杆"，不仅要检验这项成果在本校的实施效果，还要检验这项成果在实施过程中对兄弟院校的教学工作、地方企业参与育人的积极性和模式、教育行政部门的决策等方面产生的影响。只有在形式上符合了上述四个特点，并在实践中具备了校内与校外的双重正面应用效果，它才有可能成为获奖教学成果。教学成果来自教学，还要回到教学中去。

要用三种思维看我国的职业教育

2019年1月24日，国务院印发《国家职业教育改革实施方案》。2月23日，中共中央办公厅、国务院办公厅印发《加快推进教育现代化实施方案（2018—2022年）》，职业教育在其中被多次提到。3月5日，李克强总理在政府工作报告中用前所未有的篇幅提及职业教育。4月3日，国家发改委、教育部联合印发《建设产教融合型企业实施办法（试行）》。4月4日，全国深化职业教育改革电视电话会议在北京召开，李克强总理做重要批示："发展现代职业教育，是提升人力资源素质、稳定和扩大就业的现实需要，也是推动高质量发展、建设现代化强国的重要举措。"孙春兰副总理在会上对前期一系列职教政策文件精神做了进一步的阐释，部署了今后的重点工作。职业教育政策紧锣密鼓地出台，力度空前，一时间真有点令人应接不暇。这一方面说明职业教育得到了国家最高决策层的高度重视，另一方面也说明职业教育迎来了又一个发展窗口期。认真学习了这些政策文本以及权威人士对这些政策的解读之后，个人认为需要用三种思维看待我国的职业教育发展问题。

一是国别思维。当今世界主要由主权国家构成，截至2018年7月，全世界共有198个国家，分布在亚洲、欧洲、美洲、大洋洲、非洲等几个大洲，198个国家的文化传统、资源禀赋和发展阶段各不相同、绝不重样。不同国家长期积淀的文化传统对职业教育的认识不同，有的重视工匠以及与工匠养成有关的职业教育，比如德国及其周边国家的德语区；有的不重视工匠以及与工匠养成有关的职业教育，比如我国，这种基于文化传统的好恶会影响人们的教育决策。资源禀赋（包括劳动力、资本、土地、技术、管理、环境等方面的各种生产要素）以及所处发展阶段不同的国家，其经济发展方式和路径也会不同，为其服务的职业教育发展方式也不同。美国、德国和日本是三个文化传统、资源禀赋以及起始发展阶段不同的国家，他们选择了各自不同的职业教育发展方式为其国家成为发达国家培养技能人才，真可谓同归而殊途。这提醒我们，讨论中国职业教育发展一定要从文化传统、资源禀赋和发展阶段，以及自身的优势、劣势和国家发展目标出发，而不是盲目地照搬其他国家做法，脱离中国国情讨论职业教育发展是没有意义的。

二是系统思维。系统科学认为，系统是物质存在的普遍形式，每个事物是次一级事物的系统，是上一级事物的要素，整个物质世界是由不同事物构成的有层次的系统。系统由诸多要素构成，要素之间存在着一定的结合方式，体现某种结构，并产生一定功能。所谓系统思维，就是把认识对象作为系统，从要素和要素、要素和系统、系统和环境的相互联系、相互作用中，综合地、整体地考察认识对象的一种思维形式。职业教育本身是一个系统，是由诸如中等职业学校、高等职业院校、应用型本科院校以及师资、学生、设施设备、课程等要素构成的系统；同时职业教育又是上一级系统——教育系统的构成要素，教育系统又是上上一级系统——经济社会大系统的构成要素，职业教育发展受制于教育系统里面的其他要素，比如招收初中毕业生的中等职业学校的人才培养质量与义务教育阶段教育质量密切相关，没有高质量的初中毕业生怎么可能有高质量的职业学校毕业生，因为技能人才的成长也是需要坚实的知识基础的。职业教育（乃至整个教育）又受制于经济社会系统，大家都看扁职业教育那就不是职业教育质量高低决定的，肯定是一种社会的集体无意识（关于"劳心""劳力"的文化传统）。所以，谈论或者制定发展职业教育的政策，不能仅就职业教育本身谈职业教育，还是要多考虑职业教育以外的与其密切关联的其他因素影响。

三是动态思维。这个世界唯一不变的是"变化"，我们生活的环境随时都在发生变化，因此对待身边的事物发展我们要用动态的思维看待、分析、判断，并据此随时调整自己的行为。这就是动态思维，即把思维对象当成变动不居的事物来认识的思维方式。职业教育作为一种人类的教育活动，受其所处的急剧变化的环境影响，也在不断地发生变化。过去40年，国际社会业已发生了深刻变化，由人工智能、生命科学、物联网、机器人等技术革新组成的第四次工业革命开始广泛而深入地影响人类社会。中国的经济社会也发生了天翻地覆的变化，国有企业改制了、民营企业发展了、农村居民进城了……身处其中的职业教育也主动或被动地发生变化，学生数量多了又少了，职业学校校园异地新建了，学校换名字了……凡此种种，都要求我们用变化的眼光看待职业教育。比如：过去证明有效的德国双元制，现在还有没有效果？过去基于我国职业学校很多由普通高中改制而来，其专业课教师普遍缺乏实践能力的现实提出的"双师型"教师说法，现在还要不要特别强调？

无视中国国情，用孤立的、静止的、一成不变的思维方式讨论职业教育、制定职业教育政策是不利于我国职业教育可持续发展的。

接过技能人才培养的接力棒

数据显示，我国技能人才共有1.65亿人，占就业人员总量的21%以上。其中，高技能人才是4700多万人，仅占到就业人员总量的6%。不管是高技能人才的数量，还是高技能人才的结构和质量，都无法满足我国当前加快发展先进制造业、战略性新兴产业和现代服务业的要求。为了破解高技能人才严重短缺的困局，近些年从国家到职业院校都在苦寻良策，密集出台各类政策，尝试各种办法。前两天，笔者受邀参加一所职业学校举办的职业教育产教融合发展论坛，参加论坛的除了职业教育研究者外，还有初中校的师生、论坛举办学校优秀毕业生、企业领导和人力资源主管等各路嘉宾。大家对《国家职业教育改革实施方案》的相关内容热烈讨论、各抒己见，其中给我留下深刻印象的是一位企业人力资源主管的发言，他说技能人才不是职业学校能够培养的，简单的校企合作也很难培养出企业需要的技能人才，只有企校接力（不仅是校企合作）才有可能培养出高素质的技能人才。

细究起来，这位企业人力资源主管的话是有道理的，技能人才的培养与职业教育有关系，但它们不是简单的线性关系，并非大力发展职业教育技能人才队伍就自动壮大起来。我们经常说"职业教育培养技能人才"并不能理解成"职业教育就能培养出来技能人才"。实际上，"技能人才"和"职业院校学生"（包括中等专业学校、职业高中、技工学校、技师学院、高等职业技术学校、职业技术学院、职业学院等）之间不能画等号。根据《高技能人才队伍建设中长期规划（2010—2020年）》的定义，高技能人才是指具有高超技艺和精湛技能，能够进行创造性劳动，并对社会做出贡献的人，主要包括技能劳动者中取得高级技工、技师和高级技师职业资格证书的人员。与高技能人才对应的是普通技能人才，即在生产、服务等领域的一线岗位上，掌握一定知识和技术，具备一定的操作技能，并能够运用自己的知识和技能进行实际操作的人员，主要包括取得初级工、中级工职业资格证书以及拥有类似技能水平的其他人员。从上述高技能人才和技能人才的定义中，我们可以总结出技能人才的几个特点：第一，技能人才是长期（以此安身立命和实现自我价值）在企业生产一线从事生产劳动的人，不劳动就不是人才（技能人才），仅仅临时性劳动一两天甚至一两个月的劳动者也不能称其为技能人才。第二，技能人才的劳动是一种基于专门知识和娴熟技能的创造性劳动，不是基于一般知识和简单技能的重复性劳动，普通劳动者为什么不是技能人才，原因就在于此。第三，技能人才是通过创造性劳动对社会做出较大贡献的人。几乎所有的人对社会都有所贡献，但比较起来技能人才为社会所做的贡献更大一些，比如中车长春轨道客车股份有限公司的李万君、国营芜湖机械厂的陈卫林、山西航天清华装备有限责任公司的韩利萍、常州黑牡丹集团的邓建军、中铁一局集团的窦铁成、大连重工起重集团的王亮、一汽-大众汽车有限公司的王洪军等技能人才都为各自所在单位做出了重大贡献。第四，就是因为技能人才是特殊的一群人，所以他们的成长都要经过长期而又艰苦的磨炼。一名从职业院校毕业到工厂里工作的新工人只有再经过既有数量又有质量的岗位训练才能成为高技能人才。国外有"一万小时"成才定律，说的是练习时间与技能水平呈正相关，任何行业的从业人员要想成为人才都要经过一定时间的练习，要成为顶尖人才需要至少 1 万小时的锤炼。

反观职业院校学生，则有另外一些特点：第一，职业院校学生是一群在职业院校以学习为业的人，学习和工作是两种不同的活动，侧重点和要求不一样，学习是掌握专业知识和技能的过程，工作是运用所学知识和技能完成某种生产任务的过程，技能人才的技能水平只有在具体的生产过程中才能提高。第二，职业院校学生在学校里学习的时间是固定的，中、高等职业院校学生学习时间都是三年，而按照国家规定的职业院校培养方案以及学生（初中毕业生和高中毕业生）实际上的知识基础，经过三年的中职或高职课程学习，学生是不可能成长为生产实践中需要的技能人才的。三年的时间太短，学生毕业时能够打下扎实的知识和技能基础已经算不错了。第三，职业院校学生（个别特殊学生除外）对社会几乎没有什么贡献，相反，社会要为他们的学习生活做贡献，政府要为他们的学习付出成本（教师报酬、设施设备等）。

最后再强调一下，我们在职业院校所做的一切努力，只能助推职校生成为技能人才的进程，要想真正造就一支知识型、技能型、创新型的技能人才队伍，必须依靠职业院校和企业的持续努力，换言之，企业要接过职业院校技能人才培养的接力棒。

多措并举促就业

就业压倒一切。2018年底召开的中央经济工作会议将"稳就业"置于"六稳"（稳就业、稳金融、稳外贸、稳外资、稳投资、稳预期）之首，道理很简单，社会上多数人都是工薪阶层，对他们而言，就业稳收入才稳，就业稳、收入稳，其他方面的稳定才有牢固的基础。2019年2月22日召开的中共中央政治局会议强调，实现今年经济社会发展目标任务，要统筹实施好宏观政策、结构性政策、社会政策，落实好积极的财政政策、稳健的货币政策和就业优先政策。"就业优先政策"和财政政策、货币政策一样被视为重要的宏观政策。这也容易理解，就宏观经济指标而言，充分就业其实是最高优先级的指标，就业充分了，既能够增加产出和收入，又能够保障社会各个群体，尤其是最弱势群体的生活，缓解社会矛盾。中央关心就业问题，强调"就业优先"是因为从劳动力供给和需求两个方面的对比来看，我国整体劳动力供需结构性矛盾依然突出。

一般情况下，潜在的劳动力（如16岁以上的劳动年龄人口）会分别呈现就业、失业和退出劳动力市场三种状态。就失业来说，又有三种原因：第一是结构性原因。虽然这时的劳动力市场存在空缺岗位，但由于求职者的知识和技能与岗位需求不匹配，劳动者只有经过职业教育和培训，其能力才能与岗位需求匹配，此时，这些人就处于结构性失业状态。第二是摩擦性原因。同样在存在空缺岗位的情况下，由于信息传递不畅通（岗位空缺信息不能被求职者捕捉）和市场的失灵（信号扭曲，劳动者信息不能准确反映自身情况），劳动者与岗位之间衔接不畅或者时间上有先后，这个时候，这些人则处于摩擦性失业状态。第三是经济周期性变动原因。由于经济衰退（企业倒闭）或者发展不足（不愿投资扩大再生产），没有产生足够的工作岗位，换言之，就是岗位不足导致劳动力想就业但无业可就，这种失业就是周期性失业。数据显示，我国劳动力市场不同程度存在上述问题。先看中国人民大学就业研究所与智联招聘联合发布的《中国就业市场景气报告》公布的数据，2018年四季度企业用工需求明显增加，环比增幅为25.42%。但是求职申请人数环比仅增加3.90%，使得四季度CIER（中国就业市场景气）指数上升至2.38。再看人力资源和社会保障部的数据，2018年岗位供给数总体大于求职人数，求人倍率（招聘岗位数和求职人数的比）始终保持在1以上，第四季度为1.27。从上面两个机构提供的数据看，好像我国就业情况比较乐观，但我们不能简单地认为目前已经出现劳动力供给不足。从最近几年我国人口增长数据和年龄结构变化趋势看，虽然整体上我国新增劳动力绝对数字在下降，但2018年仍然在1500万以上，2019年全国普通高校毕业生预计有834万人，再创新高。这就说明，我国新增劳动力供给的数量仍然较大，充分就业依然是个不容轻视的大问题。还有一个数据值得关注，据媒体报道，2019年报名参加研究生考试的人数达到创纪录的290万人，同比增速突破20%。据中国教育在线对2019年考研动机的调查，就业压力大排在首位，占比接近40%。挤破头的考研无疑说明高校毕业生（其实也不仅是毕业生）求职压力的加大，在企业谋求一份理想的工作并不容易，这从另一个角度说明了充分就业的严重性。

从上述供给和需求两侧的数据分析，不难看出我国劳动力市场出现企业招工难和劳动者求职难并存的结构性矛盾，其原因是多方面的。要扭转这一局面就要明其渊源，多措并举。近而言之，需要减轻企业负担，特别是占就业80%的中小微民营企业的负担，激发企业扩张经营，提高企业的盈利能力，从而提高薪酬价格，以解决劳动力市场的错配，吸收高素质的劳动力就业。就中长期而言，则需要进行一些更深层次的改革，比如增强劳动力乡城之间的流动性，消除农民工进入城市的壁垒，不仅要降低城市户籍门槛、公共服务门槛，还要解决劳动力市场的区域错配问题，进一步发挥各类城市的经济聚集作用。

对于因为经济转型过程中技术和产业结构快速变化导致的技能与岗位不匹配问题，应该从强化职业教育和技能培训入手，更加着眼于转岗人员和新增就业人员的认知能力、非认知能力和学习能力等软技能的培养，提高劳动者的人力资本，使之适应新的工业革命和产业变革对劳动者素质的要求。对于那些因为劳动力市场功能不健全、不完备等摩擦性因素导致的失业者，就要推动劳动力市场发育，健全劳动力市场制度，加强劳动法规的执行力度，有针对性地提供用工信息和职业介绍等公共就业服务。当前，特别要注重现代信息技术手段在劳动力市场中的应用，借此帮助劳动者找到合适的职业，提高劳动力市场效率。

新职业、新职教、新职师

工业革命以来,技术发展不断替代一些原本由人完成的工作,导致新旧职业的更替——一些职业消失了,一些职业产生了,一些职业即使名字还在,内涵也发生了变化,当前数字技术的突破,会再次加速这一过程。近几年,随着我国互联网、人工智能、物联网、大数据、云计算和AI等数字技术的发展及其应用,与此相关的产业成为我国经济新的增长点,对从业人员的需求大幅增长,形成了相对稳定的从业人群。今年4月份,人社部、市场监管总局、国家统计局正式向社会发布13个新职业信息,就是对这种现象的回应。分析这13个新职业,可以发现,它们主要集中在高新技术领域,这与我国当前所处的产业结构加快升级、科技创新能力提升、信息化广泛使用阶段是密切相关的。随着新兴技术在生产中的广泛应用,传统的第一、第二产业越来越智能化,无人机被用在了农作物种植上,工业机器人走上了生产流水线。无人机、工业机器人的大量使用,对无人机驾驶员、工业机器人系统操作员和系统运维员的需求剧增,与无人机、机器人相关的生产、服务和培训企业蓬勃发展,使其成为现代工业生产一线的新兴职业。新职业在帮助企业提升科技创新能力、完成数字化和智能化改造、提高产品核心竞争力的同时,对从业人员的素质也提出了更高的要求。比如一家轴承生产企业近40年来的生产方式经历了简单机械加工到半自动、数控生产,再到现在的机器人上岗等阶段,每一次生产方式的迭代,都对劳动力素质提出了新的要求,机器人进入生产车间就要求工人具备工业机器人系统操作技术和互联网、智能制造等领域相关知识。

机器人全自动生产线、机床设备网络化应用,这些是行业企业发展的大势所趋，在职职工不及时掌握新技术就会被市场淘汰，新就业人员不具备这些知识和技术就找不到工作。比如在传统港口码头被认为最具技术含量和难度的桥吊司机，到了自动化码头却没了用武之地。如今的青岛港自动化码头，就与我们印象中码头工人热火朝天干活的场面不同，那里空无一人，安静异常，运送货物的"主角"由人变成了全自动双小车桥吊、自动化导引小车、全自动化轨道吊等设备。在那里9个人就能干传统码头60多人的工作，高强度的体力劳动者摇身一变，成了控制码头"大脑"的指挥员。他们正式的称呼不再是桥吊司机，而是自动化码头远程监控员。老的桥吊司机要想转型成为远程监控员，必须学习设备操作流程、了解计算机程序等专业知识，自动化码头彻底颠覆了过去码头的形象，工人必须不断学习最前沿的科研知识，才能转型成为高新技术人才。

新职业需要新工人。数字化转型加快的企业用工需求旺盛，截至2018年3月底，钉钉（阿里巴巴集团打造的全球最大企业职能移动办公平台）上的企业组织数量超过700万家，这些企业均对数字化管理人才有着强烈需求。人社部有关负责人说，目前，全国数字化管理师数量超过100万，分布在互联网、制造业、餐饮、医疗、教育等行业。树根互联官网长期挂着大数据开发工程师、大数据分析工程师、机器学习算法工程师等招聘信息。据腾讯研究院发布的《2017年全球人工智能人才白皮书》的数据，截至2017年10月，我国人工智能人才缺口至少在100万以上，中国需要转型和升级的员工数量或可高达1亿人。由于新岗位从业人员的培养没有成熟的模式和外部行业经验的参考，很多知识和课程体系需要从头积累与打磨，这对于职业教育和培训体系是机遇也是很大的挑战。

新工人需要新职教来培养，新职教就是以提高人才培养质量为核心、以提升资源配置效率为主线、以创新教育教学方式为动力的职业教育。我们要紧密结合行业和区域发展，构建符合现代化经济体系建设需要的职业教育和培训体系，创新职业教育培训和人才评价工作，聚焦产业链，使职业院校专业与产业对接，加强与产业链（价值链）对接的专业群建设，将职业资格标准与专业课程标准相衔接，与行业企业共同制定和完善专业课程标准；调整优化职业院校师资结构，增加"双师"数量，建立由厂矿首席技师、技能大师等能工巧匠组成的兼职教师人才库，创新校企兼职教师互聘机制；完善校内实训基地（室）建设，在职业院校打造新型"学习工厂"，形成集教学、生产、培训、技能鉴定、技术服务于一体的格局；推进政府、行业、企业、学校"多方协同，四方联动"，设立产教融合型企业共享平台，实现人才培养培训与市场需求紧密衔接，培养高端制造业和新兴产业所需要的技术工人和技术人才，为转岗和再就业人员提供精准培训。

新职教需要新教师，只有高技能教师才能培养出高技能学生。明者因时而变，知者随事而制。为提高职业院校教师的素质，《国家职业教育改革实施方案》要求，从2019年起，职业院校、应用型本科高校相关专业教师原则上从具有3年以上企业工作经历并具有高职以上学历的人员中公开招聘，特殊高技能人才（含具有高级工以上职业资格人员）可适当放宽学历要求，2020年起基本不再从应届毕业生中招聘。这就要求我们创新职教教师培养培训模式，办新时代的"新职师"（即新型职业技术师范院校的统称。新职师在人才培养目标、人才培养内容、人才培养方式、人才培养机制等方面，既区别于老的职技师院，又区别于普通师范院校），发挥其在职业院校教师培养培训中的主力军作用。

后 记

时间过得真快，屈指一算，我从2000年进入职业教育研究这个行当，到现在已有20年了。这20年是中国社会各个方面（包括职业教育）都得到大发展的时期，也是我个人成长最快的时期，自认为离一个比较优秀（能做、擅写、会说）的职业教育研究者目标又近了一步。从2009年迄今，我为《职教论坛》《江苏教育（职业教育版)》《高等职业教育探索》等杂志撰写卷首语或者专栏文章，对职业教育的热点、难点、重点问题（现象）发表自己的看法，每一篇文章我都精心构思、悉心下笔、细心修改，力求写得观点鲜明、短小精悍、明白晓畅。这么多年下来，功夫没有白费，时常能听到一些读过文章的师友的鼓励。现在，我不揣浅陋，把自己写的151篇"小"文章汇集成《长话短说——2009—2019年的职教观察》一书，在苏州大学出版社出版，也算是对这件事情的一个阶段性总结。

在此书付梓之际，我要衷心感谢职教论坛杂志社前任社长陈建华同志、现任社长叶桉同志，以及肖称萍主编、殷新红主编、韩云鹏主编。同样要感谢《江苏教育（职业教育版)》杂志的叶萍主任,《高等职业教育探索》杂志的袁源编辑。一个人长时间做一件事情,一开始时的兴奋感失去后就会有惰性,写文章也是如此。没有他们的鼓励和督促,即使我喜欢写作恐怕也难以坚持10年。所以这本书得以出版,有他们一半的功劳。当然也要感谢老朋友、这本书(这套丛书)的责任编辑刘诗能先生,他的专业素养总能给人带来惊喜,151篇短文在他谨饬的手里变成一本有吸引力的可读之书(有点不谦虚),他太厉害了。

2019年7月